董宝良论著选

董宝良/著　申国昌/编

華中師範大學
CENTRAL CHINA NORMAL UNIVERSITY
1903 - 2023

华中师范大学120周年校庆丛书

华大经典文库

HUADA
JINGDIAN WENKU

華中師範大學出版社
HUAZHONG SHIFAN DAXUE
CHUBANSHE

新出图证（鄂）字10号

图书在版编目（CIP）数据

董宝良论著选/董宝良著；申国昌编. —武汉：华中师范大学出版社，2023.8
（华大经典文库）
ISBN 978-7-5769-0155-9

Ⅰ. ①董…　Ⅱ. ①董…　②申…　Ⅲ. ①董宝良（1928—2021）—教育思想—文集　Ⅳ. ①G40-092.7

中国国家版本馆CIP数据核字（2023）第110870号

编 辑 室：综合编辑室
电　　话：027-67867370
责任编辑：罗　挺
责任校对：方统伟
封面设计：甘　英　胡　灿
出版发行：华中师范大学出版社有限责任公司
社　　址：湖北省武汉市洪山区珞喻路152号
销售电话：027-67861549
邮　　编：430079
网　　址：http://press.ccnu.edu.cn
印　　刷：湖北新华印务有限公司
督　　印：刘　敏
开　　本：710mm×1000mm　1/16
印　　张：29.5
字　　数：400千字
版　　次：2023年8月第1版
印　　次：2023年8月第1次印刷
定　　价：118.00元

前　言

在华中师范大学建校120周年庆典之际，承担《董宝良论著选》编选工作，这既是对华师双甲子校庆的献礼，又是对前辈学术精神的传承。董宝良先生是华中师范大学教育史学科奠基人之一，为我校教育学一流学科尤其是教育史学科建设做出了奠基性贡献。

董宝良先生是著名教育史学家，是我国陶行知研究的奠基者、引路人和开拓者，为我国教育史研究尤其是陶行知研究做出了重要贡献，享受国务院政府特殊津贴专家，荣获“国家杰出社会科学家”殊荣。董宝良先生1928年12月31日生于辽宁省铁岭市，1954年东北师范大学教育系研究生，导师是我国著名教育学家陈元晖先生，毕业后分配到我校工作，从事教学科研工作40余年，历任华中师范大学教育系副主任、教育科学研究所副所长，兼任中国教育学会理事、中国陶行知研究会常务理事、全国教育学研究会常务理事、全国教育史研究会理事、湖北省教育学会副会长、湖北省陶行知研究会副会长等职。已培养硕士研究生20余人，杰出弟子有周洪宇、黄国斌等。出版专著《中国教育史纲（近代之部）》（人民教育出版社1990年版）、《中国教育史散论》（2部），主编我国首套《陶行知全集》（八卷，湘教版），主编《陶行知教育学说》、《陶行知教育论著选》、《中国教育思想通史》（第7卷）、《中国近现代教育思潮与流派》、《从湖北看中国教育近代化》、《中国近现代高等教育史》等20余部，校注《三国演义》。发表学术论文50余篇，获教育部第一届和第二届高校人文社会科学优秀成果一等奖（1995年）、二等奖（1999年）、首届优秀教育图书奖（1988年）、首届国家图书奖（1999年），获全国教育科学优秀成果二等奖（2000年）。2021年5月5日逝世，享年93岁。

董宝良先生治学严谨，开拓创新，成果丰硕，为后世楷模；潜心育人，无私无隐，垂范后世，令后学敬仰；淡泊包容，为人谦逊，提携晚辈，受师生爱戴。

董宝良先生毕生潜心治学，成果颇丰。本书择其要者，汇集成册，以惠及后人，传承学脉。根据董宝良先生一生的论著内容，本书主要分教育思想史专论、陶行知研究精粹、区域教育史辑要、高等教育史散论四个部分，共收集董宝良先生各类论著精选30余篇，可比较全面地反映董宝良先生一生在教育史和高等教育研究领域的主要成果，可整体展示其对教育史、教育学、高等教育学领域的学术贡献，这些成果和贡献为我校教育学科争创一流学科奠定了良好基础。

本书由华中师范大学教育学院教授、国家教育治理研究院执行院长申国昌担任主编，负责策划体例、优选篇目、组织编撰等工作。在编辑与录入文字过程中，硕士研究生黄思祺、杨丽莎、董旎积极参与并付出了辛苦的劳动，在此特表感谢。感谢华中师范大学社科处、教育学院、出版社领导为本书出版给予的大力支持与关心！

选编时间仓促，水平有限，疏漏之处在所难免，祈盼读者批评指正。

申国昌

2022年9月16日

目　录
CONTENTS

目 录
CONTENTS

教育思想史专论

简论墨子的教育思想与教育方法

墨学是我国最早同儒学齐名并与之对立的最大的一个学派。墨学的鼻祖墨子，不仅是我国古代的一位杰出的思想家、科学家，还是一位同孔子办私学齐名的教育家。

墨子姓墨名翟，鲁国人，生年难以确考。据《史记》所载，或生于孔子尚且在世之时，或生于孔子已经逝世以后。他出身于手工业者家族，被称为“贱人”。传说后任宋国大夫，老死于齐国。

墨学的经典著作为《墨子》。该书大部分系墨家后学所记，墨子本人撰著不多。原在《汉书·艺文志》中收录有71篇，现仅存53篇。墨子的社会政治观点和教育思想，散见在这些著录之中。

一、墨子的教育思想

墨子从维护“农与工肆之人”的利益出发，主张实行贤政，幻想能建设起一个农工劳动人民安居乐业的社会，使“饥者得食，寒者得衣，劳者得息，乱者得治”①。为了实现这种理想社会，主张“非攻”，反对诸侯与诸侯之间的连年战争；主张“兼爱”，人与人之间彼此相爱，两相互利；主张“尚贤使能”，认为“官无常贵，民无常贱”，反对按血缘关系别贵贱、定亲疏。

① 《墨子闲古·尚贤下》，《新编诸子集成》第1辑，中华书局1986年版，第64页。

墨子为实行他的政治主张，一生在做“上说下教”的工作：上说诸侯士大夫，下教墨家弟子。他非常重视教育，认为教育能培养“贤士”“兼士”，是改革社会的工具；并要求有墨学之道的人，积极进行“劝教”工作。他还认为，人的成长主要取决于个人的努力，同时环境和教育对人有着巨大的作用。他把人的本性，看成如同没有经过任何颜料染过的“素丝”，染上黑色则成黑丝，染上黄色则成黄丝。

墨子把培养“贤士”“兼士”的思想品德，放在教育工作的首位。他创办的私学，近似于宗教集团，要求弟子既能行义、吃苦耐劳，又能严格遵守像法律一样的组织纪律。墨子所说的行义，就是为着“农与工肆之人”，兴天下之利，除天下之害，要“摩顶放踵”而为之。但墨子对自身和弟子，却要求能自愿吃苦，穿着短衣和草鞋，昼夜不停地工作。譬如，弟子禽滑厘事墨子三年，由于每日劳苦磨炼，手足生起老茧，面目熏黑，服役遣使，不敢提出任何不合理要求。这样培养的结果，墨学弟子为了赴义，不惜牺牲自己。《淮南子·泰族训》说，墨学徒属“皆可使赴火蹈刃，死不旋踵，化之所致也”①。事实也正是这样，由于墨子的教化，墨学中出现许多义士。据《吕氏春秋》记载，墨门弟子孟胜，曾为阳城君守城，为了保义，维护墨家纪律和声誉，毅然自我牺牲，这样为义而死者，先后竟达180余人之多。墨家徒众，文武兼备，有侠义声名。墨子防止妄杀无辜，为墨学立法“杀人者死，伤人者刑”②。墨家腹䵍在秦，其子杀人，秦王以他年老独子，下令赦罪，劝他听命；而腹䵍却说“不可不行墨者之法”，仍杀子抵罪。在墨子教育下，墨家弟子都能公而忘私，舍生取义。

墨子重视生产劳动教育，是他教育思想的一大特点。他与孔子反对学稼、学圃不同，主张“赖其力则生，不赖其力则不生”③。他是我国

① 《淮南子·泰族训》，《中国古代教育史资料》，人民教育出版社1965年版，第99页。
② 《吕氏春秋·去私篇》，《中国古代教育史资料》，人民教育出版社1965年版，第86页。
③ 《墨子闲诂·非乐上》，《新编诸子集成》第1辑，中华书局1986年版，第233页。

最早考虑教育怎样才能有利于劳动生产的教育家。墨子曾到鲁国南边，访问一个冬天做陶器、夏天耕田而“自比于舜”的吴虑，询问“教人耕与不教人耕”哪一种做法有功于义呢？吴虑回答他：“教人耕者其功多。”① 墨家学派，不仅重视生产劳动教育，还以能参加生产劳动、不怕劳苦、辛勤工作作为美德。

墨子的教育思想中最为突出之点，是他对生产知识和技术教育的重视。墨子是我国古代的科学家，墨家学派对我国古代科学技术有很大的贡献。墨子对几何学、力学、光学都有很好的研究，用定义形式和逻辑推理方法精确地解释科学概念；学会运用实验方法证明所发现的科学原理。他还是一位古代的巧匠，科学技术造诣很高。他能用木料制成挡车轮子的车横木，载 50 石的重量，行走远路。他为了阻止楚国攻打宋国，制造了守城器械，在楚王面前，同公输般（鲁班）表演了一场防止用云梯攻城的战斗，一连击退了公输般先后使用九种办法的进攻，迫使楚王放弃了攻宋的念头。墨子平时把这些科学知识和技能作为教学内容，传授给学生。因此，他制造的守城器械，他的弟子禽滑厘等约 300 人，不仅都懂得原理和制作方法，而且还都能使用这些器械。墨子是我国古代最早进行科技教育并取得重大成就的教育家。

二、墨子的教育方法

墨子重视辩术教育，注意发展学生思维，是他教育思想的另一特点。墨子从事“上说下教”活动，要求能以理服人，对辞辩非常重视。在他的私学中，把辩术作为一门重要课程。他认为，说话不在于多，而在于话中有智谋；不在于怎么有文采，而在于能辩出道理。墨子教人谦虚好学，服从真理，主张“无故从有故，弗知从有知，无辞必服，见善必迁”。他要求弟子辩论时，需要有充分理由，找出因果联系，做到

① 《墨子闲诂·鲁问》，《新编诸子集成》第 1 辑，中华书局 1986 年版，第 435 页。

“别异同，明是非”。他是我国开创逻辑教育的先驱者。

墨子的教育和教学思想是以他的认识论作理论基础的，而他的认识论集中体现在他提出的著名的“三表法”。作为墨子判断事物真假与是非标准的“三表法”，也是墨家私学用来指导学生判断是非、考虑问题的方法论。第一表是“上本之于古者圣王之事”，即要根据前人的经验；第二表是“下原察百姓耳目之实”，即要考察广大人民群众亲身经历的直接经验；第三表是“观其中国家百姓人民之利”①，即要合乎国家和人民的利益。这种判断事物真假与是非的标准，具有唯物主义的因素，对墨家的教育和教学工作起到了积极的指导作用。墨子根据“三表法”，在施教过程中，提出了一些行之有效的教育和教学方法，至今仍值得我们借鉴。

第一，墨子重视“耳目之实”的感性经验教育。他认为，必须引导弟子把考察广大人民群众亲身经历的直接经验作为判断事物的有无和是非的方法。他说：“必以众人耳目之实，知有与亡为仪者也。”他为什么特别重视“耳目之实”的经验呢？因为有他的知识论作为认识的基础。他把知识分为闻知、说知和亲知。闻知是通过传闻、书本得到的知识，说知是通过逻辑推理得到的知识，亲知是亲身经历的“耳目之实”的知识。他认为亲知是直接经验，比间接经验可信程度大。因此，他重视直接经验的教育。

第二，墨子特别重视言行一致的教育。他认为：“士虽有学，而行为本。”在他看来，墨学弟子虽然学到了知识，但能否躬行实践，倒是一件根本大事。他反对做光会说空话而不务实际的人，要求弟子不管学习、工作，还是以后从政治国，都要言行一致，讲求实效。只说不做，他鄙视之为空谈家的“荡口”。

第三，墨子要求弟子专心致志，学必量力。当墨学弟子学完课业以后，又向墨子请求学射时，他告诫说：“不可！夫知者，必量其力所能

① 《墨子闲诂·非命上》，《新编诸子集成》第 1 辑，中华书局 1986 年版，第 240~241 页。

至而从事焉。”① 意思是说，不能这样办，凡是有学识的人，都必须量力而行。然后又说，战士在战场上都做不到既要同敌人打仗又要救护受伤的人员，而我们又不同于战士在战场上，怎么能同时做到既要完成学习知识任务又要学习射箭呢？不从实际出发，一心二用，就不可能把学业搞好。

第四，墨子施教，能从实际出发，注意个别差异。当弟子问他：“为义”时什么最关紧要？回答说：如同筑墙，能筑者筑，能夯土者夯土，墙就会筑成；“为义”也是一样，“能谈辩者谈辩，能说书者说书，能从事者从事，然后义事成也”。这是因材而用，从实际出发。他还主张：施教时，对程度较好的弟子，要讲得深一些；对程度较差的弟子，要讲得浅一些；对需要增益的弟子，要讲得多一些；对需要抑制的弟子，要讲得少一些。总之，要注意个别差异，要适合施教对象的实际水平。

第五，墨子施教，要求弟子不仅“知其然”，还要“知其所以然”。他在《公孟》篇中辩难儒家说：为什么要作乐？答复说：作乐是为了作乐。这好像问为什么要做房屋，答复是做房屋就是做房屋一样。儒家的这种回答法，不能使受教育者得到“知其所以然”的解释。由此可以看出，墨子的施教方法，有些是学于儒家而高于儒家的。

尽管墨子有尊天信鬼等唯心迷信思想和历史的局限性，但他留下了很多宝贵的教育思想和教育方法，像一颗光辉灿烂的明珠在教育史上永远闪烁着光芒。

① 《墨子闲诂·公孟》，《中国古代教育文选》，人民教育出版社 1979 年版，第 38 页。

开古代科技教育之先河

——墨子的科技教育思想

墨子是我国杰出的思想家、科学家和教育家，还是我国古代科技教育的首创者。

墨子出身卑微，自比“贱人”，精于工艺，曾当过工匠，与公输般（鲁班）同享盛名。墨子是一位同孔子办私学齐名的教育家。他的教育思想中最为突出之点是对生产知识和技术教育的重视。墨子早年虽曾“学儒者之业，受孔子之术”，终因在政治理想和思想观点上的不同，走上了跟儒学相对立的道路。他反对儒家为了“求仕”，获取功名，仅研习诗书礼乐。他认为，儒家尽管也能学些伦常之道，认识一些鸟兽草木之名，但不可能学到劳动生产上所需要的知识和技能。墨子主张“为义”，即为“农与工肆之人”，兴天下之利，除天下之害，要“摩顶放踵”而为之。他认为，对“农与工肆之人”有最大切身利益的，除了实行“兼爱”（人与人之间彼此相爱，两相互利），“非攻”（反对诸侯与诸侯之间的连年战争），使他们身家安全得到保障以外，就是能有助于他们的生产和生活，需要向他们传授生产知识和工艺技能。

墨子所创立的墨家学派，其风格是贵实行而不贵文采，重口说而不重著书，强调身体力行与绝对服从首领。墨家都是生产劳动的参加者，认为“赖其力则生，不赖其力则不生”①。他们在生产劳动和教学活动

① 《墨子闲诂·非乐上》，《新编诸子集成》第1辑，中华书局1986年版，第233页。

中继承和发展了前人经验，取得了中国历史上最早的科学成果。他们不仅改进了生产工具，还制造了不少军事器械，对提高生产能力，防止侵略战争起到了非常有益的作用。据说，墨子能用三寸木料，做成挡车轮子的“车辖”木，载重50石行走远路。他还为了阻止楚国攻打宋国，制造了守城器械，在楚王面前，同公输般表演了一场防止用云梯攻城的战法，一连击退了公输般先后使用九种办法的进攻，迫使楚王放弃了攻宋的念头①。

墨子平时把这些科学知识和技能，作为教学内容传授给学生。因此，他制造的守城器械，其弟子禽滑厘等约300人，不仅都懂得原理和制作方法，而且还能使用。墨子的学生中，多半都是机械制造的能手，他们富于实干精神，富于创造性。

重视科学技术教育是墨家学派的一个突出特点。那么，墨子运用了哪些科学知识和技术工艺培养弟子呢？这在《墨经》中有很多记载，这里仅就几何学、力学和光学几个方面，引例阐述如下。

关于几何学方面，墨子向弟子至少传授有点线、面、圆、立体等原理及其运算方法。据《经说上》载：“体（部分），若二之一，尺（指线）之端（指点）也。”② 意即部分对整体来说如同将整体分成两部分中之一部分，如同在线中的点。又据《经上》载：“圜（圆），一中同长也。”③ 意即从圆心到圆周的半径相等。这类的引例，再加上有关数学中其他的引例，有十七段之多，内容颇丰。

关于力学方面，墨子向弟子至少传授有杠杆、天平、滑车、斜面等原理及其应用方法。据《经上》载：“力，刑（形）之所以奋（动）也。”意即力是物体的运动。又据《经说上》载：“力，重之谓，下、与（举）。重奋也。”④ 意即重量就是力，下坠与上举，都是力的作用；

① 《墨子闲诂·公输》，《中国古代教育史资料》，人民教育出版社1961年版，第84~85页。
② 谭戒甫：《墨经分类译注》，中华书局1981年版，第36页。
③ 谭戒甫：《墨经分类译注》，中华书局1981年版，第39页。
④ 谭戒甫：《墨经分类译注》，中华书局1981年版，第48页。

重量是物体运动产生的奋起。再据《经说上》载："动，偏祭（际）从（纵）。若户枢免瑟。"① 意即运动是由偏际一边用力纵送的缘故，像关闭的门去掉了闩引起转动一样。这类引例，有十几段之多。

关于光学方面，墨子向弟子至少传授有阴影、倒影、平面镜、凹面镜、凸面镜等知识及其研究试验方法。据《经下》载："景（影）二。说在重。"② 意即影有本影和副影，因为影有相重或不相重。又据《经下》载："景到（倒），在午（指交叉）有端（点），与（予）景长。说在端。"③ 意即影倒立，在于光线交叉处有一小孔，小孔对于光体的距离，关系影的大小，小孔是关键。这段论述来自墨子和他的学生做了小孔成像的实验，它是世界上对光之直线传播的第一次科学的解释。

墨子在科技教育中，积累了很多行之有效的教学方法，主要有以下几方面的内容。

1. 采用逻辑推理形式，对科学知识加以创新

墨子在传授知识的过程中，主张对古代好的东西要继承，而对当代文化中好的东西，要靠创造，这样，好的东西才能逐渐增加。正由于墨子主张不断创新，因此，他十分重视培养学生的思维能力。在教学中，他运用形式逻辑，"以往知来，以见知隐"，根据已知推测出未知，根据可见现象推知事物的本质，注意阐明概念，推理论证，然后得出判断。

先以几何学证明题作例。据《经说上》载："平，同高也。"意即平行线有同样的高度。因怕所下定义抽象，不易理解，又在《经上》以形象比喻的办法加以推理和论证："谓台（抬）执者也。若弟兄。"④ 意即平行线如同两个人抬东西一样，抬在一个水平线上，恰似兄弟之间

① 谭戒甫：《墨经分类译注》，中华书局1981年版，第49页。
② 谭戒甫：《墨经分类译注》，中华书局1981年版，第65页。
③ 《墨子闲诂》上册，《新编诸子集成》第1辑，中华书局1986年版，第296页。
④ 谭戒甫：《墨经分类译注》，中华书局1981年版，第37页。

的名分相等那样平行。

又如力学中科学推论的事例。据《经下》载："负而不挠，说在胜。"① 意即负担一定重量的衡木而不倾斜，原因在于支点力量适中，因此能够胜任。"倚者不可正。说在剃（迤）。"意即偏倚的东西是不可正的，原因在于力的偏斜。从上述例子可以看出，墨子是先提出概念，然后以"说在"，推论原因，然后再加阐释，最后得出判断结论。

2. 采用实验方法，验证科学原理

墨子把知识分为闻知、说知和亲知。闻知是通过传闻、书本得到的知识；说知是通过逻辑推理得到的知识；亲知是亲身经历的"耳目之实"的知识。他认为亲知是直接经验，比间接经验可信程度大，所以，特别重视直接经验。在此仅以对平面镜、凹面镜和凸面镜的对比实验掌握光反射原理为例，说明墨子重视直接经验，重视实验方法。

对于平面镜成像实验，据《经说下》载："临，正鉴（平面镜），景寡。貌能（态）、白黑、远近、杝（迤）正，异（冀）于光。"② 意即以照平面镜物时，只显出一个单像。像的形态、白黑、远近、斜正，都是人们用眼睛观望光线出现的感觉。

对于凹面镜成像的实验，据《经下》载："鉴洼（凹入），景一小而易，一大而正，说在中（中心）之外、内。"③ 意即凹面镜显像有两种情况：一是小而成倒形，一是大而成正形，原因在于光体，一在弧心以外，一在弧心以内。

对于凸面镜的成像实验，据《经下》载："鉴团（凸面镜），景一。说在荆（形）之大。"④ 意即凸面镜成像只有一个，原因在于光体总是较大的缘故。

---

① 谭戒甫：《墨经分类译注》，中华书局1981年版，第52页。
② 谭戒甫：《墨经分类译注》，中华书局1981年版，第61页。
③ 谭戒甫：《墨经分类译注》，中华书局1981年版，第75页。
④ 谭戒甫：《墨经分类译注》，中华书局1981年版，第83页。

3. 墨子在教学中特别重视言行一致

墨子认为："士虽有学，而行为本。"在他看来，墨学弟子虽然学到了知识，但能否躬行实践，倒是一件根本大事。他要求言行一致，讲求实效，反对说空话，只说不做。他让弟子穿着短衣和草鞋，日夜不停地工作。这样，培养出来的墨学弟子，都是具有生产知识和工艺技能的实干家，又是能为义而不怕牺牲的侠义之人。正如《淮南子》中所说：墨学徒属"皆可使赴火蹈刃，死不旋踵，化之所致也"①。

4. 墨子要求弟子专心致志，学必量力

有一次，刚学完课业，有的弟子又向墨子要求学射，墨子坚决说："不可！夫知者，必量其力所能至而从事焉。"② 意思是说，不能这样办。凡是有学识的人，都必须量力而行。然后又说，战士在战场上都做不到既要同敌人打仗，又要救护受伤的人员；而学习又不同于战士在战场上，怎么能同时做到既要完成学习技术的任务，又要学习射箭呢？不从实际出发，一心二用，就不能把技术学好。

尽管墨子有尊天信鬼等唯心迷信思想，又受历史的局限，但他开创我国古代科技教育之先河，重视生产知识和技术教育，以及行之有效的教学方法，为中国教育史增添了宝贵财富。

① 《墨子·公孟》，《中国古代教育史资料》，人民教育出版社 1961 年版，第 99 页。
② 《墨子·公孟》，《中国古代教育史资料》，人民教育出版社 1961 年版，第 99 页。

重视改革清末封建传统教育的张之洞

张之洞是清末的大臣、洋务派的后期首领。他在从政四十余年中，不论早期任职学政，还是后期历任督抚封疆大吏，直到最后任职中枢兼管学部，都非常重视兴学育才；他还撰著了《劝学篇》等教育论著，并就变科举、兴学校、书院改制等问题写成很多奏章。因此，他不但是一位忠心为清朝政府效劳的封疆大吏，还是一位重视改革清末封建传统教育的教育家。

张之洞之所以非常重视人才和人才培养，是因为他在长期的洋务活动中，深感人才重要。他深切体会到：要想在军事上“自强”，在经济上“求富”，办洋务是重要的，但人才和人才培养更加重要。他认为，“非育才不能图存，非兴学不能育才”①，他的根据是“西国之强，强以学校”②。

张之洞在兴学育才过程中，深感对清末的封建传统教育必须加以改革。当时正处在近代中国围绕科举与学校、中学与西学、旧学与新学之争的时期。张之洞虽然在本质上同清末顽固派没有什么两样，极力维护

① 《筹议变通政治人才为先折》，《中国近代教育史资料》上册，人民教育出版社 1961 年版，第 59 页。

② 《劝学篇》，《中国近代教育史资料》下册，人民教育出版社 1961 年版，第 973 页。

清朝政府的专制统治，反对维新派和革命派，崇尚旧学，宣扬封建的纲常名教，但他又有与封建顽固派不同的地方，就是他善于通权达变，主张兴西学、办洋务。他想要培养的人才，不再是封建顽固派需要的只会通经科举，不懂世事的儒学生员，而是要造就既能效忠于清朝政府又能从事洋务活动的各种专门人才；而这种洋务人才，是沿用清朝封建传统教育所不可能培养出来的，所以他主张改革清末封建传统教育。当然，他这种改革不可能是革命的，只能是对封建传统教育的改良。

身为封疆大吏的张之洞，在改革清末封建传统教育、开拓洋务教育时，有着一个突出的特点：从宏观上对清末封建传统教育进行改革。

1. 主张变革、废除科举制度

张之洞从宏观上对清末封建传统教育进行的重大改革之一，是要求变革、废除科举制度。张之洞为了培养和选拔能够从事洋务的各种专门人才，主张变革科举制度。他认为："救时必自求人才始，求才必自变科举始。"① 他指出：科举制度"自明至今行之已五百余年。文胜而实衰，法久而弊起"②。其后，他把科举与学堂对照分析，认为科举比之于学堂，存在如下一些弊端："科举文字，每多剽窃；学堂功课，务在实修。科举只凭一日之短长，学堂必尽累年之研究；科举但取词章，其品谊无从考见；学堂兼重行检，其心术尤可灼知。"③ 于是他得出结论："非兴学不能育才，非变通文武两科不能兴学。"④

张之洞采取了何种措施变革科举呢？他的办法是两步走：第一步，

---

①《劝学篇·序》，《中国近代教育史资料》下册，人民教育出版社1961年版，第973页。

②《劝学篇·变科举》，《中国近代教育史资料》下册，人民教育出版社1961年版，第980页。

③《奏请递减科举注重学堂折》，《中国近代教育史资料》上册，人民教育出版社1961年版，第60页。

④《筹议变通政治人才为先折》，《中国近代教育史资料》上册，人民教育出版社1961年版，第56页。

改变科举内容，即不专重时文，不讲诗赋和小楷；第二步，递减科举中额，“每科递减中额三分之一”①，计划于十年内减尽。

张之洞在变革科举过程中发现，“科举一日不停，士人皆有侥幸得第之心”②，则“学堂决无大兴之望”③。因为兴办学堂与科举取士是有矛盾的，一争学员，二争经费。于是，他改变了变科举的主张，提出废科举的奏议。在1904年，他同直隶总督袁世凯等联合上奏《请立停科举以广学校折》，得到清朝最高统治者的同意，于是诏令：“著即自丙午科为始，所有乡会试一律停止，各省岁科考试亦即停止。”这样，从隋炀帝大业二年起，已经推行一千三百年的科举制度得到废止。废止科举制度是中国教育史上的一件大事，张之洞从变科举到废科举，都起到了重大的促进作用。

2. 兴办中国近代第一批学堂

张之洞从宏观上对清末封建传统教育进行重大改革之二，是广兴新式学堂。办新式学堂，并非肇端于张之洞，而为早期洋务派所首创，但他可算是兴办新式学堂最多的一位。他之所以重视兴学，是他认识到“育才要指，自宜多设学堂”④。

张之洞创办最早的一所学堂，是他任两广总督之后，在1887年于广州创办的广东水陆师学堂。他后任两江总督，在1896年又于南京创办江南陆军学堂。其后，他又调任湖广总督，在1897年再于武昌创办湖北武备学堂。他所以这样重视兴办军事学堂，是他认识到，要“自

① 《奏请递减科举注重学堂折》，《中国近代教育史资料》上册，人民教育出版社1961年版，第60页。

② 《清帝谕令停科举以广学校》，《中国近代教育史资料》上册，人民教育出版社1961年版，第63页。

③ 《清帝谕令停科举以广学校》，《中国近代教育史资料》上册，人民教育出版社1961年版，第66页。

④ 《筹议变通政治人才为先折》，《中国近代教育史资料》上册，人民教育出版社1961年版，第56页。

强”必须培养军事人才，而军事人才的培养，最根本的办法是设立军事学堂。继办军事学堂之后，张之洞创办的是外语学堂。有鉴于同外国人打交道，语旨不通就等于是聋子。因此，1893 年 10 月，他于武昌奏办自强学堂。

张之洞为开展洋务活动，需要各种工艺专门人才，于是创办了中国近代第一批包括工、农、商、医、师等一系列的学堂，在这批学堂中，办得早一些的有：1891 年 8 月，于武昌设立的算术学堂；1896 年初，于南京设立的江南储才学堂；1898 年，于武昌奏设的农务学堂；等等。到 1902 年，湖北教育已形成了各级各类学堂齐全的教育体系；1903 年，张之洞参与了清朝政府有关新学制的制定，从此湖北省的教育也就进入了贯彻新学制时期。自此时起，张之洞在湖北办的学堂，率先形成了学制体系。就纵的方面看，形成了高等、中等和初等各级学堂：1902 年，办起的高等学堂是两湖大学堂；1903 年，兴办有文普通中学堂；1904 年，办有五路（5 所）高等小学堂，60 所初等小学堂。不仅如此，他在 1903 年秋，还于武昌创设了模范小学蒙养院，这是我国近代最早的一所幼稚园。从横的方面看，设有工、农、商、医等各级各类的实业学堂和各级师范学堂。他特别重视兴办师范学堂：1902 年兴办了湖北省师范学堂；1903 年设立三江师范学堂（后改为两江师范学堂）；1904 年又将两湖高等学堂改为两湖师范学堂，后改称两湖总师范学堂；1904 年，设立湖北师范传习所，其后令各府办师范传习所或将中学堂改为初级师范学堂；1905 年开办支郡（即各府）师范学堂，分府录取；等等。

张之洞兴办学堂，是对中国近代教育的开拓，但他只图增其新，而未变其旧。到了他的晚年，担心“道微文敝”而走上了复旧道路。他以“保存国粹”“平息乱源”作标榜，在 1907 年设立了存古学堂。可是教育的历史是向前发展的，他的这种复旧活动不可能阻挡奔涌向前的求新潮流，从而遭到抵制。

张之洞兴办学堂，就他的主观愿望来看，是为了培植一批能够从事洋务活动的各种专门人才，以便能够巩固清朝封建专制的统治；然而，他兴学的客观结果，不但培植出了他所预想的大批洋务人才，而且还造就出了不少新型的知识分子，其中有一些后来成为革命家。辛亥革命时期的著名人士宋教仁，曾受业于湖北文普通中学堂；被暗杀的反清名将吴禄贞，曾为湖北武备学堂学生；中国文化革命主将鲁迅曾在江南陆军学堂附设的矿路学堂读过书；无产阶级革命家董必武毕业于湖北文普通中学堂；著名的科学家李四光，也是由湖北高等小学堂选送到日本留学的。当然，这些革命者、科学家之所以有这样的成就，不可能都是张之洞培育的结果，但他办新式学堂，提倡新学，开西学风气，给予了他们熏陶和启迪的机会，这是不容否认的历史事实。

3. 积极推行书院改制

张之洞从宏观上对清末封建传统教育进行重大改革之三，是积极推行书院改制。张之洞对书院的态度，可分为前后两个时期。前期，他认为书院能使学生“通经为世用，明道守儒珍”①，所以在当时举办的学校主要是书院，先后办有经心书院（1869 年）、尊经书院（1874 年）、令德书院（1882 年）和广雅书院（1887 年）。但是，自 1889 年 8 月调任湖广总督以后，成了洋务派后期的代表人物，他的教育思想发生了巨大变化，进入了后期阶段。这一阶段虽然他对前期培养“名臣”“宿儒”未予否定，但他办学的着眼点已经在于培养能从事洋务的各种专门人才；在教学内容上，虽然仍在坚持传统的旧学，实际已经在着眼增添传授西文、西艺的新学内容；举办的学校，也逐渐以兴办学堂代替了传统的书院。自此以后，除了于 1890 年 4 月他于武昌为湖南、湖北设立了一所两湖书院以外，就再也没有创办过书院。可以说，他在这个时期，是由前期办书院到后期兴学堂的转化阶段。

---

① 许同莘：《张文襄公年谱》，上海商务印书馆 1936 年版，第 6 页。

张之洞从停办书院转化为广兴学堂，是同他对书院的弊端逐渐有所认识分不开的。张之洞成为洋务派之后，有一个阶段，既办了新式学堂，也还继续办了书院。他在实践中将书院同新式学堂两相对比，就清楚地看出书院不及学堂，他指出："今日书院积习过深，假借姓名希图膏奖，不守规矩，动滋事端，必须正其名曰学，乃可鼓舞人心，涤除习气。如谓学堂之名不古，似可即名曰各种学校，既合古制，且亦名实相符。"① 此后，他带头对书院改制，亲自奏呈《两湖、经心两书院改照学堂办法片》。他要求："将两书院均酌照学堂办法，严立学规，改定课程，一洗帖括词章之习，惟以造真才济时用为要归。"他还表示："总期体用兼备，令守道之儒兼为识时之俊，庶可有裨时艰，以仰副朝廷兴学储材之至意。"② 1901 年 5 月，他与刘坤一合奏《筹议变通政治人才为先折》，主张以学堂代替书院。1902 年 8 月，根据清朝最高统治者的命令将书院均改为学堂：省城改设为大学堂，各府、厅、直隶州均改为中学堂，各州县均改为小学堂。其实，将书院改设为各级学堂，在 1898 年戊戌变法时就已降旨实行，后因政变才未得到贯彻。戊戌变法时停办书院改设为学堂，这些正是维新派变法维新的具体措施。张之洞极力推行书院改制，是受了维新派的影响，是改革封建传统教育的积极行动。

4. 积极倡导游学

张之洞从宏观上对清末封建传统教育进行重大改革之四，是积极倡导游学。游学教育也就是后来通称的留学教育。

张之洞之所以积极倡导游学教育，是因为他急需能够从事洋务活动的各种专门人才，而在国内培养，需时长、质量低。因而他积极倡导游

---

① 《筹议变通政治人才为先折》，《中国近代教育史资料》上册，人民教育出版社 1961 年版，第 55 页。

② 《两湖、经心书院改照学堂办法片》，《中国近代教育史资料》上册，人民教育出版社 1961 年版，第 76 页。

学教育，认为留学培养最好。他指出："出洋一年，胜于读西书五年。""入外国学堂一年，胜于中国学堂三年。"① 在张之洞的倡导下，湖北早在1882年就派出工匠10名，赴比利时学炼铁；1896年，又派出一名公费留日学生戢翼翚；1898年，湖北再派出20名留学生赴日本学习陆军。其后，张之洞陆续派湖北籍学生赴日学实业、学师范、学警察弁目。湖北省是清末向日本派遣留学生最早也是最多的省份。据光绪三十三年的统计，留日学生全国各省共计5400多名，湖北所派学生即有1360余名，占了四分之一，所以湖北在当时有先进省之称②。

张之洞对留学教育，既想让留学生出国学到西学、西艺，又怕他们受到西方资产阶级革命思想的影响，以致对留学生管理采取了软硬兼施的两手：对于能"循理守法"的留学生，则给予举人、进士出身，加以利诱收买；而对于所谓"妄发议论"的留学生，则加以制裁，"如有不遵，即行退学"③。为了达到这种既鼓励留学又加以严格思想控制的目的，他先后拟订了《奖励游学毕业生章程》和《约束游学生章程》。

张之洞积极推行留学教育，其本意是想迅速地培植一批既能忠于清朝政府又能从事洋务的各种高质量的专门人才，但客观上却造就出不少具有现代科学文化知识并志在推翻封建王朝的新型知识分子和革命者。很多留日学生参加了同盟会等反封建的革命团体，有些后来成为中国近代革命史上的著名革命家。据统计，1905年至1906年在东京参加同盟会的有863人，其中湖北留学生有106人。事实说明：尽管张之洞在政治上保守，但在教育方面，兴办学堂，鼓励游学，确实是一位中国近代留学教育的开拓者，是开西学风气的教育改革家。

5. 参与重订学堂章程

张之洞从宏观上对清末封建传统教育进行重大改革之五，是参与重

① 《劝学篇·游学》，《中国近代教育史资料》下册，人民教育出版社1961年版，第974页。
② 陈青之：《中国教育史》，商务印书馆1936年版，第634页。
③ 《筹议约束鼓励游学生章程折》，《张文襄公奏稿》卷37，1920年木刻本，第4~5页。

订学堂章程，制定出中国近代第一个学制，即清朝政府颁行于全国的癸卯学制。

癸卯学制在名义上是由张之洞与管学大臣张百熙、荣庆共同制定的，其实主要出自张之洞之手。在1903年，于癸卯学制制定之前，已由管学大臣张百熙制定了1902年的学制，即壬寅学制，又称《钦定学堂章程》。但因当时对该章程意见不一，于是清朝政府着令修订。经张百熙、荣庆共同上奏推荐，称赞张之洞为“当今第一通晓学务的人”①，使张之洞得以参加重订学堂章程。正因如此，重订学堂章程的任务，主要落在张之洞肩上，特别是《奏定学堂章程》中的《学务纲要》等，均为张之洞亲自制定。

经过张之洞重订的癸卯学制，比起壬寅学制的体制更加完备。纵的方面，分为三个阶段，共有七级。第一阶段为初等教育，包括蒙养院、初等小学堂（五年）、高等小学堂（四年）三级。第二阶段为中等教育，只有中学堂（五年）一级。第三阶段为高等教育，分为高等学堂或大学预科（三年）、大学堂（三年至四年）和通儒院（五年）。横的方面，与高等小学堂同一级的，有实业补习普通学堂、初等实业学堂和艺徒学堂；与中学堂同一级的，有初级师范学堂和中等农工商实业学堂；与高等学堂同一级的，有优级师范学堂、实业教员讲习所、高等农工商实业学堂、进士馆、译学馆等。张之洞对实业学堂和师范学堂特别重视，在《学务纲要》中有这样的解释，“实业学堂，意在使全国人民具有各种谋生之才智技艺，以为富民富国之本”，“师范学堂，意在使全国中小学堂各有师资，此为各项学堂之本源，兴学入手之第一义”。

张之洞制定癸卯学制，尽管是为维护清朝摇摇欲坠的封建专制统治服务的，并把旧学放在学习的第一位，读经时间占总学时的四分之一，女子教育在学制中没设位置，等等，但这毕竟是中国前所未有的第一个

① 《请派重臣会商学务折》，《光绪朝东华录》第5册，上海集成图书公司宣统元年版，第36~37页。

学制，它是“博考外国各种学堂课程门目，参酌变通，择其宜者用之”①而制定出来的，使所办的新式学堂体系化、制度化，从客观历史发展来看，它无疑是进步的。可以说，我国半殖民地半封建的教育制度，是在张之洞参与下奠基的，这是张之洞对中国近代教育改革的一大历史功绩。

6. 勇于改革传统的管学机构

张之洞从宏观上对清末封建传统教育进行重大改革之六，是勇于改革传统的管学机构。张之洞督鄂时间为清朝所有地方官中在一地任职期限最长的，约计 17 年，对湖北省教育的兴革也最多，并使湖北省成为中国近代教育改革的中心之一。由于兴学堂、变科举、改书院、派留学生等，管学事务日趋繁多。但清朝旧制，只有为科举充当预备教育的书院和私塾，并无全国统一管学组织，已远远不能适应教育改革的客观需要。至于清朝政府过去派往各地的学政，多系京堂、翰林充任，他们的任务是主持乡试、巡视学务，并不是协助督抚管学的地方官。张之洞从湖北需要统一管学机构的实际出发，于 1902 年 4 月，设立了湖北学务处，从而诞生了中国近代第一个地方的统一管学组织。该学务处设有审计、普通、专门、实业、游学和会计六个科，是现代省教育厅或局的雏形。至 1903 年，张之洞根据他的实践，通过制定《学务纲要》，向全国提出各地均应设立学务处的要求，他指出：“至各省府厅州县遍设学堂，亦须有一总汇之处以资管辖，宜于省城各设学务处一所，由督抚选派通晓教育之员总理全省学务。”②

张之洞认为，管理全国学务至为重要，是“自强要图”。不仅地方要有统一管学的机构，全国也要有专门管学的官员。根据清朝政府的旧制，全国原无专门管学的官员，是由礼部兼管；后又于 1896 年设立官

① 《张之洞的教育活动及其基本的教育思想——“中学为体，西学为用”》，《教育研究与实验》1982 年第 2 期。

② 《学务纲要》，《中国近代教育史资料》上册，人民教育出版社 1961 年版，第 219 页。

书局，管理全国学务事宜；1898年下诏设置京师大学堂，着派博通中外学术者“管理大学堂事务”，称管学大臣，兼管全国学务，但仍是兼管。张之洞认为，仅由管学大臣兼管全国学务还不够，因为“大学堂一处，已属繁重异常，专任犹虞不给，兼综更恐难周”；他还鉴于“各国均设有文部大臣，专司其事”①，因此，他认为中国应该效法，要专设管理学务的大臣。张之洞于1903年11月，特奏呈《请专设学务大臣片》，要求专设总理学务的大臣，“以统辖全国学务”；要求为京师大学堂专设总督，只管大学堂学务。他在《学务纲要》中这样规定：“各省遍设学堂，其事至为重要，必须于京师专设总理学务大臣，统辖全国学务。”1903年11月，《奏定学堂章程》颁布之后，清朝政府随之在京师专设了总理学务大臣。张之洞勇于改革传统的管学机构，设立湖北学务处，奏设总理学务大臣并得到了清政府采纳实施，这就使中国近代第一次出现了相当于现代省教育厅局一样的管学组织，第一次有了相当于现代国家教育部部长一样的管学官员。因此，可以说张之洞是一位对旧的学务管理的改革者，是中国近代新的教育行政管理的创建人。

7. 主张“中学为体，西学为用”

张之洞从宏观上对清末封建传统教育进行重大改革之七，是主张“中学为体，西学为用”，为封闭式的封建专制教育开了新风气。

“中学为体，西学为用”是洋务派张之洞的基本教育思想。他为了阐明以“中体西用”作为办学指导思想的必要性和重要性，用了很大精力撰著《劝学篇》，并在《序言》中作了如下论证：形势发展变化了，在守旧与求新中“莫衷于一”，只有采取“中体西用”，才是正确的对策。他说：“今日之世变，岂特春秋所未有，抑秦汉以至元明所未有也。”他所指的“世变”，就是鸦片战争以来的外敌入侵，太平天国革命以来的所谓内乱频仍。他指出：面对世变，“于是图救时者言新学，

① 《请专设学务大臣片》，《张文襄公全集》第2卷，北京中国书店1990年版，第27页。

虑害道者守旧学，莫衷于一”。他认为，只强调新旧哪一方，都有它不周至之处：“旧者因噎而食废，新者歧多而羊亡，旧者不知通，新者不知本；不知通则无应敌制变之术，不知本则有菲薄名教之心。”① 他认为，这样的新旧之争，各持己见，就会导致大祸来临。“邪说暴行，横流天下。敌既至，无与战；敌未至，无与安。”② 于是，他为消弭国内的祸乱之源，调和只强调中学或只重视西学之间的矛盾，提出了“中学为体，西学为用”的教育观。

张之洞“中学为体，西学为用”的教育观，实质上是“旧学为体，新学为用”；并且要求“新旧争学”，“不可偏废”。张之洞所谓的“新学”与“旧学”，按照他自己的理解是：“四书五经、中国史事、政书、地图为旧学；西政、西艺、西史为新学。”张之洞所谓“旧学为体”，就是把四书五经等旧学作为学习的主要部分；所谓“西学为用”，就是用西政、西艺、西史，来研究和处理当时世界上出现的各种新事物。

张之洞的“中学为体，西学为用”的教育主张，对清末的教育有着极大的影响。他为论述“中体西用”所写的《劝学篇》，经过清朝政府最高统治者“详加披览”之后，认为“持论平正通达，于学术人心大有裨益”，命“军机处颁发各省督抚、学政各一部”，让他们“广为刊布，实力劝导，以重名教，而杜卮言”③。这样，“中体西用”论，借最高统治者劝导之力，不胫而走，风行海内。1901年初，清政府实行所谓“新政”，把“中体西用”作为了教育的指导思想，要求学堂“教法当以四书五经纲常大义为主，以历代史鉴以及中外政治艺学为辅”。在出自张之洞之手制定的癸卯学制中，更为明确地强调：“以忠孝为敷教之本，以礼法为训俗之方，以练习艺能为致用治生之具。”④

张之洞“中学为体，西学为用”的教育主张，是半殖民地半封建

① 《劝学篇》，《中国近代教育史资料》下册，人民教育出版社1961年版，第972页。
② 《劝学篇》，《中国近代教育史资料》下册，人民教育出版社1961年版，第977页。
③ 上谕。参见清光绪戊戌年三月两湖书院刊本《劝学篇》。
④ 《学务纲要》，《中国近代教育史资料》上册，人民教育出版社1961年版，第200页。

社会洋务派的教育观，在本质上具有买办性、封建性，是一种调和中学与西学的“二重思想”。正如鲁迅所分析的那样，“学了外国本领，保存中国旧习；本领要新，思想要旧”，但是，一个人怎么能“早上打拱，晚上握手，上午‘声光化电’，下午‘子曰诗云’”呢？鲁迅主张：“要进步，要想太平，总得连根的拔去了‘二重思想’就好。”①

从历史发展来看，张之洞的“中体西用”教育观，是反对维新派和资产阶级革命派的，但与顽固派当权者反对改革相比较，毕竟是突破了只强调“中学”旧框框的一种新的主张；另外，它对全盘西化要求也起到了抵制作用。这从传教士对“中体西用”主张提出异议，就是证明。例如美国传教士福开森于1902年在“中华教育会”第四届大会上，作为大会副主席在大会上声称：“政府把‘中学为体，西学为用’作为教育宗旨是轻视西学的表现。”有的传教士公开提出，应以“基督教教育为体”②。可见，力图推行全盘西化的传教士认为“中体西用”提法还不能完全合乎他们殖民地政策要求，从而证明张之洞“中体西用”主张对全盘西化有抵制作用。

张之洞虽然是洋务派的后期首领，极力维护封建专制统治，在政治上是保守的、反动的，在教育总体上是为这种洋务派政治服务的，但是从他作为一位历史人物，就其一生观察，他的教育思想和教育活动都是有积极意义的。在中国近代教育领域里，几乎当时开展的每一项重大的兴革，诸如变科举、改书院、兴学堂、派留学、定学制、强管理，等等，都同他的奏议和参与有关。因此，就这种意义上可以肯定：他是中国近代教育史上对封建传统旧教育有不少重大改革的改革者，是对中国近代新式教育有很多开拓的教育家。

---

① 《随感录四十八、五十四》，《鲁迅全集》第1卷，人民文学出版社1981年版。

② 陈景磐：《中国近代教育史》，人民教育出版社1979年版，第106页。

洋务教育思潮

洋务教育思潮是洋务运动中勃然兴起的向西方学习西学、西艺的教育思想，并逐渐发展成为一个规模宏大的洋务教育运动。在这种教育思潮的推动下，中国创设了第一批新式学堂，派遣了第一批留学生，建立起中国第一个新学制，培养出第一批科技知识人才，使中国教育由传统的儒学独尊向近代新式教育转化。研究洋务教育思潮，不但有助于系统深入地了解这一教育思潮的历史状况及其在中国教育史上的地位和影响，而且有助于吸取历史上学习西学、西艺的经验教训，进一步推动我国教育的改革。

1.“自强”“求富”的追求和洋务教育思潮的勃兴

（1）洋务教育思潮勃兴的社会历史条件

洋务教育思潮勃兴于19世纪60年代至90年代不是偶然的，因为在这一时期，清朝遭受两次鸦片战争的失败，西学开始东渐，洋务运动兴起，为它的形成和发展提供了社会历史条件。

19世纪60年代到20世纪初，正是西方资本主义列强走向帝国主义的时代。他们为寻找殖民地，以便榨取和掠夺更多的财富，把地大物博的中国作为了猎取对象，终于靠船坚炮利打开了闭关自守的中国大门。然后，他们利用与中国签订的不平等条约为保护，大批传教士来华传教、办学，把基督教义和西方科技文明一起带入中国。西方列强的入侵，给中国带来了灾难，但伴随传入了西学、西艺，对于中国教育走向近代化，也起了促进作用。西学、西艺是西方资本主义科技文明，东渐之后与中国传统的封建儒学文化相碰撞，经过矛盾冲突，逐渐走向融合。西学东渐虽然在明末清初由利玛窦传教士来华就有萌动，后因清朝政府一度闭关自守则中断了。因此，西学真正得到东渐，还是在鸦片战争以后。可以说，西方列强打开中国闭关自守大门，使西学、西艺得以东渐，这是洋务运动和洋务教育思潮之所以能够勃兴的外部社会历史条件。

外因是条件，内因是根据。晚清内部的社会历史条件变革和洋务运动的兴起，对于洋务教育思潮的产生就更为重要。当西方列强进一步入侵和西学东渐，使晚清封建专制统治集团有所分化，一部分具有买办倾向的地主、官僚、军阀，逐渐从顽固派中分化出来，成为洋务派，主要代表人物有奕䜣、曾国藩、李鸿章、左宗棠，后期有张之洞等。洋务派与顽固派就阶级本质来说，尽管是一样的，但在如何维持封建专制统治的措施上，却有不同。顽固派认为，“立国之道，尚礼义不尚权谋；根本之图，在人心不在技艺”，坚持祖宗之法不可变，“变而从夷”，“咸归于夷不止”①。他们把西学、西艺视为奇技淫巧，拒绝学习。可是，洋务派面临晚清处于“数千年未有之变局”的现实，认为儒学纲常名教的“道”优于西方，可是在船坚炮利的“器”上却不如西方，主张“变器不变道”，有了“变器”思想。李鸿章所说具有代表性，他认为：“中国文武制度，事事远出西人之上，独火器万不能及。”② 李鸿章肯定，西方技艺有长处，值得传习。他指出：“彼西人所擅长者，测算之学、格物之理、制器尚象之法，无不专精务实，泐有成书。”③ 由于主张对西学转相传习，洋务教育思潮自然由此而萌生，所以，洋务运动是

① 宝鋆：《筹办夷务始末同治朝》卷47，第24~25页。

② 宝鋆：《筹办夷务始末同治朝》卷48，第19页。

③ 《江苏巡抚李鸿章奏》，《中国近代学制史料》第1辑上册，华东师范大学出版社1983年版，第215页。

洋务教育思潮赖以勃兴的内部的社会历史条件。

什么是“洋务”？关于当时所谓“洋务”，具体来看，“外事交涉，订条约等固然是办洋务，派遣留学生，学习外洋来的科学，购买洋枪洋炮，使用机器，开矿办厂，雇用外国军官，按照‘洋法’操练军队等，也无不属于办洋务的范围”①。可见此时所办的“洋务”，很多就是洋务教育的内容。

当然，洋务教育思潮所宣扬的“洋务”思想，也并不是洋务派的独自发明，而是由“夷务”一词演化而来的。改革派魏源早就提出了“师夷长技以制夷”的口号。当时从事的“夷务”也就是后来所称的“洋务”。但“夷务”与“洋务”之间，也还是有些差异，即在“师夷长技以制夷”的思想中，有蔑视洋人和“制夷”内容，而改称“洋务”，却有崇洋和畏夷之意。由此可见，洋务教育思潮受到了“师夷长技以制夷”思想的影响，这不能不是洋务教育思潮形成和发展的思想源流，但与之同时它又有在性质上由“制夷”到“崇洋”演化的不同。

（2）洋务教育思潮勃兴的思想基础

洋务派为了维持和延续风雨飘摇的清朝封建专制统治，提出了“自强”“求富”的口号。所谓“自强”，就是主张仿效西方列强练兵制器，增强军事力量，以便对内“剿贼”，对外“御侮”。怎样才能达到“自强”？曾国藩、李鸿章认为：“赴泰西各国书院，学习军政、船政、步算、制造诸学”，“使西人擅长之技，中国皆能谙悉，然后可以渐图自强”②。李鸿章还指出：“造就人才，实为当务之急。”③ 他并且说：“果有精熟西文者转相传习，一切轮船火器等技巧，当可由渐通晓，于中国自强之道似有裨助。”④ 盛宣怀宣称：“伏查自强之道，以作育人才为

---

① 胡绳：《从鸦片战争到五四运动》上册，人民出版社 1981 年版，第 30 页。

② 宝鋆：《筹办夷务始末同治朝》卷 82，第 67 页。

③ 《李文忠公全书·奏稿五十三》。

④ 《江苏巡抚李鸿章奏》，《中国近代学制史料》第 1 辑上册，华东师范大学出版社 1983 年版，第 215 页。

本。求才之道，尤宜以设立学堂为先。”① 由此可见，洋务派把肄习西学、培养洋务人才、开办学堂，看作是实现“自强”的根本途径。所谓“求富”，就是求取财富，加强国力，以为练兵制器、开办学堂所需经费，充实国库。为此，洋务派在兴办军工企业的同时兴办了工商企业。当军工和民办企业兴办后，就需要大批企业商贸管理人员和科学技术人员，可是这些人员又不可能采用传统儒学教育所能培养出来的，必须向西方学习，创办新式学堂，运用新式教育，才能实现，这就促进了工厂附设技术学堂的发展。

上述表明，学习西学西艺、开办新式学堂、培养洋务人才等，都是在洋务派为实现“自强”“求富”理想所激发兴盛起来，并逐渐形成和发展成为影响一个时代的教育思潮，因此可以说，洋务派的“自强”“求富”思想是洋务教育思潮形成和发展的思想基础。

（3）洋务教育思潮勃兴的内在动力

洋务派从“自强”“求富”出发，重视练兵制器，兴办军工和民用企业，从事洋务活动，但更为重视的是培养洋务人才。他们认为，洋务人才是制器之器，是练兵的指挥人员，是驾船使炮的操纵者，是从事洋务的科技人才，没有这些人才，就不可能实现“自强”“求富”。在洋务派看来，培养洋务人才比练兵制器还要重要。李鸿章指出：“中国欲自强，则莫如学习外国利器；欲学习外国利器，则莫如觅制器之器。”②张之洞也主张，培养洋务人才比求财还重要：“中国不贫于财，而贫于人才”③，“人才日多，国势日盛”④。他把练兵制器、办理洋务，与培养人才相比，认为培养人才更为重要，不然即便有舰船炮械而无驾驶测

---

① 《盛宣怀拟设天津中西学堂禀》，《皇朝经世文新编》第6册，上海书局1901年版，第26页。

② 宝鋆：《筹办夷务始末同治朝》卷24，第23页。

③ 《筹议变通政治人才为先折》，《中国近代教育史资料》上册，人民教育出版社1961年版，第47页。

④ 《筹议变通政治人才为先折》，《中国近代教育史资料》上册，人民教育出版社1961年版，第49页。

放的人才，也等于无用。张之洞说：

> 有船而无驾驶之人，有炮而无测放之人，有鱼雷水雷而无修造演习之人，有炮台而不谙筑造攻守之法，有枪炮队而不知训练修理之方，则有船械与无船械等。①

洋务派重视洋务人才的培养，因此非常重视开展洋务教育，兴办学堂，改制书院，变革科举，引进西学，派遣留学生，等等。张之洞对育才与兴学的关系有着深刻的认识，指出："非育才不能图存，非兴学不能育才。"② 这就是说，要自强图存，就要育才，而要育才，必须兴学。因此，洋务派重视育才兴学，是洋务教育思潮勃兴的内在推动力，也可以说，没有洋务派重视洋务人才培养，就不可能有洋务教育思潮的勃兴。

2. 洋务教育思潮的发展及其主要内容

洋务教育思潮勃兴于西学东渐的初始时期，经历了一个西学与中学、新学与旧学的碰撞与融合的过程。在这个过程中，对于西学的了解和接受是层层深入的，由物质文化层面到制度层面，再到心理思想层面。洋务教育思潮形成和发展时期正是处于物质文化层面，最初办外国语学堂，出现了西文教育思潮；然后创立军事技术和工艺学堂，出现了西艺教育思潮；进而向美国和西欧派遣留学生，出现了留学教育思潮。这既是洋务教育思潮形成发展的历程，又是它的主要内容。

（1）西文教育思潮与外语学堂的建立

重视外国语言文字学习，并不肇始于洋务派。早在 1407 年就开设有四夷馆；到 1426 年，即明宣德元年则"兼选官民子弟，委官教肄，学士稽考课程"③。1757 年，又设立有俄罗斯学馆，教授满汉贵族子弟

---

① 《筹议海防要策折》，《张文襄公全集》奏议 11，中国书店 1990 年版。

② 《筹议变通政治人才为先折》，《中国近代教育史资料》上册，人民教育出版社 1961 年版，第 59 页。

③ 《明史职官三》卷 74，第 1797~1798 页。

学习俄文，但形成西文教育思潮，却从洋务派始。

洋务派首领恭亲王奕䜣于 1861 年 1 月，为办理与外国交涉事务，奏设总理各国事务衙门设同文馆于北京；又于 1862 年 8 月奏设京师同文馆，这是中国开设的第一所新式学堂。京师同文馆的创设，正是中国处于内有太平天国农民革命运动，外有英法等西方列强入侵威逼之时。在这种内忧外患处境下的清政府，国际地位非常低落，办理外交遇到了很多困难。当时，中英、中法的天津条约中规定：以后英、法两国送至中国的外交文件，如遇文词辩争之处，则以英、法文字作为正义，因此，急需培养通晓外国语言文字的翻译人员。奕䜣认为："欲悉各国情形，必先谙其语言文字，方不受人欺蒙。"① 这种办外交处境和需要，促进了同文馆的开办：1862 年 8 月先办英文馆，1863 年增设法文馆和俄文馆，1867 年增设天文算学馆，1872 年加设德文馆，1896 年添设东文馆。这就是说，自 1867 年以后，同文馆已由单一的外语学堂变成为综合性的专科学校。

京师同文馆设立后，各地争先效法，逐渐形成西文教育思潮。李鸿章于 1863 年 3 月，奏设广方言馆于上海；由于李鸿章在奏折中提到广东"可否试行"等情，后由上谕诏令于 1864 年 6 月设立了广州同文馆。其后，张之洞于 1893 年 11 月奏设湖北自强学堂于武昌，等等，开办外语学堂一时蔚为风尚。西文教育思潮为洋务教育思潮的重要内容，也是洋务教育思潮勃兴的初始阶段。

（2）西艺教育思潮与军事和技术学堂的开设

西文教育思潮发展以后，洋务派逐渐感到只掌握西文，培养外交翻译人才还不够，为了"自强""求富"，还必须学习西方"船坚炮利"的制造技艺，培养懂西学会西艺的科技人才，西艺教育思潮应运兴起。

西艺教育思潮早在西文教育思潮中就已孕育。李鸿章早在 1863 年

① 宝鋆：《筹办夷务始末同治朝》卷 8，第 29~30 页。

在筹设上海广方言馆时，从有裨自强出发，就曾提出向西方学习西学和制器工艺的主张。他在奏折中指出："彼西人所擅长者，测算之学，格物之理，制器尚象之法，无不专精务实，泐有成书。"他又说："果有精熟西文，转相传习，一切轮船、火器等巧技，当可由渐通晓，于中国自强之道似有裨助。"① 其后，奕䜣也感到京师同文馆只学外国语言还不够，认为有必要增学西学西艺，于1866年12月奏请于同文馆内增设天文算学馆，奏称：

> 因思洋人制造机器、火器等件，以及行船、行军，无一不自天文、算学中来。现在上海、浙江等处，讲求轮船各项，若不从根本上用着实功夫，即学习皮毛，仍无裨于实用。②

同文馆增设天文算学馆，虽遭顽固派的反对，但经过论战，终于获胜，于1867年开馆。这表明伴随西文教育思潮出现的是西艺教育思潮，使洋务教育思潮从重视学习外国语言文字逐渐进入更为重视学习西方的科学技术。

在西艺教育思潮的推动下，中国创设了近代最早一批军事技术学堂，其中主要有福建船政学堂、广东实学馆（西学馆）、上海江南制造局附设工艺学堂等；与此同时，还创设有电报学堂、矿务学堂、西医学堂等。

甲午战败以后，作为洋务教育思潮已到了尾声，可是西艺教育思潮并未因此消失，不但如此，所办工艺学堂则越来越多，逐渐与维新教育思潮相融合。

（3）留学教育思潮与留学生的派遣

洋务派在兴办军工技术学堂的同时，伴随西艺教育思潮的发展，开始向欧美派遣留学生，留学教育思潮由此滥觞，洋务教育思潮又增添了新的内容。

---

① 《李文忠公全书·奏稿卷三》，第11~13页。

② 宝鋆：《筹办夷务始末同治朝》卷46，第3~4页。

①曾国藩、李鸿章和留美教育

1872年，清政府先后派遣120名幼童赴美留学，为我国公费留学教育的肇始。鸦片战争前，虽然有容闳等人留学美国，但都不是国家以公费派遣，而是传教士归国带领或其他途径赴美的。清同治年间之所以能实现留美教育，这一方面与容闳为实现他要引导中国学生赴美留学的计划并为之奋斗多年的推动有关，但更为重要的得到了曾国藩、李鸿章的支持，才能以曾、李名义呈上《奏选派幼童赴美肄业办理章程折》，终于得到清朝政府批准实行。因此，这个派遣幼童赴美留学的教育计划，虽然最初出自容闳之手，但因以曾、李名义呈奏，就成为洋务派培养人才的一项重要措施，是属于洋务教育思潮的一个重要内容。

曾国藩、李鸿章之所以主张派幼童赴美留学，是因为他们办洋务急需西学西艺和外语人才，并且相信古人的学齐语要“引而置之庄岳之间数年”① 之说。他们指出：“古人谓学齐语者，须引而置之庄岳之间。又曰：百闻不如一见，此物此志也。”② 这个派遣幼童赴美肄业的教育计划，规定从1872年夏季开始，每年以30名为一批，四年四批，共120名。原定学习期限15年，后来改为分批提前撤回国内。虽然这一留学美国教育计划执行不够完满，但这却是我国近代留学教育发轫，功不可没，使留学教育思潮由此兴起。

②左宗棠、李鸿章和留欧教育

晚清派遣学生赴欧留学，始于福建船政学堂。1873年，洋务派左宗棠在《上总理各国事务衙门》书中，呈请派人赴泰西游学，认为“借资学习，互相考证，精益求精”，能使“我之神智日开，以防外侮，以利民用”，并且指出，出洋可不限于去美国和英法，不论何国，只要轮船、枪炮、水雷制造最精，“尽可随时斟酌资遣”③。

---

① 《孟子·滕文公下》。

② 《奏选派幼童赴美肄业办理章程折》，《中国近代教育史资料》上册，人民教育出版社1961年版，第164页。

③ 《左文襄公全集·书牍卷十三》，第40~41页。

1875年，船政学堂法国监督日意格回国。船政大臣沈葆祯于同年4月奏呈，请求派遣学生随日意格出洋肄习，认为："生徒等正宜乘便偕行，涉历欧洲，开扩耳目。"经奏准，福建船政学堂派前堂学生3人，派后堂学生2人，"随同日意格前往游历英吉利、法兰西等处"①。1876年4月，李鸿章趁洋员李劢协任满回国之便，派天津武弁卞长胜等7人，随同赴德国军营学习兵技、陆军，3年为期。1877年1月，李鸿章又奏派船政学堂制造学生14名，驾驶学生12名，艺徒4名，年限3年，分赴英法两国肄习。其后，李鸿章又于1881年12月，奏派福建船政学生10名赴西欧留学；于1886年3月从北洋水师学堂选取学生10名，从福建船政学堂选取驾驶学生10名、制造学生14名，分赴英法肄习②。

洋务派开拓的留欧教育，与派幼童赴美留学相比，有很大改进，所派均是福建船政学堂和北洋水师学堂的优秀学生，年龄大些，不只文化技术水平高，并且有一定的生活经验，为国求学心切。这表明，留学教育思潮得到了扩展。

③张之洞和留日教育

洋务派后期首领张之洞，对于留学教育颇有独自见解。他对于曾国藩、李鸿章采纳容闳建议，完全派遣幼童赴美留学的做法，持有不同观点，认为"游学之益，幼童不如通人，庶僚不如亲贵"，还认为"游学之国，西洋不如东洋"。他通过考察，主张派赴日本留学要比派赴美欧留学有优越性：第一，路近费省，可多遣；第二，离华近，易考察；第三，东文近于中文，可通晓；第四，西书繁杂，东人对其中不切要者已删节酌改，易学习。此外，尤为重要的，在他看来，日本维新变法前与中国贫弱相似，向西方学习后，由弱变强，但未废除君主统治，而实行君主立宪制。派遣学生到日本留学，可以效法日本。因此，他在督鄂期

① 《船政奏议汇编》卷12，第9页。

② 《船政奏议汇编》卷32，第4~6页。

间，虽然早期曾于1882年派出工匠10名赴比利时学炼铁，但到后来，派遣学生主要是到日本留学；1896年派戢翼翚为清政府最早派往日本的13名留学生之一；1898年派出20名留学生赴日学陆军。“据光绪三十二年的统计，留日学生全国各省共计五千四百余名，湖北所派学生即有一千三百六十余名，占了四分之一。所以湖北在当时有先进省之称。”①

张之洞所以积极倡导留学，是因为他急需获得能够从事洋务活动的各种专门人才，而在国内培养，新办的学堂门类不全，又缺少好的教习和设备，不如将学生派遣到外国培养的质量好，他指出：“入外国学堂一年，胜于中国学堂三年。”② 他的理论根据是孟子所论“置之庄岳”说，学齐语最好住在齐国都城的里巷之中学习最好。这就表明，认为学习西学、外国语言，最好要到外国去留学，因为环境优越，可收到学习的最好效果。张之洞的留学理论，与曾国藩、李鸿章的见解，是一致的。这种留学理论，可以说是留学教育思潮形成和发展的思想根源。正因为如此，就是甲午战败后，留学教育思潮并未因为洋务派失败而终止，只是随时代需要在指导思想和具体要求上有所变化。

关于洋务教育思潮的内容是很广泛的，不可能是只限于所述西文、西艺、留学三种教育思潮；这三种教育思潮只能是其中最主要的，具有代表性的，其他内容在这里就不一一论述了。

3. 洋务教育思潮的核心思想及其根本特征

（1）核心思想：“中学为体，西学为用”

洋务派非常重视人才培养，但他们又不希望培养出来的人才危及封建专制统治。他们最为理想的教育目标是能够培养出这样的人才：既具有儒家纲常名教的思想和品德，同时又能运用西方的科学技术并能从事洋务的人才。他们的这种培养目标，是由其核心思想体系决定的。李鸿

① 陈青之：《中国教育史》，商务印书馆1936年版，第634页。
② 张之洞：《劝学篇·外篇游学第二》。

章所论，具有代表性。他说："中国文武制度，事事远出西人之上，独火器万不能及。"① 这就是说，中国文武制度的"体"最好，不需要变更，只是船械火器的"器"不如西方，要向西方学习的只是西学西艺，为我所用。从这里可以看出，洋务派的思想体系，其核心是"中学为体，西学为用"。不过，李鸿章尚未使用这样明确的词语；到了洋务派的后期，张之洞撰著了《劝学篇》，才将"中学为体，西学为用"思想加以系统化、理论化。

"中学为体，西学为用"并不是洋务派最先提出来的，最早提出"中体西用"主张的，一般认为是冯桂芬在1861年所写的《采西学议》，其中写道："如以中国之伦常名教为原本，辅以诸国富强之术，不更善之善者哉？"② 郑观应后来提出的主张，就更加明确了，指出："中学其本也，西学其末也。主以中学，辅以西学。"③ 但最初概括成为"中学为体，西学为用"表达形式的，却公认为沈寿康在《万国公报》上于1896年4月发表的《匡时策》一文，他说，"今宜于各省会设西学大书院"，其办学方针是："以中学为体，西学为用。"1896年8月，孙家鼐在《议复开办京师大学堂折》中，讲得更加全面："今中国京师创立大学堂，自应以中学为主，西学为辅；中学为体，西学为用。"这一提法，仅在《劝学篇》问世前两年，不言而喻，对张之洞的"中体西用"观点肯定会有影响的。

（2）"中体西用"的根本特征

洋务派主张的"中学为体，西学为用"，其根本特征是什么呢？主要之点在于以旧学为体，以新学为用；不改中学之旧，仅增西学之新，为"自强""求富"的洋务新政服务。张之洞在《劝学篇》中所论是最清楚不过了，按他的理解，认为"中学为体，西学为用"，就是以"旧

① 《戊戌变法》第1册，神州国光社1953年版，第26页。
② 《戊戌变法》第1册，神州国光社1953年版，第28页。
③ 《郑观应集》上册，上海人民出版社1982年版，第276页。

学为体，新学为用”，要新旧兼学，不可偏废，不能增新替旧。什么是他所谓的“旧学”与“新学”呢？他均有具体的解释：所说的“旧学”，是指“四书五经、中国史事、政书、地图”；所说的“新学”，是指“西政、西艺、西史”。他所谓“旧学为体”，就是把“四书”“五经”等作为政治思想的主体，也可称之为“道”，是不可变更的；所谓“新学为用”，就是用西政、西艺、西史，研究和处理办洋务出现的新事物，也可称之为“器”，是可以变更的。至于他所谓的西政、西艺，也有他的具体解释，指出：“学校、地理、度支、赋税、武备、律例、劝工、通商，西政也；算、绘、矿、医、声、光、化、电，西艺也。”①可见，他所说的西政，并不是指的西方政治制度，而是学校、地理、度支等教育、交通、财政等行政措施。因此，他认为“救时之计，谋国之方，政尤急于艺”②，这就是认为：要“自强”“求富”，学习“西学”，对于教育、交通、财政等要比科学技术的算绘矿医等“西艺”为急。至于“西史”，他虽未作解释，也只能是与“旧学”中“中国史事”相对而言，可能是指西国史事之类，这可算“西学”不太重要的部分，无关宏旨。这样看来，张之洞增新的目的是为保旧，是以洋务之新，以保封建专制主义统治的旧。

洋务派的“中体西用”教育思想，就其方法论特征来看，采用的是中国传统的体用说。中国古代传统哲学中，“体”与“用”是一对范畴，但这一体用范畴有一个重要原则是“体用不二”。这就是说，必须在一种文化内部区分体用之学。张之洞运用体用范畴时，不是在一种文化中讲体用，而是在中学与西学两种文化中分为体用关系，这就违背了“体用不二”原则。尤其是张之洞解释“中学”是“四书”“五经”的封建的旧学，而所指“新学”又是具有资本主义文化性质的西政、西艺、西史，是两种不同思想体系的文化，分成了“体”与“用”。这种

---

① 张之洞：《劝学篇·设学第三》。

② 《与〈外交报〉主人书》，《严复集》第3册，中华书局1986年版，第559页。

错误，正如严复讥讽那样，中学与西学是旧学与新学的两种不同文化，可是硬以中学为主，以西学为辅，“将无异取骥之四蹄，以附牛之项颈”①，弄成非牛非马，成为“牛体马用”的笑话。张之洞把封建性质的“中学”与资本主义性质西学，想用移花接木办法嫁接在一起，从方法论上看是错误的，也是不可能的，这也正暴露出洋务派的“中体西用”是一种充满矛盾的“二重思想”。正如鲁迅所主张要坚决连根拔去的“二重思想”那样，“学了外国本领，保存中国旧习。本领要新，思想要旧”，但是这不可能做到的，一个人怎么能“早上打拱，晚上握手，上午‘声光化电’，下午‘子曰诗云’”呢？所以鲁迅认为：“要想进步，要想太平，总得连根的拔去了‘二重思想’。”②

洋务派为什么把“中体西用”作为教育的核心思想呢？这与洋务派所处严峻局势的逼迫和他们要在思想领域走出一条调和中学与西学的中间道路有着直接的渊源。张之洞在《劝学篇》中指出：“今日之世变，岂特春秋所未有，抑秦、汉以至元明所未有也。”他所谓的“世变”，就是鸦片战争后西方列强入侵以及太平天国农民革命运动以来的所谓祸乱频仍。为了御外侮、平内乱，维护摇摇欲坠的清朝封建专制统治，他认为一方面要反对顽固派坚持祖宗之法不可变的僵化做法，另一方面更要反对维新派要求变法维新，为挽救危局想走出一条形似折衷实为保旧的道路。表现在文化教育上，张之洞认为必须调和中学与西学、旧学与新学之争，因此提出了“中体西用”的教育观。他指出：面对中国前所未有的“世变”，“于是图救时者言新学，虑害道者守旧学，莫衷于一”。在他看来，只强调新旧哪一方，都有它不周之处：“旧者因噎而食废，新者歧多而羊亡；旧者不知通，新者不知本；不知通则无应敌制变之术，不知本则有非薄名教之心。”他认为这种新旧之争，会导致大祸来临：“邪说暴行，横流天下。敌既至，无与战；敌未至，无

① 《与〈外交报〉主人书》，《严复集》第3册，中华书局1986年版，第559页。
② 《随感录四十八、五十四》，《鲁迅全集》第1卷，人民文学出版社1981年版。

与安。”他认为，所以会招致大祸来临的，是因为“杂出其说以荡众心”“中无所主”，因此，他要以“中体西用”观点统一无主的思想。他感到不这样以“中体西用”统一思想，就会造成争论混乱，引来大祸，他表示：“吾恐中国之祸，不在四海之外，而在九州之内矣！”① 在这里，张之洞秉承清政府结好西方列强的卖国政策，不是把西方列强侵略视为祸乱的真正根源，而把国内要求维新变法、反对因循保守，却当成了祸乱之源。他为了消弭国内的祸乱之源，提出了“中体西用”主张，名为倡西学，实为保旧学，以调和只强调中学或只重视西学的矛盾。

张之洞提出的“中学为体，西学为用”的教育思想，对清末的教育影响巨大。他为阐述“中体西用”所写的《劝学篇》，得到清朝最高统治者的倍加赞赏，命“军机处颁发各省督抚、学政各一部”，并让他们“广为刊布，实力劝导，以重名教，而杜卮言”②。这样，“中体西用”论，借皇帝劝导之力，不胫而走，风行海内，成为洋务教育思潮的核心思想，指导着整个洋务教育。无论是培养目标、教育内容，还是教育原则方法；无论是京师同文馆、武备学堂，还是船政学堂以及各级各类学校，只要是属于洋务教育范围，无一例外的要接受“中体西用”教育思想指导，它成为洋务教育思潮不可须臾离的灵魂。

4. 洋务教育思潮的历史影响

洋务教育思潮是鸦片战争后从传统教育长河中分流出来的一种教育思想。传统教育思想所宣扬的是以纲常名教为主体的儒学教育，而洋务教育思潮所主张的除了仍然坚持以纲常名教为主体的儒学教育外，还要求传授外国语言和科学技术等教育。当然，洋务教育思潮从其本质上也还是维护封建专制主义统治的，反对维新变法；办起的新式学堂，所培

① 张之洞：《劝学篇·序》，光绪戊戌三月，两湖书院刊本。
② 张之洞：《劝学篇》扉页，光绪戊戌三月，两湖书院刊本。

养的是洋务人才，还不可能是培养要求维新变法的政才。正因为如此，洋务教育遭到了维新派的抨击，其中梁启超的批评是具有代表性的，他指出：

> 今之同文馆、广方言馆、水师学堂、武备学堂、自强学堂，实学馆之类，其不能得异才何也？言艺之事多，言政与教之事少。其所谓艺者，又不过语言文字之浅，兵学之末，不务其大，不揣其本，即尽其道，所成已无几矣。①

梁启超从维新派重视“西政”的高度评论洋务教育思潮，指出洋务教育“言艺之事多，言政与教之事少”，所传播的“西学”“西艺”，“又不过语言文字之浅，兵学之末，不务其大，不揣其本”，所以不可能培养出敢于维新变法的“异才”。这一批评，无疑击中了洋务教育的要害，直到今天仍有助于提高人们的认识。但是，事物总不只有单一的一面，不能仅仅将洋务教育与后来居上的维新教育相比；如果全面来看，也就是从另一个方面，将洋务教育与顽固派坚持的传统教育相比，就会除了看到洋务派未改“中学”之旧的不足之外，还会看到它的进步之处，这就是增添了“西学”之新，使中国教育思想发展有了时代性的变化。因为梁启超是维新派领袖，他是历史的当事人，为表明维新教育要高于洋务教育，针对洋务教育不足进行有力的批判，是无可厚非的。但作为时至今日的研究人员，就应从历史发展角度对洋务教育进行客观的全面的评价。对于洋务教育思潮，主要的还不是看它与后来居上的教育思潮有哪些不足，评判人和事最好不要超越历史，而根本的是要看比以前增添了哪些新的东西。从这个意义上看洋务教育思潮的历史影响，可以说是巨大的，对传统儒学教育思想有着历史性超越。在当时，随着洋务教育思潮这一主潮波涛的起伏，激发和派生出许多新的教育思潮，诸如西文教育思潮、西艺教育思潮、留学教育思潮等。在洋务教育思潮的“西学”“西艺”雨露滋

① 《变法通议·学校总论》，《饮冰室合集文集》第1册，中华书局1989年版，第15页。

润下，中国近代教育园地里，萌发出很多新的教育事物：开办了中国第一批新式学堂，如雨后春笋；派遣了中国第一批留学生出国游学，引入了美雨欧风；制定了中国第一个新的壬寅癸卯学制，构建起一座新教育的小宝塔；培养出中国第一批懂西文、会西艺的知识分子群体，如同在漫漫黑夜的天空中闪现出灿烂的繁星。这一切表明，尽管洋务派政治上屈辱投降西方列强，镇压太平天国农民革命运动，军事上甲午之役惨败，但以一分为二观点，从教育历史发展情况看，洋务派提出的新教育，主张学“西学”“西艺”，提出“中体西用”的教育思想，却起了推动传统儒学教育变化的作用。洋务教育思潮在使中国传统教育向近代教育转化过程中，功不可没，可以说起到了催化剂的重要作用，也可以说，中国的新式教育就是滥觞于洋务教育思潮之中。

洋务教育思潮的历史影响巨大。从教育思想发展来考察，有以下一些历史性突破：

（1）提出了“中体西用”的教育指导思想，为传统教育打开了一扇吸收新学气息的天窗

“中体西用”教育指导思想的提出是中国教育思想发展史上的历史性转折，冲破了长达两千多年传统儒学教育只讲“中学”的樊笼，首次引进了“西学”“西艺”教育内容，也就是说，从以前只讲以纲常名教为主体的儒学之旧，而到洋务教育开始增添了西方语言、科学技术的“西学”“西艺”之新。由于教育指导思想上的这种变化，使中国传统教育走向了近代化开始向西方先进教育行列追赶，这可以说是中国教育从此出现了根本性突破。

（2）将培养目标由培养封建士大夫改为造就懂外语、会科技的洋务人才

培养什么样的人，是教育领域的核心问题，正是在这个方面，洋务教育思想对传统教育观念有了历史性的突破。中国整个封建社会，都是

主张培养封建士大夫、君子，“学而优则仕”，对“百工之人，君子不齿”，换句话说，就是反对造就称为“小人”的“百工之人”。鸦片战争以后，顽固派依然坚持培养士大夫、君子，认为“自强”之策，可以忠信为甲胄，以礼义为干橹，真是愚蠢至极；可是洋务派，因多半是联合西方列强镇压太平天国革命运动起家者，他们对西方“船坚炮利”有切身体验，所以主张向西方学习，重视以“西学”“西艺”培养洋务人才。曾国藩认为，要“自强”，就要“师夷智以造炮制船”。他为培养懂“西学”“西艺”的洋务人才，与李鸿章一起同意容闳建议，奏呈“拟选聪颖幼童，送赴泰西各国书院学习军政、船政、步算、制造诸书”，“使西人擅长之技，中国皆能谙悉”①。李鸿章由于对学西学、派遣留学生的重视，后来还几次派遣船政学堂和水师学堂学生出国肄习，认为：“出洋学习造、驶之举，实为中国海防人才根本。”② 李鸿章出于对洋务人才的需要，亲自创办了很多学校，诸如外语、武备、水师、电报、医务等学堂，培养懂外语科技的洋务人才和军工等实用人才。这是对传统教育培养只懂“四书”“五经”和八股文的儒学君子教育目标的历史性的突破。

（3）第一次改变了以前清一色的“中学”课程，增添了“西学”内容

在传统的“中学”课程中，增添了“西学”，这是对传统儒学一统天下设课格局的历史性突破。像张之洞创设的湖北自强学堂，主要开设了英、法、德、俄，后来又加日的五种外国语言课程，至于对华文已不作为正课，而是“于西文之暇，课授儒书华文”③。洋务教育重视“西学”“西艺”课程设置本身，势必迫使传统儒学课程有所让位，这种突破有助于中国教育走向近代化。

---

① 曾国藩：《曾文正公全集·奏稿》卷30，国学整理社1936年版，第38~40页。

② 吴汝纶：《李文忠公全书·译署函稿》卷15，第29页。

③ 《招考自强学堂学生示并章程》，《张文襄公公牍稿》卷28，上海商务印书馆1920年版，第13页。

（4）促使了科举制度的废除与新学制的产生

由于洋务教育要求学习西方的科学技术，而科举考试是以“四书”“五经”和八股文取士，使洋务学校毕业生无法参与，只能直接就业。在京师同文馆的章程上，就有这样规定：

每届三年，由臣衙门堂官自行考试一次，核实甄别，按照旧例，优者授为七、八、九品等官，劣者分别降革、留学，俟考定等第，将升降各生咨行吏部注册。其由七品官考取一等应授主事者，旧例因鼓励学生起见，准其遇缺即补……①

从京师同文馆对毕业生考试分配规定，可以看出：这些毕业生任职授官直接由吏部管理，绕过了以前只有经过科举考试才能授予官职的限制，其实这就拉开了教育体制改革的序幕。至于后来科举考试增加了现代科学的内容，也与同文馆的影响有关。美国康乃尔大学教授毕乃德曾指出：“同文馆创立于一八六〇年间，是中国教育制度中渗入现代观念的急先锋。”他又说：“一八八七年，全国考试制度经过改革，候补官职的人，可以现代科学为与考科目之一，一半即系同文馆的影响。”②

同文馆学生虽未经科举考试，毕业后可任七、八、九品官职，原为七品官者可任主事。后来，很多同文馆毕业生渐渐迁任外交官要职。“一八八八年，即有任驻欧各国使馆秘书者，一八九六年已有任驻外总领事及代办者。”也有些参与了内政，任各地知县知府者，有些参加电报局、制造局、船政局、军校任职者。“此外，亦有担任教职的，有两位且被特派教授皇上的英文，一位即任文馆的数学教习。”③ 至于后来任过要职的毕业生，还有：吴宗濂，曾任驻意公使；刘镜人，曾任驻荷、驻俄公使；杨晨，曾任驻奥、驻德、驻荷公使；刘式训，曾任驻法、驻巴公使、外交部次长；陆徵祥，曾任驻荷、驻俄公使、国务总理

① 宝鋆：《筹办夷务始末同治朝》卷8，第29~35页。
② 毕乃德：《同文馆考》，《中华教育界》1935年第2期。
③ 毕乃德：《同文馆考》，《中华教育界》1935年第2期。

兼外交部总长；颜惠庆，曾任驻德、驻丹公使、国务总理兼外交总长①。

由于同文馆毕业生直接可以出任官职，传统教育相沿几百年的科举八股取士制度被打开了缺口。随着洋务教育思潮的广泛深入的传播，各级各类新式学堂相继建立，书院改制急需新的学制加以规范。1902 年至 1903 年，壬寅癸卯学制应运诞生，于是为废除科举制度拉开了序幕。可以这样肯定，如果没有洋务教育思潮的勃兴，那么各级各类新式学堂的建立和完善，清政府于 1898 年改制书院，1902 年至 1903 年建立新学制，1905 年废除八股取士科举制度，都将会像无源之水一般不可想象。由此可见洋务教育思潮对建学堂、改书院、建立新学制和废除科举制度有着决定性的影响。

总之，洋务教育思潮的勃兴，无论是对教育指导思想、教育目标，还是教育内容和教育体制，都具有历史性的突破和划时代的影响，冲破了传统教育儒学独尊的一统天下，使近代新式教育由此发轫。

① 《中国近代学制史料》第 1 辑上册，华东师范大学出版社 1983 年版，第 213 页。

论蔡元培的全面和谐发展教育思想

蔡元培，字孑民，号鹤卿，浙江绍兴人，是我国近代杰出的资产阶级民主教育家，是全面和谐发展教育思想的倡导者。他早年追随孙中山先生，从事资产阶级民主革命运动，但他一生中的大部分时间是在进行革命的教育工作。辛亥革命前，在上海任南洋公学特班总教习，创办了爱国学社和爱国女学，于1907年去德留学；辛亥革命后，出任南京临时政府的教育总长，领导了反封建的教育改革；到五四运动前后担任北京大学校长“十年有半”①（实际在校五年半）。蔡元培在长期革命的教育活动中，从资产阶级革命和建设出发，提出了很多宝贵的教育思想，主张学术自由、发展个性，重视科学教育、劳动教育，提倡美育，等等。但这些教育思想，并不是孤立的，是有着一个统一的核心思想为主导，这就是全面和谐发展的教育思想。蔡元培以此作为指针，提出革命民主主义教育主张。他对改革中国封建专制主义压抑个性的教育、反对片面发展有着巨大贡献。

为了纪念辛亥革命及其教育方针的提出者蔡元培，整理和阐述他的全面和谐发展教育思想是一项很有意义的事情，这对肃清我国当前仍存在的封建教育流毒，克服片面发展的教育思想，为四个现代化培养更多

① 高平叔：《蔡元培教育文选》，人民教育出版社1980年版，第227页。

的全面发展的社会主义新人，是非常必要的，也是十分有益的。蔡元培很重视对人类“文明的消化”，认为“人类之消化作用，不惟在物质界，亦在精神界”①。因此，让我们能从蔡元培的全面和谐发展的教育思想中，“必择其可以消化者而始吸收之”，把它“消化”成为对社会主义教育有利的东西，以便丰富我们的教育思想，发展我国的教育事业。

作为孙中山先生在教育方面的得力助手的蔡元培，就任当时的教育总长以后，抓的第一件大事就是明确教育宗旨，主张以“五育”不可偏废作为共和国的教育总方针。他在“临时教育会议”上指出，民国教育“不外乎五种主义，即军国民教育、实利主义、公民道德、世界观、美育是也”②。蔡元培提出的这个以“五育”为中心内容的教育方针，贯穿着一个重要的指导思想，就是认为“五育”都很重要，以他的话来说，“五育”是“今日之教育所不可偏废者也”③。他的这种“不可偏废”的说法，实际上就是说“五育”不能片面发展的意思，也就是说，“五育”要全面和谐地发展。他为了阐明“五育”不可偏废，就以人身的各部位对于人来说都是不可缺少的道理加以譬喻。他说：“譬之人身：军国主义者，筋骨也，用以自卫；实利主义者，胃肠也，用以营养；公民道德者，呼吸机、循环机也，周贯全体；美育者，神经系也，所以传导；世界观者，心理作用也，附丽于神经系，而无迹象之可求。此即五者不可偏废之理也。”④

蔡元培提出的这个“五育”并重和谐发展的教育方针，不只是他这个教育总长一个人的主张，因为经过了“临时教育会议”的审议，除了世界观教育在会上有争议之外，其他“四育”后来作为政府的教育宗旨予以公布“注重道德教育，以实利教育、军国民教育辅之，更以

① 《蔡元培选集》，中华书局 1959 年版，第 26~27 页。
② 高平叔：《蔡元培教育文选》，人民教育出版社 1980 年版，第 11 页。
③ 高平叔：《蔡元培教育文选》，人民教育出版社 1980 年版，第 5 页。
④ 高平叔：《蔡元培教育文选》，人民教育出版社 1980 年版，第 6 页。

美感教育完成其道德”①。把蔡元培的这种全面和谐发展教育思想作为民国政府的教育宗旨颁布，影响巨大，可以这样说，在辛亥革命时期，教育上的一切改革都是与这个教育方针分不开的。

蔡元培要求受教育者在道德教育、实利教育、军国民教育、美感教育几个方面都能得到和谐发展的教育思想，并不是他的偶然看法，而是他一贯坚持的教育主张。他不仅在辛亥革命时期是如此主张的，就是在辛亥革命以后，他也是一直坚持着这种见解。1917 年 5 月 23 日，蔡元培先生应邀赴天津南开中学演讲，当时周恩来同志笔录了这次演讲词。蔡元培说：“三育之重，各国学校殆莫不皆然，在国中则有名无实者犹居多数，此实大可商榷者也。”② 1920 年，他出国考察教育，于同年 12 月 7 日路过新加坡，应邀到南洋华侨中学演讲，他坚持说，普通教育之宗旨，就是“（一）养成健全的人格，（二）发展共和的精神”，而所谓“健全的人格内分四育，即：（一）体育，（二）智育，（三）德育，（四）美育”。然后，他明确表示：“这四育是一样重要，不可放松一项的。”③

蔡元培到北大长校以后，仍在积极推行他在辛亥革命时提出的“四育”全面和谐发展的教育方针。他认为，对旧北大“第一要改革的，是学生的观念”。因为旧北大是由原来清朝的京师大学堂改的，“初办时所收学生，都是京官，所以学生都被称为老爷”。学生入校都是为了毕业当官，只求得一张文凭，对上课学习“没有趣味，或瞌睡，或看看杂书”。他到校的第一次演讲，就说明“大学学生，当以研究学术为天职，不当以大学为升官发财阶梯”。与此同时，蔡元培“广延积学与热心的教员，认真教授，以提起学生研究学问的兴会”④。这就是说，蔡元培在北大，首先抓了智育教育。

① 舒新城：《中国近代教育史资料》上册，人民教育出版社 1961 年版，第 226 页。
② 高平叔：《蔡元培教育文选》，人民教育出版社 1980 年版，第 25 页。
③ 高平叔：《蔡元培教育文选》，人民教育出版社 1980 年版，第 116 页。
④ 高平叔：《蔡元培教育文选》，人民教育出版社 1980 年版，第 243 页。

蔡元培在北大还了解到，学生上完课以后，无高尚娱乐，以致有些学生“遂不得不于学校之外，竟为不正当的消遣”，甚至有的去玩“麻雀”、嫖妓。蔡元培针对旧北大这种腐败情况，除了延名师搞好课内教学以外，还设法占领课外阵地。在他倡导下，学生组织了许多有益身心的课外活动，以便有高尚的娱乐。为挽救奔竞、游荡的旧习，北大当时先后组织了音乐研究会、画法研究会、书法研究会等，以供正当消遣；还组织了消费公社、学生银行、校役夜班、平民学校以及《新潮》杂志社等，以发扬学生的自动精神，养成服务社会的能力。蔡元培本人，还“提倡进德会（此会为民国元年吴稚晖、李石曾、张溥泉、汪精卫诸君发起，有不赌、不嫖、不娶妾的三条基本戒，又有不作官吏、不作议员、不饮酒、不食肉、不吸烟的五条选认戒），以挽奔竞及游荡的旧习”①。蔡元培以身作则，并且号召师生加入进德会，在校学生很多愿意入会，从而改变了北大腐败之校风。可见，蔡元培在北大很重视抓德育。

蔡元培对北大的体育和美育也很注意。他鼓励北大学生参加军事训练，把学生“编成学生军，聘白雄远君任教练之责”②，一面上好军体课，一面组织课外的体育研究会。蔡元培在北大也很重视美育，他坚持开设美学和美学史课。“没有人肯讲美学，十年，我讲了十余次，因足疾进医院停止。”③ 他对北大的美术设备也很重视，并请著名专家担任书法、画法等研究会的指导工作，让“学生自由选习”。

总之，蔡元培在北大，要求学生能“专心增进学识，修养道德，锻炼身体”④，陶冶学生具有美的情操，以便能为社会服务。他在北大实践德、智、体、美几育，取得了很多经验。

蔡元培为什么要提倡全面和谐发展的教育思想，而且能把它作为教

① 高平叔：《蔡元培教育文选》，人民教育出版社 1980 年版，第 243 页。
② 高平叔：《蔡元培教育文选》，人民教育出版社 1980 年版，第 227 页。
③ 高平叔：《蔡元培教育文选》，人民教育出版社 1980 年版，第 226 页。
④ 高平叔：《蔡元培教育文选》，人民教育出版社 1980 年版，第 99 页。

育方针并身体力行呢？这有着他在思想上的根源。提倡全面和谐发展的教育思想，并不是蔡元培的首创，而是他留学德国，受到西欧资产阶级教育思想的熏陶，并将这种教育原理应用于中国教育实际的结果。他接受了从法国卢梭到瑞士裴斯泰洛齐的教育观。他认为，教育的立足点要着眼于人民，要尊重儿童，按照儿童自身需要和特点，使他们自然地自由发展。他公开地宣称："从前瑞士教育家（裴斯泰洛齐）有言：'昔之教育，使儿童受教于成人；今之教育，乃使成人受教于儿童。'"① 按照裴斯泰洛齐的这种教育思想，就是要和谐发展儿童的才能和智慧，而不是站在国家的立场上，从成人的角度出发，硬性约束学生去成长，这是蔡元培坚持全面和谐发展教育思想的思想基础。蔡元培的全面和谐发展教育思想的实质内容，就是资产阶级自由发展的教育思想。由于蔡元培是资产阶级的民主革命家，他赞扬法国大革命的"自由、平等、博爱"的革命原则，并以此指导他的教育实践，也因此使他的教育思想富有强烈的反封建的民主革命精神。他自己曾阐明，他提出的"五育"不可偏废的教育方针，与清朝的教育方针有着本质上的不同。他指出："民国教育与君主时代之教育其不同之点何在？"他认为："君主时代之教育方针不从受教育者本体上着想，用一个人主义或用一部分人主义，利用一种方法驱使受教育者迁就他之主义。民国教育方针应从受教育者本体上着想，有如何能力方能尽如何责任，受如何教育始能具如何能力。"② 蔡元培原是清朝的翰林，对读私塾、应科举深有体会。他把清朝教育看成是"用一个人主义"，使受教育者只能得到片面畸形发展的教育。这种教育，实质上是为君主和少数特权人物谋取私利的教育。这种教育的根本目的在于以奖励出身为诱饵，骗取学子入彀，使他们终身能为君主服务。为达到此种目的，封建教育只准学生读"四书""五

① 《临时教育会议日记》，《中国近代教育史资料》上册，人民教育出版社 1961 年版，第 297 页。

② 《临时教育会议日记》，《中国近代教育史资料》上册，人民教育出版社 1961 年版，第 297 页。

经”，学作八股文，代圣人立言。至于“其他若自然现象，社会状况，虽为儿童所亟欲了解者，均不得阑入教科，以其与应试无关也”①。蔡元培幼年深受这种教育之害，读书无自由。私塾先生就怕学生把书读杂了，日后科举不注意而把丧祭等“忌讳”之词，引入八股文，就“一定不为考官所取”②。因此，蔡元培从资产阶级革命利益出发，坚决反对清朝的“不从受教育者本体上着想”、只为科举做官效劳的教育方针，并与之相对立，“从受教育者本体上着想”，提出了“五育”并重的教育方针。

蔡元培提出全面和谐发展“五育”的教育方针，最终的目的是培养社会所需要的共和国公民。这在蔡元培刚上任教育总长之时，于1912年2月向参议院宣布政见的演说中就讲得很清楚，“普通教育，务顺应时势，养成共和国民健全之人格”③ 为根本培养目标。为了培养这样“健全之人格”，必须采取德、智、体、美几育和谐发展的教育方针。蔡元培有时称为培养“健全之人格”教育，有时又称为培养“完全之人格”教育，两者实际上是同一的教育概念。如果要培养具有“完全之人格”的共和国公民而不采取全面和谐发展的教育方针，是不可能实现的。

蔡元培所以提出要培养“健全之人格”的“五育”不可偏废的教育方针，这同他在辛亥革命后对形势的看法有关。蔡元培认为，辛亥革命前，中国“如人之罹重病”，求医治之方，就是革命。他说：“革命者，即治病之方药也。”④ 因此，在辛亥革命前，他提倡教育救国，宣传革命，用革命思想培育人才。只因他“觉得革命只有两途：一是暴动，一是暗杀”，所以他在爱国学社为“下暴动的种子”，重视军事训练，至于学习物理、化学等自然科学知识，那是为了制造炸弹的需要，

① 高平叔：《蔡元培教育文选》，人民教育出版社 1980 年版，第 48 页。
② 高平叔：《蔡元培教育文选》，人民教育出版社 1980 年版，第 235 页。
③ 高平叔：《蔡元培教育文选》，人民教育出版社 1980 年版，第 8 页。
④ 高平叔：《蔡元培教育文选》，人民教育出版社 1980 年版，第 14 页。

而在爱国女学，为“下暗杀的种子”①，才讲法国革命史等课。至于公民道德教育、美育等，他虽然是极为重视的，但因不是为培养革命者进行暴动、暗杀所急需，所以他当时并未极力提倡。但在辛亥革命以后，情况就不同了，因为蔡元培觉得革命业已成功，以为“至民国成立，改革之目的已达，如病已医愈，不再有死亡之忧”。所以他主张：“则欲副爱国之名称，其精神不在提倡革命，而在养成完全之人格。”② 从这些言论中可以看出，蔡元培认为辛亥革命后的主要任务不再是革命了，而是建设国家，使国家富强。要让国家富强起来，做到真正爱国，首先使这些人要具有“完全之人格”。怎样才能具有“完全之人格”呢？他认为，必须使德、智、体、美几方面都得到不可偏废的和谐发展。蔡元培说，夫“完全之人格，首在体育”，“次在德育”，而“德育实为完全之人格之本”③。总之，在他看来，要实现“完全之人格”的培养，必须德、智、体、美几育并举，使它们能和谐发展。由此可见，蔡元培提出的全面和谐发展的教育方针，其根本出发点，在于要培养具有“完全之人格”的共和国公民。

蔡元培提出的全面和谐发展的教育方针，有着重大的革命现实意义，因为有了这样的方针，就从根本上否定了清朝政府的以“读书做官”为目的的教育方针，从而结束了两千多年来封建社会片面发展的旧教育统治；奠定起共和国的教育宗旨在于培养“完全之人格”的思想基础；它关系到中华民族能以“五育”和谐发展教育思想培养后一代。蔡元培的全面和谐发展的教育思想，在理论基础上虽然是唯心的，受到康德哲学和西欧早期资产阶级和谐发展教育思想的严重影响，但是，他的全面和谐发展教育思想，在中国教育史上有着划时代的意义，因此，他的教育思想是革命的、进步的教育思想。当然，由于这种教育思想是

---

① 高平叔：《蔡元培教育文选》，人民教育出版社 1980 年版，第 240 页。
② 高平叔：《蔡元培教育文选》，人民教育出版社 1980 年版，第 14 页。
③ 高平叔：《蔡元培教育文选》，人民教育出版社 1980 年版，第 15 页。

属于资产阶级民主性质的，同马克思列宁主义的全面发展教育思想还有本质上的区别。不管怎么说，它在中国，是在马克思列宁主义全面发展教育思想传播到中国以前的最高峰，就是今天来看，蔡元培的这种教育思想，还是有很多有益之处。

历史事实说明，蔡元培的全面和谐发展教育思想，从辛亥革命到五四运动以后，为中国培养出很多革命民主主义者和科学上有造诣的人才，其中有不少的人，后来接受了马克思列宁主义，成为无产阶级的革命者，像许德珩、王昆仑等，就是受到蔡元培先生教育思想影响成长起来的当时北大学生的代表。作为辛勤园丁的蔡元培，堪称桃李满天下的教育大师，他的教育成就是中国近代教育史上无与伦比的。

蔡元培为了贯彻他提出的“五育”不可偏废的教育方针，根据他多年的教育实践经验，总结出许多宝贵的教育原则和方法。有些原则和方法，可以说是蔡元培自己独到的主张。实践证明，如果按照这些教育原则和方法办教育，就能使学校成为传播新思想的摇篮，就能培养出德、智、体、美几方面都能得到发展的既有资产阶级的革命思想又有良好才能的新人。这些教育原则和方法，由于受到蔡元培资产阶级革命民主主义思想的指导，适应受教育者自身发展的实际，因此，其中有许多地方是符合培养人才的教育规律的。尽管它们有时被蔡元培解释得不够科学，但它们本身都是从教育实践中总结出来的，有不少是合理的经验，反映出培养人的客观规律性。蔡元培总结出的教育原则和方法是很多的，在这里仅就其中三个具有规律性的教育原则和方法，简述如后。

1. 尚自然，展个性

蔡元培要培养具有“完全之人格”的共和国公民，一方面，极力反对违反受教育者的身心发展的实际、束缚个性的封建传统教育；另一方面，积极主张要有能适应受教育的身心发展程序、和谐发展个性的教育。蔡元培在论述新教育与旧教育之区别时指出：“教育者，与其守成法，毋宁尚自然；与其求划一，毋宁展个性。”① 蔡元培把教育上的“守成法”同“尚自然”、“求划一”同“展个性”视为新旧教育的分水岭。

蔡元培极力反对违反自然，束缚个性的教育，对“死守成法”的封建教育进行了猛烈的抨击。他针对封建教育目标，他揭露说：“旧教育以养成科名仕宦之才为目的。”在他看来，由于教育者强加给学生的这一“科名仕宦”目的只是让受教育者学习同科举考试有关的“四书”“五经”，学作八股文，而对自然现象、社会现象的知识，虽然学生极欲了解，因其与考试出题无关，均不能设为教学科目。蔡元培气愤地指出：“是教者预定一目的，而强受教者以就之；故不问其性质之动静，资禀之锐钝，而教之止有一法，能者奖之，不能者罚之。”② 旧教育是怎样对待教育者的呢？他一针见血地指出，旧教育的管理者对待学生，像处理无机物一样，就如同石匠处理石头的凸出部分，硬性加以削平；又好像花匠编织松柏那样，任意织成鹤鹿，还像凶汉割折幼童一般，使他们长成奇形怪状，因此，他慨叹说：“追想及之，令人不寒而栗。”他对违反自然、束缚个性的教育原则和方法，是深恶痛绝的，表达出强烈不满的感情。

蔡元培认为，新教育以全面和谐发展“完全之人格”为目的，教育原则和方法必须同旧教育原则和方法，反其道而行之。那么，新的教育原则和方法应该是什么呢？他认为，新教育“在深知儿童身心发达之程序，而择种种适当之方法以助之。如农学家之于植物焉，干则灌溉之，弱则支持之，畏寒则置之温室，需食则资以肥料，好光则复以有色之玻璃；其间种类之别，多寡之量，皆几经实验之结果，而后选定之；且随时试验，随时改良，绝不敢挟成见以从事焉。故治新教育者，必以

① 高平叔：《蔡元培教育文选》，人民教育出版社 1980 年版，第 49 页。
② 高平叔：《蔡元培教育文选》，人民教育出版社 1980 年版，第 48 页。

实验教育学为根柢"①。从这里可以看出，蔡元培要求教育工作者，要能"深知儿童身心发达之程序"，选择"适当之方法"进行教育，就是要求能适应儿童身心的发展的规律，并且"必以实验教育学为根柢"，进行教育实验。他是我国主张教育实验、要求按照儿童身心发展规律办学的首倡者。

为了使教育工作者能够有科学根据，蔡元培主张要"尚自然""展个性"。他还为教育工作者能够借鉴外国有关这方面的教育经验，特地介绍了几位有代表性教育家的做法：一是介绍了托尔斯泰的自由学校，指出它是经由卢梭、裴斯泰洛齐、福禄贝尔等从自然主义而到自由主义的教育；二是介绍了杜威的实用主义教育，强调教育的民主和学生的"做中学"；三是介绍了蒙台梭利的儿童室，为儿童设置各种玩具、器具，以启发儿童的心理发展。

为了贯彻"尚自然""展个性"的教育原则和方法，能够全面和谐发展"完全之人格"，蔡元培要求学生能注意"自动""自学"和"自觉"。他认为"自动的求学"很重要，"在学校不能单靠教科书和教习，讲堂功课固然要紧；自动自学，随时注意自己发见求学的门径和学问的兴趣，更为要紧"②。他告诫教师："要学生圆就圆，要学生方就方，这便大误。"他认为，"最好使学生自学，教者不宜硬以自己的意思，压到学生身上"。因此，他要求学生能"自觉""自动"。他说："寻常一级的学生，总有二十人左右。一位教员，断不能知道各个学生的个性；所以在学生方面，也应自觉，教我的先生，既不能很知道我，最知我的，便是我自己了。如此，则一切均须自助才好。"③ 他要求学生能自动研究，自己独立思考，达到举一反三。他要学生不能只满足教师讲的一点，或者把教科书读熟了，而"要从具体的东西内抽出公例来，好应

① 高平叔：《蔡元培教育文选》，人民教育出版社 1980 年版，第 48 页。
② 高平叔：《蔡元培教育文选》，人民教育出版社 1980 年版，第 132 页。
③ 高平叔：《蔡元培教育文选》，人民教育出版社 1980 年版，第 118 页。

用到别处去。譬如从书上学得菊花，看见梅花时，便知也是一种植物”。他要求教学能落实到发展学生的智力上去。为了能达到这样目的，蔡元培要求教师教学时，不要搞注入式，要搞启发式。他希望：“我们教书，并不是像注水入瓶一样，注满了就算完事。最要是引起学生读书的兴味，做教员的，不可一句一句，或一字一字的，都讲给学生听。最好使学生自己去研究，教员竟不讲也可以，等到学生实在不能用自己的力量了解功课时，才去帮助他。”①

蔡元培在他一生的教学实践中，始终坚持着“尚自然”“展个性”的教育原则和方法。早在他任南洋公学特班总教习时，就曾提倡“学生自己读书”，注意发展学生个性；后来在北大任校长时，更强调个性自由发展，废除了束缚个性的“年级制”，改用美国的“选科制”。他这样改革的理由是：一方面，可使“有特长者不可强属之于普通”，“有天才者尤当利用之以为先导”；另一方面，因“年级制”有流弊，“锐进者无可见长”，留级者对学习的“兴味毫无”，以致“时时旷课”②，所以他主张：“此后新教育，必将渐改年级制而为选科制。”③ 蔡元培提出的“尚自然”“展个性”的教育原则和方法，是对封建社会压抑个性的传统教育原则和方法之重大变革。

2. 边工边学，工学并进

为了培养共和国公民所具有的“完全之人格”，蔡元培主张：必须加强劳动教育，采取边工边学、工学并进的教育原则和方法。他赞扬勤工俭学，认为“一边读书，一边做工”好，他说：“终日读书，于卫生上也有妨碍。”④

在蔡元培看来，做工是人生的天职，出于自身的自然冲动。他说：

---

① 高平叔：《蔡元培教育文选》，人民教育出版社 1980 年版，第 116 页。
② 蔡尚思：《蔡元培学术思想传记》，棠棣出版社 1950 年版，第 227 页。
③ 高平叔：《蔡元培教育文选》，人民教育出版社 1980 年版，第 72 页。
④ 高平叔：《蔡元培教育文选》，人民教育出版社 1980 年版，第 132 页。

“人不是为生而工，是为工而生的。”他还认为，人做工同动物不同，昆虫中蜜蜂的工是它们的本能，一代传一代，代代不变；但人做工是一时有一时的变化和进步，原因是人们做工是与学习相结合的。他说，“因为人能学，所以学是工的预备，但是学与工有直接的，有间接的，有间接而又间接的”① 关系，使工与学互相联系。因此，要培养共和国公民具有“健全之人格”，就必须使工与学相互联系，边工边学，工学并进，身心才能得到全面和谐的自由发展。

蔡元培还认为，如果不使工学相互联系，就会使人得不到身心全面和谐的自由发展。他说，“不作工又不求学的”人，“物质上一点也没有生产，精神上也一点没有长进”，这样的人过的是旧生活，不可能有什么发展和进步。另外，他又说，“整日作苦工，没有机会求学”的人，“身体上疲乏得了不得，所作的工是事倍功半，精神上得过且过”，也得不到全面和谐发展。所以他得出两个结论。第一，“不作工的人，体力是逐渐衰退了，不求学的人，心力又逐渐萎靡了；一代传一代，更衰退，更萎靡，岂不全是退化的吗?”这就是说，只做工不求学，或只求学不做工，都是片面发展，将导致民族的衰退。第二，“要是有一个人肯日日作工，日日求学，便是一个新生活的人”，也就是说，在边工边学中可以使人得到健康和谐发展。这对一个人如此，对一个团体、一个国家来说，就会出现新生活。他说：“全世界的人都是日日工作，日日求学，那就是新生活的世界了。”② 从这里可以看出，蔡元培认识到教育同劳动相结合的必要性。

蔡元培主张又工又学，工学并进，这同他重视工人劳动和劳动教育是分不开的。他首次喊出“劳工神圣”的口号，他最早认识到脑力劳动者、教育工作者也是劳动工人，他认为：“不但是金工、木工等等，凡用自己的劳力作成有益他人的事业，不管他用的是体力、是脑力，都

① 高平叔：《蔡元培教育文选》，人民教育出版社 1980 年版，第 95 页。
② 《我的新生活观》，《蔡元培全集》第 3 卷，中华书局 1989 年版，第 454 页。

是劳工。"① 在他看来，农业是种植的工，商业是转运的工，学校教员、著述家、发明家，都是教育的工。作为一个资产阶级民主教育家，能够认识到劳动的重要价值，发出"劳工神圣"这一时代最强音，是难能可贵的。

蔡元培不仅在理论上认识到边工边学、工学并进对培养具有"完全之人格"公民的必要性，而且在实践中，还亲自参加开办又能劳动又能学习的社会教育。他于第一次世界大战期间，同吴玉章等在法国提倡勤工俭学，主持勤工俭学会的工作，提倡边工边学、工学并进。他在北大任校长期间，热心开办白天工作、夜晚学习的校役夜班学校。1920 年 1 月 18 日，北大开办平民夜校，他去演说，指出开办夜校的目的是：以便平民能在"他们晚上不当差的时候，也可以随便的求点学问"②。1920 年，他对当时少年中国学会发起的"工读互助团"加以赞扬并发表了《工学互助团的大希望》的文章，认为工读互助团的"读字不如学字的好"，建议把"工读"改为"工学"。他虽然在政治上，曾一时被蒋介石利用过，但他重视工学并进的教育，并未动摇。就是在 1927 年，他任大学院院长期间，仍创办了劳动大学。在他拟订的《国立劳动大学劳工学院组织大纲》中，也体现出他的边工边学教育思想。该大纲的第二条规定："本院相信劳心劳力不可偏废，希望学生成为劳心而又劳力的完全劳动者：学生一面研究学艺，一面必须实行体力的工作，以养成劳动的技能习惯以及尊重劳动的精神。"③ 蔡元培自己曾说，开办劳动大学的目的，在于"打破'劳力'和'劳心'的成见"，"使劳动者得有知识，劳心者也去劳力，这实在是一件要紧的事"④。从这些论述中可以看出，蔡元培已经认识到工学并进对消除"劳心"与"劳力"分离的重要性，这是超越了他的阶级和时代的远见卓识。

---

① 高平叔：《蔡元培教育文选》，人民教育出版社 1980 年版，第 57 页。
② 高平叔：《蔡元培教育文选》，人民教育出版社 1980 年版，第 100 页。
③ 蔡尚思：《蔡元培学术思想传记》，棠棣出版社 1950 年版，第 258 页。
④ 蔡尚思：《蔡元培学术思想传记》，棠棣出版社 1950 年版，第 231 页。

蔡元培生活的时代，正是资产阶级民主革命的时期。在教育领域中，轻视劳动，轻视劳动人民，教育同劳动分离，是根深蒂固的；但蔡元培能冲破这种传统教育观念的束缚，重视劳动教育，提出边工边学、工学并进的教育原则和方法，这是教育思想上的一大革新，是对封建传统教育的有力批判。但也必须指出，他这种边工边学主张，其理论基础受到了美国杜威“从做中学”的很大影响。他对杜威在芝加哥大学的“实验学校”，实行工即是学的做法非常赞赏，并向中国教育界大加宣扬，使他走上了轻视教科书、反对系统理论传授的地步，以致他把贫儿院原来每天上午的读书时间给删掉了，使得贫儿院的儿童上下午都在劳动，在劳动中学习，这是不正确的。他说：“照此办法还要用什么教科书么？还要聚了几十个学生在教室里面，各人对了一本书，听教习一句一句的呆讲么？……现在贫儿院既有工作，何不把上午的读书省却，匀派在工作的时间，来试试杜威博士的新主义呢？”① 由此可见，他的边工边学、工学并进主张，虽然在反对封建教育脱离劳动、教育脱离实际方面起了积极的作用，但同时也存在着忽视系统理论学习，降低教师作用的错误，在了解和吸取蔡元培关于边工边学、工学并进的这种教育原则和方法时，必须深加注意。

3. 思想自由、兼容并包

蔡元培为了实现他的全面和谐发展的教育方针，培养具有“完全之人格”的共和国公民，提出了思想自由、兼容并包的办学原则和方法。蔡元培为了使学生得到自由发展，免于“守一先生之言，而排斥其他”②，他深知必须祛其教师的偏狭之意见，除有专精之余，应旁涉种种学理，要有学术自由，开展百家争鸣。他总结在北大任校长期间的体会时说：“我对于各家学说，依各国大学通例，循思想自由原则，兼容

① 高平叔：《蔡元培教育文选》，人民教育出版社 1980 年版，第 80 页。
② 高平叔：《蔡元培教育文选》，人民教育出版社 1980 年版，第 59 页。

并包。无论何种学派，苟其言之成理，持之有故，尚不达自然淘汰之命运，即使彼此相反，也听他们自由发展。”①

蔡元培根据思想自由、学术自由、兼容并包的办学原则和方法，使北大当时教师队伍出现了网罗众家、人才荟萃的局面：既有信仰马克思主义的李大钊、陈独秀，也有尊奉实用主义的西洋博士胡适，还有笃信孔教的辜鸿铭，等等。胡适当时只有二十几岁，穿着考究，西装革履；而辜鸿铭虽然是教授英国文学，却仍戴瓜皮小帽，穿长袍马褂，还拖着一条大发辫。就连当时准备去衡山当和尚的梁漱溟，因他研究印度哲学，也被蔡元培请到了北大。他不仅将思想、派别等不同者，集于一校，就是在同一学科，也允许两派存在。蔡元培这样请教员，以便使学生兼听则明，有所选择。据当时在北大就读的王昆仑回忆：“蔡先生长北大时，主张百家争鸣，所以会有两位名师唱对台戏的情况，这不仅充分表现了学术民主，而且能启发学生的思路，培养独立思考、探索真理的兴趣与能力。”王昆仑当时在文科学习，选修文字学。教他文字学的有两位老师：一位是新派钱玄同，一位是老派黄侃。有一天，王去听钱玄同的课，不料他听到“对面教室里正在讲课的黄侃大声地骂起钱玄同来了。钱听了也满不在乎，照样讲课”。这引起了王昆仑的兴趣，后来他“既听听钱玄同的课，也听听黄侃的课，以便两相对照”②。王昆仑的这段回忆，生动地说明了蔡元培采取学术自由、兼容并包政策，有利于学生自由和谐发展个性。这是他在北大办学中得出的一条卓有成效的教育经验。

蔡元培的兼容并包、网罗众家，并不是毫无限制的。兼容并包的前提，要“循思想自由原则”，因为“自由”是资产阶级革命旗帜上“自由、平等、博爱”的一角；网罗众家需要符合“其言之成理，持之有故”，否则是不予并包、不予网罗的。不仅如此，如无真才实学，一家

① 高平叔：《蔡元培教育文选》，人民教育出版社 1980 年版，第 244 页。

② 王昆仑：《蔡元培先生二三事》，《光明日报》1980 年 3 月 4 日。

之言，就是威胁蔡元培，他也是不加容纳的。譬如，蔡元培对学问未必好的教师，不管谁来说项也坚决辞退。有一个英国籍教员竟然请托英国驻华公使朱尔典来校谈判，以便继续留任，即便如此蔡元培也未答应。他回忆说："朱尔典出去后，说：'蔡元培是不要再做校长的了。'我也一笑置之。"① 可见，蔡元培的兼容并包是有一定原则性的，不是任何人都包。正因为如此，蔡元培在北大网罗了各方面的名家，如李大钊、陈立秀、鲁迅、钱玄同，还有胡适、刘师培、梁漱溟等一大批名流学者。正如蔡元培所指出："我素信学术上的派别，是相对的，不是绝对的；所以每一种学科的教员，即使主张不同，若都是'言之成理、持之有故'的，就让他们并存，令学生有自由选择的余地。"②

由于蔡元培采取兼容并包、网罗众家政策，就能在不容许有新思想存在的反动封建军阀统治的时代，也能以研究方式宣传新思想，使学生在思想上受益；另外，还能保留和发挥政治上反动的那些人物的"一技之长"。譬如，刘师培为帝制派，但他是同章太炎齐名的古文经学家，对国学造诣很深，就用其国学；而辜鸿铭是洋务派时的留学生，虽然赞助张勋搞过复辟帝制，但他精通英语，用英文译过"四书"，就让他教英国文学。这样办学，就能使学生吸取他们的"一技之长"，博取众家，自由发展，多才多艺。蔡元培实行兼收并蓄、博采众家之言的教育原则和方法，使北大出现了百家争鸣的局面，成为新文化运动的发祥地，成为培养有造诣人才的摇篮。

从上述蔡元培的"尚自然""展个性"；边工边学，工学并进；思想自由、兼容并包等教育原则和方法里，可以归结出一个中心，就是自由主义的和谐发展的教育方法。这种教育方法，是同他的革命民主主义思想相联系的。没有政治上的民主主义，教育上的自由主义也是不存在的。资产阶级反对封建专制主义斗争的两个重要口号，就是民主与自

① 高平叔：《蔡元培教育文选》，人民教育出版社 1980 年版，第 222 页。
② 高平叔：《蔡元培教育文选》，人民教育出版社 1980 年版，第 222 页。

由。另外，结合蔡元培整个教育思想来看，他还重视科学教育，尤其是自然科学的教育，这是蔡元培教育思想上的时代特点。蔡元培一生培养出无数革命青年，对中国文化教育事业作出了重大贡献。正如中共中央在唁电中评价的那样："先生为革命奋斗四十余年，为发展中国教育文化事业勋劳卓著，培植无数革命青年，促成国共两党合作。"① 他在教育思想和教育理论方面，是资产阶级革命的教育思想体系的奠基者，在中国教育史上开辟了一个新时代。正是由他代表南京临时政府宣告封建传统教育的"忠君与共和政体不合，尊孔与信教自由相违"②，并且提出了"五育"不可偏废的全面和谐发展的教育方针。虽然就其阶级性质来看，这同马克思主义全面发展教育思想有着思想体系上的根本区别，但他是为了建设富强的资产阶级共和国，要培养具有"完全之人格"的新社会建设者，而要求受教育者在德、智、体、美等诸方面能得到和谐发展，要求教育原则和方法能适应儿童身心发展的程序，并从他长期的教育实践中总结出很多符合教育规律的经验，这些是值得我们很好地加以研究的，经过科学的分析，注意"消化"和"吸收"其中具有科学性和民主性的部分，以便有助于我们克服片面发展，为我国"四个现代化"的社会主义建设，培养出大批的在德、智、体、美等几方面都能得到发展的人才。

① 高平叔：《蔡元培教育文选》，人民教育出版社 1980 年版，第 144 页。
② 高平叔：《蔡元培教育文选》，人民教育出版社 1980 年版，第 7 页。

军国民教育思潮

军国民教育思潮是通过对学生和全体民众进行尚武精神培养和军事素质的训练，使他们具有军人的品德和体质，以达到抵御外侮、寓兵于民的教育思想潮流。这种教育思想潮就是把军事教育引入到普通教育和社会教育之中，使普通教和社会教育具有军事教育性质，使学生和民众普遍受到军事教育和军事训练。军国民教育是中国近代教育史上的一种重要的教育思潮，它使受教育者接受了尚武御侮教育和军事知识，增强了身体素质，在反抗外国侵略斗争中起到了积极的作用。整理和研究军国民教育思潮，不但可以了解和掌握这一思潮在我国近代形成和发展的过程和规律，而且可以从中得到借鉴，有益于当今建立和完善有中国特色的社会主义教育体系。

1. 军国民教育思潮的兴起及其发展

军国民教育思潮形成于清末，发展在民初。为了顺应当时民族危机严重，亟图救亡，一些有识之士力求借鉴西方施行的尚武精神教育，主张对学生和全体民众进行尚武精神教育和基本的军事训练，以利于抵御外侮，重振国威。军国民教育思想一经提倡，立即受到了各个阶级、不同阶层的响应，互相唱和，不胫而走，很快风靡全国，对当时的教育和社会风气产生了强烈影响。

（1）军国民教育思潮的兴起

军国民教育思潮的提倡者，首推蔡锷和蒋百里。蔡锷于 1902 年留学日本期间，于其师梁启超创办的《新民丛报》上以奋翮生笔名发表了《军国民篇》一文，提出："军人之智识、军人之精神、军人之本领，不独限之从戎者，凡全国国民皆宜具有之。"① 他在这里表明，莫把军人的智识、精神和军事技能仅限于军队所有，要使"全国国民皆宜具有之"，这里也就包括了要使全国学生"皆宜具有之"。《军国民篇》虽未将"军国民"几字与"教育"一词联结起来，但对军国民教育的内涵表达得非常清楚，就是要对全国国民和学生进行军人尚武精神教育和军事训练，以增强体质，抵御外侮。无独有偶，蒋百里（方震）同年也在《新民丛报》上发表了《军国民之教育》一文，明确地标示出军国民教育主张，对军国民教育作了较为详细的论述，不但提出了实施军人精神教育的纲领，还制定了在学校和社会中进行这种教育的方法。他把军人精神分成四个大纲，即爱国心、公德心、名誉心和素质与忍耐心；制定的实施方案有：一是属于学校的，最重要的是扩充军人教育于学校之内，并使军队与学校两相联络，变学校为军队；二是属于社会的，最重要的是使社会组织军队化，社会风俗勤苦化，并且能以新闻、演剧、文学、美术等活动形式，引发国民的激昂慷慨之精神②。自蔡锷、蒋百里倡导军国民教育以后，由清末到民初，军国民教育思想逐渐为各阶层所接受，主张实施军国民教育的人越来越多，于是军国民教育思潮在清末民初勃然兴起。

军国民教育思潮的兴起，并非无源之水，无本之木，而是那个时代和社会的需要和反映，是对清末武备教育思想的继承和发扬。中国自鸦片战争以来，一直处于内忧外患境地，特别是甲午战败，向日本割地赔款，使每一个有爱国心的中国人蒙受了奇耻大辱，促进了中国有识之士

① 曾业英：《蔡松坡集》，上海人民出版社 1984 年版，第 16 页。
② 蒋百里：《军国民之教育》，《新民丛报》1902 年。

的觉醒。面对民族危机，为变法自强，康有为于 1895 年上书光绪帝，希望中国效法西方列强，能“以民为兵”，选拔士兵“入学堂学习布阵骑击测量绘图”①。由于变法维新的失败，康有为的武备教育思想只能是昙花一现，而民族危机越来越严重。《辛丑条约》后，清政府已变成为帝国主义统治中国的帮凶，中国面临被帝国主义瓜分的危险。面对着亡国灭种的民族危机，中国有识之士深切感到，仅仅振兴军备还不够，必须用军人智识、军人精神和军事技能向全国国民和学生普及，达到“全民皆兵”，以挽救民族危机才有希望。他们从日本明治维新后的崛起中得到借镜，认为是鼓吹尚武精神，施行军国民教育，寓兵于民，才使他们雄霸东方。有鉴于此，奋翮生认为中国要想抵御外侮，由弱变强，非对全国国民和学生进行军国民教育不可。他提出的军国民主义教育思想，是对康有为武备教育思想的升华和发扬。他指出：“居今日而不以军国民主义普及四万万，则中国其真亡矣。”②

军国民教育思潮的形成，还是克服中国传统的“文弱”教育弊端和效法西方实施军国民教育，以达强体御侮的需要。甲午战败之后，中国有识之士，为从中吸取教训，开展了对西方强盛和中国弱败的对比研究，从中得出了一种看法：西方国家重视尚武教育，中国则是重文轻武的教育。梁启超在 1903 年 3 月，专门为他所作《新民说》加写了《论尚武》一节，其中指出：“彼日本区区三岛，兴立仅三十年耳，顾乃能一战胜我，取威定霸，屹然雄立于东洋之上也，曰惟尚武故。”③ 他认为西欧各国强盛的原因之一，就是实行尚武政策，进行军国民教育。他得出的结论是：

> 故欧洲诸国，靡不汲汲从事于体育，体育而外，凡击剑驰马蹋蹴角抵习射击枪游泳竞渡诸戏，无不加意奖励，务使举国

① 《上清帝第二书》，《康有为诗文选》，广东人民出版社 1983 年版，第 417 页。
② 《军国民篇》，《蔡松坡集》，上海人民出版社 1984 年版，第 15 页。
③ 《新民说 · 论尚武》，《饮冰室专集之四》，中华书局 1936 年版，第 110 页。

之人，皆具军国民之资格。①

可是中国“重文轻武”的传统教育，却与西方成为鲜明的对比。梁启超描写说：

及其就傅之后，终日伏案，闭置一室，绝无运动，耗目力而昏眊，未黄耇而骀背，且复习为娇惰。绝无自营自活之风，衣食举动，一切需人，以文弱为美称，以羸怯为娇贵，翩翩年少，弱不禁风，名曰丈夫，弱于少女。②

梁启超指出，经过这样文弱教育，成年后再吸食鸦片，结果是“血不华色，面有死容，病体奄奄，气息才属，合四万万人，而不能得一完备之体格”。梁启超写到这里，十分慨叹地指出：

呜呼！其人皆为病夫，其国安得不为病国也，以此而出与狞猛枭鸷之异族遇，是犹驱侏儒以斗巨无霸，彼虽不持一械，一挥手而我已倾跌矣。③

梁启超针对洋务派只重视武备，可在甲午之战“卒一熠而尽”，遂主张要培养尚武精神，提出要具备三力：一曰心力，一曰胆力，一曰体力。他极力提倡效法斯巴达、德意志、俄罗斯的军国民教育。他特别赞赏德意志“首创军国皆兵之法”，当“国民岁及二十，悉隶兵籍，是以举国之人，无不受军人之教育，具军人之资格”④。

为了改变中国“重文轻武”传统教育弊端，当时中国有识之士极力向国内介绍西方有助于培养尚武精神和增强体质的军国民教育主张。蔡锷指出：

军国民主义，昔滥觞于希腊之斯巴达，汪洋于近世诸大强国。欧西人士，即妇孺之脑质中，亦莫不深受此义。盖其国家

① 《新民说·论尚武》，《饮冰室专集之四》，中华书局1936年版，第110页。
② 《新民说·论尚武》，《饮冰室专集之四》，中华书局1936年版，第110页。
③ 《新民说·论尚武》，《饮冰室专集之四》，中华书局1936年版，第110页。
④ 《新民说·论尚武》，《饮冰室专集之四》，中华书局1936年版，第110页。

以此为全国国民之普通教育，国民以奉斯主义为终身莫大之义务。①

当时留日学生办的《游学译编》《湖北学生界》《浙江潮》等，通过各种办法，向国内传播军国民教育思想，军国民教育思想一时成为一股强劲的潮流。

（2）军国民教育思潮的发展

军国民教育思潮的兴起，不仅引起了众多有识之士的共鸣，也受到了政府方面的重视。清政府和民国政府先后将军国民教育思潮中的若干内容吸纳到国家教育宗旨的制订之中，这反过来又推动了军国民教育的实施，促进了军国民教育思潮的发展。

1906年，学部奏请宣示教育宗旨，议定忠君、尊孔、尚公、尚武、尚实五项。在尚武一项中对于军国民教育意义及实施方法作了较为详细的论述，其大意是：第一，论述东西各国实行军国民教育的效果；第二，论述推行之方法必须寓军国民主义于教育之中，养成民族国家观念；第三，凡是小学的课程内容均应渗入军国民教育思想，使儿童熟见而习闻之。

1911年，各省教育总会议决的军国民教育实施方法更加具体。呈请学部实行的决议案的大意为：第一，以谕旨宣布军国民教育主义；第二，高等小学及同等以上之学堂，一律注重兵式体操；第三，中学及同等以上之学校，一律实行打靶，并讲授武学；第四，各种学堂以体操为主课。同时，各地方自行提出的要求有：各地方应设体育会，各种学堂应历行军国民教育主义之训练等。

辛亥革命后，军国民教育思想已逐步深入人心。1912年，民国成立，蔡元培任教育总长，明确把军国民教育作为全面和谐发展的教育方针之一，并且论述了军国民教育和其他各育的关系。1915年，窃取辛

① 《军国民篇》，《蔡松坡集》，上海人民出版社1984年版，第15页。

亥革命成果的袁世凯为了武力统一全国的需要，特定教育宗旨为“注重道德、实利、尚武并运之以实用”①。全国教育会联合会议决中小学校军国民教育的实施办法，分教授与训练两方面。由上可见，各个阶级、各个阶层对军国民教育的重视和军国民教育思潮的蓬勃发展，不但在教育方针、教育宗旨中有所体现，而且成为各级各类学校教育以及社会教育的重要内容。

1919 年欧战结束后，国际联盟积极提倡和平，国内不少人认为世界大战将不复存在，以为军国民教育已经不合于世界潮流，主张废除。同年 4 月，教育调查会在建议案中指出：军国民教育不合民主本意，已为世界所公认，我国教育宗旨，亦应顺应潮流，有所变更。次年，全国教育联合会议决废除教育宗旨中有关军国民教育的内容。在教育实践方面，原来有些学校已开始以近代兵操进行体育教学，可是 1922 年公布的“壬戌学制”和翌年公布的《新学制课程标准》中，却把学校的体操科改为体育科，剔除了中小学的兵操，兵操体育从此正式被废弃。于是，先前轰轰烈烈的军国民教育思潮趋于沉寂，此时论述军国民教育的人和文章均很少。

在国外列强侵逼加剧与国内军阀混战频仍的情势刺激下，一度沉寂的军国民教育思潮又呈现出复兴的征兆。此时，北京大学学生组织学生军，一些地方民众组织保卫团，孙中山也在南京提倡“军人精神教育”，认为军人精神就是有“智、仁、勇”，这些促成了军国民教育思潮的复兴。

1925 年，“五卅”惨案发生，更进一步激起了全国人民反对帝国主义侵略的高潮，军国民教育思潮又随之活跃起来，特别是在学校中更加注重对学生的军事训练。如当时江苏省教育会特设江苏学校军事教育研究会，主张普及军事训练于各种学校；并提出以“实施军事教育以养成强健身体”为教育宗旨之一。上海几所大学及其附中，一律实施军事训

① 《特定教育纲要》，《中国近代教育史资料》上册，人民教育出版社 1961 年版，第 258 页。

练；对小学及其初中实施童子军训练。

军国民教育思潮的发展、沉寂和复兴过程，总是与当时国内外的政治、军事形势紧密相联的。凡是反对帝国主义侵略，倡导尚武精神之声不绝于耳之时，军国民教育思潮就有相应的发展和高涨；否则就出现沉寂。这就是我国近现代军国民教育思潮发展演化的基本规律。

2. 军国民教育思潮的基本内容

清末民初，从抗击侵略出发，一些有识之士认为只有以民为兵，振奋民心，富国强兵，发展经济，才能有效地抵御外国的侵略和国内军阀的专制。因此，他们特别注重尚武精神的教育，主张实施军事教育于全民族，提倡尚武精神，宣传“靖内患，御外侮，非讲求兵制不可”，使中华民族重振雄威，一改“文弱”之传统，甩掉“东亚病夫”的帽子。辛亥革命特别是20世纪20年代中期以后，军国民教育受到了政府和社会各界的普遍关注，成为一种重要的教育思潮。

军国民教育思潮的内容，主要有以下几个方面：

（1）批判传统文弱教育，宣传尚武精神

①对传统柔性文化的批判

19世纪末20世纪初，中国觉醒了的一代知识精英在反思传统文化弊端时，发起了对传统柔性文化的批判，而又以蔡锷的《军国民篇》和梁启超的《新民说·论尚武》为最有系统。蔡锷为扫除推行军国民教育的障碍，在《军国民篇》中，从“教育”、“学派”、“文学”、“风俗”、“体魄”、“武器”、“郑声”（音乐）、“国势”八个方面总结“汉族之堕落腐败”而成为“东亚病夫”的原因。他揭露说：

> 俗师乡儒，乃授以仁义礼智、三纲五常之高义，强以龟行鼋步之礼节，或读以靡靡无谓之词章，不数年遂使英颖之青年化为八十老翁，形同槁木，心如死灰。①

① 《军国民篇》，《蔡松坡集》，上海人民出版社1984年版，第18页。

他还指出：

> 自一统以后，天下一家，外鲜强敌，内无凶寇，承平日多，乃文弱之气日深一日。洎乎中世，而妇女缠足之风起，迨本朝而鸦片之毒遍洒中夏，茫茫大地，几无完人。①

蔡锷在列举柔弱文化之表现之后，深发感叹："显而言之，则东方病夫，气息奄奄，其遗产若是其丰，吾辈将何以处分之？"②

而蔡锷的老师梁启超在其后，更从"国势之一统""儒教之流失""霸者之摧锄""习俗之濡染"四个方面批判了中国传统的柔性文化。他认为中国不尚武而导致近代挨打被侵，实为我们民族之大辱。他说：

> 恫夫中国民族之不武也。神明华胄，开化最先，然二千年来，出而与他族相遇，无不挫折败北，受其窘屈。此实中国历史之一大污点，而我国民百世弥天之大辱也。③

在此期间，蒋百里也在《军国民之教育》中满怀痛苦地承认："东方有病夫之国二，支那与土耳其是也。"④ 上述所见，可以看出：当时文化教育界已经认识到中国传统柔弱文化的危害性，是中国成为"东亚病夫"的根源。

②对尚武的推崇

早期觉醒的知识分子们不但批判了传统柔弱文化对近代中国的影响，同时还批判了排斥尚武精神的世俗观念，如传统的"好汉不当兵，好铁不打钉"之类思想，积极倡导尚武之风——实施军国民教育。

对此，蔡锷在《军国民篇》中深有感触地说：

> 严子之《原强》，于国民德育、智育、体育三者之中，尤注重体育一端。当时读之，不过谓为新议奇章。及进而详窥宇内大势，静究世界各国盛衰强弱之由，身历其文明之地，而后

① 《军国民篇》，《蔡松坡集》，上海人民出版社 1984 年版，第 24 页。
② 《军国民篇》，《蔡松坡集》，上海人民出版社 1984 年版，第 31 页。
③ 《新民说·论尚武》，《饮冰室专集之四》，中华书局 1936 年版，第 110 页。
④ 下河边半五郎：《壬寅新民丛报汇编》，帝国印刷株式会社印刷 1962 年版，第 579 页。

知严子之眼光之异于常人，而独得欧美列强立国之大本也。①

可见，救亡—尚武—体育便成了军国民教育思潮倡导者的一般思维模式。

邹容在“革命与教育并行”的思想指导下，主张通过教育为资产阶级民主革命“制造无量无名之华盛顿、拿破仑”，在道德学术、知识方面，都有“振衣昆仑顶，濯足太平洋”的革命健儿之气概；革命者对所有“染指于我国，侵占我皇汉民族之一切权利者”，不惜生命共逐之，“以复我权利”。他要求新国须具备这样的品德：

“上天下地、惟我自尊、独立不羁之精神”；“冒险进取、赴汤蹈火、乐死不避之气概”；“相亲相爱、爱群敬己、尽瘁义务之公德”；“个人自治、团体自治、以进人格之人群”。②

在军国民教育思潮中，另一引人注目的现象是对“野性”的呼唤。蔡锷强调：“灵魂贵文明，而体魄则贵野蛮。以野蛮之体魄复文明其灵魂，则文明种族必败。”③ 蒋智由在《中国之武士道·序》中指出：“今人常有言曰：文明其精神，不可不野蛮其体魄。”④

这种对“野性”的呼唤和寻求，使近代思想界一面把视野投注于异域，一面返顾于本民族，最后归统于军国民主义体育。

所谓把视野投注于异域，主要是对斯巴达精神、日耳曼文化和大和文化的尚武精神的弘扬，从而汇聚成一股军国民主义思潮。军国民主义“昔滥觞于希腊之斯巴达，汪洋于近世诸大强国”⑤，与此同时，人们也普遍认为日耳曼民族“乃以铁血主义成世界上莫强之国”⑥，壮游在《国民新灵魂》中就宣称“铁血者神圣之所歆，剑铳者国民第二之衣食

① 《军国民篇》，《蔡松坡集》，上海人民出版社1984年版，第21页。
② 邹容：《革命军》。
③ 《军国民篇》，《蔡松坡集》，上海人民出版社1984年版，第31页。
④ 《中国之武士道·蒋智由序》，《饮冰室合集》第6册，中华书局1989年版。
⑤ 《军国民篇》，《蔡松坡集》，上海人民出版社1984年版，第31页。
⑥ 蒋百里：《军国民之教育》，《新民从报》1902年。

住”[1]；而日本人“亦莫不以‘大和魂’三字自矜。大和魂者，日本尚武精神之谓也”[2]。

憧憬于异域，同时更需发掘本民族生生不息的生命之“根”。梁启超虽然对古典柔性文化一向持否定态度，但他仍认为春秋战国至汉初的“游侠”阶层还保留了尚武的武士道精神，于是以此写成《中国之武士道》一卷。另外，一位署名“可权”的作者从王船山的《黄书·宰制篇》中辑录了大量有关中国边远地区民俗尚武“野蛮”的材料，以呼唤中国士林文化久不复存的生命野性力量[3]。《直隶白话报》的作者号召直隶人民继承先民“燕赵悲歌”的尚武精神和粗犷气质[4]。1906 年，苏州商会体育会亦以“尚武好侠”的“三吴古风”[5] 激励会员们。总之，被柔性文化沉埋已久的尚武传统被挖掘出来，获得了新生命。

（2）在各级各类学校中开展军事知识教育和军事技能训练

民主革命派在进行革命斗争中和建立民国之后，在军国教育思潮的影响下，特别重视对国民的尚武精神的培养和军事技能的训练，军事体育、军事训练成为学校教育的重要内容。

蒋百里在《军国民之教育》中，描述了当时实施军国民教育的情况：

> 第一，体操（自徒手体操各个教练及小中队之教练）；第二，体操外之活动游戏（行军、野外演习、射的、击剑、旅行、竞舟、登山等）；第三，军事上智识之普及是也。[6]

1903 年留日学生成立的军国民教育会，其“课程”也和蒋百里所讲的十分契合，它分为三部：一、射击部（打靶、击剑）；二、体操部

---

① 壮游：《国民新灵魂》，《江苏》1903 年第 5 期。
② 《军国民篇》，《蔡松坡集》，上海人民出版社 1984 年版，第 31 页。
③ 《改良风俗论》，《东方杂志》第 1 卷第 7 号。
④ 绍炎：《劝直隶人普及军国民教育》，《直隶白话报》1905 年，第 6、8 期。
⑤ 《“苏商体育会过去历史”序稿》。
⑥ 蒋百里：《军国民之教育》，《新民从报》1902 年。

（普通体操、兵式体操）；三、讲习部（战术、军制、地形、筑城、兵器）①。

蔡元培早在 1902 年于上海创设爱国女学和爱国学社时，为民主革命培养干部，不但重视广倡民权，宣传“排满”革命思想，还非常注意向学生施以军事训练。中华民国成立后，蔡元培出任教育总长，他把军国民教育列入了民国教育方针。他在为“临时教育会议”所致的《开会词》中，精辟地论述说：

以公民道德为中坚，盖世界观及美育皆所以完成道德，而军国民教育及实利主义，则必以道德为根本。

以教育界之分言三育者衡之，军国民主义为体育；实利主义为智育；公民道德及美育皆毗于德育；而世界观则统三者而一之。②

在蔡元培提出的教育方针中，把军国民教育作为体育，“筋骨也，用以自卫”，他还特别重视军国民教育在国家富强、民族独立中的作用：

清之季世，隶属政治之教育，腾于教育家之口者，曰军国民教育。夫军国民教育者，与社会主义僢驰，在他国已有道消之兆。然在我国则强邻交逼，亟图自卫，而历年丧失之国权，非凭藉武力，势难恢复。且军人革命以后，难保无军人执政之一时期，非行举国皆兵之制，将使军人社会，永为全国中特别之阶级，而无以平均其势力。则如所谓军国民教育者，诚今日所不能不采者也。③

蔡元培作为民国第一任教育总长，他的言论文字成为民初制定教育宗旨的基础。他制定的军国民教育作为教育宗旨的一个有机部分，指导了全国的教育改革和教育实践。他重视军国民教育的主张，引起教育界

---

① 《记军国民教育会》，《浙江潮》第 5 期。

② 陈学恂：《中国近代教育史教学参考资料》中册，人民教育出版社 1987 年版，第 141 页。

③ 《对于教育方针之意见》，《蔡元培教育文选》，人民教育出版社 1980 年版，第 141 页。

及社会其他方面人士的积极响应。

近代实业家、教育家张謇提出“救惰力，当竭力提倡军国民教育”的观点。他主张将治军的措施与精神运用于学校，他指出学校教育“以教为育，便是干涉而非放任。放任者野蛮之事，干涉者文明之事……即干涉便有约束之事，有服从之事”①。辛亥革命后，他目睹当时学校中一些学生放任自流，秩序混乱，更主张施以严格教育，反对学生放任自流，指出“凡教之道，以严为轨；凡学之道，以静为轨”②。他建议培养学生的武备精神与培养学生的国家思想、实业知识结合起来，“国家思想、实业知识、武备精神三者，为教育之大纲”③。

张謇提倡的武备精神，强调国民要有强健的体魄和尚武的精神，从身体和精神两方面提高民族素质。他认为，今日最需之教育，即救亡图强之教育，而我们的教育却存在着弊病，难以担负起时代的重托。他说：

> 今但就其病之所中与其发见之病状，扼要言之，其中于心理者曰私心，而其中于生理者曰惰力。二者之病不去，救亡图强之教育不可得而言也，教育之精神不可得而言也。④

要改变这种局面，改惰力为进取，非倡导军国民教育不可，而具体途径必须通过各级各类学校实行军事训练与体育教学。如体操、兵操、拳法、刀法、枪法、游冰种种“游戏之法”以及“游行远足之习劳，居处服食之简质，须极注意”⑤。因此，他在南通创办的各级各类学校中，体育与军事训练均与其他学科并重，甚至小学也设有诸如视察团、童子军、秩序比赛、避灾练习、运动会、远足会、球类比赛等项目。还在南通先后修建了公共体育场，并在全县定期举行军事体育运动会，不

① 《张季子九录·教育录》卷1。
② 《张季子九录·教育录》卷3。
③ 《张季子九录·教育录》卷1。
④ 杨立强等：《张謇存稿》，上海人民出版社1987年版，第603页。
⑤ 杨立强等：《张謇存稿》，上海人民出版社1987年版，第603页。

仅亲自参加，而且还发表演说与评判。

军国民教育曾受到当时的社会教育团体的极大重视。1911 年及 1915 年，全国教育联合会议决军国民教育案及其实施办法，其主要内容有以下几点：宣布实施军国民教育以示重视；各级各类学堂一律把体操课列为主课，注重兵式体操，厉行军国民教育之训练；规定一些具体实施办法，如讲解武器，实行打靶，各地设立体育会，学校设立运动部等。

（3）重视学校体育

军国民教育是包括学校体育在内的，因为体育的本质在于增强体质、提高体育技能，这正是军国民教育的重要组成部分。蔡元培就曾这样认定："军国民教育为体育。"① 可见体育是包容在军国民教育之中，是其中不可缺少的内容。

学校如何注意体育？贾丰臻在《予之教育观》一文中提出了他的看法。依他之见，注意儿童身体的健康发育是小学阶段的重要任务，体操、游戏宜交叉在其他学科的学习当中，要定期举办远足会、学校运动会，学校卫生学则订成专书以备教师参考。中学阶段的体育教学内容，除体操、旅行、运动、学校卫生以外，宜仿日本，学习蹴鞠、网球、击剑、打靶、柔道、游泳、端艇、竞漕等项目。贾丰臻视中小学体育为实施军国民教育的基础，学校体育的作用与影响不限学校教育任务本身，"并可为实行军国民教育之预备也"②。

教育界人士伍达也主张对学生施行"教科以外之教育"的体育活动。这种教育"其类别繁，其效用普，其影响于社会至远且大"。这种教育可分为"集会教育""修养教育""补充教育""旅行教育""仪式教育""锻炼教育"等十种。所谓"锻炼教育"即指军国民教育。伍达

① 《对于教育方针之意见》，《蔡元培教育文选》，人民教育出版社 1980 年版，第 141 页。

② 贾丰臻：《予之教育观》，《教育杂志》1912 年第 4 卷第 6 号。

认为，“锻炼教育”可以养成强健之体魄与坚定之心志，对于外界刺激不屈不挠，虽遇困难之境而能以勇往奋进之决心排除之。施行此种教育，“可以振起尚武精神，一洗文弱之习；大之与人种强弱问题，国家存亡问题，皆有直接的影响，而合诸今日情势，尤属当务之亟也”①。

伍达还列出“教科外”之军国民教育的内容，分为击剑、夜行运动、水泳、柔道、雪中运动、冷水浴、相扑、尚武的游戏、足部练习等。为了不增加学生之负担，他主张在课外活动中增补体育内容。他所提倡军国民教育尤重学生心志和精神的锻炼与培养。

曾任民国教育总长的范源濂主张把军国民教育寓于学校其他相关学科的教学之中，论述了军国民教育与实业和科学的关系，拓展了军国民教育的领域，丰富了军国民教育的内容。他认为，世界之势，科学之重要，爱国之真义，都与“尚武”教育息息相关。除课内教学充实军国民教育内容外，还主张学生“教科外之训练”，使学生达到“庄严而无拘苦，和乐而能整肃”的要求。在体育项目方面，他力倡竞技和旅行，他说：

> 运动会等所行之竞技，足以奖进生徒之体育而鼓舞其勇气，要养成共同之精神及对于团体之德义，诚甚有益于身心者也。②

而旅行，不只是使学生“娱散心情而已”③。

由上可见，当时众多有识之士从不同侧面和角度论述了开展学校体育与军国民教育的关系。他们关于在学校开展体育活动的建议，不乏可取之处。

（4）在社会上加强军事教育和军事训练

在留日学生爱国热情的感召下，军国民主义思潮迅速在全国高涨，推行军国民教育的社会团体纷纷创立，上海等地成立“体操会”“体育

① 伍达：《教科以外之教育》，《教育杂志》1913 年第 4 卷第 11 号。
② 范源濂：《论教育当注重训练》，《中华教育界》1915 年第 1 期。
③ 范源濂：《论教育当注重训练》，《中华教育界》1915 年第 1 期。

会”和“尚武会”。如上海人士“有鉴于国民躯体羸弱”，于是“发起组织体育会，锻炼体魄，研习武课，冀城干城之选”①。同年苏州也成立了苏商体育会，“演习体操，以健身卫生为始事”②，教习柔软体操和兵式体操，并练习打靶，还担任巡逻和维持治安任务。1911年，宁波国民尚武分会以“提倡武风，挽救文弱”③为宗旨，其体操团则明确强调“实行尚武，养成健全军国民”④。从20世纪初期这些体育组织情况看来，它们主要还不是娱乐游戏的体育组织，而是兼具体魄锻炼的“准武装”⑤组织，并且构成了后来“商团”正式武装的基础。

奋翮生认为，“国民之战斗力，保国之大经也”⑥。邹容则大声疾呼：“中国者，中国人之中国也。”⑦为达到中国独立，实现自由民主之目的，必须振兴尚武之风，全民皆兵。只有这样，才能把侵略者置身于人民战争的汪洋大海之中。邹容号召中华民族要齐心协力：

> 作十年血战之期，磨吾刃，建吾旗，各出其九死一生之魄力……以恢复我声明文物之祖国，以收回我天赋之权利，以挽回我有生以来之自由，以购取人人平等之幸福。⑧

陈天华则召唤国民齐心奋起，准备以最激烈的手段来挽教民族危机：

> 只要我全国皆兵，他就四面受敌，即有枪炮，也是寡不敌众。“只要我人心不死，这中国万无可亡的理。”⑨

女革命家秋瑾力主女子从军，救护伤员，鼓励女子自强自立，投身于轰轰烈烈的大革命浪潮中去，为民族事业作出贡献乃至献出生命。她

---

① 《上海商团小史》，《辛亥革命7》，上海人民出版社1985年版，第86页。
② 《苏商体育会史料辑》，《苏州商团档案汇编》。
③ 《辛亥革命国忆录》第4卷，文史资料出版社1982年版，第175页。
④ 《辛亥革命资料》，中华书局1961年版，第544页。
⑤ 章开沅：《辛亥革命与近代社会》，天津人民出版社1985年版，第109页。
⑥ 《军国民篇》，《蔡松坡集》，上海人民出版社1984年版，第31页。
⑦ 邹容：《革命军》。
⑧ 邹容：《革命军》。
⑨ 《陈天华文集》，湖南人民出版社1958年版，第71页。

题《宝刀歌》自勉：

沐日浴月百宝光，轻生七尺何昂藏？

誓将死里求生路，世界和平赖武装。①

推行复古倒退的袁世凯，欲以武力统一中国。为了欺骗人民，他利用军国民教育这一口号，也曾大力提倡尚武教育。由于其特殊地位，他的主张在当时的历史条件下，产生了一定的社会影响。袁世凯在强调"凡关于教育行政，一以整齐严肃为主"和"注重道德、实利、尚武、并运之以实用"的学校军国民教育思想的同时，又十分注重对全社会进行军国民教育。1915 年，他在《申令注重国民教育》中说，一国之盛衰强弱，视民德、民智、民力之进退为衡，而欲此三者程度日增，则必注重国民教育。他认为教育应培养"大仁大智大勇之国民"，"于忠孝节义植其基，于知识技能求其阙。尚武以备军人资格，务实以儆末俗虚浮。矢其忠诚，以爱国为前提"②。袁世凯还论述了尚武与富国强兵的关系，"国何以强，强于民；民何以强，强于民之身；民之身何以强，强于尚武"。他认为尚武的目的有二：卫身与卫国，而"卫身卫国，罔不本乎尚武"。关于卫身，他指出：

故今之言国民教育者，于德育、智育外，并重体育；使幼稚从事游戏，活泼其精神；稍长进习兵操，锻炼其体格；极至掷球角力，习为常课，运动竞走，时开大会。凡所以图国民之发育者，无所不至，此民所以能卫其身也。③

至于"卫国"，袁世凯解释为："吾国古者寓兵于农，有事为兵，无事为农，蒐苗狝狩，乘农隙以讲武事，已隐寓全国皆兵之意。近世东西各国，尤通行征兵之制，凡为国民皆应服当兵之义务……无民不兵，无兵非民，风声所树，遍国中莫不以充兵为乐，战死为荣。"推其原因，

① 《秋瑾集》，上海古籍出版社 1960 年版，第 82 页。

② 《教育杂志》1915 年第 7 卷第 1 号。

③ 舒新城：《中国近代教育史资料》（上册），人民教育出版社 1961 年版，第 251 页。

袁世凯认为：

> 因其幼在学校，已习闻忠勇爱国之训；长入社会，又养成坚忍耐劳之风，所谓少成若天性，习惯成自然，非一朝一夕之故，其由来者渐，此民之所以能卫其国也。……国者，凡民性命财产之总寄也。欲卫国必各卫身，身者，一国性命财产之分寄也。故曰卫国即卫身，卫身即卫国也。①

袁世凯着重强调尚武教育的两个侧面，卫身以学校体育课程中实施为主，卫国在训练军事技能、养成军事意识，以社会教育实施为主，通过尚武把二者有机地结合起来，成为一体。袁世凯的尚武教育观浸润着封建性，是为其复辟服务的，从本意上来看是反动的。但从客观上分析，对军国民教育思潮的发展也起了一定程度的推动作用。

民间的军国民教育在清末民初由于不同阶层人士的倡导，在社会中产生了较大反响，军国民教育的团体组织在全国蓬勃涌现，如“少年义勇团”“童子军”等；专门讨论社会军国民教育的论文也发表较多，如太玄的《德国少年之战时教育》、天民的《美国少年义勇团》、朱元善的《少年义勇团与儿童之心理》、希三的《童子军之讨论》等。作为社会实施军国民教育的组织，童子军发展很快，到新文化运动之时，几乎遍及各地。

社会团体中的军国民教育虽然经过各界人士，特别是资产阶级革命者的大力宣传，在军国民教育思潮中起到了一定的促进作用，但是，这种民间的军事教育和军事训练，始终没有像学校的军国民教育有那么大的影响，它只局限于上层一小部分人中，没有成为民间的自觉行动。

综上所述，军国民教育思潮的内容在清末、民初以及 1914 年左右这几个时期，各有其不同侧重面，而在各个时期又表现出各自的特点。开始之时主要通过对传统文弱教育的批判，唤起全民族的觉醒意识，赞扬、宣传尚武精神；随着军国民教育思潮的发展，在各级各类学校中逐

① 舒新城：《中国近代教育史资料》（上册），人民教育出版社 1961 年版，第 251 页。

渐开展军事教育和军事训练，与此同时，加强了学校中的体育课；并把此项教育推向民间团体。其宗旨在于力求普及军国民教育思想，以达到富国强兵，抵御外侮的目的。

纵观我国近现代军国民教育思潮的演进轨迹，不难发现，军国民教育更具有尚武性、反侵略性和民族性等重要特征。

3. 军国民教育思潮的意义及其影响

（1）军国民教育思潮的意义

1840 年以后，中国的有识之士一直在寻求救国的道路。教育救国、实业救国、改良救国、革命救国等，各种救国道路都曾有人探索，但无论走什么道路，兴办教育是救国最基本的前提。

中国人民在屡遭失败之后，深感民风柔靡的危险。“一人之精神颓败，则一国之精神也从之颓败”，军国民教育思潮的兴起，正反映了中国人民振奋民族精神，自强于世界的强烈愿望，尚武思想虽受到了日本、德国的军国主义的影响，但在中国则赋予了爱国保家、捍卫主权的进步内容，顺应了反帝反侵略的时代潮流，因此具有崭新的时代意义。

（2）军国民教育思潮的影响与评价

军国民教育思潮的影响巨大而且是多方面的，首先，它促进了学校中教育内容的改革和近代体育在学校的确立和发展。1903 年颁布的“癸卯学制”明确规定了德智体三育并重的教育方针：培养国民之善性，扩充国民之知识，强壮国民之体魄。这种施教方针，冲破了传统教育的重脑轻体的束缚，促进了中国教育近代化的进程。其次，推动了体育专门学校的建立。为了培养体育师资，1906 年，学部通令全国创办体育学堂，各省设立体操专修科于省城师范学堂。清末民初，各地相继出现了一批公私立的体育专门学校，其中影响较大的是 1908 年徐一冰等创办的中国体操学校和汤剑娥建立的中国女子体操学校。体育专门学校的出现，标志着我国教育制度在体系构成上有了进一步的改革①。再次，促进了体育教学的改革。为了适应新形势的需要，此时体育竞赛也逐渐增多，这就迫使学校对体育的教学内容、教学方法及训练方式进行相应的调整和改进。当时教育界人士贾丰臻不但提出了学校体育的内容，并在吸取他人教学经验的基础上，提出了在学校中尤其是在中学开展体育运动的具体实施方法，其大意是：

①增多兵式体操时间。无论高等小学校及中学校、师范学校至少每周须练习兵式体操三小时，另于课外，每日练习半小时，如清晨及晚间均可。

②练习打靶。工欲善其事，必先利其器，增多兵式体操时间而不练习打靶，仍与军国民教育无关。

③增加击剑、柔道、拳术、棒球、游泳等课。它们皆足以练磨胆气、增益体力，非惟与军国民教育有间接之关系，即于学校体育上亦有直接之功用。

④加授军事学。所谓军国民教育者必使受教育者有军国民之精神，则军事学要把军事内容皆授予学生，俾春弦夏诵者克以折冲御侮，亦是异日全国皆兵之先声。

⑤学校寄宿舍生活应按军营方式管理。苟能以军营组织寄宿舍，则整齐划一之风自见，所谓共同协和之精神，遵守纪律之习惯，更易养成，将事半功倍。

⑥中等学校兵式体操教员由军官担任并兼任舍监。

⑦军官有普通知识者得任中等学校校长。

⑧中等学校职员生徒均穿制服。

⑨于运动会外增加拟战及雪中行军、星夜行军。

⑩淘汰不适体育之劣等生。

⑪中等学校生徒各备新式械。

① 韩玉霞：《清末民初的军国民教育》，《史学月刊》1987年第5期。

⑫中等学校生徒各备皮靴、长筒皮靴以及捆腿布等物。

⑬学校当与军营联络，得常往参观，以弥补设备上所未及①。

贾丰臻1915年提出的上述主张，要求在中学实行军国民教育，既有内容，又有方法和措施，对学校体育教育改革有很大促进作用。这较其前期认为学校体育为“军国民教育之预备”的见解，前进了一大步。

军国民教育的最大影响，是带动了当时社会风气的改变。中国民风孱弱的弊端，在列强侵凌、主权丧失的近代暴露无遗，军国民教育振兴武风的主张，对军人精神的宣传和弘扬，唤醒了国民。在军国民教育思潮的冲击下，“有志之士，乃汇集同志，聘请豪勇军师，以研究体育之学，其能备资者，或入外国海陆军学堂”②。如留日学生，很多人学习军事、体育，尚武教育思潮促进了一代青年的觉醒，很多爱国青年从“好铁不打钉，好男不当兵”之类的封建思想的囚笼中解放出来，抱定“男儿当以马革裹尸还”的志向，以参军当兵为荣，投入新军队伍，加入到武装反帝反封建的革命行列，许多人后来成为革命的骨干。

军国民教育思潮比起前期的维新派的主张，更具有进步性，内容也更加丰富。维新派也曾提出过三育并重，但是他们企图通过封建皇帝旨令来达到改良社会的幻想，随着维新失败而破灭。可是在军国民教育思潮影响下，体育包括军事训练式的体操走向社会，深入学校，出现了一个空前的普及，改变了学校中死气沉沉的局面，为培养全面型的人才作了进一步的探索，这是维新派无法比拟的。

同时也应该看到，军国民教育思潮在普及方面也还有不足之处：由于资产阶级知识分子口头上喊着“军国民”，但实质上并不太重视人民群众的力量，军国民教育除在上层和学校中有重大影响外，在普通民众中影响比较有限。从学校教育方面来考察，由于缺乏师资，学校体育教师多由军人充任，他们不懂教学，只会教授形式单调、呆板枯燥的兵

① 贾丰臻：《实行军国民教育之方法》，《教育杂志》1915年第7卷第7号。

② 《戊戌变法》第3册，第157页，神州国光社1953年版。

操，挫伤了学生锻炼身体的积极性。偏重兵式操的做法，也影响和限制了田径、球类等其他体育活动的开展。1921 年，美国教育家孟禄在中国调查教育时也指出：“用团体的比赛游戏，如足球、队球等等，其锻炼人勇敢向前的精神，实远驾乎兵式体操之上。”① 这种批评和建议无疑切中了要害。

中国近代的军国民教育思潮是在特定历史条件下产生的，它虽有不足之处，但在中国教育史上的作用是不可忽视的，从一定程度上也丰富了中国近代的教育思想史。

军国民教育思潮不但有深远的历史意义，而且有重大的现实意义。伟大的中国共产党人借鉴和吸取了军国民教育思想的理论精华，并付诸革命实践。毛泽东早年在《体育之研究》中就表示对“野蛮”的推崇：

> 近有人言曰：文明其精神，野蛮其体魄，此言是也，欲文明其精神，先自野蛮其体魄，苟野蛮其体魄矣，则文明之精神随之。②

以毛泽东为代表的中国共产党人，继承了军国民教育思想，发展并升华为“全民皆兵”“打人民战争”的武装革命思想，领导全国人民经过艰苦卓绝的斗争，终于推翻了帝国主义、官僚资本主义、封建主义三座大山，建立了民主自由的新中国，实现了先驱者们为之奋斗的夙愿。

---

① 陈景磐：《中国近代教育史》，人民教育出版社 1979 年版，第 300 页。

② 毛泽东：《体育之研究》，《新青年》第 3 卷第 2 号（1917 年 4 月 1 日）。

乡村教育思潮

乡村教育思潮是五四运动后勃然兴起的一种教育思想潮流。当时，中国一些教育家和教育团体纷纷提倡乡村教育，先是在报刊上发表言论，进而下乡参观访问，后来开展乡村教育试验，逐渐形成了一场声势浩大的乡村教育运动。他们将教育中心，由城市转移到农村，一心要使广大农民及其子女受到教育，这是对中国传统教育只重视在城市办学的历史性转折，在中国教育发展史上具有重大意义，其留下来的经验和教训十分宝贵。整理和研究历史上的这一乡村教育思潮，不仅有助于全面深入地了解这种思潮产生和发展的变化历程，而且可为我们今天从事乡村教育和农村建设提供有益的借镜。

1. 乡村教育思潮的产生与发展

中国教育自古是“学而优则仕”，后来学校成为科举的附庸，逐渐与乡村拉开了距离。近代自西学东渐以来，创办的新式学堂，也多半设置在城市。“癸卯学制”公布后，规定在大镇才能开设官立初等小学堂。民国以后，城镇、乡村虽然都可设立国民小学校，但因帝国主义的入侵和军阀连年混战，农村凋敝，民不聊生，乡村也很少设置小学。即便有些乡村安定，设立了国民学校，“然此种学校大都设备简陋，教员资格不合，毕业生程度低劣，固不能谓为真正之乡村教育也”①。可见，

① 卢绍稷：《中国现代教育》，商务印书馆1934年版，第139页。

民初尚无真正的乡村教育。

乡村教育思潮的产生与发展，可分为萌生、发展和试验几个时期，简述于后。

（1）乡村教育思潮的萌生期

关于乡村教育思潮的产生，学术界大体都肯定在五四运动时期。为何在这个时期开始重视乡村教育，论说原因不一，大体上是：①由于第一次世界大战后，帝国主义侵略加剧，封建势力盘剥加重，农村不堪兵匪豪绅蹂躏，农民生活处于水深火热之中，知识分子急需与农民运动相配合，加强乡村教育，唤醒民众。②认为广大农村最贫困落后，要想使中国救亡图存，走向富强之路，必须进行乡村改进和乡村建设，要从乡村教育入手，以便提高农民文化水平。③认为过去中国教育走错了路，只重视在城市办学，但要实现义务教育、平民教育、职业教育的普及与提高，就必须重视开展乡村教育。

五四运动时期乡村教育思潮的兴起，有国内的种种成因，同时也与西方国家重视乡村教育给予我国的影响紧密相关。譬如，美国对中国的影响就很明显，很多中国留美学人回国后积极倡导乡村教育。这里不仅有名家陶行知、晏阳初，还有赵叔愚、傅葆琛等人；像赵叔愚、傅葆琛二位在美留学期间是专攻乡村教育专业并获得硕士、博士学位的。当然，美国的乡村教育对中国的影响，还不仅是留美学生起的作用，并与中国派赴美国的教育考察团回国后的大力宣扬密不可分。除了美国的影响外，不可忽视的还有西欧诸国（如法国、丹麦等）重视乡村教育的影响。

从中国教育思想发展情况来考察，最早重视农民问题，关心乡村教育的是李大钊。他受到俄国十月社会主义革命的影响，早在 1919 年 2 月，即在五四运动前夕，就认为青年、知识阶级到农村去大有可为，“耕田也好，当小学教师也好”，去开发农村，运用教育去解除农民的愚暗。因为“中国农村的黑暗，算是达于极点”，“农村的教育机关，不完不备”，而“我们中国是一个农国，大多数的劳工阶级就是那些农民。他们若是不解放，就是我们国民全体不解放”①。但是，最初专门论述乡村教育的当推余家菊，他曾说过：

> 民国八年秋冬之交，予曾撰《乡村教育危机》一文，根据事实，指陈乡村教育危机之所在。后又续撰多文，以为乡村教育改良之鼓吹。②

余家菊于五四运动时期发表的《乡村教育的危机》及其续撰的文字，对当时教育界有很大影响。与之同时，袁观澜（希涛）也在五四运动时期，从普及义务教育角度，极力提倡乡村教育。正如古楳所论：

> 因为中国以前的教育走错了路，忽略了百万个乡村，直到民国八年，才有些人觉得义务教育的重要，不仅在少数的都市城镇，而尤重在这百万个乡村。由于这样一个觉悟，乃正式的起来提倡乡村教育运动。③

稍后，黄炎培从普及职业教育角度，也论述了乡村教育的重要性。他说：“吾尝思之，吾国方盛倡普及教育，苟诚欲普及也，学校十之八九当属于乡村。”④

总之，乡村教育思潮的产生是由多源涌出的乡村教育思想汇集而成的一种教育思想潮流。这一时期，除在农民运动高涨的地区办有农民学校外，在广大教育界仍处于学术议论阶段。

（2）乡村教育思潮的发展期

1923 年 11 月，中国民主革命先行者孙中山提出了“扶助农工”政策，并为 1924 年 1 月召开的国民党“一大”作为“三大政策”之一，这对于乡村教育的开展，有很大的推动。

第一次国共合作时期，在中国共产党开展农民运动地区，乡村教育

---

① 《青年与农村》，《李大钊选集》，人民出版社 1959 年版，第 146~149 页。
② 余家菊：《乡村教育通论·自序》，中华书局 1934 年版。
③ 古楳：《乡村教育》，商务印书馆 1939 年版，第 60 页。
④ 《〈农村教育〉弁言》，《黄炎培教育文选》，上海教育出版社 1985 年版，第 93 页。

发展最快。譬如，毛泽东在韶山领导农民运动期间，于 1925 年 2 月，由杨开慧等在二十几个乡建立了农民协会，同时办起了二十多所农民夜校①。从 1926 年到 1927 年春天，湖南农民运动出现了高潮，乡村教育运动也随之出现了高潮。正如毛泽东所指出："不久的时间内，全省当有几万所学校在乡村中涌现出来。"②

全国教育界不再只是议论乡村教育的重要性，已开始行动起来，"下乡去"成为了办乡村教育的行动口号。推行平民教育、职业教育的教育家和教育团体，都逐渐将办学重点由城市向乡村转移。

中华教育改进社主任干事陶行知开展乡村教育最为坚决果断。他于 1924 年聘任留美归国后担任东南大学教育科乡村教育教授赵叔愚，兼任改进社的乡村教育研究部主任。他们两人一起深入农村学校调查访问，共同于 1926 年 11 月在明陵小学成立了教育改进社特约乡校教师研究会，陶行知在会上宣读了《我们的信条》。同年 12 月，陶行知又以改进社名义发表了《改造全国乡村教育宣言书》，表示要征集一百万位同志，办一百万所学校，改造一百万个乡村，极大地推动了乡村教育思潮的发展。

中华平民教育促进会总会总干事晏阳初从普及平民教育方面认识到乡村教育的重要性。他于 1924 年 8 月，电聘在美国康乃尔大学获乡村教育博士学位的傅葆深，回国担任平教会乡村教育部主任。他们于同年 11 月，一起到宛平等地乡村推行平民教育，平教会在此期间，在河北定县等 12 个县创设乡村平民学校，有力地促进了乡村教育运动，并将平教会活动重点向乡村建设转移。

中华职业教育社办事部主任黄炎培早在 1925 年 8 月，就在山西提出了划区试验乡村职业计划，因兵事纷争不能实现；又于 1926 年 5 月，联合中华教育改进社、中华平民教育促进会等，共同试验划区农村改进

① 《毛主席创办的韶山农民夜校》，《湖南教育》1977 年第 3 期。
② 《湖南农民运动考察报告》，《毛泽东选集》第 1 卷，人民出版社 1991 年版。

工作，也因遇到了经费等困难未能兴办。但这种联合行动，对乡村教育思潮促进的力量很大。

当时，在乡村教育思潮的推动下，江苏省有五所师范学校，纷纷下乡办农村分校。北京高等师范学校在城外设立乡村小学，山西国民师范学校也开办了农村分校，等等，到农村办学成为了一时的风尚。

（3）乡村教育思潮的试验期

1927年“四一二”反革命政变后，中国出现了两种政权：国民党政府和中华苏维埃政府。由于苏区是工农政权，乡村教育得到了蓬勃发展。据1934年统计，仅中央苏区就有补习学校4562所①。这些补习学校，绝大多数分设在农村。这里着重阐述国统区的一些教育家和教育团体所开展的乡村教育运动。这个时期在国统区开展的乡村教育，有一个明显特点，就是主张乡村教育的教育家和教育团体，已不再是坐而论道，或者仅仅是下到乡村参观访问，转一圈就回到城里来，而是跑到乡下去，住下来，实地进行乡村教育试验，将波澜起伏的乡村教育思潮汇集成为一股乡村教育运动的洪流。

据《第二次中国教育年鉴》的统计，到1935年在全国各地建立的各种乡村教育、乡村改进和乡村建设的试验区多达193处。其中具有代表性的试验区，主要有四处，即：生活教育派在南京郊区创办的晓庄试验乡村师范学校，平民教育派在河北定县创办的乡村建设试验区，职业教育派在江苏昆山徐公桥创办的乡村改进试验区和乡村建设派在山东邹平等地创办的乡村建设实验区。

2. 生活教育派的主张

生活教育派是乡村教育思潮中的一个重要思想派别。它的特点是以生活教育思想为指导从事乡村教育，改造和建设乡村，为中华民族创造出新的生命。

① 红色中华通讯社：《红色中华》，1934年9月28日。

生活教育派的乡村教育思想，肇端于陶行知担任中华教育改进社主任干事期间。1923 年 10 月，他开始认识到：平民教育要能得到普及，必须“平民教育下乡”①。但这一派的乡村教育思想成为体系，却是在陶行知 1927 年 3 月创办了南京晓庄试验乡村师范学校之后，提出了生活教育理论之时。直到 1934 年 2 月《生活教育》杂志创刊，才正式形成了以陶行知为核心的生活教育派。1938 年 12 月 15 日在桂林成立了生活教育社，生活教育派才算有了组织形式，推举陶行知任理事长，王洞若、刘季平、戴伯韬、方与严等 13 人为常务理事。据 1946 年统计，社员已有 2000 多人，分布于全国各地。

（1）乡村教育必须进行根本改造

生活教育派把从事乡村教育与改造社会紧密相联系，认为：“办学和改造社会是一件事，不是两件事。”② 他们把从事乡村教育作为改造社会的手段，而改造社会，为中华民族造成一个伟大的新生命，是其根本的目标和理想。

生活教育派从乡村教育具有改造社会的重大功能出发，认为“乡村教育是立国之大本”③。他们通过调查，对乡村农民文化生活状况有着深切的了解，认识到“乡村教育不发达，可说已达极点。我国人民，乡村占百分之八十五，城市占百分之十五”④。因此，无论是提高农民文化水平，还是改造中国社会，使中国由农业文明过渡到工业文明，都需要加深对乡村教育重要性的认识，必须用乡村教育的力量培养新农民、唤醒老农民，担负起改造社会、建设新中国的重任。乡村教育办得好坏，关系重大，“关系三万万六千万人民之幸福！办得好，能叫农民上

---

①《平民教育下乡》，《陶行知全集》第 5 卷，湖南教育出版社 1985 年版，第 48 页。

②《地方教育与乡村改造》，《陶行知全集》第 2 卷，湖南教育出版社 1985 年版，第 128 页。

③《对于乡村教育及本校赞助人之总致谢》，《陶行知全集》第 2 卷，湖南教育出版社 1985 年版，第 135 页。

④《师范教育之新趋势》，《陶行知全集》第 1 卷，湖南教育出版社 1985 年版，第 167 页。

天堂；办得不好，能叫农民下地狱”①。

生活教育派由于重视乡村教育，对于当时忽视乡村教育状况，予以揭露，指出：“不平均是城乡学校的相差，城里学校林立，乡下一个学校都没有。”② 即便乡村办了少数学校，又都走错了路：教人离开乡下向城里跑，教人吃饭不种稻；教人羡慕奢华，看不起务农；教人分利不生利，教农夫子弟变成书呆子。赵叔愚对于这种乡村教育造成的恶果则认为：“多一个受教育的人，便少一个有用的人！换句话说，也就少一个生产的人，而多添一个寄生的人。”③ 不但如此，他们还批评说：这种乡村教育与农业各干各的，两者脱离，不相闻问。因此，他们得出的结论是：中国乡村教育走错了路，教育界面临的“根本问题，便是中国乡村教育之根本改造”④。

（2）要联合社会势力举办乡村教育

生活教育派认为，中国乡村教育走错了路，必须进行根本改造，需要用科学试验方法寻觅一条生路。那么生路是什么呢？陶行知回答说：“就是建设适合乡村实际生活的活教育！”⑤ 因为这种活教育，是适合乡村实际生活的，就可克服过去乡村教育、脱离乡村实际生活的弊端，使乡村教育得到根本改造。

可是，怎样才能建设起适合乡村实际生活的活教育呢？生活教育派的主张是：

要从乡村实际生活产生活的中心学校；从活的中心学校产

① 《中国乡村教育之根本改造》，《陶行知全集》第1卷，湖南教育出版社1985年版，第654页。

② 《教育者的机会与责任》，《陶行知全集》第1卷，湖南教育出版社1985年版，第258页。

③ 陶行知：《赵叔愚先生遗言——乡村教育丛辑》，上海儿童书局1933年2月印行，第169页。

④ 《再论中国乡村教育之根本改造》，《陶行知全集》第2卷，湖南教育出版社1985年版，第1页。

⑤ 《中国乡村教育之根本改造》，《陶行知全集》第1卷，湖南教育出版社1985年版，第653页。

生活的乡村师范；从活的乡村师范产生活的教师；从活的教师产生活的学生，活的国民。①

这是生活教育派为乡村教育设计的模式，而办好乡村师范是其中的关键。因为只有办好了活的乡村师范。才能产生出活的乡村教师，才能办好活的中心小学，产生出活的学生，活的国民。他们为活的教师，提出了必须具备的三个条件：第一，有农夫的身手；第二，有科学的头脑；第三，有改造社会的精神。

陶行知于1927年3月创办了晓庄师范，是为乡村教育寻觅生路走出的重要一步。因为晓庄师范把中心小学和幼稚园不是看成附属单位，而是作为培训师资的基地，所以重视开办中心小学和幼稚园。他们先后办有燕子矶、尧化门和晓庄几所小学，还办有燕子矶、晓庄等幼稚园。

生活教育派为寻觅乡村教育的生路，进行了不屈不挠的探索。当陶行知办的晓庄师范于1930年4月遭到国民党政府封闭之后，又创办了山海工学团。“什么叫做工学团？工是工作，学是科学，团是团体。”②工学团既是一个工场，又是学校，还是社会，是把工场、学校、社会打成一片的教育组织，贯彻“工以养生，学以明生，团以保生”③精神，使生活教育理论更加丰富和发展了。工学团先后由马侣贤、张世德（劲夫）任团长。工学团的举办，是生活教育派为中国乡村教育探寻生路所走出的又一大步，作出了巨大贡献。

乡村教育派从中国乡村贫困落后而又人口众多的实际情况出发，认为单靠教育界开展乡村教育，不可能办得成功，必须联合社会势力共同举办，才能有希望。陶行知指出：“这种活的教育，不是教育界或任何团体单独办得成功的。我们要有一个大规模联合，才能希望成功。”④

① 《中国乡村教育之根本改造》，《陶行知全集》第1卷，湖南教育出版社1985年版，第653页。

② 《普及什么教育》，《陶行知全集》第2卷，湖南教育出版社1985年版，第636页。

③ 《普及什么教育》，《陶行知全集》第2卷，湖南教育出版社1985年版，第636页。

④ 《中国乡村教育之根本改造》，《陶行知全集》第1卷，湖南教育出版社1985年版，第654页。

张宗麟也同样主张：

这种工作决不是一所乡村小学，几位乡村教师所能干得了的，所以必须与各方面联络起来。如工厂、银行、卫生机关、农业研究机关、道路工程机关等，必须充分地联络，那末各事才能举办。①

在乡村教育派看来，不仅乡村学校是教育场所，工场、社会也是大学校。这种乡村生活教育，不能单常教育部门办，要联合社会各界来办。教育要与农业携手，如果没有农业，便成为空洞的教育、消耗的教育，而农业没有教育，便失去了促进的媒介，教育还要与银行、卫生机关、科学机关等充分联合。要让各行各界都来办乡村学校，使整个农村成为大学校，才能使乡村教育得到普及与提高，从而改进乡村，改造社会，建设好中国。

（3）乡村教育要以“生活教育论”为指导思想

生活教育派是以陶行知提出的生活教育论作为从事乡村教育的指导思想。生活教育论包括两个方面：一是“生活即教育，社会即学校”；二是“教学做合一”。前者为教育原理，后者为教学方法。

“生活即教育”是生活教育论的核心思想，认为生活本身具有教育意义，过什么样生活，就受到什么样的教育。教育通过生活来进行，教育与生活密不可分。生活决定教育，教育有改造生活的功用。“社会即学校”是“生活即教育”思想的延伸，是以生活即教育观点对学校与社会关系的理解。把学校看成是小的社会，反对把学校与社会相隔绝。要使学校与社会相沟通，让学生在校学习时就能过着社会上的真正生活，而不是像把小鸟关在笼子里那样过假的社会生活。这样就要求学生在校时像在社会中过生活一样做事，在做上教，在做上学，在做中求进步。“教学做合一”是生活教育论的教学方法，认为：“事怎样做就怎样学，怎样学就怎样教；教的法子要根据学的法子，学的法子要根据做

① 《乡村教育》，《张宗麟乡村教育论集》，湖南教育出版社1987年版，第159页。

的法子。”①

晓庄师范学校师生遵照生活教育原理组织教学活动，开学之初没有校舍，就让师生动手一同建校，还要耕田、办事、做饭，从野人生活出发，向极乐世界探寻。赵叔愚在晓庄师范一次集会上作报告指出：

今天所讲的“我们为什么要在此地这样做——穿草鞋，自己耕田，自己烧饭，自己造房子——？”我们知道这样做是有意义的，我们这样做就是要“教育革命”“革命的教育”。②

戴伯韬则认为：“必须和人民过一起的劳动生活，从这些实际生活中去体会和创造。”③ 所以，晓庄师范师生与农民息息相通，休戚与共。农村出现匪盗，师生与农友一起组成联防队，保卫地方安全；毒蛇为害乡里，师生就学习捕蛇和当蛇伤医生，走家串户治疗蛇伤；乡里天旱缺水，师生就去帮助打井，解决吃水困难；乡村缺乏文娱生活，师生则学当演员，下乡演戏。这正是“社会即学校”教育思想的体现，也是“教学做合一”的具体做法。

3. 平民教育派的主张

平民教育派是以中华平民教育促进会总会为核心，在从事平民教育中逐渐形成的一个教育流派。平教会总会于 1923 年 8 日 26 日成立于北平，晏阳初任总干事。平教会最初主要在城市推行平民教育。随着平民教育运动的推进，平教会人士逐渐认识到：“农村是中国 85% 以上人民的着落地，要想普及中国平民教育，应当到农村里去。”④

平教会在 1924 年 11 月，到河北定县等 12 个县创办乡村平民学校；1929 年秋将平教会总部从北平迁往定县。随同本部迁往定县参加乡村建设的多达 200 人以上，其中主要有陈筑山、郑锦、陈志潜、冯锐、汤

① 《教学做合一》，《陶行知全集》第 2 卷，湖南教育出版社 1985 年版，第 42 页。
② 赵叔愚：《乡村教育丛辑》，儿童书局 1933 年版，第 12 页。
③ 戴伯韬：《陶行知生平及学说》，人民教育出版社 1982 年版，第 13 页。
④ 《中华平民教育促进会定县工作大概》，《晏阳初文集》，教育科学出版社 1989 年版，第 53 页。

茂如、李景汉、瞿菊农等。他们之中有很多是留学归国的博士、专家、学者，有的舍弃了大学校长、教授职位，有的放弃了当官升迁的机会，从象牙塔跑到泥巴墙，从大都市来到僻远的乡村，时人称之为“博士下乡”。他们下乡，“以图了解人民，探索救国的方略与道路”①。

平民教育派的乡村教育主张，主要有：

（1）从事乡村建设，担负民族再造的重大使命

平教会到乡村后，在推行乡村平民教育过程中，越来越认识到：在乡村办平民教育，提高农民文化科学知识，固然很重要，但是，不能把乡村平民教育与乡村建设结合起来，所办的乡村教育也还是对农村无补。正如晏阳初所指出：“在农村办教育，固然是重要的，可是破产的农村，非同时谋整个的建设不可。”② 傅葆琛则认为，乡村建设才是救国的重心，他说：“要建设中国，必先建设中国的乡村，因为乡村是中国社会的基础，一切问题的重心。”③ 因此，平教会在开展乡村平民教育中，逐渐将平民教育的重点由城市向乡村转移，与此同时，又逐渐将乡村平民教育向乡村建设转移，把乡村建设作为他们的重点。

平教会重视乡村建设之后，把他们的乡村平民教育推向到一个新阶段。乡村建设阶段的宗旨，已不限于前期他们抱定的“除文盲作新民”，而是“耸着巨大的铁肩，担着‘民族再造’的重大使命”，具体来说，就是要：“对于民族的衰老，要培养他的新生命；对于民族的堕落，要振拔他的新人格；对于民族的涣散，要促成他的新团结新组织。”④ 在他们看来，中国的根本问题是民族衰老、民族堕落、民族涣散。因此，救亡的根本大计是民族的再造，仅是“除文盲作新民”是不能完成民族再造的重大使命的。

---

① 《乡村改造运动十大信条》，《晏阳初文集》，教育科学出版社 1989 年版，第 324 页。

② 《中华平民教育促进会定县工作大概》，《晏阳初文集》，教育科学出版社 1989 年版，第 53 页。

③ 傅葆琛：《乡村运动中之乡村教育》，《中华教育界》1941 年第 4 期。

④ 《农村运动的使命》，《晏阳初文集》，教育科学出版社 1989 年版，第 67 页。

平民教育派认为，要完成“民族再造”的重大使命，就要依靠教育，而这种教育既不是中国式的古董教育，也不是西方式的舶来教育，而是能够改造民族生活的教育。这种教育有两大原则，一是“教育即生命”，二是“教育即生活”。他们认为，这种实验主义的教育，不能靠坐图书馆、靠书本和语言能够奏效的，必须以社会为实验，深入农村，从农民生活里发现问题，寻找方法，进行研究实验。“教者与学者都要在实际生活中去实地历练才成。”①

平教会进行乡村建设实验，是以定县农村为实验区，他们设想以一个县作为单位，如果实验成功，可在全国大约 1900 个县中推广，最后可改造中国社会，使民族得到再造。

（2）针对“愚、贫、弱、私”，实行“四大”教育

平教会在定县的乡村建设试验，是按照研究实验、训练人才和表证推广的三个步骤开展的。他们到定县之初，把社会调查作为工作重点。定县试验区成立了社会调查部，由李景汉担任主任。他率领 20 多位人员，运用科学方法，进行了长时间的调查统计，写出了《定县社会概况调查》等调查报告，对定县的历史、经济、政治、教育等情况了如指掌，使定县乡村建设试验建立在科学的基础上。

晏阳初通过对调查资料的分析研究，从众多的乡村问题中，认定愚、贫、弱、私四个问题是主要问题。他认为这四个基本问题不能得到根本解决，中国乡村就不能建设好。要从根本上解决这样四个基本问题，就必须从教育入手，对症下药，进行四种教育，即文艺教育、生计教育、卫生教育、公民教育。正如时任文艺教育部主任的瞿菊农引用《定县实验》上记载所说：

> 根据我们在农村从事教育的经验，在工作的进展途中，依事实的昭示，深切的感觉到中国人生活有四种基本缺点：一是愚，一是穷，一是弱，一是私……为从教育上解决这些困难起

① 《农村运动的使命》，《晏阳初文集》，教育科学出版社 1989 年版，第 70 页。

见，在人人取得最低限度的文字教育的基础上，实施四大基本教育。以文艺教育救愚，以生计教育救穷，以卫生教育救弱，以公民教育救私。①

①文艺教育

它是从文艺及艺术教育着手，使乡民获得读（reading）、写（writing）、算（arithmetic）的教育，获得文学艺术和科技知识，为从事乡村建设作好准备。定县试验区把文艺教育放在首位，成立了文艺教育部，瞿菊农、孙伏园先后任主任。该部编辑了《平民读物》和《千字课》，还利用电影、戏剧、广播等进行教育。

②生计教育

这是从农业生产、农村经济、乡村工业等方面进行的知识技术教育。定县试验为适应生计教育的需要，成立了生计教育部，冯锐（梯霞）、姚石庵先后任主任。该部推广猪、鸡、小麦、棉花等优良品种，如从美国引进约克猪、来亨鸡以及小麦、棉花良种，受到农民欢迎，收到了良好的试验效果。

③卫生教育

对农民进行医疗卫生与健康教育，使乡民获得医疗保健知识，保持个人健康，创建农村良好的公共卫生环境。为了适应卫生教育的需要，成立了卫生教育部，由陈志潜任主任，还设立了保健院，派医生下乡巡回医疗，使缺医少药的农村增添了医疗力量。

④公民教育

它的宗旨在于提高乡民道德观观念、政治责任心，养成合作精神和团结能力。为了适应公民教育的需要，成立了公民教育部，由陈筑山任主任，划定高头村为公民教育试验村，开展农村自治和农民自卫活动。各村的同学会，还组织扫雪、修路、植树等公益活动，使青年增强公民意识。

---

① 瞿菊农：《乡村建设与教育》，中国文化服务社1945年版，第25页。

（3）采取“三大方式”，运用灵活多样的教育方法

为了进行“四大教育”，采取了“三大方式”即学校式、社会式和家庭式，运用了灵活多样的教育方法。

①学校式教育

这里指的是平民学校和“统一的村学”教育。学校式教育是实施“四大教育”的总枢纽。平民学校是面向青少年的教育，“统一的村学”是对初级小学年龄阶段儿童的教育。

定县试验区为开展学校式教育，设置了学校式教育部，开办了三所学校：平民教育专科学校，由汤茂如任校长；儿童实验学校，由刘海鹏任校长，该校办在乡村中心，农民称它为表证学校，为起示范作用的学校；幼稚园，园长由刘海鹏兼。各个学校都针对学生年龄阶段特点，运用了灵活多样的教学方法。譬如，平民学校分为初、高两级：初级学校以识字教育为主，课本用的是《农民千字课》，采取导生传习办法，在工余时间教学；高级学校是为提高初级平民学校毕业生所设置的，以提高“四大教育”的知识能力为主。此外，还设有生计巡回学校。为了让农民获得生产和农业技艺，教学方法是按一年中节令时间，安排植物生产、家畜殖育、农村工艺及合作训练的教学次第进行训练的。

②社会式教育

由于学校式、家庭式教育范围是固定的，为了向一般群众及有组织的农民团体施行“四大教育”，则必须依靠社会式教育。傅葆琛认为：

> 从今日我国乡村社会的情况观察，教育的设施，应当侧重社会式的方法，因为社会式的教育，在地点、时间、教材、组织各方面，都可随时因地制宜，因人设施，完全根据乡村的生活与需要，比学校式的教育活动得多。①

社会式教育是青年农民在平民学校毕业后继续受教的教育形式。因

① 傅葆琛：《对于中国乡村教育建设的一点意见》，《中华教育界》1941年第11期。

为对平民学校毕业生，如果置之不理，原来所学本来无多，日久必然荒废。社会式教育由社会式教育部负责组织实施。由于参加社会式教育活动的基本成员是平民学校的毕业生，而由这些学生组成的同学会就成为社会式教育中的团体，同学会的活动也就是社会式教育的活动内容。这些活动方法更是灵活多样的：关于文艺教育方面的，如组织读书会、演说比赛会、演戏、阅读刊物等；关于生计教育方面的，如成立自助组、合作社、举办农产品展览等；关于卫生教育方面的，如推动接种牛痘、防疫注射、拒毒运动、武术活动等；关于公民教育方面的，如禁赌、修路、植树、自卫等。推行社会式教育，以清风店、明月店为试验重点区域。

③家庭式教育

这是一种联合各个家庭中地位相同的成员施以相当训练的特殊教育方式，多与社会式、家庭式联络施教。家庭式教育的独自活动，只有“家庭会”，即组织各家的家主、主妇、少年、闺女、幼童分别集会，研究家庭的实际问题，改良家庭日常生活习惯。

4. 职业教育派的主张

职业教育派是以倡导职业教育的中华职业教育杜为核心所形成的教育派别。职教社在 1917 年 5 月成立于上海，由黄炎培、江问渔先后任办事部主任。职教社从 1920 年起，经常组织讨论农业教育问题，并推邹秉文（东南大学农科主任）等调查各地农校情况，加深了职教社对开展乡村职业教育必要性的认识。

职业教育派的乡村教育主张，主要有：

（1）实行划区试验乡村职业教育

黄炎培于 1921 年著文指出：全国国民十之八九住于乡村，要在乡村多设学校。

> 就令不特设农工学校，亦宜于普通学校内设农工科；且宜

于普通学校教授注重农工教材；且宜于普通师范学校外特设乡村师范学校，以养成乡村教员。①

职业教育社于1925年8月在太原召开第四次年会期间草拟了《山西职业计划书》，其中心思想是希望在山西划区试验乡村职业教育，得到了阎锡山的支持，同意在山西试办。后因兵事纷起，未能实行，后经黄炎培与东南大学冯锐、赵叔愚商议：

华北既没法进行，何不就在江南试办呢？乃决定联合中华教育改进社、中华平民教育促进会总会、东南大学农科、教育料，共同试办划区农村改进工作，于十五年五月三日订定。②

根据共同订定的协议，于1926年5月15日在东南大学成立了董事会，黄炎培任会长；由赵叔愚、冯锐等五人组成设计委员会，推赵叔愚为主任。经过勘察比较，最后决定以昆山徐公桥为试验区。

联合举办农村改进试验区，后因遇到经费等困难而停办。到1928年，其他单位退出了，由职教社单独办理。从1928年4月到1934年6月职教社正式进行乡村改进试验，为期六年。农村改进试验区也称“农业改进区”，为“使全区农民，整个生活，逐渐改进，由自给、自立，以达自治，俾完成乡村的整个建设”③。

职教社本来是提倡职业教育的，可又为什么实行划区试验农村改进呢？黄炎培、江问渔在1929年2月向来参观的梁漱溟这样回答：“我们提倡职业教育之初，诚然多着眼在都市工商业；但后来我们晓得在中国这样国家而谈职业教育应当以农业为主要。”接着又说：

我们不去培养什么新农业人才，而我们去养成新农民。新农民的养成自然不是将农民抽出到农村外可以去训练成的——只有到农村里面去训练养成他。我们要以新农业推行到普及到

① 黄炎培：《弁言》，《教育与职业》1921年第25期。
② 江问渔：《教育改进与农村教育》，《中华教育界》1941年第4期。
③ 江问渔：《教育改进与农村教育》，《中华教育界》1941年第4期。

农村，而农村经济农村自治亦都是相连不可分的。于是我们的职业教育中之农业教育就变成到农村里去作一种整个农村改进运动了。①

（2）主张“大职业教育主义”

中华职业教育社在1925年8月于太原召开第四次年会时，黄炎培提出了划区试验乡村职业教育的计划，到同年12月又提了大职业教育主义。其后，职教社在大职业教育主义指引下，使职业教育走上了一个新的阶段，有着几个大的变化：一是将职业教育从注重推行城市工商业教育，而扩大到重视乡村农业教育；二是从着重举办职业学校，而扩大到下乡划区试验乡村职业教育；三是从传统的职业教育观扩大成为大职业教育主义。

职教社为什么会有这样大的变化呢？他们从职教社成立以来，一直在城市推行职业教育，他们逐渐感到：已经算是尽心竭力而为之了，可是他们的希望却有百分之七八十没有达到。这使他们不能不追寻原因，认识到：一方面因为国事纷乱，社会经济困难，一般教育不发达，以致职业教育也不能办好。另一方面，办职业教育，“（一）只从职业学校做工夫，不能发达职业教育；（二）只从教育界做工夫，不能发达职业教育；（三）只从农、工、商职业界做工夫，不能发达职业教育”②。由此可见，职教社已经认识到职业教育与社会政治、经济的紧密联系。于是，他们明确了这样的指导方针：“办职业学校的，须同时和一切教育界、职业界努力的沟通与联络；提倡职业教育的，同时须分一部分精神，参加全社会的运动。”③ 1926年，职教社在苏州开会，专门讨论了如何实现大职业教育主义的问题，会上提出：“本社以后应加入政治活

---

① 《北游所见纪路》，《乡村教育理论与实际》，上海教育编译馆1935年版。

② 《提出大职业教育主义征求同志意见》，《黄炎培教育文选》，上海教育出版社1985年版，第154页。

③ 《提出大职业教育主义征求同志意见》，《黄炎培教育文选》，上海教育出版社1985年版，第155页。

动，以增实力；并与职业社会作实际之联络，以期合作。”①

职教社遵照大职业教育主义，开拓了划区试验乡村职业教育的视野，主张“乡村是整个的问题，教育是一种的方法，把乡村做对象，不应该单从教育着手”②，认为应从乡村经济改进方面着手，因为农民只能在有了饭吃以后才会愿意办学堂。正如黄炎培所说：

> 要是我们没有法子在他们的生活上，尤其是生产上，增加些利益——至少减少些损害，随你讲多么好听的话，全不中用。所以想把全部农村改进的事务，统统包在我们责任范围以内，而不愿限于教育，就是这个意思。③

可见，职教社在昆山徐公桥农村改进试验已不限于乡村职业教育范围了，而是包括了农村的经济生活的改进，所以，它是整个农村改进的试验。

（3）从“富教合一”到“教富政合一”

职教社在1928年制订出划区试验农村改进的标准是：“以无旷土，无游民，村民生活状况日趋改善，知识日进，地方生产日增为合格。”④为达到这一目标，职教社组织调查组对江苏省十七个县农民生活情况进行两个多月的调查，了解到农业总产量、农民生活水平都逐渐在下降。他们认识到：中国农村最重要的问题是农民生计问题，其中“穷”的问题为主；农民由于“穷”就不能入学读书识礼，于是又生发出“愚、弱、散”等问题，概括来说是农村四大问题：一穷、二愚、三弱、四散。为了解决这些问题，职教社提出了改进农村的最急需的措施是发展作为生命之源的农业，解决人们生计问题。黄炎培主张要先富后教，指

---

① 《苏州会议纪要》，《教育与职业》1926年第74期。

② 《与安亭青年合作社谈乡村事业》，《黄炎培教育文选》，上海教育出版社1985年版，第172页。

③ 《与安亭青年合作社谈乡村事业》，《黄炎培教育文选》，上海教育出版社1985年版，第172页。

④ 《农村教育丛辑》第1辑，中华职业教育社1928年编印，第4页。

出："贫第一，病次之，至于教育，乃是有饭吃以后的事。"① 他还认为："以富以教以治，使村民稍知有生之可乐，而从事教育者亦不至于以空谈迂阔为社会罪人，此实吾创议试办农村改进最初之动机。"② 江问渔也同样认为：

今日农民的一切病象，既皆是从一个"穷"字发出，则治病之要，当然要使他富，而于教他致富之际，施以适当教育，便是最良好的知识教育和道德教育，把农村经济和农村教育，联合起来，打成一片，随富随教，即富即教……③

职教社提出了"富教合一"主义，使其划区试验乡村职业教育思想又有了新的发展。"划区施教"是在"教"中附带解决农民的生计问题，是以"教"为中心，为"教"创造条件；可是"富教合一"主义，却是以"富"为中心，"划区施教"是为达到"富"的手段。"划区施教"的"教"主要是扫盲、普及职业教育；而"富教合一"的"教"，不但含有职业技术教育内容，还有推广农业生产，组织农民自治的意思。江问渔后来把"富教合一"发展成为"教富政合一"。他认为，要从"划区施教"走向致富和自治，最后形成"教""富""政"三位一体。他指出："教""富""政"三个字，是农村改进的三大柱石，三者并重，交互影响，而教育则是三方的枢纽。他论证说：

盖论到农村改进事业的分类，当然教富政三方并重，而论到进行运用方面，仍当以教育为重心，比如说如何普及教育，如何增加生产，如何组织团体？当然是三方并列的：但增加生产，要着手组织合作社，合作社如何组织？事前既要有相当的劝导，临时又要有会议的练习，这就不能不说是一种教育的功

① 《我之农村工作经验说》，《断肠集》，生活书店 1936 年版，第 293 页。
② 《我之农村工作经验说》，《断肠集》，生活书店 1936 年版，第 292 页。
③ 江问渔：《富教合一主义》，《教育与职业》1929 年第 108 期。

用了……所以教育一项，实在是三方的总策源，是三方的神经主系。①

总之，职教社从提出“划区施教”到提出大职业教育主义，再到提出“富教合一”“教富政合一”，是他们农村改进理论发展的过程。大职业教育主义是指导思想，是“纲”，而“划区施教”和“富教合一”到“教富政合一”，是试验办法，是隶属于“纲”的“目”。就“纲”与“目”而论，表明职教社是对前期把教育作用估计过高的不断修正，强调了参加社会运动和重视农村经济改进的重要性，但最后也未能触及改变当时的政治经济体制，只是在原有政治经济体制下对农村生产生活作一些改进②。虽然如此，职教社在六年半的农村改进试验中，无论是经济、建设，还是教育、卫生，都取得了显著成绩。按照黄炎培的评价，可以说达到了三个“绝无”程度：“（1）农民物品典质：由少数而进于绝无。（2）烟赌：由公然的盛行而进于绝无。（3）游民乞丐：由少数而进于绝无。”③

5. 乡村建设派的主张

乡村建设派是以梁漱溟、梁耀祖（仲华）为核心所形成的从事乡村建设的派别。梁漱溟于1929年秋，经王鸿一介绍，应梁耀祖的商请，到河南辉县百泉村河南村治学院任教务主任，讲授乡村自治课程。后因蒋（介石）、冯（玉祥）、阎（锡山）中原大战，蒋军入主河南，村治学院停办。原为冯部的韩复榘，变成蒋部的山东省政府主席，为治理山东农村，也由于对任河南省政府主席时旧部村治学院的信任，于是邀请了梁耀祖、梁漱溟到山东继续开展村治试验。乡村建设派的乡村教育主张，主要有：

① 江问渔：《农村改进与农村教育》，《中华教育界》1941年第4期。
② 黄嘉树：《中华职业教育社史稿》，陕西人民教育出版社1987年版，第79页。
③ 《从六年半的徐公桥得到改进乡村的小小经验》，《黄炎培教育文选》，上海教育出版社1985年版，第207页。

（1）解决中国社会问题，必须进行乡村建设

梁耀祖、梁漱溟等一行，于1931年6月在邹平成立了山东省乡村建设研究院。其目的是：

> 山东省政府主席韩复榘为谋本省的乡村建设，“弭人民之痛苦，企自治之完成”（韩复榘语），于是邀请梁氏二人到山东从事乡村建设。①

梁耀祖、梁漱溟在建院过程中，经过反复商讨，认为他们以前在河南辉县提出的“村治”和“乡治”旧称，不能反映出到山东后的构想，决定改称“乡村建设”。据梁耀祖后来回忆“乡村建设”一词起于何时则指出：“是民国二十年本人在邹平筹备中国乡村建设研究院时，才创立这个名词。”为什么要将“村治”改称“乡村建设”呢？他接着解释说，中国社会已不是从秦汉以来的“治”“乱”循环问题，而是自鸦片战争后帝国主义侵略中国，乡村遭受持续破坏，而百分之八十以上农民住在乡村，因此，要解决中国问题就要从最多数大众所在地着手。所以，“不谈建设则已，欲谈建设，必须注重乡村建设”②。

1933年，因梁耀祖另有任用，梁漱溟接任院长，直到抗日战争爆发后乡村建设研究院停办为止。梁漱溟对于乡村建设的必要性，更有他的独特的理论体系。他认为，中国是一个“伦理本位，职业分途”的社会。所谓“伦理本位”就是人与人之间的联系则以伦理纽带相维系的天然关系，所谓“职业分途”则指人们服务社会分为士、农、工、商等职业的不同。中国之所以出现问题，是西洋文明输入之后，使儒家思想丧失了独尊地位，破坏了伦理秩序，出现了严重的文化失调，救治的办法，就是要运用教育的力量，进行乡村建设，恢复伦理本位的社会秩序。他强调，中国“现在已破坏得体无完肤，不堪收拾，非从头建设不可！这一个从头建设的工作，全是教育工作”。他还认为：“只有从

---

① 杨效春：《从乡村教育的观点看山东乡村建设研究院》，《中华教育界》1941年第5期。

② 梁漱溟：《本院创刊之旨趣——代发刊词》，《乡建院刊》1947年第1期。

一点一滴的教育着手，才可以一点一滴的建设！”① 那么，这一点一滴的教育而能得到一点一滴的建设应该从何处着手呢？他认为，最好是从乡村建设开始，因为乡村是伦理本位社会的基础。

由于乡村建设派对乡村建设的重视，因此他们主张有识之士应该下乡，从事乡村教育事业，进行乡村建设。正如杨效春希望的那样：

> 乡村建设是一件大事，因此，我们不能不盼全国智识分子，往常拥挤充塞于都市的，大家一齐回乡，与乡民打拼在一起，骈力来作广义的乡村教育工夫——乡村建设工夫，开出乡村建设的风气，造成乡村运动的潮流。②

（2）强调人格培养，注重精神陶炼

乡村建设派强调人格培养，注重精神陶炼。梁耀祖认为山东乡村建设研究院的根本精神，可概括为两点：

第一，强调人格感化。对于学生训练的要旨，在于使其了解应如何方能成为一个人，就是说不仅让学生具备应有的知识，而且要使他们养成高尚的人格。“其终极目的，不仅使被训练者成为一个有知识的分子，而且使其成为能合理的运用其知识，具备高尚人格的一个人。”③

第二，注重启发学生自动的为社会服务的兴趣。要使他们明了自己负有为乡村服务的责任，要认定为乡村服务，是救国救民的唯一途径。

为了达到上述两点要求，乡村建设研究院采取了以下一些措施。据梁耀祖所说：

第一，要求部、班主任以身作则，与学生同起居饮食，随时考察与指导学生的言行以及一切有关身心修养事项。

第二，注重精神陶炼，把精神陶炼作为人格教育的重要课程开设。开设它的“目的在于使学生更明确的认识其如何‘为人’的至德，更

---

① 《社会教育与乡村建设之合流》，《梁漱溟教育文集》，江苏教育出版社 1987 年版，第 248 页。

② 杨效春：《从乡村教育的观点看山东乡村建社研究院》，《中华教育界》1941 年第 5 期。

③ 梁耀祖：《山东乡村建设研究院设施概况》，《山东民众教育月刊》1932 年第 6 期。

彻底的能为‘中国人’的道理”①。为了开好这种课程，不仅注意从教材中引述历史上著名人物嘉言懿行，还很重视对学生的日常生活的指导，除了个别谈话外，还每日举行朝会，由部、班主任进行精神陶炼的讲话，并详细批阅学生日记等。梁漱溟就非常重视在朝会上进行精神陶炼讲话，从1931年至1934年夏行之最勤，“天天黎明起来就作朝会（冬天都须点灯），极少间断过”②。

（3）兴办乡农学校，培养乡村建设人才

山东乡村建设研究院为开展乡村建设，采取了三种措施：一是设实验县区，二是开办农场，三是设置乡农学校。设实验县区，经山东省政府指定在邹平县；开办农场，由乡建院确定在黄山西麓，开垦农田40亩。这两种措施，虽然都有教育活动内容，但主要是关于县政试验和农业科学的试验与推广。唯有兴办乡农学校，既是乡政建设的中心活动，又确属教育试验范围。

关于乡农学校的性质，梁耀祖作过这样的论述：

> 乡农学校，为本院在乡村中推进乡建事业之中心机关，其性质虽为成人教育，而其办法与一般的成人教育不同，其要点在于以教育的方法，学校的形式，将乡村运动者，乡村领袖，乡村成年者，联为一体，于启发其知识之中，同时即共谋一般的乡运事业之进行与其特殊问题之解决。③

乡农学校分为高级与普通两部。高级部学生，以粗通文理，年在18岁以上，50岁以下者为合格。普通部学生，年在18岁以上，40岁以下不识字的农人，均可入校。

为使乡校与乡校之间有联络的枢纽，在试验县的各区均设一中心乡农学校，为本区乡农学校的中心，为乡建院随时集中或继续训练教导本

---

① 梁耀祖：《山东乡村建设研究院设施概况》，《山东民众教育月刊》1932年第6期。
② 《1939年“增订版叙言”》，《朝话》，教育科学出版社1988年版，第162页。
③ 梁耀祖：《山东乡村建设研究院设施概况》，《山东民众教育月刊》1932年第6期。

区各乡农学校学生的中心；为本区内小学教师讲习班同学服务社会的中心；为乡建院与本区、本区与各区乡农学校联络的中心。

乡农学校的目标、任务和活动，在杨效春所写《从乡村教育的观点看山东乡村建设研究院》一文①中，有较为系统而明确的论述，就其要者摘述如后：

关于目标方面：对于一般民众，以提倡民族固有精神，共图乡村生活之向上改进为目标；对于当地自然领袖，以使其晓然有悟乡村建设的意义，肯于负责，有助于乡建勃兴，成为乡村建设人才为目标；对于教育设施，制定方案，开展实验，使乡村建设的学理和方法，随时得到修正和进步为目标。为促成乡村建设，以村无游民，野无旷土，人无不学，事无不举，为较远的目标。

关于任务和活动方面：要求乡农学校做到以下六项。第一，培养乡农精神，实行精神教育。第二，增进乡农智识，实行语文教育。第三，强健体格，实行健康军事教育。第四，增进农业生产，实行生计教育。第五，提高政治觉悟，实行公民教育。第六，改良乡农娱乐，实行休闲教育。

乡农学校的课程，分为恒常的与特殊的两类。恒常的课程是各乡农学校所同有的，在高级部设有党义、精神陶炼、国学、史地、自卫、农业问题等；在初级部设有党义、精神陶炼、识字、史地、歌乐、国术等。特殊的课程是按当地的需要和问题而设的课程，因时因地制宜。例如：六、七区设凿井；二区设造林；二、三区设蚕桑；五区设自卫；七区设机织等课。

乡村建设派在邹平县开展乡村建设试验，取得了成效，受到国民党政府的重视和支持，后来推广到菏泽、济宁等14个县试验，直到抗战爆发才不得不停止。但因为这是隶属于山东省政府领导下的官方试验，是为大地主大资产阶级巩固政权服务的，当时受到了农民的冷遇和反

① 杨效春：《从乡村教育的观点看山东乡村建设研究院》，《中华教育界》第20卷第5期。

对。正如梁漱溟自己所表露："现在是我们动，他们不动，他们不惟不动，甚至因为我们动，反过来和我们闹得很不合适，几乎让我们作不下去。"为什么会如此呢？他找出的原因是："我们是走上了一个站在政府一边来改造农民……我们与农民处于对立地位。"①

6. 乡村教育思潮的历史作用与评价

在乡村教育思潮的影响和推动下，20 世纪 20 年代中后期的中国出现了很多乡村改进和乡村建设试验区，但因试验区或试验学校的主持者不同，各个试验区或试验学校所倡导的乡村教育在其性质和内涵上，也往往有所差异。陶行知是进步的教育家，他所创办的晓庄师范学校支持师生革命民主活动，最后为国民党政府所不容，他的乡村师范教育试验被迫中断。中华职业教育社在昆山徐公桥兴办的乡村改进试验区，因是学术团体自办，不仅得不到国民党政府重视，还曾把乡村改进试验区的倡导者黄炎培视为异己，加以排斥。可是，晏阳初在河北定县兴办的乡村建设试验区和梁漱溟在山东邹平等地建立的乡村建设试验区，当时有利于国民党政府妄图阻止和消灭农民革命运动，两处就受到了国民党政府的青睐。由此可见，同是乡村教育试验，其试验性质，却有革命、进步或保守反动的区别。不过历史终归是历史，不能完全按照现在的认识去要求，何况历史又往往是复杂的，重要的是要从错综复杂的历史发展中，能够找出增添了什么新思想、新事物，而不要简单地去肯定或否定。遵照实事求是对待历史的这种态度，从中国教育思想发展史角度观察，可以说，在 20 世纪 20 年代到 30 年代出现的乡村教育思潮，确实增添了前所未有的新思想，这就是重视了乡村教育，开展了乡村教育试验，在中国教育发展史上具有划时代的重要意义。具体来说，可有下列几个方面：

（1）重视下乡为广大农民办学，从教育思想上开阔了新视野，为

---

① 《我们的两大难处》，《梁漱溟全集》，山东人民出版社，第 585 页。

中国教育开拓了新领域

中国传统的儒学教育主要是统治阶级的士大夫教育，到辛亥革命后平民教育才得到重视，广大的农民几乎无教育。由于官吏、绅商多半居住在城市，以前的官学也多半设在城市，兴办学堂以后也只在大镇才能设立小学堂，广大农村至多只有少量的私塾，真正是贫苦的农民子弟也很难问津。但到五四运动前后，有识之士面对帝国主义入侵，军阀混战，为了救亡图存，进行民主与科学的传播，开始重视用教育开启民智；还由于中外交流的加深，有鉴于欧美教育的发达，传入了美雨欧风，于是平民教育、义务教育、职业教育、师范教育等相继兴起。为了普及义务教育，推广平民教育、职业教育、师范教育等，教育界有识之士深感80%以上的农民在乡村，乡村教育得不到发展，农民及其子弟不能受教，各种教育都不可能得到普及。于是，重视下乡为农民办学，兴起了乡村教育思潮，这是教育思想观念的更新，是对农民教育问题的重视。因此，乡村教育思潮的兴起，是中国教育思想界的重大变革，是教育思想走向近代化、民主化的体现。

（2）将重视乡村教育与乡村建设相结合，为农村普及教育探索出一些行之有效的模式

无论是生活教育派、平民教育派，还是职业教育派，他们为了培养农村建设人才，推行平民教育、职业教育等，除了办学校之外，都与乡村建设结合起来了。晓庄师范把学校与社会沟通，为农民办识字班、演戏；农民缺水，为农民打井；毒蛇威胁农民健康，就捉蛇，置备防治蛇伤的药。平民教育派和职业教育派不仅办农村学校，还办试验区，为农村解决愚、穷、弱、私问题，进行文艺、生计、卫生和公民教育，改良农业，解决学习、技术、就业问题。他们认识到，不解决农民的温饱问题，就不能搞好农村教育，主张农业、科学与教育结合，实行“富教合一”。乡村教育派虽然注意的是乡村建设问题，但认为只有开展乡农教育，为农村培养出各种人才，才能实现乡村建设。由此可见，不论从乡

村教育入手，开展乡村建设；还是从乡村建设入手，开展乡农教育，其结果是殊途同归，都很重视将乡村教育与乡村建设相结合，为农村普及教育探索出一些行之有效的办法。这种对乡村教育的创造性开拓，不仅是前所未有，而且乡村教育发展留下了珍贵的历史遗产。

（3）为知识分子自觉地为农民服务，与农民相结合开拓了新路

像陶行知为到乡村办学，脱下西服革履，穿上布衣草鞋，与老农同住，一心为提高农民文化教育水平献身，是人所周知的。再如黄炎培、晏阳初、梁漱溟等著名人士，为了普及职业教育、平民教育、乡农教育，从事乡村建设，从住在城市的高楼大厦里而移居到乡下的草屋当中，与农民友好相处。在他们的带动下，大批留学的博士、教授、专家、学者，自愿下乡，愿为农民教育做贡献，走与农民相结合的道路，可说是前所未见的。他们同贫苦农民同甘共苦，愿为农民服务，不惜放弃在城市的舒适生活，这种奉献精神是可贵的。

总之，乡村教育思潮在中国教育思想发展史上具有开拓新路的重大历史作用。尽管由于当时所处历史条件，只从乡村教育和乡村建设入手，而不去用革命办法变革半殖民地半封建的社会制度，乡村教育和乡村建设理想不可能彻底实现，但乡村教育者在一校或一乡，甚至一县、一个地区取得乡村教育试验的成功，为后人留下了很多宝贵的经验和启迪，很值得后人研究和吸取。他们淡泊名利、乐于奉献、不畏艰难、积极进取、大胆开辟、勇于创造的可贵精神，尤值得后人发扬光大。

杨贤江的德育论

杨贤江是我国早期的马克思主义教育理论家、杰出的青年运动领导人。在他短暂的一生中，写下了大量的教育论著；虽然尚未发现他写有德育专论，可他对青年德育问题的探讨和论述却十分丰富精辟。为了弘扬他的德育观，现将他的德育思想作系统整理，名之为《杨贤江的德育论》。

一

杨贤江的教育理想是使青年成为一个能够改造社会、救国为民的有用人才，主张让他们在德育、智育、体育几个方面协调发展，三者不可偏废。正如他在《我之学校生活》一文中所指出："若培植己材，而偏于体育，责获而已，偏于德育，程朱而已，偏于智育，仪秦而已。必兼有三育，融会精彻，始能成为完人。"这就是说，在他看来，德、智、体三个方面各有独特功能，在人的各方面发展中，有不可替代的作用。他后来在《青年的道德观念》一文中，更进一步分析说："照通俗的说法，人类生活的方面可分为道德、知识、健康三种，照更新的，再可加上社交与美感。这样看来，道德所占的地位不过是人生活动范围的五分之一至三分之一罢了。"他还以人的成长举例说明："假如一个人不是三育并重，虽然有着德行，但知识庸陋，身体蔽弱，不但不能算做一个'完人'，而是一个'废人'。"他论述说"知识既是庸陋，他便不知何谓道德；身体既是羸弱，他便不能实行道德；这样的人，终究是个废人，至多也只是个‘愚夫愚妇’”。因此，他反对那种把道德看作是在人类生活中应“占第一位”的观点，指出：“特别看重道德，我是认为不合理的。”在这里，杨贤江是从三育对人发展成长中均是占有不可缺少的重要地位而言的，他不单独过分强调德育，但同时也应注意到，杨贤江在坚持三育并重的前提下，又非常重视对青年的思想品德教育，他一生所写的论文、短评和通讯，其中绝大部分是属于对青年“全人生指导”的思想品德教育问题。

杨贤江认为，为使德育能够有效地实施，必须肃清错误的道德观念，明确道德的本质属性。只有如此，方能树立正确的道德观念和道德标准，方能保证德育适应时代发展的需求。在他看来，德育虽然在我国教育史上一直都很被重视，但在传统观念中却对道德存在着许多错误认识，需要加以澄清：第一，是把道德视为玄妙之物，看成是个人修心养性的功夫，似乎有什么“心灵”“正气”等不可捉摸的东西，有着独立的精神作用，是与经济相脱离的，这样就必然的看轻了物质的力量；第二，是把道德视为太高远了，以为道德含有深奥的道理，是超乎实际生活的，只有道德先生才配讲道德，至于“凡夫俗子”是不够讲道德的；第三，是把道德看得太“尊贵”了，好像只有贵人、乡绅们才配讲道德，把它当成了上流阶级的专有品，而平民百姓却被看成是不配讲道德的；第四，是把道德视为太拘谨了，只把封建的“克己”“复礼”“忠孝”“贞节”等看成是美德，而天性好动、好奇、好游戏的青年就会触犯这个刑网，即被看成是礼教的罪人；第五，是把道德视为太固定了，信奉“天不变，道亦不变”的王法，强制人们和青年对自古传下来的道德一成不变地去遵守。杨贤江认为，由于存在这些错误的道德观念，导致出现诸多弊病，各虚伪、敷衍、顽固、守旧、闭门潜修、不理实务、冥想未来、忽视现世，结果是障碍了个人的身心发展、酿成社会的混乱，个人变成了废物，群体不能生长，以至沦到国破人亡、种族毁灭的悲惨境地。可是，他感到这些错误的道德观念就像毒菌一样，还“在目前的中国社会里到处蔓生着”，如果，“这种毒菌不杀除净尽，中国社会永无清明的希望”①。

当杨贤江主张破除错误的道德观念的同时，他感到对错误道德观念仅群起而攻之还不行，还必须有新的道德观念。“因为有了新的道德观念，一方面对于打击旧势力可以格外起劲，他方面对于建树新事业也可以格外有力。”② 那么，在杨贤江看来，新的道德观念是什么呢？他认为：“这问题很不容易讲，现在旧道德已经破坏，新道德尚未建设，实在无从依从。但有几点是很明白的。”③ 根据他的看法，新的道德观念有四种，而这四种，也就是他从辩证唯物主义观点出发，对新道德观念本质特性的论述：

第一，道德是变迁的。杨贤江认为，道德不是独立的、超然的、理想的，乃是受环境支配、受社会制度影响的。“道德乃是人类实际生活的要求和反映，是跟着经济状况的变迁而变迁的。”④ 道德受着时空的影响，时代不同，环境不同，所谓道德也跟着不同，没有亘古不变的道德。以时间论，在君主时代，臣子以忠君报国为道德，儿子以显亲扬名为道德，男女以“不相授受”为道德；可是推翻君主，改为共和以后的现在就不同了，认定人是社会的分子，儿子不专是父母的；男女社会公开，自由恋爱，这都是道德的了；以空间论，在世界上，父母死后，有用棺材埋葬的，也有用火烧化的，还有抛在山上给鸟兽吃的，可见全世界的道德没有相同的，各因其习俗环境而异。根据道德的变迁性，杨贤江指导青年说：“我们现在的青年，对于旧礼教，实可不要遵守；对于古圣贤，实无再崇拜的必要了。”⑤

① 杨贤江：《杨贤江教育文集》，教育科学出版社 1992 年版，第 187 页。
② 杨贤江：《杨贤江教育文集》，教育科学出版社 1992 年版，第 188 页。
③ 杨贤江：《杨贤江教育文集》，教育科学出版社 1992 年版，第 207 页。
④ 杨贤江：《杨贤江教育文集》，教育科学出版社 1992 年版，第 188 页。
⑤ 杨贤江：《杨贤江教育文集》，教育科学出版社 1992 年版，第 208 页。

第二，道德是阶级的。杨贤江认为："这并不是说道德的本性是阶级的，乃是因为人类中间有了阶级，所以有不同的地位的人，就有不同的道德。"① 他分析说古代有贵族与奴隶的阶级，于是就有贵族的道德与奴隶的道德；中世纪有封建诸侯与农奴的阶级，于是就有诸侯的道德与农奴的道德；近代有资本家与劳动者的阶级，于是就有资本家与劳动者的道德。这就是说，由于人们在社会上的经济地位不同，道德观念也就不同。他指导青年说在现今资产阶级与无产阶级的斗争中，"我可爱的青年，如果是属于无产阶级的，则应该也只好为自己阶级效力而坚持无产阶级的道德观"②。因为在阶级社会道德是具有阶级性的。

第三，道德是社会的。杨贤江认为，道德无论其形成，还是性质，都是受社会影响的，具有强烈的社会性。道德并不是属于个人的，至于从前的道德，只讲个人的修养，不管社会好坏，那是行不通的，因为"社会的道德不好，不管个人怎样的好也是无用，终为恶势力所同化"③。杨贤江从道德社会性出发，引导青年不要囿于"独善其身"的狭隘圈子中，而要依靠团体的扶持、督促，投身于改革现社会的洪流之中。他指出："所以我们要承认人间社会要有圆满的合理的道德，必须改造这个社会。"④

第四，道德是活动的。杨贤江认为，古人所讲的道德是立足于自身，修养方法上只限于"修心养性""主敬主静"，对于社会并无影响，不能为民众造福，那算不得什么道德。他认为："我们评判一个人的道德，要以客观的态度，从实际上看他做出来的事业，以定他道德的高下。"⑤ 在他看来，从前历史上的什么忠臣，平时重视"修身养性"，可到国家败亡了，就"以身殉难"，这算有什么道德，简直是笑话；另

① 杨贤江：《杨贤江教育文集》，教育科学出版社 1992 年版，第 188 页。
② 杨贤江：《杨贤江教育文集》，教育科学出版社 1992 年版，第 189 页。
③ 杨贤江：《杨贤江教育文集》，教育科学出版社 1992 年版，第 208 页。
④ 杨贤江：《杨贤江教育文集》，教育科学出版社 1992 年版，第 189 页。
⑤ 杨贤江：《杨贤江教育文集》，教育科学出版社 1992 年版，第 209 页。

外，还有一种专讲道德的人，行为上却同拆白；口头上专讲“克己复礼”，可一到都市便患花柳病，这种人实在是比那不讲道德的还要坏得多。于是他指导青年说：“我们青年的道德便要‘反其道而行之’，须从积极的实际的客观的方面表示出动作来。”① 他主张青年要有道德，不要只在口里嚷着“砥砺人格”“陶冶性情”的空话，而要脚踏实地去做青年运动、政治改造、社会服务等事业，而且结合同志，互相鼓励，以团结之力去干。他认为：“我们的道德，不在空洞的内心修养，而在实际的革命训练。”② 他将青年道德的养成与参加革命斗争实践结合起来了。

总之，杨贤江认为现代青年所应养成的道德是刚健的、质直的、活泼的、负责的、反抗的、为群众谋幸福的、做实际活动的，其目标决不是“独善”，而是包括个人修德在内的“众善”。

二

杨贤江是青年的革命导师，重视对青年的“全人生指导”，既重视对学习知识、锻炼身体方面的教导，又很重视对思想品德方面的教育。他在对青年思想品德教育的指导思想就是他的德育观，认为道德是变迁的、有阶级性的，是社会的和活动的。他通过编辑《学生杂志》为来访、来信写成的通讯和文章，运用现实大量的内容，将他对道德的认识具体化、通俗化，对青年思想品德进行指导和教育。他在对青年施行思想品德教育过程中，选取的教育内容是多方面的、丰富多彩的，归纳起来，大体上可有以下几个方面：

（一）教育青年树立正确的人生观和远大的志向

在杨贤江的论著中，多次论及有关人生的问题，如人的本质、人生

① 杨贤江：《杨贤江教育文集》，教育科学出版社 1992 年版，第 190 页。
② 杨贤江：《杨贤江教育文集》，教育科学出版社 1992 年版，第 190 页。

态度、人生的责任等，以引导青年树立正确的人生观念。杨贤江指出要使青年成为有益社会的人，“第一著要做的，就是对于人生问题，总有个确定的观念。因为人的生活要有意义、有价值，必得先定个人生观”①。可见，杨贤江把引导青年树立正确的人生观看成第一重要的大事。

引导青年要树立什么样的人生观，这涉及人生要以什么为目的的理想问题。通常的人，总是认为做人是为自身求快乐的，不再管别人怎样杨贤江针对当时有些青年只知“自我求快乐”的情况，对青年告诫说：寻求人生的快乐，本是合理的，正当的，但是专谋自身快乐，过于重视物质生活，则不会达到人生的真正目的。他认为人生的目的，不能只为自身求快乐，因为那是没有人生价值的，而真正有人生价值的，是为国家谋利益，为他人、为人类谋幸福。他指出：“人生的目的，在对于全体人类有贡献，来促进人生的幸福。”②

那么，该如何树立人生观和远大的志向呢？他鼓励青年要知立志，指出“立志的重要，也就在许多复杂的或冲突的意向中，打定主意该做那一种”③。在人生观中，是专为个人求快乐，还是要为他人谋幸福，作为革命青年必须加以选择。青年们要达到“圆满的人生”，求得自我解放，首要之点是要把个人看作是具体的、社会的，而不是抽象的、单独的。“社会是个人的社会，个人是社会的个人，个人与社会是不能分离的。”④ 他认为青年应该有觉悟，而有觉悟的青年就会“不只是埋首读书，不只是愤世嫉俗；他们一面能感觉社会制度的缺陷，国家形势的危险，一面便会本着热心和理性，去干实际的活动”⑤。

因此，他们决不会颓丧、纵欲、放浪，更不会甘当专为个人寻快乐

---

① 杨贤江：《论个人改造》，《学生杂志》第7卷，1920年第5号。
② 杨贤江：《论个人改造》，《学生杂志》第7卷，1920年第5号。
③ 杨贤江：《杨贤江教育文集》，教育科学出版社1992年版，第261页。
④ 杨贤江：《论个人改造》，《学生杂志》第7卷，1920年第5号。
⑤ 杨贤江：《杨贤江教育文集》，教育科学出版社1992年版，第165页。

的自私自利的个人主义者，而会“是一个具有刚健的德性，能为社会福利而求学的青年”①。他引导青年走向觉悟，能够树立革命的人生观，为人类谋幸福而起来斗争，为根本轻重使人不幸的社会制度而奋斗他认为：“现代中国青年必须老实承认是站在被压迫阶级而肯努力为被压迫阶级谋解放者。”从消极方面，他们要不厌世、不消遥、不斯文、不怯弱、不想独善其身、不想升官发财。从积极方面，他们要爱世、要奋斗、要活泼、要刚健、要谋公众的福利、要尽社会的劳动。还必须下定决心把先代遗留下来的名利观念、威势观念，连根拔起。“必经过这样思想革命的青年，才配做个新时代的新青年。”② 这就是杨贤江教育青年要树立明确的人生观。

（二）培养青年的爱国主义思想

学生时代的杨贤江就怀有强烈的忧国忧民的思想热情，探寻着救国救民之方。踏上工作岗位后，面对国家的危难，他的爱国救国之情更加炽烈，同时还写下了大量文章，激发青年的爱国之情，指明他们的求国之路，杨贤江热诚地向青年呼唤：“请你睁一睁眼睛看个明白，你的生命所依托著的这块土地内已经弥满著一股的血腥气了。你还想安然享乐吗？你还忍专心享乐吗？……你应该醒了！你若还有热血，你若还有余力，我劝你就用这血和力去杀敌！”③

杨贤江一方面鼓动青年要爱国救国，同时又提醒青年不要盲目爱国救国。他引导青年去明了根本改造社会组织的重要性，否则，社会不良而未进行根本改造，就是救了国，人民仍然不会得到公平的幸福。他指出：“老实说吧，倘若现代社会组织不根本改造过，无论你怎样热心地救国，都是枉然的啊！”他认为：“我们盲目地讲救国救国，只可说是

① 杨贤江：《杨贤江教育文集》，教育科学出版社 1992 年版，第 166 页。
② 杨贤江：《杨贤江教育文集》，教育科学出版社 1992 年版，第 141 页。
③ 杨贤江：《杨贤江教育文集》，教育科学出版社 1992 年版，第 104 页。

上了国家主义论者底当。纵使救国运动成功了，还不是一个‘强凌弱，富劫贫’的世界么?”① 在这里，他告诉青年，要救国但不要盲目，主张把救国与根本改造不良社会相结合。

杨贤江为了帮助青年更好更有效地去救国，对怎样救国提出了不少有益的方法，归纳起来，大体有四种：

第一，主张要打破谬误的不问政治的旧观念，而养成以国民干预政治的觉悟。他认为救国如治病，必须对症下药方能痊愈。要想救中国，必须考察中国的政治经济现状，明确形成这种现状的原因和改进的方法。他启发青年说，中国社会的实际情形，是内有残民以逞的军阀，外有伺机而动的列强：“在这种情形之下，要如何才能从这两重压迫—列强与军阀—中解放出来呢? 这个答案自然只有革命。”② 这就是引导青年，为了救国，要有干政的觉悟。要使青年了解国家受列强与军阀两重压迫的国情，民不聊生，民族危机严重，只有反抗压迫，实行革命才有出路，使青年树立起来投身于社会、参与政治的救国意识和革命觉悟。

第二，指出要留意国内及国际政治界、经济界发生的重大事件，能判别这些事件的利害关系。如果自己的看法拿不准时，可参考那些以改革政治为目标的出版物。这就是说要引导青年去读革命的报刊杂志，以帮助他们增强自己对政治、经济形势的辨别力。

第三，要求以民众宣传国际形势及本国的政治状况，引起民众从事改革政治的动机。杨贤江认为，救国运动到五四运动以后，仅几年就变成历史“名词”了，他希望使民众觉醒起来，青年应该到民间去宣传爱国救国。他号召说：“‘到民间去’啊！外面的呼声正急迫而且真挚呢！青年心底灵敏而富同情的心弦，应当是已被拨动了。快快预备！快快起来罢!”③

---

① 杨贤江：《杨贤江教育文集》，教育科学出版社 1992 年版，第 73 页。
② 杨贤江：《杨贤江教育文集》，教育科学出版社 1992 年版，第 154 页。
③ 杨贤江：《杨贤江教育文集》，教育科学出版社 1992 年版，第 74 页。

第四，认为要在必要的时候，对于误国罪人及腐败政府给予惩处，青年应该参与革命团体发起的改革运动，或者自己采取激烈的反抗运动。不但如此，为了救国，打垮列强和军阀，不可能由青年单独承担下来的，必须联合民众，共同行动起来才行。

“总之，做今日的青年不该静默、温柔、独善其身，而要奋斗、刚强、服务群众”，并且“要承认自己是团体中的分子，便须为大家的幸福努力合作”①。只有如此，才能救国。

（三）加强集体主义和集体观念教育

杨贤江在他的著作中多次论及团体观念的重要性，以及个人与集体、自由与纪律之间的关系。他认为，作为群居的人，“欲完成理性，决非一人之力所克致；欲制御庶物，亦非一人之力所能任。循岁月之演进，人事日趋于繁复，将一人之生活，而非得大众之供给，有所不可”②。可见，集体生活是每个人不可避免的，每个人应及早养成集体生活的习惯，以便为将来的处世立身做好准备。尤其对于中国国民来说：“素来缺少团体的训练，读书人更怕有纪律来范围他，虽然在别方面却拘泥着‘先王之道’而不思解脱。到了最近，学生界中，愈多借着自由的美名，而实行放荡无节制的生活。这种习惯，在个人方面看，足以养成自暴自弃的恶德；在社会方面看，足以阻碍除旧布新的勤力，所以真是要不得的。”③

为了能适应集体生活，培养集体主义精神和集体观念，很关键之处就是要处理好团体的纪律与个人自由的关系，要把团体纪律置于个人自由之上。杨贤江认为，中国要完成自身的政治、习俗等的彻底改造，必须依靠集体的智慧和力量，这种集体不是凭少数人任意的主张去行动

① 杨贤江：《杨贤江教育文集》，教育科学出版社 1992 年版，第 117 页。
② 杨贤江：《杨贤江教育文集》，教育科学出版社 1992 年版，第 19 页。
③ 杨贤江：《杨贤江教育文集》，教育科学出版社 1992 年版，第 112 页。

的，要有一定的极为坚固的组织，极为严明的纪律，来规范和指挥各个成员。作为每一个成员则应绝对服从，有时还需牺牲个人的自由来维护整体的利益。当然，这种组织和纪律也不是凭空产生的，不是任何人私定的，乃是整个集体所公决出来的，也是各个成员为集体所赋予的指挥权力。

但是，杨贤江在强调团体纪律的重要性时，也并未忽视个人的自由。他认为："我们所以要谋改造，本为获得人生种种应有的自由。要组织团体，便为集中我们谋改造者的意志行动而成一个强固的力量。我们要严明纪律，正为拥护这一种组织使能发生极大的功能。所以必须是个能为群众的永久的自由而奋斗的人，才算是个真能认识并尊重自由的人。"① 总而言之，只有遵守纪律，才能获得自由。

（四）培养勤劳俭朴的品格

杨贤江针对当时青年中存在的骄奢之风，写了大量的文章教育青年要继承、发扬中华民族勤俭的美德。他多次指出："中国青年之筋与肉都被享乐的空气与习惯薰染得软瘫了"②，"现代物质文明的世界，最足为青年堕落的引诱的，一个是'逸'字，一个是'奢'字"③。可见，贪图物质享乐，纵情于声色犬马，只会带来人格的堕落和前途的葬送。因此，他认为，极有必要大力提倡勤劳俭朴的品格。为什么要提倡俭朴生活，在他看来："我们不是为要积钱而提倡俭朴，我们更不是为要好名而提倡俭朴，我们是鉴于现代经济压迫的厉害，为免除走入虚荣、奢侈、怠惰、萎靡的一条堕落路，所以不得不厉行刻苦、坚决、劳动的生活。凡是物质方面的，在不害健康范围以内，终以愈低限度为愈好。"④

如何才能有效地培养学生具有勤劳俭朴的品格呢？杨贤江认为，勤

① 杨贤江：《杨贤江教育文集》，教育科学出版社 1992 年版，第 113 页。
② 杨贤江：《杨贤江教育文集》，教育科学出版社 1992 年版，第 128 页。
③ 杨贤江：《杨贤江教育文集》，教育科学出版社 1992 年版，第 39 页。
④ 杨贤江：《杨贤江教育文集》，教育科学出版社 1992 年版，第 141 页。

劳俭朴、过简约的生活是一个有效的途径。在劳动中，通过付出自身的脑力和体力，才会真正体验到劳动成果的来之不易、理解劳动成果的价值，从而学会尊重劳动人民，尊重他人的劳动成果。何况“天赋我以耳目手足，原则尽其效用，方为不负所生”①。此外，他还指出，勤劳、俭朴则是中外教育家、思想家的一贯主张。如以中国教育家为例，孔子曾说：“以约失之者鲜矣。”程颢还说：“所守不约，泛滥无功。”这些主张说明了节俭的重要性。在杨贤江看来，简易质素，无论何人，均当勉为。对此，他还曾以自己为例作了具体说明：“余处校中所衣者布，所履者也布。饮食一端，除定餐外，不购一文闲食。盖以为衣食清洁而已，过求华丽珍奇何为者。况节俭于涵养德性、摄卫生命，大有关系者乎。”② 他还引了德国哲学家费希特《国民教育》一书的内容加以论证，指出：“吾人可以自身之力，增进世界之幸福；若一生徒而能刻苦勤劳，则自可独立以自给……苟力能所堪者，必须以自力致之。此即国民全体以各自之勤劳，增进全体幸福之微意。”③ 所以青年应力戒贪图享乐、依赖他人的积习，养成勤俭诚朴之良性，这样才能对社会作出贡献，成为一个有用的人。

由此可见，杨贤江关于德育内容的论述是深刻的、多方面的，需要结合青年身心发展特点，采取适当的途径和方法，才能得到有效的贯彻实施。

三

杨贤江虽未专门写过德育途径和方法方面的文章，可他在论述训育和其他的言论中，所论及的途径和方法，仔细看来，也可算是德育的途

① 杨贤江：《杨贤江教育文集》，教育科学出版社 1992 年版，第 10 页。
② 杨贤江：《杨贤江教育文集》，教育科学出版社 1992 年版，第 14 页。
③ 杨贤江：《杨贤江教育文集》，教育科学出版社 1992 年版，第 4 页。

径和方法。这种途径和方法，按他论述训育时的分类大体上有两大方面，即个别接触和团体训练①。杨贤江认为：个别接触的目的在于考察青年的生理状况、特殊习惯、家庭环境，以发现他们的问题、旨趣与需要等，从而谋取与之适应的解决方法。根据他所论述，个别接触方法是多种多样的，如与青少年进行交谈、测验、调查、观察等，此外还可以通过一些聚会、郊游、旅行等活动增加接触的机会，联络彼此的感情，有的放矢地进行思想品德教育。

杨贤江认为思想品德教育的另一种重要途径便是团体训练。在他看来，国人一向缺乏团体生活，团体观念薄弱，而在实际生活中，团体则是“促进人生福利的一种重要工具”②，是实现救国救民救自身的必由之途，因此，团体训练是必需的和有益的。团体训练的目的就在于通过共同旨趣的陶冶，谋求集体精神的发扬和改造社会能力的发展。至于团体训练的具体实施，可分为两种：一是谋学校生活之集体充分发挥作用，务使生活在这个团体内的各个成员，即校长、教员、学生、职工等能互相接近，和睦相处，如同家人。学校团体生活对于学生的思想品德影响是巨大的，杨贤江自己体会颇深，他曾追忆指出：“在学校中所接触者，每能终其身而弗忘，而在中学校及大学校所接触者为尤甚。盖其所接触者，不独为学问，如教员之思想高尚、道德优美，以及校中摒绝市间孳孳为利之陋习，均足以陶冶吾人本有之良心。”③ 二是有目的地组织大规模或小范围的团体，大的如学生会，小的如早起读书会、平民教育社等，它们可以由青年自发组织，也可指定专人加以引导。在杨贤江的心中，当时中国最需要的青年团体有二：一为青年问题讨论会，一为青年社。青年问题讨论会以讨论青年本身问题，共谋实行能行的解决办法为任务，可集合各类青年组成。青年社是当地各阶级青

① 杨贤江：《杨贤江教育文集》，教育科学出版社 1992 年版，第 226 页。
② 杨贤江：《杨贤江教育文集》，教育科学出版社 1992 年版，第 236 页。
③ 杨贤江：《杨贤江教育文集》，教育科学出版社 1992 年版，第 7 页。

年的结合，以谋青年利益及对全国及本地之政治问题贡献意见并能采取实际行动的组织。在开始之时，未能集合起各阶级青年的时候，也可由某一阶层的青年单独组织，如学生、工人或商人等，人数 5 人以上时，即可组织。

各种团体在活动中，除达到各该团体自身的目的以外，应当特别注意团体生活的种种训练，譬如团体成员必须有出席、缴费、服从议决案的责任；应有如何进行开会、如何维持秩序的知识与技能；要有发展会务的活动精神。这些集体活动，使人可养成集体主义精神和组织纪律观念。因此，他认为人们重视思想品德修养，就不可忽视团体训练的作用。他说："我以为讲修养而不注重团体的训练，实只是'缘木求鱼'的办法。深愿有志青年于此加以注意！"①

杨贤江关于青年德育的观点，不仅在 20 世纪 20 年代有着重大影响，教育了一大批青年，使他们端正了思想认识，摆脱了传统观念枷锁的束缚，走上了民主革命的道路；就是在今天，他的有关青年道德修养的一些看法仍具有着重大的现实意义。在我国实行社会主义市场经济，走改革开放之路的当今，随着物质文明的发展，而精神文明方面一时尚未抓出成效，于是出现了一些亟待解决的思想品德问题。譬如，有的青年缺乏正确的人生观和明确的志向，过分地沉醉于物质享乐，好逸恶劳，只追求个人幸福，一味地依赖父母，缺乏独立的进取精神和能力；有的青年一心迷恋金钱、权势、利欲熏心，为此钻营投机，难以自拔；更有的青年，爱国主义观念淡漠，对祖国的历史、现状和未来，知之甚少，更少关心，缺乏青年对祖国应有的使命感与责任感。这些青年的思想品德问题，需要社会各阶层的关注，需要采取有效措施加以解决。当要抓精神文明建设，设法解决一些青年的思想品德问题时，我们决不可忘记革命青年导师杨贤江，他在对青年进行"全人生指导"过程中，有关对青年的思想品德教育理论，是有着很大的指导和借鉴作用的。诸

① 杨贤江：《杨贤江教育文集》，教育科学出版社 1992 年版，第 145 页。

如他对青年树立人生观的指导，培养爱国主义、集体主义、勤劳节俭品格的论述等，很值得我们学习和吸取。像爱国主义教育问题，杨贤江强调不能停留在口头上和形式上，而要结合国家的具体时势，组织各种爱国行动要青少年参加，使他在行动中受到爱国主义教育又能落实到实际的爱国活动中。他认为道德是社会的、行动的。在今天，我们要大力响应党中央关于开展爱国主义教育的号召，就应该在青年中进行富有感染力的爱国主义思想品德教育，组织各种能够体现爱国的各种生动活泼的活动，把他们的热情引导和凝聚到建设有中国特色的社会主义伟大事业上来。在杨贤江所处的时代，困难当头、民族危机是唤醒民众的突破口，是激发爱国热情的原动力。那么今天，我们也要选准爱国主义教育的基石，那就是首先要使青年了解祖国几千年的历史，“知之愈深，爱之弥坚”，在此基础上才会为祖国的历史而自豪，增强民族自信心，才会理解并接受中华民族的传统美德，才会树立起为祖国富强而奋斗的革命志向。

总之，我们对杨贤江的德育论应该深入研究和学习，借鉴和吸取，宣传和运用。把他的德育理论精髓与我国新时期的特点相结合，从而发挥其更大的指导作用。

成仿吾论思想政治教育的重要性及其实施的途径和方法

无产阶级革命家、教育家成仿吾（1897—1984）是我国 20 世纪 20 年代新文化运动的重要代表，因其追求真理和正义，后来走上革命的道路。他自 1934 年到苏区革命根据地瑞金任教于中央党校以来，一直从事党的教育事业达半个世纪之久。他先后出任陕北公学、华北联合大学的校长，新中国成立后曾任中国人民大学副校长、校长，东北师范大学、山东大学校长和党委书记。在他任内，各校培养出一批又一批德才兼备、能文能武的革命人才，他为中国革命和建设事业作出了巨大贡献。仅以陕北公学、华北联合大学为例，先后毕业约 6000 人①和 10000 人②。据他回忆说：“实践证明，我们陕北公学的学员毕业后分配到各个战场，既能文，又能武，被群众誉为‘文八路’。”③ 他引用毛泽东到陕北公学讲演中的一句话说：“有了陕公，中国就不会亡！”④ 他认

① 成仿吾：《战火中的大学——从陕北公学到人民大学的回顾》，人民教育出版社 1982 年版，第 66 页。

② 成仿吾：《战火中的大学——从陕北公学到人民大学的回顾》，人民教育出版社 1982 年版，第 127 页。

③ 成仿吾：《战火中的大学——从陕北公学到人民大学的回顾》，人民教育出版社 1982 年版，第 39 页。

④ 成仿吾：《战火中的大学——从陕北公学到人民大学的回顾》，人民教育出版社 1982 年版，第 69 页。

为，华北联大培养出来的各类人才，“对坚持华北抗战，对开展边区的政治经济、文化、教育、文艺等各条战线的工作都作出了贡献”①。新中国成立以后，很多陕公、联大的毕业学生成为党和国家在各条战线上的领导骨干。

成仿吾后来回顾教育工作获得成功的历程，除了他认为学校必须按照党的教育方针政策办学以外，他还体会到：学校的各方面工作都要抓，但抓思想工作最重要。他在一次讲话中明确指出：“要抓思想、抓各种工作、抓生活，这是对的。各项工作要抓，也要协助行政搞好生活，而最重要的是抓思想。”② 虽然这是他对学生演讲，其实也正是他长期担任校长工作所得出的体会。他曾这样说过：“重视思想教育，是我们学校一贯的优良传统，特别是在张家口时期学校大发展，学生来源很广泛，国内各地和新老解放区都有，他们的家庭出身、文化程度、政治认识和学习要求，都各有不同。在这种情况下，就更必须加强思想教育。”③ 他所说的学校在张家口时期，是指华北联大在抗战胜利后，学校出现了大发展，逐渐走向正规化的阶段。其实，这也是陕北公学重视思想政治教育的继续，因为陕公是华北联大前身之一。陕北公学1937年7月成立于延安。到1939年夏，随着革命形势发展的需要，遵照党中央指示，将陕北公学与鲁迅艺术学院等四校合并，成立了华北联合大学。

为什么成仿吾在陕公、联大时特别重视思想政治教育呢？因为在战争年代，学校要在几个月内迅速将学生培养为愿意献身革命、为革命战争不惜牺牲个人一切的革命干部，而当时学生来自祖国的四面八方，政治立场和思想觉悟各有不同，所以必须以进行思想政治教育为主，必须

① 成仿吾：《战火中的大学——从陕北公学到人民大学的回顾》，人民教育出版社1982年版，第127页。

② 中央教育科学研究所：《成仿吾教育文选》，教育科学出版社1984年版，第109页。

③ 成仿吾：《战火中的大学——从陕北公学到人民大学的回顾》，人民教育出版社1982年版，第130页。

能从灵魂深处转变他们从旧社会、旧教育带来的不合乎革命要求的政治观念和思想意识，进而造就他们具有革命的世界观和人生观。

成仿吾重视思想政治教育，不只是停留在思想的认识上，而是在较长时期的工作中，实际去抓，一步一个脚印，常抓不懈。他在抓学校的思想政治教育时，采取了很多的途径和方法，积累了不少行之有效的成功经验。这一点是非常宝贵的，因为要想落实重视思想政治教育的设想，没有适当的途径和方法，就不可能实现，成为空中楼阁，由此可见途径和方法的重要性。毛泽东曾把完成任务比作过河，把途径和方法比作过河的桥或船，说明途径和方法对于完成任务具有不可缺少的重要性。他说："我们的任务是过河，但是没有桥或没有船就不能过。不解决桥或船的问题，过河就是一句空话。"① 可见，对于成仿吾的思想政治教育来说，不仅要重视他提出"过河"任务，主张学校要把抓思想政治教育放在最重要的位置，而且还应特别注意他在实践中解决了过河的"船或桥"的问题。他积累了非常丰富的有关进行思想政治教育的途径和方法的经验，体现了老解放区进行思想政治教育的革命传统和优良作风。

成仿吾在进行思想政治教育时，究竟采取了哪些行之有效的途径和方法呢？据他自己的回忆，在陕公、联大时期，主要选取了这样一些渠道和方式：第一，开放政治理论课；第二，专题报告；第三，时事政治学习；第四，日常的民主生活会；第五，参加社会活动和民运工作；第六、生产劳动。② 又有时分成三个方面。他在一次讲话中说："我们的政治思想教育有两个方面，四门政治理论课和时事政策学习是一个方面，另外一方面是日常的思想教育，像思想问题讲座、思想批评会等方

① 《关心群众生活，注意工作方法》，《毛泽东著作选读》上册，人民教育出版社 1986 年版，第 63 页。

② 成仿吾：《战火中的大学——从陕北公学到人民大学的回顾》，人民教育出版社 1982 年版，第 130 页。

式都可采用。”① 他在另一次会上则认为，抓紧政治思想教育，应从三个方面进行：一是形势和任务教育；二是政治理论教育；三是革命道德教育。② 根据他的多次分类，可归纳他的思想政治教育的途径和方法为下述三大方面。

一、开设政治理论课，注意以革命理论武装学生

成仿吾自任陕公校长时起，就把开设政治理论课和加强学生思想政治教育作为学校的重要决策。他要求在普通班开设“社会科学概论”“抗日民族统一战线”“游击战争”和“民众运动”等课；而在高级班则开设有“中国革命运动史”（即“中国问题”）、“马列主义”、“辩证唯物物主义”和“政治经济学”等课程③，后来又增加了“世界革命运动史”“科学社会主义”等课程。到华北联大任校长时，他仍坚持重视“政治课的学习，其中包括社会发展史、中国近代革命运动史、新民主主义论、解放区建设等，政治课的比重，约占全部课程的 20%”④。新中国成立以后，他才将政治课定型为四门。他主张：“学生中四门政治理论课一定要学好，这是党几十年的经验，不能只学一门、两门。”他的理由是：“学点唯物论，学点辩证法，很重要。学政治经济学，知道什么是资本主义，什么是社会主义。学党史知道中国革命的斗争历史，党怎样领导人民取得胜利。学共运史，我们正在搞共产主义运动，知道共产主义运动的历史和理论，成为自觉的战士。”⑤ 从这里可以看出他是一贯坚持学习政治理论课的，以此作为武装学生革命理论的内容

① 中央教育科学研究所：《成仿吾教育文选》，教育科学出版社 1984 年版，第 109 页。

② 中央教育科学研究所：《成仿吾教育文选》，教育科学出版社 1984 年版，第 124 页。

③ 成仿吾：《战火中的大学——从陕北公学到人民大学的回顾》，人民教育出版社 1982 年版，第 28 页。

④ 成仿吾：《战火中的大学——从陕北公学到人民大学的回顾》，人民教育出版社 1982 年版，第 131 页。

⑤ 中央教育科学研究所：《成仿吾教育文选》，教育科学出版社 1984 年版，第 163 页。

和方法。

成仿吾重视政治理论学习，除了因为学生来自各地，政治觉悟和认识水平不一，又要在较短时间完成思想转化，成为自觉的革命战士等原因外，还与他个人的经历体验有关。众所周知，成仿吾早在 20 世纪 20 年代就是一位与郭沫若、郁达夫齐名并有着重要影响的文学家，从事反帝、反封建的文化运动。1926 年初，当广州反帝、反封建的革命空前高涨之时，他到广州出任广东大学的教授和黄埔军官学校的教官。大革命失败后，革命处于低潮，可他并未消沉，却为追求真理，走上了新的革命征途。为了能够更好地学习马克思主义理论，他于 1928 年 5 月“离上海赴欧探求”①，成为头脑清醒的、自觉的革命者，并于同年 8 月在巴黎加入了中国共产党。他非常重视钻研马克思主义原著，“早在延安时期，就和徐冰同志合译了《共产党宣言》。直至晚年，还重新翻译了《共产党宣言》，校译了《哥达纲领批判》《社会主义从空想到科学的发展》等马克思恩格斯著作，为准确地宣传马克思主义作出了贡献”②。他认为，学习马克思主义，尤其钻研原著，能够使人受到教育，转变思想，成为自觉的革命者。可以说，这是他的切身体会，这对于他重视开设政治理论课，是有着必然联系的。他认为：“青年不应当糊里糊涂被时代推着跑，要自觉地肩负起时代的使命，有意识地为共产主义事业奋斗。”③ 在他看来要让青年学生“自觉地肩负起时代的使命”，必须有意识地开设政治理论课，以共产主义武装他们的头脑，才不致使他们“糊里糊涂被时代推着跑”。

对于怎样才能开好政治理论课，成仿吾在陕公的做法是“因为教员少，各门课都采取上大课的方法”④，实行教育民主，讲授与学生集体

① 《成仿吾年谱》，《东北师大学报哲社版》1985 年第 4 期。

② 《成仿吾同志生平》，《成仿吾教育文选》，教育科学出版社 1984 年版，第 9 页。

③ 《延安作风和延安时代的学校生活》，《成仿吾教育文选》，教育科学出版社 1984 年版，第 166 页。

④ 成仿吾：《战火中的大学——从陕北公学到人民大学的回顾》，人民教育出版社 1982 年版，第 31 页。

讨论相结合。当时选派的任课教师，都是对马克思主义理论有研究的专家学者担任。如：由何干之主讲“中国革命运动史”；由李凡夫、李培之主讲“马列主义”；由艾思奇、陈唯实主讲“辩证唯物主义；由李凡夫、徐冰主讲“政治经济学”。此外，还编了一些教材，帮助学生学习。由“艾思奇、何干之、李凡夫等十来位同志集体编写了一本《社会科学概论》，印发给学员阅读”①。陕公上政治理论课，在延安时有一个得天独厚的优越条件，就是可请中央领导同志莅临作报告，加强了政治理论课对转变学生思想的效应。毛泽东主席曾亲自到陕公给学生上哲学课，“毛主席先讲唯物论和唯心论，后讲反映论和辩证法。这个讲稿后来整理出来，就是我们所熟知的《实践论》和《矛盾论》两篇文章”②。

在思想政治教育中，开设专题报告，更能结合形势变化有针对性地解决学生存在的思想问题。这类专题包括政策讲座、时事报告等。中央党政军领导都很关心陕公，每逢国内外政治军事形势有重大变化，或出现什么事件，中央领导同志就会及时地来校作报告，帮助学生掌握国内和国际局势变动的脉搏。“毛主席讲过‘中国宪政运动’和‘青年运动的方向’；周恩来同志讲过‘大后方的抗日形势’和‘平江惨案情况’；朱德同志讲过‘敌后战场的开辟和发展’和‘根据地经济’；董必武同志讲过‘正统观和六法全书的批判’；张闻天同志讲过‘新民主主义文化’等”③。

陕北公学的政治理论课和时事政策学习报告，从教学实践中逐步形成了“三个原则，一是理论与实际相联系，二是教学内容少而精，三是教与学一致”④。

---

① 成仿吾：《战火中的大学——从陕北公学到人民大学的回顾》，人民教育出版社 1982 年版，第 29 页。

② 成仿吾：《战火中的大学——从陕北公学到人民大学的回顾》，人民教育出版社 1982 年版，第 31 页。

③ 成仿吾：《战火中的大学——从陕北公学到人民大学的回顾》，人民教育出版社 1982 年版，第 30 页。

④ 成仿吾：《战火中的大学——从陕北公学到人民大学的回顾》，人民教育出版社 1982 年版，第 31 页。

成仿吾认为，政治理论课在高级班的教学最好是以自学辅导方式为好。教学的程序是：第一，各门课由教员进行辅导式教学，先根据班上情况，规定阅读材料，然后作引言性报告，讲明本门课的学习目的，并指出学习的重点；第二，同学们自动组织起来，制定学习进度，学习教员指定的阅读资料，然后进行座谈或讨论；第三，教员针对学生提出的问题，加以组织系统化，最后进行一次性问题解答。归纳起来，则是“引言—阅读—漫谈—讨论—解答问题，这就是自学辅导过程。同学们对这种方法比较肯定”。他们说：“自学辅导比讲好，主要一点就在和同学思想相结合，不是空谈。”①

二、参加现实的革命斗争锻炼学生的思想和意志

陕公、联大在加强思想政治教育方面，在学好政治理论课和时事报告的基础上，注意组织学生参加现实的革命斗争、军事活动和劳动锻炼，让他们在现实生活中经受磨炼和考验，使他们的思想有明显的转化。

（一）参加民众运动，下乡下厂

陕北公学所开设的一门重要课程，是“民众运动”和“政府工作”。这门课由有“民众运动”和“政府工作”经验的邵式平主讲。他贯彻理论与实际相结合和少而精的原则，在讲完“民众运动”和“政府工作”课后，立即组织学员参加陕西关中分区民众运动、选举运动和政府建设工作。学生学了民众运动的理论与经验，如关于如何动员、组织、训练和领导广大民众参加抗日救国斗争的方法以及如何建立和巩固敌后革命根据地政权的经验，能够马上在实际斗争中加以应用，这种做

① 成仿吾：《战火中的大学——从陕北公学到人民大学的回顾》，人民教育出版社 1982 年版，第 132 页。

法称为“民众运动演习”。通过这样理论联系实际的学习，尤其是实际参加民众运动和民主政权建设，使他们从理论和实践中学到了什么是真正的民主政权学会了领导民众运动，开辟根据地的本领，而“更重要的是培养了学员的群众观点和民主精神，树立起为人民服务的革命人生观”①。

华北联大在张家口组织学生下乡参加土改，对革命的最基本任务有了全面了解，学会了组织农会、批斗地主等工作方法。1946 年 7 月，联大组织师生到农村，走遍桑干河两岸，协助政府推行“耕者有其田”政策。“同学们下去后，表现都很好，他们起到了工作队的作用，帮助农民组织农会，斗地主，分土地，分浮财。”② 当地百姓至今还记得联大同学们对他们的帮助。由于同学们参加了土改全过程，所以他们收获很大，思想得到了提高。成仿吾以教育学院史地系为例，认为三次参加土改，学生思想逐步提高，渐次深化：第一次的主要收获是，对中国农村的阶级关系和广大农民受地主剥削，并过着悲惨生活开始有所认识；第二次主要收获是，自己参加土改工作后，根据自己的表现，认真地检查了自己的思想和立场；而第三次的主要收获则是实地学习了发动和组织民众的艺术和对土地政策的掌握。成仿吾认为：“同学们经过了这三次工作，可以说对当前中国革命的最基本任务有了比较全面的了解，而且他们为人民服务的人生观就更明确地树立起来了。”③

华北联大随着革命斗争形势的变化，学校所在地先于 1946 年 11 月由张家口转移到束鹿县；又在 1947 年 11 月为迎接石家庄解放，迁至距石家庄仅 20 华里的正定县城。学校派一部分同学到石家庄工厂工作，受到了很好的阶级教育。工人们向同学们倾诉他们过去在工厂受到压榨

① 成仿吾：《战火中的大学——从陕北公学到人民大学的回顾》，人民教育出版社 1982 年版，第 36 页。

② 成仿吾：《战火中的大学——从陕北公学到人民大学的回顾》，人民教育出版社 1982 年版，第 133 页。

③ 成仿吾：《战火中的大学——从陕北公学到人民大学的回顾》，人民教育出版社 1982 年版，第 139 页。

的苦楚，他们把过去的工厂比作“监狱”，把官僚资本家比作“吸血鬼”。工人的这些受剥削、受压迫的事实，“对我们的青年学生来说，是比‘社会科学概论’更生动、更具体、感染力更强的好课堂”①。

（二）参加军事训练和军事斗争

陕北公学和华北联大都是培养革命干部的学校，学生毕业后多半是分配到敌后游击区工作。为了适应游击区工作的需要，必须使他们具有一些军事知识和能力。因此，陕公与联大虽然不是军事学校，但是以政治教育为主，同时也很重视军事教育，进行一些适应游击战争的军事训练。

陕北公学所开设的一门重要的军事课，名为“游击战争”，由政治部主任老红军干部周纯全主讲。他贯彻理论结合实际和少而精的原则，讲的少、练的多。为了配合教学，多次组织军事演习。有几次军事演习的计划是由时任参谋长的张云逸帮助制订的。军事演习，不仅为战备打下了良好基础，也增强了学生的战斗精神和克服战争中遇到困难的能力。

陕北公学是在日伪军和国民党顽固派不断骚扰和进犯环境下开展教育工作的，随时都准备有军事行动。学生平时，生活军事化、战斗化，一般是白天坚持上课，夜晚要站岗放哨、武装巡逻。战争环境中的学习生活，对女生的锻炼更为突出。“开始时女生很胆小，她们在国统区连夜路都不敢走，现在居然夜间可持枪站岗，都能勇敢地执行任务，慢慢地胆子也大起来。”② 军事训练把女生由娇柔的小姐训练成为英武的女战士。成仿吾颇有感触地说：“战争年代，干部的培养和成长速度是以月日计算的，半年、三个月就毕业一批。在陕北公学学习时间虽短，却

① 成仿吾：《战火中的大学——从陕北公学到人民大学的回顾》，人民教育出版社 1982 年版，第 143 页。

② 成仿吾：《战火中的大学——从陕北公学到人民大学的回顾》，人民教育出版社 1982 年版，第 39 页。

令人难忘。这些女学员说，这段生活是她们的一生发生‘质变’‘飞跃’的转折点。”①

军事训练对学生的教育很大，而实际行军使学生所受的教育体会更深。联大于1939年成立后，不断遭到日寇和国民党顽固派对驻地的骚扰，中央决定转移校址。先从栒邑行军到延安，后又从延安出发，到盘圹东渡黄河，翻过吕梁山、云中山，突破敌人一层一层的封锁线，经过山西兴县、岚县到达河北阜平县，将校舍建到了敌后游击区。在敌后开学，师生参加了第一次反“扫荡”战斗和1941年秋季的反“扫荡”浴血苦战。由于阜平等县遭受敌人的惨重破坏，联大又转移到了唐县的唐河边上。经过艰苦行军，大家过着战斗生活，师生都受到了生死考验，其中有一些师生壮烈牺牲了；也就在战斗中，学生们迅速成长为抗日救国的坚强战士。1942年因食粮短缺缩编，直到抗战胜利以后，成仿吾到张家口主持联大，才又得到恢复发展。可是又因国民党发动内战，威胁张家口的安全，联大又于1946年9月转移到束鹿县，行程800里，重返农村。成仿吾当时特别指出，从张家口到束鹿县为800里小长征，使学生们受到了一生都难忘的教育。他回忆说：“这一段行军生活，都深深印在联大师生特别是印在平津一带来的知识分子的脑海中。岳飞在《满江红》词里说‘三十功名尘与土，八千里路云和月’，我们这个小小的行程，也可说是‘八百里路云和月’吧！通过这次行军，同学们受到很大的锻炼，特别是在通过冀西山区时，看到被敌人扫荡过的农村，断垣颓壁，群众衣不蔽体，使同学们受到很大的教育。”②

（三）生产劳动锻炼

生产劳动在陕北公学是作为一门重要课程列入教育计划中的。因为

① 成仿吾：《战火中的大学——从陕北公学到人民大学的回顾》，人民教育出版社1982年版，第47页。

② 成仿吾：《战火中的大学——从陕北公学到人民大学的回顾》，人民教育出版社1982年版，第137页。

当时是战争年代，又是处于农村环境，不仅要把学生培养成为能文能武的革命干部，还要使他们会劳动，能够和劳动人民（主要是农民）打成一片。可是当时的学生，大多数是来自国统区的大城市，缺乏劳动锻炼，更缺乏劳动人民的气质，因此，劳动教育对他们就特别必要。成仿吾回忆说："我们有计划地组织学员参加建校劳动和农业生产劳动，通过劳动学习生产知识，培养劳动人民的思想感情，改掉了学生腔。后来许多陕公学生在群众中工作，竟然分不出谁是陕公学生，谁是边区农民了。"①

陕北公学组织学生参加生产劳动，是从学生一入学就开始的。"挖窑洞就成为新学员入陕北公学的第一课。"② 因为当时学校的窑洞不够住，要学生自己动手挖。新学员一入学，每人发一把镢头，在清凉山上挖窑洞。七八个人一组，挖好就进去住。学员住上自己挖的窑洞，心里特别高兴。陕公组织学生建校劳动，连女生也不得例外。她们和男同学一样挖窑洞、平操场、修厕所，样样都不甘落后。虽然胶质黄土格外难挖，但她们不退缩，不叫苦，拼着全身力气，抡起沉重的镢头，挖洞不止。"劳动的第一课，炼硬了她们的臂膀和意志。"③

陕北公学除了组织学生参加建校劳动外，还让他们参加大生产运动。1939 年春，边区开展大生产运动，主要是开荒种地，增加粮食生产，学校承担了 2100 亩的开荒生产任务。学生是"白天劳动，晚上围坐在一起谈收获体会、大家想起学过的社会发展史，都说真正是劳动创造世界，劳动改造世界啊"④。

---

① 成仿吾：《战火中的大学——从陕北公学到人民大学的回顾》，人民教育出版社 1982 年版，第 39 页。

② 成仿吾：《战火中的大学——从陕北公学到人民大学的回顾》，人民教育出版社 1982 年版，第 40 页。

③ 成仿吾：《战火中的大学——从陕北公学到人民大学的回顾》，人民教育出版社 1982 年版，第 47 页。

④ 成仿吾：《战火中的大学——从陕北公学到人民大学的回顾》，人民教育出版社 1982 年版，第 41 页。

新中国成立以后，成仿吾在回顾老解放区教育经验时，认为教育与生产劳动相结合是发展生产，提高人民思想觉悟的重要途径与方法，他说："老解放区生产发展，人民觉悟高，成为全国的模范，同教育与生产劳动相结合是分不开的。"① 他还指出："事实证明，学生通过劳动锻炼，才真正认识了劳动创造世界这一平凡的直理，他们在劳动中才逐渐产生了对劳动人民的阶级感情。集体劳动使他们感到只有集体才是伟大的，在他们中间开始树立起群众观点，也培养了他们尊重别人劳动的精神与团结友爱的精神。"②

三、在日常生活中进行思想政治教育

成仿吾在主持陕北公学、华北联大办学过程中，为使学生所受思想政治教育能够随时随地在进行，除了开设政治理论课，从思想上传播马克思列宁主义的思想观点以外；再就是组织学生参加民众运动、军事训练和生产劳动，从实践中进行锻炼；还有就是在日常生活中进行思想政治教育。因此，在日常生活中进行思想政治教育，在成仿吾思想政治教育的重要途径和方法中，是不可缺少的一个重要环节。

（一）重视以领袖为榜样，引导学生仿效

成仿吾对马克思、恩格斯、列宁、斯大林、毛泽东等革命领袖是非常崇敬的。因此，他特别重视向学生介绍领袖的业绩，引导学生信仰领袖、向领袖学习，让他们在领袖榜样的感召下受到潜移默化的教育。例如，他发现干部对于学习革命理论在态度上存在问题：一是学而不思，二是思而不学，三是不思不学。他力图教育他们转变态度，达到又学又思，并能联系实际学习，深入思考。于是，他启发学生要向革命领袖学

① 中央教育科学研究所：《成仿吾教育文选》，教育科学出版社 1984 年版，第 115 页。
② 中央教育科学研究所：《成仿吾教育文选》，教育科学出版社 1984 年版，第 93 页。

习，专门向学员、干部介绍革命领袖马克思、恩格斯、列宁、斯大林、毛泽东是怎样重视理论学习的。只有这样，方能才识过人，领导革命走向胜利。他首先向学员介绍了马克思，以马克思刻苦钻研理论为榜样，端正干部对理论学习的态度，必须搞好理论学习。他指出："马克思是博学的，经济学、哲学、历史、古典文学、外文都精通，数学学得也不错，能写数学论文，做数学题。"他继续介绍说："马克思看的书很多，对伦敦大英博物馆图书馆的书很熟，他用的都是原始材料，不是东抄西抄。"① 他号召说："我们应该学习马克思。恩格斯说，马克思有这样三个特点：知识是多方面的，很博学；能独立思考，不管什么都有独立见解；从不肤浅，是很深刻的。"② 他还介绍说："恩格斯也是博学的，他精通经济学、哲学、外文，对自然科学、军事学都钻研，能讲二十几种外国语。马克思逝世后，恩格斯领导国际共产主义运动，哪国来信就用哪国语言回答。"他并将列宁、斯大林、毛泽东等的博学，钻研理论，也一一作了介绍。总之，他认为："这些革命导师是我们学习的最好榜样。"③

（二）以身作则，像妈妈一样关怀学生

成仿吾进行日常思想教育，不只是讲道理，更重视以身作则为师生作出榜样。陕北公学军事训练是很辛苦的，早晨五点钟起床，然后在两分钟内跑到操场去集合。成仿吾作为一校之长，又是著名文学家，年龄颇大，不按学校平日军事化作息，谁也不会对他提出非议。但他不搞特殊化，而且身先士卒。他回忆说："我那时也是一样，每天跑下山，常常比学员到得早，和大家一起跑步半小时。"④ 榜样就是力量，成仿吾

---

① 中央教育科学研究所：《成仿吾教育文选》，教育科学出版社 1984 年版，第 161 页。
② 中央教育科学研究所：《成仿吾教育文选》，教育科学出版社 1984 年版，第 132 页。
③ 中央教育科学研究所：《成仿吾教育文选》，教育科学出版社 1984 年版，第 161 页。
④ 成仿吾：《战火中的大学——从陕北公学到人民大学的回顾》，人民教育出版社 1982 年版，第 37 页。

带头参加日常的军事化生活起到了以身作则的良好教育作用。

陕北公学是在红军大学、抗日军政大学的基础上建立起来的，关心学员生活，是一种优良的革命传统。成仿吾发扬了老红军的良好作风，爱护学员，经常在夜间到学员宿舍去查铺，为他们盖好蹬掉的被子，关怀他们免于受冻；有时去宿舍饭厅问问学员，生活是否习惯，是否吃得饱，怕他们饿着了。这些，本来在红军中是习以为常的事，可是对于刚从白区来的青年，就很有感触。他们与以前的学校比较，感到不一样：以前学校负责人对学生漠不关心，而陕北公学校长，则像妈妈一样亲切，感到温暖关怀，非常感动。“有一次一个学生写了个条子说：‘你是我们的妈妈’。这样，‘妈妈校长’的称呼就叫开了。”① 校长能像妈妈一样关心学生，这就起到了“细雨润无声”的教育效果。

（三）实行民主生活会制度，开展批评自我批评

陕北公学实行民主生活会制度，每星期以班组为单位开一次会，主要是开展批评与自我批评。这是同学之间、师生之间互相关心、互相帮助的一种形式，肯定优点、改正缺点、修正错误。陕北公学是革命学校，同学之间师生之间是同志关系。因此，坚持自我批评，能时时促进自己提高思想觉悟，开展批评也无恶意，既可给同学也可给教员提意见，有利于消除隔阂，促使改进学习和工作，还能促进思想上的进步和政治上的团结。陕北公学在同学之间师生之间形成的团结互助风气，与经常开展批评与自我批评是分不开的。成仿吾回忆说：“那时师生、同学之间的关系是十分亲密友好的，都把听到别人的批评意见看作是对自己的关心和爱护。”他接着又说：“当然，学生刚入学时，不习惯这种民主生活，有时听到尖锐的批评，会脸红耳热，但慢慢就习惯了。这种批评与自我批评的民主生活，促进了思想上的进步和政治上的团结。这

① 成仿吾：《战火中的大学——从陕北公学到人民大学的回顾》，人民教育出版社 1982 年版，第 50 页。

种制度也是学习了红军的传统建立起来的。”①

新中国成立以后，成仿吾把批评与自我批评作为了学校学风之一，并且号召师生，“要有批评的精神，要敢于批评”。他指出：“马克思更是敢于批判一切，凡是错误的东西他都无情地批判。所有的一些革命思想家，他们是不迷信和依靠权威的，光迷信依靠权威就会停滞不前。”②

总之，在成仿吾看来，通过上述的教育途径和方法进行思想政治教育，获得了良好的效果，帮助同学克服了旧社会生活和旧教育带给他们思想意识上的不良影响，帮助他们认识了中国过去和现在，认识了人民群众，也认识了自己，促进他们建立起科学的世界观和历史观，建立起为人民服务的人生观。当革命师生建立起革命的世界观和为人民服务的人生观之后，他们成为能够严于律己、一切为人民服务的自觉的革命战士，在革命征途中无论遇到什么样的困难，他们都可以乐观地去面对。例如，华北联大于 1941 年秋反抗敌人“扫荡”，1942 年春又大旱，春夏粮荒极为严重。“这一夏，我们日食两顿高粱粥、黑豆饼，过着半饱的生活。切碎青椒拌盐下饭。生活虽极艰苦，但我们仍是充满了打败日本侵略者的信心和乐观主义情绪，教学、学习和创作照常进行。”③ 师生生活虽然艰苦，又是在战争条件下，但都很坚定、忠诚、严格要求自己。“教员邓德滋在一次思想检查中说：在反‘扫荡’战斗中，他在饥饿非凡的情况下，路过一片枣树林，树上是一串串的红枣，树下也落下了满地红枣，他想摘，没有伸手；想拾，没有弯腰；因为他想到了群众，想到了群众纪律。”④ 可见，这种高尚的革命精神，不可能是自发的，是在联大受到的思想政治教育养成了自觉纪律的结果。同时，也应

① 成仿吾：《战火中的大学——从陕北公学到人民大学的回顾》，人民教育出版社 1982 年版，第 51 页。

② 中央教育科学研究所：《成仿吾教育文选》，教育科学出版社 1984 年版，第 130 页。

③ 成仿吾：《战火中的大学——从陕北公学到人民大学的回顾》，人民教育出版社 1982 年版，第 119 页。

④ 成仿吾：《战火中的大学——从陕北公学到人民大学的回顾》，人民教育出版社 1982 年版，第 120 页。

看到，这也不可能只在个别人身上才有，这只能是一个严于律己的典型例子。

由于成仿吾能团结学校各方面的干部一起开展思想政治教育，在陕北公学取得了良好效果。陕北公学学员在校一般只有四个月，但学员毕业时变化很大。成仿吾指出："很短时间内，从小姐少爷转变成为劳动能手，从自由散漫的小资产阶级知识分子转变成为纪律严明的无产阶级战士，从一般的爱国者转变成为有共产主义理想的革命青年。这是陕北公学教育的伟大成果。"他们无条件地服从抗战和革命的需要，所以分配工作十分顺利。"常常是今天得到组织的通知，当晚班里开个鉴定会，同时也是欢送会，第二天就愉快地背上背包踏上新的征途。"陕公创办以后的两年内，培养出6000余名抗日救国干部，其中吸收3000多人入党。"这样高速度、高质量地造就革命人才，在中国教育史上是空前的。"① 华北联大建立后的6年中，都是在残酷的敌后战场上进行教学和战斗的，不但输送出经过浴血奋战考验的逾万名的革命干部，还有一些师生为革命献出了宝贵生命。"1943年的秋季反'扫荡'，华北联合大学牺牲的干部最多。"② 这表明华北联大继陕北公学之后，在思想政治教育方面取得了更加辉煌的成绩！

成仿吾把思想政治教育放在学校工作中首位的教育思想，是留给我们的最宝贵的教育经验。现在虽然时代和环境与他那时的战争艰苦年代不同了，但从学校教育的规律看，应把思想政治教育放在各项工作的首要地位并未过时，不但如此，还更应加强思想政治教育的力度。现在我国正处于世纪之交，实行社会主义市场经济，物质生活条件逐渐富裕起来，这既给教育带来了深化改革的机遇，促进了教育的现代化，获得大发展，但也出现了精神文明方面有些滑坡现象，向我们提出了新的挑

① 成仿吾：《战火中的大学——从陕北公学到人民大学的回顾》，人民教育出版社1982年版，第66页。

② 成仿吾：《战火中的大学——从陕北公学到人民大学的回顾》，人民教育出版社1982年版，第123页。

战。在学校中，于社会大环境下，学生的知识和能力确实有很大提高，可是为个人求名得利的思想多了，愿为社会主义建设事业献身的精神却削弱了，甚至旧思想、旧意识也有些沉渣泛起，思想政治教育亟待加强，精神文明建设已是当务之急。有鉴于此，党中央召开了十四届六中全会，作出了有历史意义的《中共中央关于加强社会主义精神文明建设的若干决议》，这对加强社会主义精神文明建设，提高全民的思想道德素质，具有重大的现实意义。当我们大力贯彻执行中央这一重要决议时，能够借鉴成仿吾的重视思想政治教育的成功经验，不是无益的。因为成仿吾把思想政治教育放在各项工作首位的教育思想，虽是产生于抗战时期的学校工作中，却具有普遍意义，是留给我们的丰富的精神财富。成仿吾从老解放区学校中总结出来的进行思想政治教育的成功经验，可以说是搞好学校工作、增进精神文明建设的传家宝，决不可把这个传家宝变成文物鉴赏，而要让它世代相传，很好地运用它，使老解放区的这一思想政治教育光荣传统，不断发扬光大！

（注：成仿吾是我在东北师范大学读中文系本科和教育系研究生期间的校长兼党委书记。1997 年 8 月 24 日是成仿吾校长诞辰一百周年。东北师范大学教育系的校友，为怀念和纪念成校长百年诞辰，在庐山举行了纪念大会暨成仿吾教育思想研讨会，邀我出席会议提交论文并发言。特邀赴会的还有成仿吾校长夫人张琳。）

雷沛鸿的教育本质论及其思想渊源

雷沛鸿是我国现代教育史上一位杰出的教育改革家，又是一位卓越的教育思想家。他不但在推进广西普及国民基础教育运动，创办国民中学、国民大学、建立民族教育体系等方面建树了丰功伟绩，而且重视教育研究，笔耕勤谨，发表著述百万余言。本文仅就他对教育本质的论述及思想渊源，进行一些整理和考察，以期从中得到启迪，从而丰富和加深我们对于教育本质的认识。

一

雷沛鸿对于“何谓教育”的探讨是多方面的，其涉及对于教育本质考察领域之宽广、研究之精深，可说在现代教育家中并不多见。

首先，他从历史观点考察，认为“教育是生活历程”“教育是社会历程”①。就空间来说，他坚信“教育自群居生活来”，只有“在群居生活之中，才能互相影响，互相感应，互相作用，互相帮助”；就时间来说，认为“自有人类社会便已有教育”②，教育作为社会历程，“从前

① 韦善美、马清和：《雷沛鸿文集》下卷，广西教育出版社1990年版，第110页。
② 韦善美、马清和：《雷沛鸿文集》下卷，广西教育出版社1990年版，第106页。

面看是无穷的，从后面看也是无穷的”，而且“与民族历程相符合”①。

其次，他从生物观点考察，认为“教育不但是一种发展历程，而且又是一种生长历程”②。在他看来，教育上主张“自然发展”有局限性，必须以“教育是生长”加以补充，“因为任何教育学说不能前定反之，它必须富有生长性，而后可以继续发展”③。他进一步从人的发展和生长观点观察教育，认为“教育与人发生着密切不可分开的关系，教育是学习做人的教育”④。他主张教育是创造国民的过程，因为教育的最大功能是创造，“有创造然后有生长”⑤。要使教育生长、发展，就要求教育要有创造，“要创造国家，创造人民”，“国民基础教育，就是要替中华民国创造国民”⑥。

第三，他从政治观点考察，认为“教育权利应与生命权利、自由权利、做工权利齐观；它们与有生以俱来，却不与有死以俱去”⑦。可是，当他考察中国社会的“四民”构成时了解到，只有士人才能读书，其余农、工、商人都不能读书。“全国之中，读书人是一阶级，常居少数；不读书人又是别一阶级，常占最多数”⑧。这样教育就成了少数士绅官吏的专利品。他还从教育与政治的关系方面进行考察，认识到“教育不能超脱政治，政治也不能舍弃教育。没有教育的政治不能成其为政治，更不能有政治建设的成功”⑨。

第四，他从经济观点考察，认为“教育脱离不了经济”⑩作基础，而教育又是实现经济建设的工具。如果发展教育事业“违背经济的条件

① 韦善美、马清和：《雷沛鸿文集》续编，广西教育出版社1993年版，第317页。
② 韦善美、马清和：《雷沛鸿文集》下卷，广西教育出版社1990年版，第116页。
③ 韦善美、马清和：《雷沛鸿文集》上卷，广西教育出版社1989年版，第181页。
④ 韦善美、马清和：《雷沛鸿文集》下卷，广西教育出版社1990年版，第117页。
⑤ 韦善美、马清和：《雷沛鸿文集》下卷，广西教育出版社1990年版，第417页。
⑥ 韦善美、马清和：《雷沛鸿文集》续编，广西教育出版社1993年版，第318页。
⑦ 韦善美、马清和：《雷沛鸿文集》上卷，广西教育出版社1989年版，第13页。
⑧ 韦善美、马清和：《雷沛鸿文集》上卷，广西教育出版社1989年版，第9页。
⑨ 韦善美、马清和：《雷沛鸿文集》下卷，广西教育出版社1990年版，第241页。
⑩ 韦善美、马清和：《雷沛鸿文集》下卷，广西教育出版社1990年版，第157页。

而梦想在沙滩上建立高楼大厦，自没有不失败的道理”①。但他研究了百年以前普鲁士的崛起，近百年来丹麦的复兴，晚近苏联和意大利的突飞猛进，又得出了“在国家建设民族复兴的过程中，教育是重要的工具之一”② 的结论。如果能够正确地发挥教育的工具作用，“就是以政治经济为体，以教育为用”③。

第五，他从文化观点考察，认为教育是传递、推进、改革和创造文化的工具。在他看来，中华民族的整个文明是先民所遗留下来的，在与西方物质文明走向融合的过程中，“包含着好的和坏的成分，教育者要在这中间用慧眼去抉择，存良去恶，淘金去沙”。正确的态度是要“对于固有的文化不能和盘地保存，也不能和盘地加以推翻，更不能将外来的思想制度无条件地加以移植”④。

第六，他从生活观点考察，认定“生活即教育，将教育与生活打成一片”⑤。在他看来“教育与生活，不可以须臾离，把教育当作生活看，生活原是一个整体，其表现则有许多方面。生活若在教育方面表现，我们首先要注意它的环境，注意它的社会媒介，由此媒介发生教育作用，进而负起教育对于社会的责任”⑥。

综上所述，不难看出雷沛鸿在探讨“何谓教育”时，也正是他对教育本质属性从多方面进行深入细致的考察。很显然又不止上述的六点，因为他还从社会基础考察了教育，他强调“教育要有社会的基础”⑦；还指出“教育的寄附体是社会，教育改造与社会改造不能分离。严格来说，必须在社会改造成功，教育改造才能成功，至少社会改造与

① 韦善美、马清和：《雷沛鸿文集》下卷，广西教育出版社 1990 年版，第 28 页。
② 韦善美、马清和：《雷沛鸿文集》续编，广西教育出版社 1993 年版，第 135 页。
③ 陈有松：《雷沛鸿教育论著选》，人民教育出版社 1992 年版，第 54 页。
④ 韦善美、马清和：《雷沛鸿文集》下卷，广西教育出版社 1990 年版，第 29 页。
⑤ 韦善美、马清和：《雷沛鸿文集》下卷，广西教育出版社 1990 年版，第 300 页。
⑥ 韦善美、马清和：《雷沛鸿文集》下卷，广西教育出版社 1990 年版，第 483 页。
⑦ 韦善美、马清和：《雷沛鸿文集》下卷，广西教育出版社 1990 年版，第 32 页。

教育改造同时并行，才能互相为用，否则两败俱伤”①。他对教育本质属性的考察，不管罗列多少点，归纳起来可概括为三大方面：一是从教育内部考察，认为教育本质属性是生长和发展，是做人、创造人的生长过程和社会过程；二是从教育与外部的关系考察，认为教育是人的自然权利，是服务政治、发展经济、传递文化和改造社会的工具，但又受制于政治、经济、文化和社会；三是从教育与生活的关系考察，认为“生活即教育”，教育源于人类群居生活，教育与生活不可须臾离也。他到后期，更加重视教育与生活的关系。这就是他对教育本质的多维认识，其核心是以社会为本位的生活教育观。

二

雷沛鸿的以社会为本位的生活教育观，是为劳苦大众服务的现代教育理论他从教育是人的天然权利出发，反对教育为士绅官吏所独占对于教育与政治、经济、文化、社会的关系有着合于辩证法精神的正确理解。这些教育观点与无产阶级的教育观点基本上是一致的。不但如此，由于他还吸取了前人对教育本质属性的一些合理认识，尤其是后期吸纳了生活教育的看法，就为深入对教育本质属性的理解提供了一些新的思考。

第一，扩大了教育的传统观念，提出了大教育观。雷沛鸿认为教育起源于人类的群居生活，自有人类就有教育。他说：“教育是把有意识的有目的的行为包括在内，无意识的无目的社会行为也包括在内。”②在这里，他扩大了教育的范围，提出了大教育观，因此他不但重视了社会教育，而且主张学校教育也要扩大，要与社会相沟通。

雷沛鸿创造性地提出的大教育观对于推动教育活动有着积极意义，

① 韦善美、马清和：《雷沛鸿文集》续编，广西教育出版社 1993 年版，第 526 页。
② 韦善美、马清和：《雷沛鸿文集》下卷，广西教育出版社 1990 年版，第 118 页。

但也同时存在着将教育概念过于扩大的问题。他认为“世上所有微生物、植物，连人类在内，都是群居生活的，都是有教育的”①。就是说，不但从牛羊到蜂蚁均有教育，连植物、微生物中都有教育。这实在令人难于置信，不能苟同。但决不可因他将教育观念扩大化而去抹煞他提出大教育观的创造性。因为一种新教育观念的出现，不能要求他最初就是十全十美的。

第二，认定受教育是“人一生下来便有的权利，它是自然权利一地的一部分”，“教育权利应与生命权利、自由权利、做工权利齐观”②。这样，他就在18世纪法国文化启蒙运动中提出的“生命权、自由权及幸福的追求”三种“天赋人权”之外，创造性地添加了“还有享受教育的权利”③。不但如此，他并且以这种“天赋”的教育权利和“有教无类”教育思想为指导，观察和分析了当时的教育状况，认识到教育存在着阶级性和等级性，这对雷沛鸿来说是难能可贵的。

雷沛鸿以教育是人的自然权利思想为指导，不但看出了中国从古代以至于到了民国，少数士绅官吏独占了教育，而且下定决心，愿为广大农工商民众夺回教育权而斗争，这也正是他重视国民基础教育、民众教育的主要原因。他表示“基础教育，不分贫富贵贱，男女老幼，人人均有享受之权利；中国人民，向无此项权利，殊不足以置身于现代国家之列。此番觉解，使我大发宏愿，愿以有生之日，为穷而失教之劳苦大众教育事业而奋斗”④。他还表示“我立意不使中国教育一大缺憾——教育阶级化——继续存留”⑤。

由此可见，雷沛鸿把教育看成是人的自然权利，这是他创造性地提出的新思想，并以此作为他观察教育、重视办好基础教育、民众教育的

① 韦善美、马清和：《雷沛鸿文集》下卷，广西教育出版社1990年版，第109页。
② 韦善美、马清和：《雷沛鸿文集》上卷，广西教育出版社1989年版，第13页。
③ 韦善美、马清和：《雷沛鸿文集》下卷，广西教育出版社1990年版，第232页。
④ 韦善美、马清和：《雷沛鸿文集》上卷，广西教育出版社1989年版，第6页。
⑤ 韦善美、马清和：《雷沛鸿文集》下卷，广西教育出版社1990年版，第109页。

指导思想和理论基础。

第三，纠正了正式教育与非正式教育的传统观念，提出了定式教育与非定式教育并举的办学形式。在他看来，“学校教育是正式教育，学校以外的教育是非正式教育，这种分法是不合理的”①。因为教育与学校有区别，他说：“过去我们中国人的科举思想很浓厚，以为读书就是教育，所以后来以为学校即是受教育的唯一场所，遂把教育中的一部分已经制度化、形式化了的学校作为正式教育，而以其余未形成制度化、形式化的教育部分，作为非正式教育。这样将使中国的传统观念越发变本加厉。”因此，他主张：“必得采取定式与非定式教育，来代用正式与非正式教育的称谓，以正其谬”②。由于他认为教育源于人类群居生活，生活即是教育，所以他不仅重视学校内的定式教育，而且看重学校外的非定式教育。因此，他在开展国民基础教育运动中就创造出了定式教育与非定式教育并举的办学新形式。

第四，从对教育本质特性的认识出发，发现从美国搬来的“六三三”学制不合于中国国情。因为在这种学制之下，“只有最少数有钱人或有权位者的子弟，得以享受。至于最大多数的民众，因为无钱又无权位之故，都被摈弃于学校教育（正式教育）以外”③。为了使中国民众都能受到教育，为了消除中国落后根源的“愚”和“穷”，他在任职广西教育厅厅长时，建立了一个独特的教育体系。这一教育体系的独特之处，是他对教育本质属性认识的体现，也是他为学制建设增添的新构想。独特在何处？可从下述的分析中管中窥豹。

（一）从办学层次看，其特点是“多”

因为教育是生活历程，又是社会历程，要使长幼皆可入学受教，所以不仅办有学前、初等、中等、高等教育机关，还有各种训练班补习学

① 韦善美、马清和：《雷沛鸿文集》下卷，广西教育出版社 1990 年版，第 95 页。
② 韦善美、马清和：《雷沛鸿文集》下卷，广西教育出版社 1990 年版，第 240 页。
③ 韦善美、马清和：《雷沛鸿文集》上卷，广西教育出版社 1989 年版，第 26 页。

校等，既有“定式教育”，又有“非定式教育”。

（二）从招生对象看，其特点是“全”

要“有教无类”，“没有贫富、贵贱、男女老幼之分”①，要使全体民众都能受教。

（三）从办学形式看，其特点是“活”，就是学程年限灵活

国民基础教育修业年限，分为初级前期班二年；初级后期班二年；高级班二年；短期班一年；成人班六个月②。国民中学学制，分前后两期各二年。西江学院：预科一年或一年半；专科和本科三年、四年或五年。

（四）从组织机构看，其特点是“合”，就是办学大联合

认为教育是一种机构和功能，要与县乡镇村街行政机关联合办学，实行“一所三用，一人三长”管理办法。

（五）从实施地域看，其特点是“广”，就是实施教育区域宽广

凡有民众的地方都要使其受教。因此，施教范围不是一县几县，而是全省，目标是向全国扩展。

雷沛鸿按照他对教育本质属性的认识，在建设学制中的独特见解和丰富构想，无疑是他对中国教育思想史又一大贡献。

三

雷沛鸿早年熟读中国经史，后又留学英美，并多次出国考察教育。正因如此，他对教育本质属性的考察和探讨从其取得独自认识之中可以看出一些思想理论渊源。了解这些思想理论渊源，对于理解他的教育思想和实践，是有很大好处的。

雷沛鸿在考察和探讨“何谓教育”，也就是探讨什么是教育本质属

① 韦善美、马清和：《雷沛鸿文集》下卷，广西教育出版社 1990 年版，第 255 页。
② 韦善美、马清和：《雷沛鸿文集》下卷，广西教育出版社 1990 年版，第 231 页。

性时，其主要的思想理论渊源有哪些呢？正如他自己追溯普及国民基础教育运动产生时所说的那样："这种运动，在历史上有它的来源，有它的哲理根据，一方面导源于中国的教育思想，另方面则导源于欧洲18世纪的哲学思想。"① 如按这种思想脉络寻觅，不难看出有以下三个方面的思想渊源。

第一方面，导源于欧洲世纪的哲学理论的影响。他最为赞赏的是启蒙运动代表人物卢梭（Rousseau，1712—1778）提出的"天赋人权"观念。卢梭认为，人类最早是处于"自然状态"，人们之间自由平等，过着幸福生活。后来生产发展了，私有制出现了，引起了贫富差别，道德变坏，政治斗争加剧，产生了暴政。因此，人们只有推翻暴政，铲除私有制，回归"自然状态"，才能再享有自由平等，过幸福生活。雷沛鸿不仅拥护18世纪启蒙运动领导者提出的为争取自由平等人权而斗争的思想，而且还创造性地加以引伸，要为争取教育权而斗争。他指出："这种天赋的人权，在18世纪所要求者为生命权、自由权及幸福的追求，现在我们则更承认人类除此三者之外，还有享受教育的权利。"② 他认为："人生下来即有享受教育的权利。"③ 然而，当他面向中国教育实际时，发现过去只有士人才可以读书，其余农、工、商人皆不可以读书，他认为这是对农、工、商民众享有受教育权利的被夺。为了消除这种不平等，为广大民众夺回教育权，他极力提倡普及国民基础教育，重视成人教育、民众教育，要求不分贫富、老幼、男女，都要平等受教，人人受教。

由于重视成人教育、民众教育，所以他对丹麦教育家格龙维（Grandtvig，1783—1872）举办庶民高等学校的精神和经验推崇备至，并愿向格龙维效法，献身于成人教育、民众教育。他除了推崇格龙维之

① 韦善美、马清和：《雷沛鸿文集》下卷，广西教育出版社1990年版，第232页。
② 韦善美、马清和：《雷沛鸿文集》下卷，广西教育出版社1990年版，第232页。
③ 韦善美、马清和：《雷沛鸿文集》下卷，广西教育出版社1990年版，第79页。

外，还非常推重英国教育家和勒殿（Haldane，1856—1928），热心举办成人教育，对他为建立现代的伦敦大学和扶助三所市立大学的精神和经验，有所师法。此外，他对另一位丹麦教育家柯勤（Kold，1816—1870）创办庶民高等学校，重视农人教育、妇女教育也很看重，对其办学精神和经验有所借鉴。此外，他还很重视英国、丹麦、苏联等国成人教育实践状况。

第二方面，导源于中国的教育思想，主要来自儒家教育观点的影响。他认为中国强调"人"的文化，所施之教就是以"人"为中心的教育。"人"者"仁"也，而人是由二人组成，二人以上就有伦理关系。"仁"者爱人，所以伦理首推为"仁"。有"仁"就可以生出"义"，所以古圣先贤，均重视以仁义伦理道德为教育的主要内容。他指出："基于这种哲理，我国的国民基础学校，可引用中国成语'有教无类''一视同仁'为校联。在国民基础教育运动之下，不论男女老幼，不分贫富贵贱，都一视同仁。"① 他又说："孔子之门，是非常之杂；例如，柴愚、参鲁、师辟、由喭，甚至于货殖之子贡，梁父大盗之颜涿，孔子亦是来者不拒，诲人不倦。迨至为日既久，熏陶沉渍，沦肌浃髓，卒能成为贤人。"② 他继承了孔子"有教无类"教育思想的精神，对施教对象"一视同仁"。连成人教育质量定义，也是他从孔子言论中发现出来的。他指出："孔子说：'若臧武仲之知，公绰之不欲，卞庄子之勇，冉求之艺，文之以礼乐，亦可以为成人矣。'这是孔子对于成人所下的定义，倘依此定义做去，成人诚不易为；随之，成人的教育在质量上权衡，诚属不轻。"③ 从此看出，雷沛鸿力图使成人教育质量达到孔子对成人提出的高标准。

当然，雷沛鸿对儒家教育思想，是以批判精神加以吸取的。他指

① 韦善美、马清和：《雷沛鸿文集》下卷，广西教育出版社 1990 年版，第 521 页。
② 韦善美、马清和：《雷沛鸿文集》上卷，广西教育出版社 1989 年版，第 211 页。
③ 韦善美、马清和：《雷沛鸿文集》下卷，广西教育出版社 1990 年版，第 222 页。

出："教育之可贵，在向导人们，运用聪明睿智，去批判自己，批判历史，批判社会，批判文化，而创造美满的社会生活。"① 在批判精神指引下，他吸取了中国古代文化教育的优良传统，尤其注重孔孟的教育思想，这是他的重要思想渊源。

第三方面，吸纳了杜威（Dewey，1859—1952）、陶行知生活教育理论中的一些观点。从他所写的文章中可以看出，在他的后期，非常重视生活教育思想，批判吸取了杜威有关"教育即生长"的一些言论，主要是吸纳了陶行知对生活教育的论述。这对于丰富雷沛鸿的教育思想是非常重要的。因为只有中国古代教育思想和资产阶级早期教育思想的影响而缺少了现代教育理论影响，他的教育思想还不可能处于那个时代的先进之列。

雷沛鸿批判地吸取了杜威的一些教育观点，这可从他的论著中得到回答。他在《儿童教育运动与国民基础教育》一文中就说过："近今教育家杜威之教育生活说，亦主张教育应发展个性，以适应社会。这种思潮，无不对我国今日之儿童运动，有所影响。"② 他在论著中直接提到杜威时不多，可是有一次他解答教育理想与教育设施之间关系时，却依杜威立论作解。他指出："依美国哲学家杜威所解释，大凡一个目的必非突然产生；它的产生只是被驱使于实际情境。"他引用杜威的话以后，还作了以下的解释："再用通俗语申说：目的指示人以方向，理想指示人以通路。随之，将来一切教育设施，均有一定动向，不致令人失踪，不致令人徘徊歧路。"③ 另外，雷沛鸿在解释教育本质属性时，使用了杜威一些用语，虽然他未标明，但只要将其与杜威的话两相对照，却几乎类似，甚至有些语句相同，可见他所受杜威影响并非一般。杜威对教育本质属性讲的内容，可以概括这样几句话："教育即生长"④，"教育

---

① 韦善美、马清和：《雷沛鸿文集》下卷，广西教育出版社 1990 年版，第 362 页。
② 韦善美、马清和：《雷沛鸿文集》下卷，广西教育出版社 1990 年版，第 116 页。
③ 韦善美、马清和：《雷沛鸿文集》下卷，广西教育出版社 1990 年版，第 205 页。
④ 杜威著，邹恩润译：《民本主义与教育》，上海商务印书馆 1933 年版，第 73 页。

即改造"①，"由做事而学习"②，等等；可是雷沛鸿在论述教育本质属性时，连语句都是对杜威言论的重复，如说"教育即生长"③、"教育是人类生活的改造"④、"从做上学"⑤ 等；还有很多，不再一一对照罗列。但也要看到，雷沛鸿吸取杜威的教育观点是有选择的，只可说吸取了其中合理的内核。因为，杜威是为美国大资产阶级服务的，而雷沛鸿是为中国广大劳苦民众办学。因此，他只是吸取了有益于开展国民基础教育运动，办好民众教育的现代教育原理。他到后期完全同意陶行知对杜威学说加以"翻造"的理论。认为把"教育即生活""学校即社会"翻造成"生活即教育""社会即学校"有利于将学校范围社会化，便于开展民众教育、社会教育。他指出："因此之故，'学校即社会''教育即生活'，遂成为世界各国教育改造运动者的极有力量的理论。嗣后这理论更经翻造，而以社会为学校，又以生活为教育，更为教育改造运动者在中国之所竭力主张。"⑥

雷沛鸿所以乐于接受陶行知对杜威"翻造"的生活教育思想，是因为他与陶行知办学指导思想有一致性：他们先后留学美国，归国时都决心要为中国民众受教育献身；他们都反对照抄照搬外国教育，主张从中国国情出发建设教育体系。不但如此，雷沛鸿回到广西创建国民基础教育研究院以后，与陶行知更有书信往返：一是请陶行知推荐干部，二是邀请陶行知到广西讲学。1935 年，陶行知编辑《普通教育》一书，收录了《广西普及国民基础教育研究院组织大纲》等文件有 4 篇之多。这之后，孙铭勋、方与严、程今吾、杭苇等人受聘到雷沛鸿任院长的国民基础教育研究院工作。1936 年 5 月中旬，陶行知应邀到院演讲和参

---

① 杜威著，邹恩润译：《民本主义与教育》，上海商务印书馆 1933 年版，第 136 页。
② 杜威著，邹恩润译：《民本主义与教育》，上海商务印书馆 1933 年版，第 339 页。
③ 韦善美、马清和：《雷沛鸿文集》下卷，广西教育出版社 1990 年版，第 424 页。
④ 韦善美、马清和：《雷沛鸿文集》下卷，广西教育出版社 1990 年版，第 220 页。
⑤ 韦善美、马清和：《雷沛鸿文集》下卷，广西教育出版社 1990 年版，第 300 页。
⑥ 韦善美、马清和：《雷沛鸿文集》下卷，广西教育出版社 1990 年版，第 433 页。

观，陶行知作了“生活教育”“教学做合一”“小先生制”等方面的报告，雷沛鸿陪同，约有一周以上时间。1938 年 12 月，陶行知主持的生活教育社在桂林成立，出任理事长，雷沛鸿与黄炎培、林砺儒、陈鹤琴等人为理事。可见雷沛鸿与陶行知在抗战期间的关系还是很密切的，他每逢提到陶行知均尊称为“先生”。

雷沛鸿对陶行知的生活教育理论不仅是赞扬、宣传而已，而且是把它作为他的办学指导思想和基本原则。他在《广西全省中等教育改造方案并说明书》中，就是将陶行知的生活教育思想作为改造国民中学的普遍原则：

1. 认定社会即学校，将学校与社会打成一片；

2. 认定生活即教育，将教育与生活打成一片；

3. 认定教育与政治应相互合作；

4. 认定劳动、学问、政治应相互合作；

5. 认定教学做合一为最有效之生活法，亦即最有效之教育法，学与做都以做为中心。①

这五点是陶行知生活教育学说的精髓，后来又为雷沛鸿作为办国民大学的基本原则。他在《西江学院之教育实施方针》中规定：“本着‘生活即教育’及‘社会即学校’的理想，西江学院将由定式教育而注意到非定式教育，以倡导大学教育的扩张运动。”② 雷沛鸿不仅在办中学大学时主张以生活教育作为方针、原则和理想，而且也要求贯彻到国民基础教育中去，指出“国民基础教育以生活为教育的方法，亦可谓为生活教育”③。他把生活教育作为方针、原则和理想，可是在教育实际中怎样有所体现呢？他说：“事实上，我们已把学校的范围扩大，虽不能说以全省社会为学校，至少是把本院周围二十里内村街做学校，以民

① 韦善美、马清和：《雷沛鸿文集》下卷，广西教育出版社 1990 年版，第 64 页。
② 韦善美、马清和：《雷沛鸿文集》下卷，广西教育出版社 1990 年版，第 300 页。
③ 韦善美、马清和：《雷沛鸿文集》下卷，广西教育出版社 1990 年版，第 433 页。

众生活为教材。”① 他还告诉人们：“基础教育在广西，不但包含儿童教育，而且包含成人教育，不但包含学校门墙内之教育，而且包含学校门墙外之多方面教育。”②

雷沛鸿认为“教学做合一”是最有效的生活法，亦即最有效的教育法。他主张“在集体主义之下，运用集团生活与互教共学从做上学等方法，实施集体化、生活化、劳动化、社会化的生活教育”③。他还阐述了“劳动生产教学做，必须统一于人生”，在劳动生产过程中，要坚持三个原则：其一，为教育与生活合一；其二，为学校与社会沟通；其三，为劳动与学问合一。总之，他要求：“学生从做上学，以行动开始；随即手脑并用，遂终结于思考，然后再进一步，以有思考之行动，展开学习活动，复贯彻之以慎思明辨，劳力而又劳心，以求学问之融会贯通。”④ 雷沛鸿的这些论述如同陶行知以“行知行”和劳力而又劳心的哲理分析劳动中的教学做合的认识过程，何其相似乃尔！他对陶行知在育才学校的教学中，注重做的活动，印象深切，说：“陶行知先生主持育才学校。其课程特别注重‘望’‘逛’‘想’‘算’等实际活动。”⑤ 据熊承涤回忆，雷沛鸿请陶行如讲学：“有一次，陶先生讲到教育要做到‘四 n’，就是‘看、想、干、玩’四个方面，这四个字都带‘n’的音。”这是陶行知“教学做”方法中一个重要的原则。当陶行知讲演结束后，雷先生握着陶先生的手，满面笑容地说：“对呀！教育要注意‘四 n’。”可见“雷先生是很赞成陶先生的这一教育见解的”⑥。

雷沛鸿认为，自己提倡的互教共学的教育方法，就是陶行知“即知即传人”教育方法的应用。他说：“因为我们国民基础教育的方法是互

---

① 韦善美、马清和：《雷沛鸿文集》下卷，广西教育出版社 1990 年版，第 64 页。

② 韦善美、马清和：《雷沛鸿文集》下卷，广西教育出版社 1990 年版，第 143 页。

③ 韦善美、马清和：《雷沛鸿文集》续编，广西教育出版社 1993 年版，第 451 页。

④ 韦善美、马清和：《雷沛鸿文集》下卷，广西教育出版社 1990 年版，第 220 页。

⑤ 《广西文史资料选辑第 26 辑：雷沛鸿纪念文集》，政协广西壮族自治区委员会文史资料研究委员会 1988 年版，第 146 页。

⑥ 韦善美、马清和：《雷沛鸿文集》下卷，广西教育出版社 1990 年版，第 487 页。

教共学，陶行知先生‘即知即传人’，也就是我们互教共学的意思。”① 他对于陶行知普及教育的一些方法，“如小先生制、传习制、流动教学等，均无不采用”②。他说：“陶行知先生所倡导之儿童工学团与小先生制之推行，更显示儿童力量之伟大；此不但施以儿童本位教育，而且儿童自己复能教他人，以推进社会文化。”③ 据在国民基础教育研究院负责主编《广西儿童》杂志的杭苇回忆说：“雷先生十分赞赏陶行知的生活教育理论，也十分重视陶先生的‘小先生制’，认为它适合广西省情，有利于普及国民基础教育。所以在《广西儿童》连载陶行知编的《老少通》，并设‘推行小先生制’专栏，答复小先生的提问，回答疑难，以及介绍和交流推行‘小先生制’的经验，雷先生又指定我兼负领导南宁市推行小先生运动。”④ 他不仅赞赏陶行知倡倡导的儿童工学团和小先生制，而且创造性地提出了“团社式的学习”方法，指出：“本来在本院四周没有围墙，所以并不自成天地。反之，我们学习的范围，并不以本院为限。在小范围说，我们以纵横二十里内所包涵的二十个村庄、一条街、一个市区为范围，大之则以改善并适应全省人民的生活与需要，为我们学习的范围。”⑤

当然，雷沛鸿并不是仅仅吸纳了生活教育理论，而且还善于博采众家之长。他不但聘请了生活教育社的人员，还聘请了江苏省教育学院、中华职业教育社、山东乡农教育研究院的人员；不但邀请了陶行知到广西国民基础教育研究院讲学，还邀请了梁漱溟、晏阳初到院讲学。可以肯定，各个教育社团中到广西工作人员与被邀请者所作报告，对雷沛鸿都会有影响，但都不如生活教育社人员和生活教育思想影响他最为显著。据追随雷沛鸿有三十多年的学生严少先回忆：“教育家陶行知来广

---

① 韦善美、马清和：《雷沛鸿文集》下卷，广西教育出版社 1990 年版，第 162 页。
② 韦善美、马清和：《雷沛鸿文集》下卷，广西教育出版社 1990 年版，第 179 页。
③ 韦善美、马清和：《雷沛鸿文集》下卷，广西教育出版社 1990 年版，第 223 页。
④ 《雷沛鸿教育思想研究文集》第 1 卷，广西教育出版社 1992 年版，第 63 页。
⑤ 韦善美、马清和：《雷沛鸿文集》续编，广西教育出版社 1993 年版，第 359 页。

西讲学，更是轰动一时。”陶行知作了“生活教育”“教学做合一”“小先生制”等方面的报告。他讲学既是学术研讨，又旗帜鲜明的提出了抗日救国，为广西增添了新的气息。还说：“因有好些晓庄的同事和学生在教育研究院工作，他特别抽空来院参观演讲。我院的幼稚师范班学生都亲昵称班导师孙铭勋做‘妈妈’，陶是孙的老师，因而他们就呼陶是‘外婆’。”①

总之，雷沛鸿对“何谓教育”的考察与探讨，对教育本质属性的理解，是受到古今中外教育思想的影响的。不过，雷沛鸿并不是被动地接受各方面给予他的影响，而是积极地有选择地接受有益于他办好教育的教育思想观点。不仅如此，他还创造性地提出了大教育观以及定式教育和非定式教育的一些新的教育观念，并且在实践中推行国民基础教育运动，创设了国民中学、国民大学，建立起一个独特的教育体系，从一省向全国推广。这些使他兼采众长以至后来居上。他与给他以影响的各位乡村教育大师相比，是有所超越的。他对教育本质属性的深入探讨，以及面向一个省进行国民基础教育实验，比以前乡村教育试验大师们更具特色。因此，雷沛鸿作为一个后起的杰出的教育家，可与陶行知、晏阳初、黄炎培、梁漱溟、余庆棠相媲美。如果说，在中国近代教育史的星空中已经早有了一批光芒四射的巨星，而雷沛鸿就是我们现在才发现出来的一颗闪烁耀眼光彩的夺目的新星。

---

① 《立志向，做世界——纪念沛鸿师长诞辰百周年》，《广西文史资料选辑第 26 辑：雷沛鸿纪念文集》，政协广西壮族自治区委员会文史资料研究委员会 1988 年版，第 94 页。

陶行知研究精粹

陶行知生活教育的中国特色

陶行知（1891—1946）是中国近代一位伟大的人民教育家，是一位卓越的民主主义战士转变成为伟大的共产主义战士的知识分子典型。他的一生以“捧着一颗心来，不带半根草去”的赤子之诚，全心全意地为中国劳苦大众及其子女办学，为中国半殖民地半封建社会教育寻觅曙光，创立了富有中国特色的生活教育。

著名无产阶级教育家徐特立曾经指出：“行知的教育学说几乎与我们的教育事业全部一致，他从国民党反动政权下竟创造出一个适合中国条件的新村计划，而且实行之有效。”① 徐老在这里告诉我们，陶行知创立的生活教育，是“适合中国条件”的，引申其意可理解为：是具有中国特色的。具有中国特色，是陶行知生活教育最为突出的特征。

新中国成立后的教育，则效法苏联“一边倒”，虽然是社会主义的教育，但因照搬照抄，以致不能完全适合国情。1958 年以来，曾力图建立中国化的社会主义教育，由于受到“左”的思潮干扰，一直未能实现。现在我国进行教育体制改革，如何使我国社会主义教育事业具有中国特色，这是建立具有中国特色的社会主义教育体制的重大课题。因此，研究和学习陶行知生活教育的中国特色，吸取其精华，是具有重大的现实意义的。

---

① 《陶行知的学说》，《徐特立文集》，湖南人民出版社 1980 年版，第 346 页。

一、走中国化的办学道路

陶行知生活教育的中国特色，从其生活教育的形成和发展来考察，就是坚决反对脱离民众生活的传统教育和洋化教育，从中国教育实际出发，走中国化的办学道路。

陶行知是一位伟大的爱国主义者，又是一位杰出的教育改革家。他早年为寻求救国救民良方，曾留学美国，先学市政，后攻教育，深受美国著名教育家杜威的器重。1917 年由美返国，在南京高师、东南大学任教。由于他重视教育试验，参加了教育调查，从而发现中国传统教育存在着“五旧”弊端：“一曰依赖天工”“二曰沿袭陈法”“三曰率任己意”“四曰仪型他国”“五曰偶尔尝试”①。“五旧”弊端的根本之点，在于缺乏教育试验，不合中国国情，脱离教育实际。

陶行知对“五旧”弊端针砭最多者为“仪型他国”的拉东洋车教育。他曾指出：“现在有一点我们应当注意的，就是以前的教育，都是像拉东洋车一样。自各国回来的留学生，都把他们在外国学来的教育制度拉到中国来，不问适合国情与否，只以为这是文明国里的时髦物品，都装在东洋车里拉过来，再硬灌在天真烂漫的儿童的心坎里，这样儿童都给他弄得不死不活了，中国亦就给他做得奄奄一息了！”② 他还以自己当过一段拉车夫而深有感触地警告说：这种不顾国情的拉车教育，“是害国害民的事，是万万做不得的”③。他并写过这样一首讽刺诗，告诫人们切莫受拉车教员的骗，他说：“分明是教员，爱做拉车夫，拉来一车洋八股，谁愿受骗谁呜呼。”④

---

① 《试验主义与新教育》，《陶行知全集》第 1 卷，湖南教育出版社 1984 年版，第 91 页。
② 《晓庄试验乡村师范学校创校慑况》，《陶行知全集》第 2 卷，湖南教育出版社 1984 年版，第 17 页。
③ 《晓庄试验乡村师范学校创校慑况》，《陶行知全集》第 2 卷，湖南教育出版社 1984 年版，第 18 页。
④ 《拉车的教员》，《陶行知全集》第 4 卷，湖南教育出版社 1984 年版，第 182 页。

陶行知所以如此强烈地反对“仪型他国”的拉洋车教育，是因为他认识到：中国近百余年来都是照搬照抄外国的教育，由于不合中国国情，不切教育实际，以致害国害民，他指出：“我国兴学以来，最初仿效泰西，继而学日本，民国四年取法德国，近年特生美国热，都非健全的趋向。学来学去，总是三不像。”① 在他看来，用照搬照抄外国教育的办法，去改造中国的传统教育，其结果不但不能改造传统的“老八股”，还会拉来洋化教育的“洋八股”。传统教育与洋化教育似乎有土与洋的区别，其实本质上却是相同的，都是“八股”的教育，也就是脱离中国教育实际、脱离民众生活的教育。陶行知正是看出了它们这一共同的实质，认为：“‘老八股’与民众生活无关，‘洋八股’依然与民众生活无关。”② 由于传统教育与洋化教育是新老“八股”教育，都“与民众生活无关”，以致“中国现在的乡村学校，老实说起来，确实不能适应乡村的需要。他们给儿童唯一的东西是书本知识，他们从来不知道注意到农人的真正的需要”③。他认为这样的乡村教育，会使农人子弟变成书呆子，使富的变穷，穷的变得更穷。于是他认定：“从前的旧传统和外国制度已经不适用，非抛弃不可。”④ 因为“‘老八股’与‘新八股’的学生们却不用他们来学‘生’，偏偏要用他们来学‘死’”⑤，所以让学生“是学生”还“是学死”⑥，关系到当时教育要走什么道路的重大问题。陶行知于是大声疾呼：中国教育已经到了“山穷水尽”的关头，应该“为中国教育找条生路”⑦。那么，“生路是什

① 《我们对于新学制草案应持之态度》，《陶行知全集》第 1 卷，湖南教育出版社 1984 年版，第 190~191 页。

② 《生活工具主义之教育》，《陶行知全集》第 2 卷，湖南教育出版社 1984 年版，第 76 页。

③ 《中国乡村教育运动之一斑》，《陶行知全集》第 2 卷，湖南教育出版社 1984 年版，第 26 页。

④ 《中国乡村教育运动之一斑》，《陶行知全集》第 2 卷，湖南教育出版社 1984 年版，第 27 页。

⑤ 《生活工具主义之教育》，《陶行知全集》第 2 卷，湖南教育出版社 1984 年版，第 76 页。

⑥ 《学生或学死》，《陶行知全集》第 4 卷，湖南教育出版社 1984 年版，第 133 页。

⑦ 《山穷水尽》，《陶行知全集》第 5 卷，湖南教育出版社 1984 年版，第 146 页。

么?”陶行知肯定地回答:“就是建设适合乡村实际生活的活教育。”①可见,陶行知是把能否“适合乡村实际生活”作为他建立乡村教育的重要条件。

陶行知为寻求中国新教育的曙光,“建设适合乡村实际生活”的教育,面临最关重要的问题,就是先要弄清楚什么是当时中国乡村教育的实际,然后才是寻找什么样的教育才能适合这个实际的问题。在此之前,陶行知在五四运动影响下,重视开展平民教育,他担任了中华教育改进社的主任干事,深入平民之中调查研究,推广平民教育,这对他了解中国教育实际是至关重要的。这使他了解到:平民之中绝大多数是农民,他们都住在农村。他经过统计之后得出:中国农民占全国人口总数的百分之八十五,全国四万万人中“有三万万四千万人民住在乡村里”②,他逐渐明确“密切注意乡村教育意义十分重大”③。他关心农民之后,认为教育必须下乡,知识必须给予农民。但用什么办法才能让教育下乡?又用什么办法才能将知识给予农民?他从我国一大二贫的实际出发,认为只有找出穷办法,才能使人民得到丰富的教育。他后来论述说:“中国现在还是一个农业国,大家靠着一双手和锄头斧头生产,所以生活是穷苦得很;尤其是经过一百年的帝国主义侵略,三十多年的内战和八年抗战弄得万分穷苦。我们要在穷社会里找出穷办法来教一切穷人都得到教育,得到丰富的教育,得到民主的教育,才算是达到了我们普及教育的目的。”④

陶行知在当时提出用穷办法为劳苦大众办丰富的教育,并不是为教育而教育的,而是与他胸怀改造中国乡村教育进而达到改造中国、创造

---

① 《中国乡村教育之根本改造》,《陶行知全集》第1卷,湖南教育出版社1984年版,第653页。

② 《中国乡村教育运动之一斑》,《陶行知全集》第2卷,湖南教育出版社1984年版,第27页。

③ 《民国二三年中国教育之状况》,《陶行知全集》第1卷,湖南教育出版社1984年版,第521页。

④ 《民主教育之普及》,《陶行知全集》第3卷,湖南教育出版社1984年版,第517页。

出一个伟大中华的新生命相结合的。为达到这个雄伟的目标，他要求“从事乡村教育的同志，要把我们整个的心献给我们三万万四千万的农民”①，“要筹募一百万元基金，征集一百万位同志，提倡一百万所学校，改造一百万个乡村”②。在他看来，当时中国“正是国民革命的势力高涨之秋。惟既有国民政治上的革命，同时还须有教育上的革命”。他认为：“政治与教育是不能分离的，二者能同时并进，同时革新，国民革命才有基础和成功的希望。”③ 他为了以“教育的革命”来实现“国民政治上的革命”，认为必须使教育下乡，改造乡村教育，为此决心进行改造乡村的教育试验。他毅然放弃东南大学教授、教育系主任等优裕职位，到南京北部乡村去，脱下西装革履，穿上布衣草鞋，创办别开生面的晓庄试验乡村师范学校。他同师生一起劳动建校，自觉走与工农相结合的道路，曾同老牛同铺过夜，作为一个留美归来的大学教授，确是前所未有的惊人之举。他在按照农村需要与可能的办学试验中，提出了适合中国国情的生活教育。尽管因为当时政治形势突变，晓庄师范遭到国民党反动政府的封闭，他的生活教育试验受到了挫折，可他并未就此停止试验的奋斗，后来他又创办了山海工学团、育才学校，开展了乡村教育、普及教育、国难教育、战时教育、全面教育和民主教育等运动，使生活教育不断得到完善和发展。当纪念生活教育运动十二周年的时候，陶行知就像回忆“罗曼史”一样地描述当时的一群青年“从学府里跑到乡下去，和农人共生活”的办晓庄师范情景，然后指出：“这一群青年所带去的不是文化的赈济品，而是一颗虚心要探寻真正适合中国向前进取的教育。”④ 他表示，他在这十二年中干了三件事，还没有做完：一是反洋化教育；二是反传统教育；三是在半殖民地半封建的国

① 《我们的信条》，《陶行知全集》第1卷，湖南教育出版社1984年版，第651页。

② 《中华教育改进社改造全国乡村教育宣言书》，《陶行知全集》第1卷，湖南教育出版社1984年版，第646页。

③ 《晓庄试验乡村师范学校创校概况》，《陶行知全集》第2卷，湖南教育出版社1984年版，第18页。

④ 《告生活教育社同志书》，《陶行知全集》第3卷，湖南教育出版社1984年版，第338页。

家建立争取自由平等之教育理论和方法。陶行知的座右铭是："人生为一大事来，做一大事去。"他为着寻求适合中国国情的教育理论和方法，为使中国劳苦大众及其子女受到教育，鞠躬尽瘁，奋斗一生，直到1946年不幸患脑溢血逝世为止。陶行知是我国最早重视乡村农民教育的教育家，他创立的生活教育是走中国化办学道路的产物，是中国近代教育史中具有中国特色的重要篇章。

二、具有中华民族风格的教育内容

陶行知生活教育的中国特色，从其内容和特点来考察，就是具有中华民族的风格，能同中国劳苦大众的生活紧密结合，继承和发扬中华民族的文化教育传统，为中华民族的解放事业服务。

陶行知通过生活教育试验，经过生活的过滤，逐渐认识到他从美国带回来的杜威教育理论是不切合中国实际的虚假理论。他发现杜威强调的"教育即生活，学校即社会"的教育主张，"就好像把一只活泼泼的小鸟从天空里捉来关在笼里一样。他要以一个小的学校去把社会上所有的一切东西都吸收进来，所以容易弄假"①。于是，他勇敢地创造性地把这个"弄假"的理论"翻了半个筋斗"，把"教育即生活，学校即社会"改造成为"生活即教育，社会即学校"。在他看来，只有这样把"弄假"的理论翻转过来，才是符合中国国情的真正理论，才能"把笼中的小鸟放到天空中使他能任意翱翔"。他对杜威理论虽然是"翻了半个筋斗"，实际上是有一百八十度的大转变。他本人对于"翻了半个筋斗"一语，作过这样的解释："怎么叫做半个筋斗呢？孙悟空一个筋斗十万八千里。他是站在如来佛的手掌上翻筋斗，翻好了一个，他还是站着。翻一个筋斗是画三百六十度，半个筋斗是画了一百八十度，恰是颠

① 《生活即教育》，《陶行知全集》第2卷，湖南教育出版社1984年版，第182页。

倒了过来。”① 他吸取杜威的理论，如同马克思创立唯物主义辩证法吸取了黑格尔唯心主义辩证法的“合理内核”一样，既有批判继承又在本质上有所不同，变成了全新的生活教育论。

陶行知创立的生活教育论，是从中国劳苦大众实际需要出发的，“是给生活以教育，用生活来教育，为生活向前向上的需要而教育”②。如果将生活教育与中国传统教育相比较，有六个明显的特点，即：生活的、行动的、大众的、前进的、世界的和有历史联系的③。这些特点随着由他发动的乡村、普及、国难、战时、全面和民主等历次教育运动的前进以及他本人思想上的变化进步而不断有所增新。譬如，在抗战期间，陶行知就补充提出，生活教育必须是战斗的、科学的、有计划的，等等。总结起来看，他对生活教育概括出来的这些特点，体现在生活教育的内容上，明显地反映出它们具有中华民族的风格，也就是人们通常所说的中国特色。其中表现较为突出的内容，有下述几个方面：

（一）同中国劳苦大众的生活紧密结合，具有乡土气息

生活教育特点之一是生活的。陶行知认为生活与生活相摩擦就能发生教育作用。在他看来，社会是大众唯一的学校，生活是大众唯一的教育。生活教育“与装饰品之传统教育根本不同。它不是摩登女郎之金钢钻戒指，而是冰天雪地下的穷人的窝窝头和破棉袄”④。

陶行知并不是反对办专门的学校，但他创办的学校，也都要使学生过劳苦大众的生活，坚持教学与生产劳动相结合，学校同社会相沟通。在他所创办的晓庄师范，要求学生过健康的、劳动的、科学的、艺术的和改造社会的生活。学生除了要到中心小学工作、分任校务、管理自己

① 《古庙敲钟录》，《陶行知全集》第 2 卷，湖南教育出版社 1984 年版，第 521 页。
② 《谈生活教育》，《陶行知全集》第 5 卷，湖南教育出版社 1984 年版，第 476 页。
③ 《生活教育之特质》，《陶行知全集》第 3 卷，湖南教育出版社 1984 年版，第 25 页。
④ 《生活教育》，《陶行知全集》第 2 卷，湖南教育出版社 1984 年版，第 635 页。

生活外，还要从事劳动，同农友交朋友，等等。其后，他办山海工学团，将工场（农场）、学校、社会打成一片，实行半工半读，让学员除了在木工、袜工、藤工的三个手工工场劳动学习之外，还学习养蜂、养兔、种菜，当小先生，普及文化科学知识。办了育才学校以后，虽然重视了分班级上文化基础课，分专业组上专业课，但仍要求学生同工农交朋友，参加劳动生产，进行抗日救国宣传等活动。陶行知的指导思想是："一切教育必须通过生活才有效，抗战建国的生活才算是抗战建国的教育。"①

由于生活教育是土生土长在中国人民生活的土壤之中，颇有中国人民的乡土气息，因而也就从本质上富有中国教育的特色。

（二）运用中国劳苦大众语言，表述大众教育

生活教育的另一特点是大众的。陶行知指出："生活教育是大众教育，大众自己办的教育，大众为生活解放而办的教育。"② 陶行知为了使大众便于受到生活教育，很重视语言和文字的大众化。他主张向人民大众学习语言，要求"根据大众语，来写大众文"③。为了能把大众文写好，他主张"必定要请大众的耳朵做我们的先生"，而且认为"工人、农人、车夫、老妈子、小孩子的耳朵都靠得住"④。他还写成这样一首小诗阐明这种道理："文章好不好？要问老妈子。老妈高兴听，可以卖稿子。老妈听不懂，就算是废纸。废纸哪个要，送给书呆子。"⑤

陶行知不但是伟大的人民教育家，而且是"一闻牛粪诗百篇"的大众诗人。他阐述的大众教育，有些本来是农村常见的事物，但经过他使用乡农词语，进行艺术加工，就充满了诗情画意，为大众所欢迎。他

---

① 《告生活教育社同志书》，《陶行知全集》第 3 卷，湖南教育出版社 1984 年版，第 334 页。
② 《生活教育之特质》，《陶行知全集》第 3 卷，湖南教育出版社 1984 年版，第 27 页。
③ 《怎样习大众文》，《陶行知全集》第 2 卷，湖南教育出版社 1984 年版，第 887 页。
④ 《再谈怎样写大众文》，《陶行知全集》第 2 卷，湖南教育出版社 1984 年版，第 889 页。
⑤ 《问老妈子》，《陶行知全集》第 4 卷，湖南教育出版社 1984 年版，第 312 页。

在晓庄师范前后，写出了很多脍炙人口的教育诗篇。《诗的学校》就是生活教育发祥地晓庄师范的缩影。例如他写“宇宙为学校，自然是吾师。众生皆同学，书呆不在兹”，等等。他还写过寓意深刻、通俗易懂的一些对联：“以宇宙为教室，奉自然作宗师”“从野人出发，向极乐世界探寻”。他为大礼堂“犁宫”写的对联，更可以体现出乡村教育的风味：“和马牛羊鸡犬豕做朋友，对稻粱菽麦黍稷下功夫。”① 他在《小庄晓》中称颂晓庄师范开创了新时代：“老山劳，小庄晓，新时代，推动了。”他批判旧教育培养出来的人是：“四体既不勤，五谷也不分。达则作官去，穷则教学生。”② 他以《工学团》为最理想的学校：“工以养生，学以明生，团以保生。”他鼓励学生要有创造精神，既能动脑又能动手，指出：“人生两个宝，双手和大脑。用脑不用手，快要被打倒。用手不用脑，饭也吃不饱。手脑都会用，才算是开天辟地的大好佬！”③ 他在《儿童工歌》中，希望学生成为小盘古、小孙文、小牛顿、小农人、小工人，抗战以后，更希望成为小战士。他对新旧乡村教师作了对比：“从前的先生，爱坐冷板凳。现代的先生，赤脚挑粪。”④ 他还用儿歌曲调写出教师关心学生《下雨不上学》的情景：“小宝宝！小宝宝！今天天气不好。你们回家要早，雨天变成水鸡，事情有些不妙。”像这样的教育诗篇，他写了很多，是他诗歌集中的一个重要组成部分。由于他善于运用工农群众和儿童们喜闻乐见的诗文表述生活教育，就使生活教育具有大众性、乡土性。

陶行知在撰写教育诗文时，不仅注意通俗化，为工农群众和儿童容易接受，而且很反对洋化，杜绝有拉洋车的文字。他“曾下了一个决心，凡是为外国教育制度拉东洋车的文字一概删除不留，所留的都是我

① 《对联》，《陶行知全集》第 4 卷，湖南教育出版社 1984 年版，第 749 页。
② 《士之小影》，《陶行知全集》第 4 卷，湖南教育出版社 1984 年版，第 183 页。
③ 《手脑相长歌》，《陶行知全集》第 4 卷，湖南教育出版社 1984 年版，第 173 页。
④ 《先生》，《陶行知全集》第 4 卷，湖南教育出版社 1984 年版，第 199 页。

所体验出来的”①。可见，陶行知坚决反对照搬照抄的洋化文字，也反对主观想象，他所写的都是他之所行体验出来的结果。

由于陶行知反对使用“拉东洋车的文字”，又善于运用工农大众语育阐述生活教育，因此，在他的诗文中，既破除了传统的文人学者腔，又摈弃了近代舶来的翻译调，从而充满着中国人民大众语言的俚语乡音，增强了生活教育的中国特色。

（三）重视生活教育历史上的联系，继承和发扬中国的文化教育传统

生活教育再一个特点是有历史联系的。陶行知认为：对于“人类从几千年生活斗争中得到，而留下来的宝贵的历史教训，我们必须用选择的态度来接受”。怎样来选择和接受呢？就是要使“历史教训必须通过现生活，从现生活中滤下来，才有指导生活的作用”②。所谓“从现生活中滤下来”，就是不要照搬照抄。要有自己的思考和取舍，还要有自己的创造。他不但是继承和发扬中国文化教育传统的大师，而且是通过他的思想和现代生活“滤下来”并有所创造的典范。他博学多识、才华横溢，既主张反对传统教育，又认为“反传统教育也不是反对固有的优点”“对于中国固有之美德是竭诚的拥护”③。这在他的生活教育内容中，有着很多的体现，其中最明显的是在品德教育方面。他曾指出，我们的新的“大学之道，在明‘民’德，在亲民，在止于人民之幸福”④。这正是他对《大学》一书开卷第一章的“大学之道，在明明德，在亲民，在止于至善”的翻新巧用。他还曾借《中庸》一书中言

① 《〈中国教育改造〉自序》，《陶行知全集》第2卷，湖南教育出版社1984年版，第70页。
② 《生活教育之特质》，《陶行知全集》第3卷，湖南教育出版社1984年版，第25页。
③ 《告生活教育社同志书》，《陶行知全集》第3卷，湖南教育出版社1984年版，第338页。
④ 《谈社会大学》，《陶行知全集》第3卷，湖南教育出版社1984年版，第593页。

论，来强调“诚”的重要性，指出：“《中庸》说‘不诚无物’。无论是‘自诚明’，或是‘自明诚’都离不了诚。不诚便没有觉悟。”实际上，他的真意是来阐明：“诚心追求真理才能自觉觉他”①，才能对抗战建国生出信仰并发挥出力量来。他还曾在教育学生怎样才能成为民主战士时，引用过《论语》和《孟子》当中的话，曾说：“让我再详说英勇的民主战士是怎样培养出来的。第一套功夫是‘仁者不忧，知者不惑，勇者不惧，达者不恋’。第二套功夫是‘富贵不能淫，贫贱不能移，威武不能屈，美人不能动’。有了这些德性，无论过着什么关口，也会胜利的通过。”② 从这里可以看出，陶行知既吸取了儒家品德教育中的有关精神，又不是照搬照抄，而是经过“滤下来”之后赋予了全新含义，并增添了“达者不恋”“美人不能动”的新内容。尤其重要的是他与儒家进行这些品德教育的目的不同，不是为了培养忠于封建王朝的儒士，而是造就“英勇的民主战士”。他对历史上的教育思想是坚持要经过现实生活和他的思想“滤下来”，然后才有取舍的，他说过：“‘满朝朱紫贵，尽是读书人’的升官教育，以及‘为教书而教书，为读书而读书’的超然教育，我们都是反对的。”③ 他还曾表达过他是怎样批判吸取前人思想的，指出：“我的生活教育的思想，大半都是从资产阶级、大地主以及老百姓中的启发而来的。自然，我的思想，不是抄他们的，他们有的只启发我想到某一面。”④

由于陶行知重视继承和发扬中国的文化教育传统并注意加以改造创新，使他创立的生活教育，在内容上充满着中国文化教育传统，使它具有中国的文化教育特性。

---

① 《生活教育运动十三周年纪念告同志》，《陶行知全集》第 3 卷，湖南教育出版社 1984 年版，第 417 页。

② 《为民主斗争前仆后继》，《陶行知全集》第 5 卷，湖南教育出版社 1984 年版，第 964 页。

③ 《告生活教育社同志书》，《陶行知全集》第 3 卷，湖南教育出版社 1984 年版，第 338 页。

④ 《与柳是的谈话》，《陶行知全集》第 3 卷，湖南教育出版社 1984 年版，第 609 页。

（四）为中国人民革命和民族解放斗争服务，具有强烈的反帝爱国精神

生活教育特点之中还有战斗性、前进性。在陶行知看来，“教育是一种武器”。因此，他办晓庄师范时，就极力支持师生支援南京下关工人反对日舰停宁的示威大游行。他后来回忆当时的情景说过：“晓庄所办的教育如果不能帮助中国把日本帝国主义打出去，便算是失败。”[①] 他还要求：“当日本帝国主义危害我们生存的关头，生活教育者每上一课自必要问：这一课对于抗战能有多少帮助？”[②] 可见，生活教育从它创立开始就是为中国人民革命和民族解放斗争服务的。

生活教育是前进的。它随着生活教育运动前进，不断得到丰富和发展。譬如，陶行知在抗战期间，主张办山洞教育、游击教育，以配合抗战建国斗争，就是证明。他认为山洞教育可把大约十万个老百姓每天躲避空袭五小时所“白费的五十万小时夺回来，教老百姓了解抗战的前途，增加抗战的力量”[③]。他还主张在游击区开展游击教育，好“增加游击的力量，以粉碎敌人‘以华制华’，‘以战养战’之阴谋”。他主张“要把教育的力量进攻到敌我交界地和敌伪据点去”，教师要“把民族意识和抗战理论贯彻到老百姓的生活里去”。如果遇敌人搜查，文字资料带不过去，就要采取灵活的游击教学法：“用私塾里背书的法子把文件背熟，由脑袋子带进去。”[④] 陶行知提出的山洞教育、游击教育是我国抗战期间独创的教育方式。

陶行知在育才学校，要求学生为农民办识字班，为市民演唱等，进

---

① 《告生活教育社同志书》，《陶行知全集》第 3 卷，湖南教育出版社 1984 年版，第 338 页。

② 《生活教育目前的任务》，《陶行知全集》第 3 卷，湖南教育出版社 1984 年版，第 293 页。

③ 《桂林战时民众教育工作人员须知》，《陶行知全集》第 3 卷，湖南教育出版社 1984 年版，第 301 页。

④ 《游击区教育》，《陶行知全集》第 3 卷，湖南教育出版社 1984 年版，第 402 页。

行抗日救国的宣传和斗争。与此同时，他极力反对国民党反动派卖国投降和特务统治政策。他投身于民主革命斗争中，主张民主教育，坚决反对国民党的党化教育。他拿起笔作投枪，写了很多揭露国民党反动派的文章，尖锐地鞭挞了为加强法西斯统治的党化教育。他指出：自从党化教育“光临之后，遍地明争暗斗。特务当先生，同学成冤仇。统治思想如裹脚，三寸‘金头’”。他还指出这样统治的结果，必然是“先生误人子弟，学生不敬师长。训政越训越糊涂，教育破产”。正因为陶行知抗日救国，反对卖国投降的法西斯统治，先后受到国民党反动政府的两次通缉，最后被特务列入要暗杀的黑名单上的第三名。

由于陶行知生活教育是爱国的、革命的，同中国人民和民族解放斗争紧密结合在一起，因此，它具有反帝爱国的民族特色。

三、适合国情的教育方法和体制

陶行知生活教育的中国特色，从方法和体制方面考察，就是提出了适合中国国情的教育方法和教育体制，对于普及教育和提高中华民族的文化科学水准，作出了巨大贡献。

陶行知曾经指出，中国的教育方法和体制的最根本缺点，就是“从外国贩来整套之理想与制度不能适合国情，不能消化，不能在人民生活上发现健全之效力”。因此，他要求必须“绞脑筋、运身手、谋改进之急务”①。改进的方针是为使教育能适合本国国情和劳苦大众的生活需要。他对开展的中国大众教育运动，详细地阐述过它的宗旨：“该运动的目的，在于尽力弥补正规学校的不足，努力发展本国自己的教育，而不是发展从历史背景和自然条件不同的外国引进的教育；努力发展为广大劳苦大众服务的教育，而不是发展只为少数特权阶级的教育；努力发

① 《教育改进》，《陶行知全集》第2卷，湖南教育出版社1984年版，第225页。

展完整的生活教育，而不是发展畸形的智力教育。”①

为了“发展本国自己的”生活教育，他从中国教育实际出发，对于传统教育和洋化教育的教学方法和教育体制进行了革新，并创造出适合本国国情和劳苦大众及其子女便于受教的一些教育方法和教育体制。

（一）提出“教学做合一”的教学方法

陶行知留美归国，对教育试验很重视，而对传统的教授法很反感，认为教师只是教书，传授书本知识，把学生当成“天津鸭”去填，使学生处于被动状态，因此，他主张用教学法代替教授法。在他看来：“好的先生不是教书，不是教学生，乃是教学生学。教学生学有什么意思呢？就是把教和学联络起来。”② 于是，他创造性地提出了“教学合一”的教学方法。后来，他在教育实践中，认识到“做”的重要性，他又把“教学合一”改成为“教学做合一”。他认为：“事怎样做就怎样学，怎样学就怎样教，教的法子要根据学的法子，学的法子要根据做的法子。”③ 他把“做”看成为教与学不可分离的基础，因为“不在‘做’上下功夫，教固不成教，学也不成学”。陶行知创造的“教学做合一”的方法，既是生活法，又是教学法，这是他根据中国教育实际独创的教学方法，扎根于中国生活教育的土壤里，具有中国教育的特色。

（二）创造出“即知即传”的小先生制和传递先生制

陶行知从救国救民的思想出发，要“在最短的时间内，以最少的经费，实行免费的全民教育”④，于是他找到了一种省钱的“穷办法”，就是能将获得的知识“即知即传”的教育法。年龄在十六岁以上能“即知即传”者称为“传递先生”，年龄在十六岁以下能“即知即传”者称

① 《中国的大众教育运动》，《陶行知全集》第 3 卷，湖南教育出版社 1984 年版，第 209 页。
② 《教学合一》，《陶行知全集》第 1 卷，湖南教育出版社 1984 年版，第 88 页。
③ 《教学做合一》，《陶行知全集》第 2 卷，湖南教育出版社 1984 年版，第 42 页。
④ 《中国的大众教育运动》，《陶行知全集》第 3 卷，湖南教育出版社 1984 年版，第 215 页。

为“小先生”。

小先生制一出现，甚受欢迎，迅速得到推广，有二十一个省市和四个特别市采用这种方法，因为小先生制适合于在穷而且大的中国普及教育。这种方法能攻破过去普及教育遇到的种种困难，正如他在《攻破普及教育之难关》中，共总结出可攻破诸如“先生关”“娘子关”等二十八道难关。以小先生制普及教育的优越性很多，陶行知概括为五大好处：

> 甲、能解决女子初步教育问题。
>
> 乙、成人跟着小孩追求现代知识是变成老少年。
>
> 丙、知识不再当作商品买卖，知识为公是成了实现天下为公之坚固基础。
>
> 丁、小先生好比是电线，将社会和学校通起电流，又好比是血管，将学校与社会通起血脉，于是社会变成学校了。
>
> 戊、小先生普及教育运动，增加了大先生事业上不少的兴趣。①

小先生制是以一种独特的方式为中国教育服务。可见，小先生制和传递先生制是适合中国国情的普及教育方法，颇具中国特色。

（三）创造了艺友制

陶行知生活教育的中国特色，还表现在他创造了艺友制。何谓艺友制？他解释说：“凡用朋友之道教人学做艺术或手艺便是艺友制。”艺为艺术或手艺，友为朋友。这种制度是源于古代治学采取论学访友办法，其后又吸收艺徒制的师傅带徒弟方法，但摈弃了属于封建的那些弊病：一是工匠带徒弟几如奴仆，至不平等；二是工匠秘诀不愿传给徒弟；三是动作偏重于劳力而少劳心。所以，陶行知主张把艺徒制的

① 《中国普及教育方案商讨》，《陶行知全集》第2卷，湖南教育出版社1984年版，第805页。

“徒”改为“友”，成为师友关系的艺友制。他认为：随友学较从师为更自然而有效，而且艺友制是以“教学做合一”为教学方法，就能纠正只在做上学而不教或只教而不做等弊病。实行艺友制，能使学有兴趣，又可节约经费。艺友制为当时一些小学、幼儿园采用，效果很好。陶行知在《艺友制师范教育答客问》一文中，指出：“市教育局陈鹤琴课长并拟在市立实验小学及幼稚园中试行。”

艺友制是从中国教育实际出发，吸收了中国传统的论学访友和艺徒制的优点，更加具有中国教育的特色。

（四）创建了适合中国国情的多轨学制

陶行知对中国学制深入研究之后认为，中国自清末制订新学制以来，都是抄袭外国的，不适合中国国情。他认为搞建筑工程，拿别人图案造房屋，断难满意；制订学制也一样，最忌“不适国情之抄袭”。他力图制订一个“适合国情，适合个性，适合事情学问需求的学制”①。

陶行知是一位民主革命战士，要求学制能体现出革命民主精神。他要求：“民主教育开始是单轨，不分贫富以单轨出发，以后依才能分成多轨”，这叫做多轨同归，“并且还要换轨便利，让他们在才干改变时有调换轨道的便利”②。陶行知提出的多轨制，是同资产阶级双轨制有着本质上的不同，不但反对贫富受教育不平等，而且是从中国国情出发，便于劳苦大众及其子女受教，并可依据才能差异随时调换轨道。他提出的多轨制，在小学中体现最为明显，譬如，他主张：“小学校或全日，或半日，或二小时，或一小时，依据各地情况而定，不拘一法。”③

陶行知提倡多轨制，也体现在他办学的多层次、多形式上。从他自

① 《我们对于新学制草案应持之态度》，《陶行知全集》第1卷，湖南教育出版社1984年版，第191页。

② 《实现民主教育的提纲》，《陶行知全集》第3卷，湖南教育出版社1984年版，第544页。

③ 《中国普及教育方案商讨》，《陶行知全集》第2卷，湖南教育出版社1984年版，第809页。

己开办的学校来看，就有幼稚园、中心小学、安徽公学、劳山中学、晓庄师范、儿童科学通讯学校、山海工学团、工人识字班、育才学校、社会大学，等等，可以说他办了各级各类的学校，这里有从幼稚园、小学到中学、大学的普通教育，也有职业教育、师范教育，此外还有社会教育、成人教育。在他的思想中，非常重视称之为“文化细胞”的“工学团”，每个工厂（农场）、商店、家庭、街道都能办，形成文化网，建设成为文化新村，开展全民教育，终生教育。他的中心思想是要在中国这个大而贫的国度里，找到穷办法，普及教育，提高中国人民的文化科学水平，由农业国逐渐进入现代的工业国。他开拓的多轨学制办学之路，是适合中国国情的，具有中国的教育特色。

陶行知创立的具有中国特色的生活教育，是我国教育史上的伟大创举。陶行知创立的生活教育为什么能够具有强烈的中国特色？究其原因，主要有以下两个方面：

首先，他富有中国性、平民性。他热爱中国、热爱工农劳苦大众，这是他从事政治活动和教育事业的出发点和落脚点。他早年留学美国，已有条件“向外国的贵族的方向转移”，但他之所以能像“黄河决了堤”的潮水一样“奔流”回到“中国的平民的路上”来，据他自己回忆，主要是因为他有着强烈的“中国性、平民性”①。他回到国内，本来已在大学任教授、教育系主任等职，但他之所以甘愿放弃大学优越职位，到南京北郊去当晓庄师范的“挑粪校长”，这是有他的强烈的爱国爱民思想作指导的。他怀着救国救民宏愿，要使中国由农业国过渡到工业园。在他看来，当务之急是要普及教育，认为只有将人民文化水平提高才能改造中国。他曾这样地表示过：“我觉得凡是脚站中国土地，嘴吃中国五谷，身穿中国衣服的，无论男女老少，都应当爱中国。不过各

① 《创造一个四道八达的社会》，《陶行知全集》第 5 卷，湖南教育出版社 1984 年版，第 55 页。

人所处地位不同，爱国的方法也不能尽同。”① 他不仅有爱国之言，而且能够身体力行。当国家遭受日本帝国主义侵略，处于危亡之际，他把生活教育称为国难教育、抗战教育，并且身任国民外交使节出访二十六国，发动华侨支援抗战，争取世界人民支援我国的抗日斗争。

陶行知的中国性和他的平民性是紧密相联的，因为他热爱中国，就希望中国变好。改造中国要靠谁呢？他开始认为：“革命的成功靠锄头呀！锄头锄头要奋斗呀！”② 因此，他热爱农民，要求向农民“烧心香”，同“农民甘苦化”。后来，在革命斗争中，逐渐认识到，只有农民还不行，必须实行工农联盟才有力量，进而主张：“光棍的锄头不中用呀！联合机器来革命呀！”③ 他把工农劳动人民称为“大众”，而把军阀、汉奸、少爷、小姐等称为“小众”。他后来的爱国主义，是同革命民主主义相结合的。他爱中华，就强烈地反对国民党法西斯统治和卖国投降政策，从而他在生活教育中，又增添了民主教育的内容。他明确主张：“民之所好好之，民之所恶恶之，教人民进步者，拜人民为老师。”④ 因此，他从事教育活动和教育理论研究，不是为教育而教育，为理论而理论，而是胸中总怀着一个伟大理想，要救国救民，要使贫困的中国变成为富有的现代化国家，要为祖国培养人才。热爱祖国、热爱中国劳苦大众，像一根红线一样贯串在陶行知的整个教育思想和教育活动之中，生活教育的中国特色就是其具体的体现。

其次，重视实践性、创造性。在陶行知看来，只有参加教育实践，进行教育试验，才能对教育规律有所发现，才能防止主观臆测，照搬照抄，才能从实际出发，形成自己的教育体系和特点。他认为，“试验之精神，近世一切发明所由来也”，“故新教育之所以新，旧教育之所以旧，亦视其发明能力之如何耳”。他指出：“苟能尽刷其依赖天工、沿

① 《预备钢头碰铁头》，《陶行知全集》第5卷，湖南教育出版社1984年版，第67页。
② 《锄头舞歌》，《陶行知全集》第4卷，湖南教育出版社1984年版，第60页。
③ 《新锄头舞歌》，《陶行知全集》第4卷，湖南教育出版社1984年版，第198页。
④ 《民主所好三首》，《陶行知全集》第4卷，湖南教育出版社1984年版，第660页。

袭旧法、仪型外国、率任己意、偶尔尝试之旧习，一致以试验为主，则施之教育而教育新，施之万物而万物新。”① 陶行知重视试验，同他重视“行”所分不开的。他由于认识到了“行”的重要性，将自己的名字由“知行”改成了“行知”，最后又改为“行知行”，他具有唯物辩证法的知行观。

陶行知从中国当时教育实际出发，为了探索“建设适合乡村实际的活教育”，他不是停留在宣言上，而是亲自到乡村去，办乡村试验师范学校，由于试验的实践才使他能提出符合中国国情的生活教育。他创造性地提出了生活教育之后，并未离开教育实践，仍然坚持试验，遇到了政治的、经济的任何艰难险阻也未中断。他后来又创办了山海工学团、育才学校和社会大学等各级各类学校，还根据时局形势发动了乡村、普及、国难、战时、全面和民主等历次教育运动，集中到一点，是在应用生活教育，进一步加以试验、推广，使生活教育不断得到考验、丰富和发展。这样，生活教育与中国教育实际和发展紧密结合，能够真正适合中国国情，富有生命力和中国特色。

陶行知能够创造出富有中国特色的生活教育，不仅有赖于坚持不懈地进行教育试验，而且与他具有创造性和开辟精神也是分不开的。如果缺乏创造性和开辟精神，就不可能使他的教育实践经验得以升华成为教育理论，不可能“敢探未发明的新理”“敢入未开化的边疆”。他在1919年4月，即在五四运动前夕，就曾以《第一流的教育家》为题，鼓励教育工作者要当有创造性和开辟精神的第一流教育家；他同时极力反对“政客的教育家”“书生的教育家”和“经验的教育家”。他振聋发聩地指出：“在教育界，有胆量创造的人，即是创造的教育家；有胆量开辟的人，即是开辟的教育家，都是第一流的人物。大丈夫不能舍身试验室，亦当埋骨边疆尘，岂宜随便过去。”他批评过去的教育界人士，“一举一动，不是乞灵古人，就是仿效外国”。他认为：“如果想自立，

① 《试验主义与新教育》，《陶行知全集》第1卷，湖南教育出版社1984年版，第95页。

想进步，就须胆量放大，将试验精神，向那未发明的新理贯射进去；不怕辛苦，不怕疲倦，不怕障碍，不怕失败，一心要把那教育的奥妙新理，一个个的发现出来。”

人生最为有意义的事，在陶行知看来，就是创造。他认为，“教师的成功是创造出值得自己崇拜的人”，“教育者也要创造值得自己崇拜之创造理论和创造技术”。如果在艰苦条件下，怎样去创造呢？他指出：“除了大无畏之斧，还得有智慧之剑，金钢之信念与意志，才能开出一条生路。”他满腔热诚地大声疾呼：“只要有一滴汗，一滴血，一滴热情，便是创造之神所爱住的行宫，就能开创造之花，结创造之果，繁殖创造之森林。”① 他肯定：只有发扬创造和开辟精神，才能改造自然，改造社会，成为有益于社会的人。

陶行知在《育才二周岁前夜》一文中告诉我们：学习要像点石成金故事所讲那样，不能只是得到金子而已，更加重要的是得到“点金的指头”。因此，当我们为建设具有中国特色的社会主义教育事业、向陶行知学习怎样使教育具有中国特色时，不但要从办学道路、教育内容、教育方法和体制等方面，学习他是如何从中国教育实际出发、适合中国国情的，而更加重要的是要像陶行知那样热爱祖国、热爱工农劳苦大众、坚持教育试验的实践、有创造性和开辟精神，这样才能学到“点金的指头”，成为当代第一流的教育家，只有这样才不难使社会主义教育具有中国特色！

① 《怎样写大众文》，《陶行知全集》第2卷，湖南教育出版社1984年版，第887页。

陶行知师德观新论

伟大的人民教育家陶行知是继古代孔子之后的“万世师表”①。这不仅是由于他一生从事教育事业，创立了生活教育学说，而且还因为他具有崇高的师德。他的伟大人格光照千秋，他为教育事业无私奉献的精神，是教师的楷模。学习和弘扬他的高尚师德精神，对于我们提高教师的职业道德素质、反腐防变，培养有理想、有道德、有文化、有纪律的人才，发展社会主义教育事业，具有深远的历史意义和重大的现实意义。

一、以师德为教育的根本，“建筑人格长城”

陶行知办教育的理想，是要“创造出值得自己崇拜的学生”②。他最初主张，“教育就是教人做人，教人做好人、做好国民的意思”③。办晓庄师范之后，则要求培养学生有农夫的身手、科学的头脑、改造社会的精神。到了后期，他明确提出造就小农人、小工人、小战士。他认为：“先生不应该专教书，他的责任是教人做人。学生不应当专读书，他的责任是学习人生之道。”④ 他指出：“教育能使恶人变善，善者益

① 《纪念陶行知》，湖南教育出版社 1984 年版，第 50 页。
② 《陶行知全集》第 3 卷，湖南教育出版社 1984 年版，第 482 页。
③ 《陶行知全集》第 1 卷，湖南教育出版社 1984 年版，第 458 页。
④ 《陶行知全集》第 5 卷，湖南教育出版社 1984 年版，第 174 页。

善。”① “败德之人，不得志害身家，得志害天下。”② 可见，他办教育，非常重视德育，把培养学生具有高尚的道德品质作为教育的根本。他在育才学校，要求学生每天四问，即要问一天在身体、学问、工作方面有没有进步，最后要问自己的道德有没有进步。如果有进步，进步了多少。他指出：“为什么要这样问？因为道德是做人的根本。根本一坏，纵然使你有一些学问和本领，也无甚用处。” 这是他的经验体会。在他看来，假如培养出了“没有道德的人，学问和本领愈大，就能为非作恶愈大”。因此，他“就提出‘人格防’来，要我们大家‘建筑人格长城’。建筑人格长城的基础，就是道德”③。

陶行知重视培养学生具有高尚道德，“建筑人格长城”，就要求教师能起表率作用，必须具有师德。师德即人们通常所说的教师职业道德，这是由教师的职业特点所决定的。从陶行知的师德观来看，认为只有教师具备师德，才能培养学生具有道德。他曾指出：“在共同生活中，教师必须力求长进。好的学生在学问和修养上，每每欢喜和教师赛跑。”因此，“我们确不能懈怠，不能放松，一定要鞭策自己努力跑在学生前头引导学生，这是我们应有的责任。师道之可敬在此”④。在他看来，“小孩是长进得很快，教师必须不断的长进，才能教小孩”⑤。

陶行知主张敬师重教，同时又要求教师能自敬、自重。他认为：“农不重师，则农必破产；工不重师，则工必粗陋；国民不重师，则国必不能富强；人类不重师，则世界不得太平。但是要人敬的必先自敬。重师首在师之自重。”⑥ 因此，教师要想自敬自重，就必须加强自身的职业道德修养，要使“个人一举一动，一言一行，都要修养到不愧为人

① 《陶行知佚文集》，四川教育出版社 1989 年版，第 3 页。
② 《陶行知全集》第 1 卷，湖南教育出版社 1984 年版，第 20 页。
③ 《陶行知全集》第 3 卷，湖南教育出版社 1984 年版，第 471 页。
④ 《陶行知全集》第 1 卷，湖南教育出版社 1984 年版，第 501 页。
⑤ 《陶行知全集》第 3 卷，湖南教育出版社 1984 年版，第 29 页。
⑥ 《陶行知全集》第 2 卷，湖南教育出版社 1984 年版，第 501 页。

师的地步”①。

陶行知重视教师的职业道德修养，并将道德分为公德与私德两类。什么是他所说的“公德”呢？就是要“一个集体的组成分子，人人以公德为前提，注意着每一个行动”，都能为集体谋利益，“否则，多数人只顾个人私利，不顾集体利益，则这个集体的基础必然动摇，并且是一定要衰败下去”。什么是他所指的“私德”呢？就是他认为，“私德最重要的是‘廉洁’，一切坏心术坏行为，都由不廉洁而起”。在他看来，私德与公德的关系非常密切，私德的好坏关系到公德。“私德不讲究的人，每每就是成为妨害公德的人，所以一个人私德更是要紧，私德更是公德的根本。”他很看重私德建设的重要性，认为私德健全，可扩大公德的效用。因此，他要求“把自己的私德建立起来，建筑起‘人格长城’来”②。他在《每天四问》中讲的公德与私德，是在育才学校三周年纪念晚会上向全校师生的讲演内容，是要求学生应当做到的，同时也是对教师的要求。教师要为人师表就更应做到，而且要做得更好。

陶行知重视师德，要求搞好公德和私德修养，是为建立起“人格防”，以便抵御各种坏道德、坏心术的侵袭，反腐防变，这是他的师德观的总纲。

二、热爱教师职业，献身于教育事业，“为一大事来，做一大事去”

陶行知的师德，其核心体现的是他对教师职业的热爱，愿为教育事业无私奉献，“鞠躬尽瘁，死而后已”。他一生都是在从事教育事业：开始担任南京高师教员、教务主任、东南大学教授等职，后来有一个时

① 《陶行知全集》第1卷，湖南教育出版社1984年版，第576页。
② 《陶行知全集》第3卷，湖南教育出版社1984年版，第471页。

期推行平民教育，然后一直办学，先办安徽公学、晓庄师范、山海工学团，后期办了育才学校和社会大学。总之，他从工作伊始，直到他的生命完结，都像春蚕吐丝一样为中国教育事业作贡献，真正做到了“为一大事来，做一大事去”①。

那么，他为什么能够这样热爱教师职业，对教育事业终生执著追求呢？根据他的师德观，可以看出有以下三个原因。

首先，他具有爱国家、爱人民的公德品质。在他看来，“国家是大家的。爱国是每个人的本分”。他还认为，“凡是脚站中国土地，嘴吃中国五谷，身穿中国衣服的，无论男女老少，都应当爱中国”。怎样才能爱国？他主张：“不过各人所处地位不同，爱国的方法也不能尽同。”② 他认为，小孩子认真读书、学做好人，就是爱国。按此道理，教师热爱教育事业，努力教好学生，也就是爱国。这样，陶行知是把从事教师职业、献身教育事业，与爱国家、爱人民紧密地联结起来了。他到美国去留学，最初进入伊利诺大学学市政；后来认识到教育的重要性，才转入哥伦比亚大学攻读教育。他曾经说过，“我的毕业志愿是通过教育而非武力来创建一个民主国家”，还表示，“我毕生献身于教育行政的想法更具体化了”③。这就说明，他早在留学期间，就是为了实现建立民主国家的理想而献身于教育事业的。当他留美学成，满怀拳拳报国之忱，立即回国，“就像黄河决了堤，向那中国的平民的路上奔流回来了”④。并下定决心，让中国平民都能受到教育。

陶行知认为，教育者从事教育事业，必须具有改造社会的进取精神，他主张教师心里应当有一个“理想社会”，并通过教育革除社会上的恶习，“把我们心中理想的新社会实现出来”。在他看来，“教育是实

① 《陶行知全集》第4卷，湖南教育出版社1984年版，第27页。

② 《陶行知全集》第5卷，湖南教育出版社1984年版，第67页。

③ 《我的生活经历和今后的打算——致罗素的信》，《陶行知教育论著选》，人民教育出版社1991年版，第9页。

④ 《陶行知全集》第5卷，湖南教育出版社1984年版，第55页。

现理想社会的历程，假使理想社会里有不好的东西，我们就要运用教育力量去变化它”①。他不仅这样主张，也是这样做的，他决心从事乡村教育和普及教育，“要筹募一百万元基金，征集一百万位同志，提倡一百万所学校，改造一百万个乡村”。他“深信如果全国教师对于儿童教育都有‘鞠躬尽瘁，死而后已’的决心，必能为我们民族创造一个伟大的新生命”②。他是一位伟大的爱国者，当中华民族处于危难时期，他开展国难教育；抗战初期，开展抗战教育；进入全面抗战时期，推行全面教育；抗战胜利后，为配合民主运动，开展民主教育。由此可见，爱国爱民思想品德是他热爱教师职业、为教育事业献身的原动力，它像一根红线样贯穿于他一生教育活动的始终。

其次，他怀有立志做一名第一流教育家的伟大理想。他非常重视中小学和师范教育，不但认为是一件大事业，可得大快乐，而且认为是一种大有可为的事业。他指出：“教育为最有可为之事。古今名人莫不由教育而出，如达尔文、杜威、威尔诺刻等，皆由研究教育而出者也。但须有决心，有坚志，则成事何难。”③ 他还认为，世界上的大教育家多半是从事中小学教育的试验和研究而成名的，“夫勒培尔（即福禄培尔）研究小学教育，得称为大教育家”“又如伯斯塔罗齐（即裴斯泰洛齐）、蒙铁梭利（即蒙台梭利）都从研究小学教育得名，即如杜威先生，也是研究小学教育的”④。他从这些大教育家的成功中，得出从事教育必须进行试验与研究，而且要有开辟精神和创造精神，只有如此才能成为第一流的教育家。他说：“尝观世界大教育家，如白斯达罗齐、福禄伯等之伟功盛业，无不在试验，无不在发明。”⑤ 他在五四运动前夕，发表了《第一流教育家》一文，鼓励教育界人士要当“第一流教

① 《陶行知全集》第 2 卷，湖南教育出版社 1984 年版，第 164 页。
② 《陶行知全集》第 1 卷，湖南教育出版社 1984 年版，第 652 页。
③ 《陶行知佚文集》，四川教育出版社 1989 年版，第 4 页。
④ 《陶行知全集》第 1 卷，湖南教育出版社 1984 年版，第 127 页。
⑤ 《陶行知全集》第 1 卷，湖南教育出版社 1984 年版，第 68 页。

育家”，而不要当“政客的教育家”“书生的教育家”和“经验的教育家”。在他看来，第一流教育家与另外一些教育家具有不同的特点，就是要有创造精神和开辟精神，要“敢探未发明的新理”“敢入未开化的边疆”。他反对因循守旧，不敢进行改革，“一举一动，不是乞灵古人，就是仿效外国”①。总之，他反对办教育“沿袭陈法”或“仪型他国”，而主张通过试验和研究，寻觅适合中国国情的新教育，为此要敢于创造和研究。陶行知志在成为有创造精神和开辟精神的第一流教育家之伟大理想，是他热爱教育职业、献身教育事业的思想动力和精神支柱。

最后，他对教育职业和教育事业的重要性有着深刻的认识和坚定的信念。早在1918年他就认识到教师职业和从事教育事业的重要意义。他指出“教育乃最有效力之事业”，“能改良个人之天性，人之性情”；认为“教育能造文化，则能造人；能造人，则能造国”；与此同时，还认为，教育是“一种快乐之事业”，虽然“在经济上固甚苦，而实有无限之乐含在其中”②。到1919年7月，他则肯定做小学教员是在“做大事业得大快乐”。他谈到，一般人以为小学校里学生小、薪水少、功课多，辛苦得很，哪能有快乐可言？然后指出：“其实，看小学生天天生长大来，从没有知识，变为有知识，如同一颗种子的由萌芽而生枝叶，而看他开花，看他成然，这里有极大的快乐。”他还认为，教育是永久有益于世的事业，不是某一一时间的工作。因此，当教员的，“非得终身从事不行”，“即使我们自己一生不成，应当代代做去”③。到1922年，他的认识更加升华了，深有体会地说：“教育者应当知道教育是无名无利且没有尊荣的事。教育者所得的机会，纯系服务的机会，贡献的机会，而无丝毫名利尊荣之可言。”④ 可见，他对教师职业和从事教育事业的重要性有着深刻的认识，逐渐形成了他乐于献身教育事业的坚定信念。

---

① 《陶行知全集》第1卷，湖南教育出版社1984年版，第114页。
② 《陶行知佚文集》，四川教育出版社1989年版，第3页。
③ 《陶行知全集》第1卷，湖南教育出版社1984年版，第127页。
④ 《陶行知全集》第1卷，湖南教育出版社1984年版，第256页。

由于陶行知爱国家、爱人民，认识到教师职业和教育事业的重要性，把献身教育事业、让人民都能受到教育作为自己的理想，于是他自觉自愿地进行办学试验与研究，并坚持不懈，终生不移。他留美归国以后，本已担任大学教授了，但他为了从事中小学和师范教育的试验和研究，而到乡村办师范学校，后来当了中小学校长，可以说，职位越来越低，待遇越来越差，但他乐此不疲，淡泊乐业。他的往日同学朋友，许多人当了大官，但他从未后悔；他本人也曾多次有机会被邀担任教育厅长、高师校长等职，他又都坚辞未就。他为什么能有这样崇高的思想境界呢？就是因为他确信，教育是救国救民而有益于未来的根本大事，又是既能给人以大快乐而又是大有可为的理想职业。他曾给大学生写了一封信，认为当一名小学教员是一件大事，希望他们能当小学教员。他认为，“全民族的命运都操在小学教员手里”，“小学教师之好坏，简直可以影响到国家的存亡和世运的治乱”①。他后来更体会到“师范教育可以兴邦，也可以促国之亡”②，于是下决心到南京郊区创办晓庄师范学校。

陶行知不仅认识到办师范学校和中小学大有可为，有大快乐，而且他通过办学也真正体验到了这种快乐。他从晓庄师范寄给家人的信中，字里行间都洋溢着快乐的心情。他写道：“晚上打地铺，睡在稻草上，暖和得很，比钢丝床还有趣。”耕田的水牛睡在他身边，他不但不觉得脏臭，反而认为“很干净”。他觉得，“在乡村师范工作，快乐得像活神仙一样”③。他具有常人难于理解的苦乐观，对农村学校生活，不以为苦，反觉为乐。固然农村的山清水秀，诗情画意，会使人兴奋快乐，但对于他来说，更为主要的是他能够亲眼看见那些“所栽培的儿童个个桃李似的一年一年的长大，一直到成家立业”。正因为如此，即使晓庄师范遭到国民党反动政府封闭了，他本人受到通缉，可他对办学仍矢志

① 《陶行知全集》第5卷，湖南教育出版社1984年版，第219页。
② 《陶行知全集》第5卷，湖南教育出版社1984年版，第161页。
③ 《陶行知全集》第5卷，湖南教育出版社1984年版，第183页。

不渝。当形势允许时，他又坚持从事办学试验这件大事，再办了山海工学团。就是国难当头，他处于颠沛流离的生活中，而当他看到众多难童，怕他们之中人才的幼苗枯萎，则毅然创办了后来闻名遐迩的育才学校。在他看来，要使这些人才幼苗得到茁壮成长，就必须给予适当的阳光、空气、水分和养料，并扫除害虫。因此，他表示："我们爱护和培养他们正如园丁一样，日夜辛勤的工作着，希望他们一天天的生长繁荣。"① 他为坚持办学，当育才学校经济遇到因难时，不是放弃办学，而是以自我牺牲精神筹集经费，连他自己担任国民参政员的车马费、为母亲的保险金、自己的一些稿费，几乎都捐献了出来。可他自己生活如何呢？家住在一个废碉堡里，每天与难童一起喝稀饭。他为鼓励师生渡过经济难关，提倡效法清末乞丐武训行乞兴学，他颇有感慨地说过，武训先生以一个乞丐创办了柳林、临清、馆陶三个义塾，我和我的朋友"连一个学校也不能维持，那何以对得起小朋友，又何以对得起中华民族"②。他为坚持办学，采取"三卖"（卖字、卖文、卖讲）兴学，组织音乐舞蹈演出活动，举办绘画展览募捐，组织开荒生产自救，等等。当好心朋友劝他停办育才学校，认为："环境如此艰难，丢下育才吧！你何必顶着石臼做戏，抱着石头游泳呢？"陶行知笑了，他回答说："不，你们说错了。我是抱着爱人游泳，爱人怎么能丢掉呢？一定要抱着爱人游泳，游过激流险滩，到达胜利的彼岸！"③ 热爱教师职业，献身于教育事业，一生执著追求，是陶行知崇高师德的重要特征。

三、为人师表，教学相长，"千教万教，教人求真"

陶行知的师德，其中的一个重要方面，体现在师生之间和教员之间

① 《陶行知全集》第3卷，湖南教育出版社1984年版，第377页。
② 《陶行知全集》第5卷，湖南教育出版社1984年版，第865页。
③ 叶良骏：《陶行知的故事》，人民教育出版社1991年版，第47页。

的关系当中。他关心学生，同时又严格要求；他谦虚谨慎，又善于与教员团结协作，共同教育学生。他与学生之间和教员之间的关系，如处于一个欢快和睦的大家庭中，这种良好的师生关系和同事关系，是由他民主作风和崇高师德所感召、所形成的。其成功的奥秘所在，是值得认真探讨和很好借鉴的。

（一）爱护学生，“为了苦孩，甘为骆驼”

陶行知奉行的格言是“爱满天下”。他爱国家、爱人民、爱儿童，因此他关心学生，愿为他们在献出自己的一切。他以赞扬武训兴学精神，表达了自己办学的心愿：“为了苦孩，甘为骆驼。于人有益，牛马也做。”① 他通过办晓庄师范，探索出一条成功的秘诀，要想把学校办好，关键在于能把“整个的心献给乡村人民和儿童”。他认为：“真教育是心心相印的活动。唯独从心里发出来的，才能打到心的深处。”②

他热爱儿童，关心学生，不只表现在言论里，更为重要的是体现在他的办学行动中。在抗战期间，他办育才学校，像慈父一般关心难童学生的生活，想方设法为他们增加营养。他的学生后来回忆：“陶师关照我们厨房，每天都要给我们吃烧黄豆，我们不能每天吃猪肉就买猪血给我们吃。”③ 冬天缺寒衣，他去募集，募来的衣服长短不齐、颜色各异，但都可穿暖御寒。有的学生夜间值班，他把自己唯一的一件旧大衣，轮流披在很多学生身上，温暖着难童的心，孩子们称他是“爱的大衣”。他对有些学生的关心可以说是达到无微不至的程度。1938 年 10 月中旬，他在途经武汉时参观了汉口临时保育院，发现长瘌痢的难童陈贻鑫有谱曲的才能。他创办育才学校后，专门派人将这个孩子接入学校，并托人请了名医治好了瘌痢头病。他后来得知这个孩子过早地被爱情迷

① 《陶行知全集》第 4 卷，湖南教育出版社 1984 年版，第 616 页。

② 《陶行知全集》第 2 卷，湖南教育出版社 1984 年版，第 134 页。

③ 《育才好比一盏灯》，《1983 年苏皖陶行知教育思想学术谈论会论文选辑》，重庆北碚区政协文史委员会 1984 年版，第 116 页。

恋，怕影响到他学习音乐的前途，专门写信劝告："为着音乐教育的前途"，要"延迟"喝下"爱之酒"①。他看到小女孩杨岫岚入学时，脚被旧皮鞋的钉子扎出了血，立刻用钉锤把钉子给钉了回去。甘烈君已由育才学校考进了工业专科学校读书，但当陶行知听到他得伤寒病住了院，不仅立即派人送去了药，还给医院院长写了信，拜托他要尽一切力量将其病治好。这位学生对陶行知的感激之情是具有代表性的，他回忆说："深深地体会到老夫子对我们这些苦难孩子的爱，真比我们的亲生父母还亲。"②

陶行知关心学生，还在于他爱护儿童，重视发展他们的智力和创造性。他希望"教育者要像爱迪生母亲那样宽容爱迪生，在爱迪生被开除回家的时候，把地下室让给他去做实验"③，这样才使爱迪生的发明才智得到发展，终于成为一位大发明家。他特别反对体罚学生，并愤怒地警告说，"你的教鞭下有瓦特，你的冷眼中有牛顿，你的讥笑中有爱迪生"。他还耐心地劝告一位朋友的太太，不要因为孩子好奇拆坏了金表而去打他，指出"恐怕中国的爱迪生被你枪毙掉了"④。

陶行知关心学生，胜似父母，即使是亲生父母都难做到。当得知原晓庄师范地下党支部书记刘季平（原名刘焕宗）在上海租界被逮捕时，他不顾一切，在短短四个钟头内为刘筹措到四百块银洋，才得以聘请律师辩护，避免了生命危险⑤。在得知学生徐明清（地下党员）被捕后，他不怕受到牵连，派人到杭州监狱探监，送去衣物、用具，使被捕学生感动流泪。这类事例很多，不再一一列举。他的师德精神，感人至深，不愧为万世师表。

---

① 《陶行知全集》第5卷，湖南教育出版社1984年版，第818页。

② 《育才好比一盏灯》，《1983年苏皖陶行知教育思想学术谈论会论文选辑》，重庆北碚区政协文史委员会1984年版，第117页。

③ 《陶行知全集》第3卷，湖南教育出版社1984年版，第528页。

④ 《陶行知全集》第3卷，湖南教育出版社1984年版，第525页。

⑤ 《肝胆相照——记陶行知先生营救共产党员的故事》，《光明日报》1984年3月17日。

（二）学而不厌，诲人不倦，“教人求真”

陶行知的师德，也体现在他对待教与学的态度上。他把孔子“学而不厌，诲人不倦”的名言，作为自己教与学的指导方针。在他看来，好的教师“必定是一方面指导学生，一方面研究学问”①。他指出：“孔子说：‘学而不厌，诲人不倦。’我看出这两句话有因果的关系。惟其学而不厌才能诲人不倦；如果天天卖旧货，索然无味。”他希望教师“应该按着自己的兴趣、才能和工作岗位的需要继续不断的学习，活到老，学到老”②。

陶行知主张“以教人者教己”，“自立而后立人”，要向“两位最伟大的老师”学习：一位是老百姓；还有一位就是小孩子，也就是小学生。他要求教师“学习人民的语言，人民的情感，人民的美德”，力求做到“民之所好好之，民之所恶恶之。教人民进步者，拜人民为老师”。同时，他认为，“我们要跟小孩子学习，不愿向小孩学习的人，不配做小孩的先生”③。陶行知本人是向小孩子学习的典范，留下了“一字师”的佳话。他的“一字师”精神不是偶然为之，而是一以贯之，现在已知的至少有以下三次。第一次，是他写了一首赞扬南京自动小学的诗，其中有一句是“大孩自动教小孩”，可是自动小学学生在回信中指出：“难道小孩不能教小孩吗？”于是，他们将他的原诗改成为“小孩自动教小孩”。陶行知这位鼎鼎大名的校长，不但未生气，反而赞扬说“改得非常之好”“佩服极了”。第二次，他写了这样一首诗：“读了书，不教人，什么人？不是人。”南通一位小先生认为“不是人”怎么能读书呢？于是将“不是人”改成了“木头人”。这位被誉为大众诗人的陶行知不但不发火，反而赞扬这样改，并说：“我又多了一位小

---

① 《陶行知全集》第1卷，湖南教育出版社1984年版，第89页。
② 《陶行知全集》第3卷，湖南教育出版社1984年版，第604页。
③ 《陶行知全集》第3卷，湖南教育出版社1984年版，第606页。

老师了。”[①] 第三次，是他与青年学生讨论问题，在回答“什么是前进”时解释说，“反日是前进”，而青年学生认为提法不够准确，则改为“反抗日本帝国主义是前进”，等等。作为教授的陶行知，不但毫无窘迫之感，反倒很高兴，并说，“我很感激诸位同学的指教”，还表示：“这些年来，不但是青年教我前进，小孩也教我前进。”[②]

陶行知的师德精神，还表现在反对虚伪，主张求真上面。他在金陵大学读书时就认为，伪君子是真小人，要求做真人。他自己决心“行出一真是一真，谢绝一伪是一伪”[③]。他主张：“教师的职务是‘千教万教，教人求真’，学生的职务是‘千学万学，学做真人’。”[④] “千教万教，教人求真”“千学万学，学做真人”，概括起来理解，就是要追求真理做真人。他得知其二子陶晓光为了求职，托人搞到一张假的学历证书时，即刻写信开导说：“宁为真白丁，不作假秀才”，“追求真理做真人，不可丝毫妥协”，还指出：“记得这七个字，终身受用无穷，望你必需朝这方面修养，方是真学问。”[⑤]

“追求真理做真人”体现在学习和研究领域，就是要有求真的精神。陶行知认为：“做学问最忌的是玄想，武断，尽信书，以差不多自足，以一家言自封。”他要求“研究学问，要有科学的精神”。他主张教学生不仅要对他们说：“你做这件事，应该这样做。”还要让他们明白：“为何做这件事，为何这样做。”要使学生不仅知其然，而且能知其所以然。

“追求真理做真人”，体现在品德修养领域，就是要培养具有大丈夫的气节，这种大丈夫气节，就是陶行知引用的孟子所说的“富贵不能淫，贫贱不能移，威武不能屈”，他后来还加上了一句“美人不能动”。

---

① 《陶行知全集》第 4 卷，湖南教育出版社 1984 年版，第 269 页。
② 《陶行知全集》第 3 卷，湖南教育出版社 1984 年版，第 118 页。
③ 《陶行知全集》第 1 卷，湖南教育出版社 1984 年版，第 28 页。
④ 《陶行知全集》第 3 卷，湖南教育出版社 1984 年版，第 608 页。
⑤ 《陶行知全集》第 5 卷，湖南教育出版社 1984 年版，第 700 页。

从他办南京安徽公学时开始提倡，一直到他写的《最后一封信——致育才学校全体师生》为止都在强调这种大丈夫精神。这是他伟大师德的重要方面，也是他作为民主革命战士的浩然正气。

（三）发扬民主，团结协作，共同塑造“真善美之活塑像”

陶行知的师德，体现在教师之间的关系方面，就是谦逊谨慎，发扬民主，团结协作，共同教育学生。

他发扬民主精神，主张师生之间、教师与教师之间的民主平等，反对封建专制学风。他要求肃清教育界中的不民主的作风与习惯。他认为：“自己在民主作风上精进不已，才能以身作则，宏收教化流行之效。”在他看来，只有发扬民主，才能形成师生之间教师之间的民主平等关系，形成一个民主的教育集体。他指出：“只有校长、教师、学生、工友团结起来共同努力，才能造成一个民主的学校。”①

陶行知从形成教育集体和发挥教育集体作用出发，在办学过程中，特别重视师生“共学、共事、共修养”。他主张，要学生做的事，教职员要与之躬亲共做；要学生学的知识，教职员要躬亲共学；要学生遵守的规矩，教职员要躬亲共守。他说：“我们深信这种共学、共事、共修养的方法，是真正的教育。”他从而得出这样的认识：“教师对学生，学生对教师，教师对教师，学生对学生，精神都要融洽，都要知无不言，言无不尽。一校之中，人与人的隔阂完全打通，才算是真正的精神交通，才算是真正的人格教育。”② 他后来特别强调师生团结协作，认为只有团结起来才能培养出“真、善、美”的真人。他指出：“教导学生团结起来，做追求真理的小学生，自觉觉人的小先生；手脑双挥的小工人；反抗侵略的小战士。”③ 他在《创造宣言》中，生动形象地描写

① 《陶行知全集》第3卷，湖南教育出版社1984年版，第605页。
② 《陶行知全集》第1卷，湖南教育出版社1984年版，第500页。
③ 《陶行知全集》第3卷，湖南教育出版社1984年版，第507页。

了团结协作共同教育学生的图景，就像很多雕塑师共同塑像一样，“在一个集体当中，每一个活人之塑像，是这个人来一刀，那个人来一刀，有时是万刀齐发。倘使刀法不合于交响曲之节奏，那便处处是伤痕，而难以成为真善美之活塑像。在刀法之交响中，投入一丝一毫的杂声，都是中伤整个的和谐”①。他在《育才学校创造年计划大纲》中，把塑造学生的办学方针规定为：“以严肃认真态度律己”“以互助合作精神相待”②。

陶行知待人以诚，与教师相处亲密无间。他时时处处关心教师生活，帮助教师解决育人的必备条件。这样的事例很多，其中对高士其、翦伯赞的关心是最有代表性的。高士其因得脑炎后遗症，在上海贫病交加、走投无路时，陶行知请他到自然学园里从事科普教育和创作，因而成为著名的科普作家。后来在重庆相逢，陶行知为帮助他到香港治病，为之募捐1000元，并给香港许多朋友写信，设法资助，帮助他治好了病③。1941年秋，翦伯赞被陶行知请到育才学校讲了21天中国通史课，尔后受到陶行知关心照顾之处很多。据翦伯赞回忆：“在抗战的几年中，他关心我的生活，关心我的健康，关心我的著作，真的是无微不至。”翦伯赞有几次发作贫血病和心脏病，都是在陶行知帮助下好转的。

由于陶行知是教师的知音者，生活上的关心者，教育思想上的带头人，所以他的办学事业得到了教师、朋友、学生的支持。他在教育事业上获得的成功，是与他的崇高师德的感召分不开的。这可能就是他在教育事业上取得成功的秘密所在。

陶行知的师德精神，可谓博大高尚，但它的奥理并不难寻觅，因为他自己曾概括出来十二字箴言，揭示出其中的真谛，那就是“捧着一颗心来，不带半根草去”。这句名言，是他给乡村教师的对联，后来他又

① 《陶行知全集》第3卷，湖南教育出版社1984年版，第482页。
② 《陶行知全集》第3卷，湖南教育出版社1984年版，第501页。
③ 《陶行知纪念文集》，四川人民出版社1982年版，第47页。

经常用这种思想教导学生。他曾写信说：“捧着一颗心来，不带半根草去，你们抱着这种精神去教导小朋友，总是不会错的。”① “捧着一颗心来，不带半根草去”，成为他办学处世的座右铭。它的精神实质，就是像红烛一样无私奉献，而不是为了个人利益去索取。陶行知的崇高师德，是为后世留下的无价之宝。“高山仰止，景行行止”，值得教育者、教师学习和弘扬。愿这种无私奉献的师德精神能化为“润物细无声”的丝丝春雨，滋润一代又一代教育者、教师的心田，得到潜移默化，在我国教育界的土地上，生根发芽，出现更多陶行知式的人师，出现具有陶行知那样崇高师德的新型的人民教师！

① 《陶行知全集》第5卷，湖南教育出版社1984年版，第235页。

陶行知认识论的发展阶段

关于陶行知哲学认识论的发展阶段，一种观点认为，他早年受了王阳明、杜威的很大影响，他所创立的生活教育论及其早期提出的平民教育思想不可能都是唯物主义的；另一种观点认为，他积极追求马克思主义真理，他的教育思想，不可能不是辩证唯物主义的。两种看法，有唯心与唯物的不同，往往使争论难于取得一致的认识。伟大导师列宁在《怎么办》中曾说过："没有革命的理论，就不会有革命的运动。"陶行知发动了乡村教育、普及教育、国难教育、战时教育、全面教育和民主教育六大教育运动，创办了晓庄师范、山海工学团、育才学校和社会大学等学校。这些是他思想发展的重要标志。根据这些，可以将陶行知思想发展分为若干阶段。我认为，陶行知的思想有其独自的发展逻辑。简要地说，是由"知行"到"行知"再到"行知行"的过程，是从相信"知是行之始"的唯心主义转化到坚信"行是知之始"的唯物主义，最后形成了"行知行"的辩证唯物主义观点信念的过程。他在认识论思想上的这种曲折发展变化过程，大体上有下述四个阶段：

一、相信"知是行之始"阶段（1911—1926年）

陶行知在金陵大学文科学习期间，研究过"王学"，相信"知行合一"学说，以为知在行先，行在知后。他笃信哲学家、教育家王阳明提出的“知是行之始，行是知之成”的唯心主义观点，他把自己名字改成了“知行”。他在 1934 年 7 月所写《行知行》一文中曾追忆说：“在二十三年前，我开始研究王学，信仰知行合一的道理，故取名‘知行’。”按陶行知所说的二十三年前，正是 1911 年，他在金陵大学学习。毋庸讳言，他在这一阶段认识论的主流是属于唯心主义的。

二、主张“行是知之始”阶段（1927—1930 年）

这一阶段是陶行知由唯心主义向唯物主义转变的重要阶段。他在认识论上的转变，是从知与行的关系上突破的：由相信先知后行，到主张先行后知。这是难能可贵的一百八十度的大转变。他说：“七年前，我提出‘行是知之始，知是行之成’的理论，正与王阳明先生的主张相反，那时以后，即有顽皮学生为我改名，常称我‘行知吾师’。我很乐意接受。”① 陶行知因为相信行在知之先了，所以乐于接受改名，他又把改成的“知行”名字，再改成为“行知”。他为什么有这样大的转变呢？究其原因，则是多方面的。

首先，他精心研读了《墨辩》，使他相信“行是知之始”。他在 1929 年 7 月所写《行是知之始》一文中，特别提到，“《墨辩》提出三种知识。一是亲知，二是闻知，三是说知”，他接着又说：“我们拿‘行是知之始’来说明知识之来源，并不是否认闻知和说知，乃是承认亲知为一切知识之根本。闻知与说知必须安根于亲知里面方能发生效力。”

其次，他从爱国主义和追求真理的思想出发，脚踏实地地参加教育实践，进行教育调查，发现自己以往的看法有问题，于是提出了新见解。他根据《墨辩》所论亲知、闻知与说知之间的关系，相信自己实践和调查来的认识可靠性，于是指出：“现在一般学校里所注重的知识，

① 《陶行知全集》第 2 卷，湖南教育出版社 1984 年版，第 687 页。

只是闻知，几乎以闻知概括一切知识，亲知几乎完全被挥于门外。”①他强调要重视“亲知”，于是使他走出了高等学府的象牙之塔，脱下西装革履，穿上布衣草鞋，到晓庄师范进行乡村师范教育实验。他所创立的生活教育学说，就是唯物主义的理论，认为有什么样的生活，才有什么样的教育，生活决定教育。

最后，他努力研究现代科学文化知识，促使他从“知行”向“行知”转化。他列举了许多科学上的、生活中的实例，证明“行是知之始”。他指出：“我们先从小孩子说起，他起初必定是烫了手才知道火是热的，冰了手才知道雪是冷的，吃过糖才知道糖是甜的，碰过石头才知道石头是硬的。太阳地里晒过几回，厨房里烧饭时去过几回，夏天的生活尝过几回，才知道抽象的热。”他还说：“佛兰克林放了风筝，才知道电气可以由一根线从天空引到地下。瓦特烧水，看见蒸汽推动壶盖，便知道蒸汽也能推动机器。”

因此，可以说，陶行知由相信“知行”到坚信“行知”的转变，是他在认识论上由唯心主义向唯物主义的一个重大转变。

三、肯定认识是“行知行”的阶段（1931—1935年）

如果说，陶行知在前一阶段，提出了“行是知之始”，肯定了由行到知这一正确过程，具有了唯物主义，但是还有机械性，还没能解决再由知到行的另一个重要过程。但他在这一时期，开始认识到整个认识过程中第二个飞跃阶段的重要性。他以他的特有语言来表达，在“行知”之后又加上一个“行”字，提出了认识是“行知行”的过程。这种认识论，已经在实质上达到了辩证唯物主义认识论的相似阶段，只是在用语和论证上有时还有不够谨严之处，诸如“行”与“实践”、“知”与

① 《陶行知全集》第2卷，湖南教育出版社1984年版，第152页。

“理论”，两类概念的内涵与外延，只能有所相似。

陶行知提出的“行知行”认识论，早在 1931 年他所写《思想的母亲》一文中，就已经有了体现。由于认识上的提高，使他看出了在美国留学时指导他的老师杜威的不足之处。他指出：在杜威那里，既缺少知识来源于“行动”这个母亲，又缺少由理论指导下的“行动”，在认识环节的两端，都忽略了至关重要的行动。他认为杜威的认识论“好比一个单级电路，通不出电流”①。陶行知在认识论上，此时已进一步趋于成熟。在 1934 年 7 月发表的《行知行》一文中，陶行知谈到，有人问他：“有了电的知识，才去开电灯厂，开了电灯厂，电的知识更能进步。这不是知行知吗？”他以“行知行”认识过程的道理加以反驳，指出：“那最初的电的知识是从哪里来的？是像雨一样从天上落下来的吗？不是。是法拉第、爱迪生几个人从把戏中玩出来的。说得庄重些，电的知识是从实验中找出来的。”他接着解释说：“其实，实验就是一种有目的、有计划、有组织、有步骤、有创意的把戏。把戏或实验都是一种行动。”最后，他得出结论说：“故最初的电的知识是由行动中得来。那么，它的进程是‘行知行’，而不是知行知’。”基于以上认识，陶行知便干脆把“行知行”作为他的笔名。陶行知更名，是他认识论变化的晴雨表。他自从写了《行知行》一文后，在他主编的《生活教育》半月刊上，每期增开了一栏《行知行闲谈》；后来，他感到署“行知行”不简便，就干脆自己创造了一个新字“衎”，其意即为“行知行”。

四、基本上具有了辩证唯物主义认识论的阶段（1936—1916 年）

陶行知一生的最后十年，正如周恩来同志认为的那样：“一直跟着

① 《陶行知全集》第 2 卷，湖南教育出版社 1984 年版，第 404 页。

毛泽东同志为代表的党的正确路线走，是一个无保留追随党的党外布尔什维克。”他作为民主革命战士，在国统区重庆时，除了经常到周恩来和董必武同志那里请教之外，还潜心学习了毛泽东同志发表的《实践论》《新民主主义论》等著作，并结合革命斗争学习马克思主义书刊，思想认识上出现了质的飞跃，从一个有一定朴素的唯物主义观点的革命者，变成了已经基本上具有了辩证唯物主义观点的党外布尔什维克。他在这时，把认识过程形象地比作为：“行动是老子，知识是儿子，创造是孙子。”① 他在《育才二周岁前夜》一文中，叙述得更加具体，他说：“人类与个人最初都由行动而获得真知，故以行动始，以思考终，再以有思考之行动始，以更高一级融会贯通之思考终，再由此而跃入真理之高峰。”② 他的这些看法，与毛泽东同志在《实践论》中论述的认识过程是相一致的。

陶行知的思想，到后期已基本上达到了辩证唯物主义的高度，而且在实践中并能以此作为世界观和方法论指导自己的行动。他在1913年所写的《创造年献诗》，是他以诗的形式表达马克思主义观点的代表作。他在诗中写道：

行以求知知更行，不知直认为不知。
遍览已知求未知，以知与人己愈知。
以为武断常不住，存在从来决意识。
解剖内体寻条理，追踪外缘找联系。
贯通证据悬断语，屡试屡验验还试。
矛盾相生复相克，数量满盈能变质。
相推而进正反合，顺沿发展觅定律。③

陶行知在诗中指出“以为武断靠不住，存在从来决意识”，这就表

① 《陶行知全集》第4卷，湖南教育出版社1984年版，第160页。
② 《陶行知全集》第3卷，湖南教育出版社1984年版，第440页。
③ 《陶行知全集》第4卷，湖南教育出版社1984年版，第160页。

明他承认“存在决定意识”这一马克思主义的根本命题，认为存在是第一性的，意识是第二性的；并说“矛盾相生复相克，数量满盈能变质”，这又说明他不仅看到了事物内部存在矛盾；而且认识到“矛盾相生复相克”，促进着事物的发展变化；他还看到了“数量满盈能变质”，就是数量达到饱和之后就会引起质变。

通过以上四个阶段的大体轮廓的勾勒，可以清楚地看出他思想发展的轨迹。研究和学习陶行知思想的发展过程，确切地了解和掌握他的认识论在各个阶段的发展变化，是深入了解和掌握其教育思想在各个阶段发展变化的关键。如果我们仔细剖析陶行知思想在各个阶段的变化情况，就能看出陶行知教育思想是发展的，同时又是有阶段性的；如果深入分析研究他提出的平民教育、生活教育等主张，就可以看出这些教育观点在各个阶段的认识论基础是不尽相同的。我们将陶行知的教育主张，分成前期与后期对照观察，有些教育观点不仅有量上的差别，甚至有是唯心主义的还是唯物主义的或者是辩证唯物主义的质的不同。我们既要把握陶行知教育思想是不断发展的这根主脉，又要能相对地分清其前后思想的四个发展阶段，不能各持一端，争论不休。如果能对陶行知认识论的发展阶段有个总体把握就能比较结合实际地认识陶行知教育思想，明确他的认识论发展是经历了从唯心走向唯物，最后达到了辩证唯物论高度的思想发展道路。这对于解决各持前期与后期教育思想的一端，停止无谓的争论具有着重要的指导意义。

陶行知生活教育思想探源

陶行知生活教育思想的源头在哪里？这是行知研究界当前研究教育思想所关注的重要问题。探索陶行知生活教育思想源头，对于深入研究陶行知生活教育思想具有重要的理论意义与实践价值。

一、从生活教育形成过程寻觅源头

陶行知生活教育是他在创办晓庄师范时，经过长期教育试验，提出的教育理论。1929 年，他写了《生活即教育》一文，总结在晓庄师范试验的经验，使他认识到，杜威的“教育即生活”“学校即社会”的教育理论，是“以一个小的学校去把社会上所有的一切东西都吸收进来，所以容易弄假”，于是他主张必须让学生过真正的社会生活，决心把杜威的教育理论翻了半个筋斗，提出了“生活即教育”“社会即学校”的教育思想，并从理论上作了系统的阐述，最后指出，“‘生活即教育’与‘社会即学校’是相连的，是一个学理”①。

其实，陶行知在改造杜威的生活教育原理之前，并不是毫无思想基础的。他早在 1918 年就曾认识到，生活具有教育的作用。他在同年 11 月发表的《生利主义之职业教育》一文中提出：“生活主义包含万状，凡人生一切所需皆属之。其范围之广，实与教育等。有关于职业之生

① 《陶行知全集》第 2 卷，湖南教育出版社 1984 年版，第 182 页。

活，即有关于职业之教育；有关于消闲之生活，即有关于消闲之教育；有关于社交之生活，即有关于社交之教育；有关于天然界之生活，即有关于天然界之教育。”① 这是陶行知最早关于生活与教育关系的论述。

他的生活教育思想萌发于 1918 年，这与他本人后来在《生活教育目前的任务》中所回忆的相吻合。他在该文中说：“生活教育之定义在晓庄开校前九年，我已提出。”② 晓庄师范开校在 1927 年 3 月，按此推算，可能就是指的他在 1918 年 11 月发表的这篇《生利主义之职业教育》一文。如果推算时将“在晓庄开校前九年”包括了 1927 年，又可能指的是他在 1919 年 7 月于浙江第一师范毕业生讲习会上关于《新教育》的讲演。因为在这篇讲演中，他阐述了什么是新教育以及新教育的目的、方法等，其中专门讲述了社会与学校、生活与教育的关系问题。他明确地肯定，“学校是小的社会，社会是大的学校”；他还否定了那种传统的看法，以为只有在学校读书才是学生，一到家里就不是学生了，认为，“现在都做社会的学生，是从根本上讲，来得着实，不至空虚”。他还认为，有生活就有教育，人从出生到老都在受教育，人“就是天天受教育，差不多从出世到老，与人生为始终的样子”③。他在这里已经明确地认识到，生活中就有教育，社会就是大学校，人终身都在受教育，突破了杜威认为只有学校才是教育，把学校办成社会，把生活教育限制在学校之内等模式。正如他本人后来与日本记者小野三郎所讲的，“民国八年，我作关于《生活教育》的演讲，并确定意为：（一）生活的教育；（二）为生活而教育；（三）为生活的提高、进步而教育”。以“民国八年”进行时间换算，正是 1919 年，可以肯定，就是指的这次关于《新教育》的演讲。根据陶行知的回忆和他发表的文章判断，他提出的生活教育思想，当在 1918 年至 1919 年之间。这正是在

① 《陶行知全集》第 1 卷，湖南教育出版社 1984 年版，第 78 页。
② 《陶行知全集》第 3 卷，湖南教育出版社 1984 年版，第 292 页。
③ 《陶行知全集》第 1 卷，湖南教育出版社 1984 年版，第 126 页。

五四新文化运动的前夕，是以新文化代替旧文化、新教育代替旧教育的时期，因此，他的生活教育是作为新教育提出来的，从它诞生之日起，就打上了五四新文化运动的印记，是一种反对封建传统教育的进步教育思想。

如果说，陶行知提出的“生活即教育”“社会即学校”是生活教育原理的本体论，那么，就可把他提出的“教学做合一”作为生活教育原理的方法论，而方法论比其本体论提出的时间则更早一些。陶行知在1917 年留美归国，由于在美国受到了新教育的熏陶，“看见国内学校里先生只管教，学生只管受教的情形，就认定有改革之必要”。但当他以教务主任身份在南京高师校务会议上提出以教学法代替教授法的改革建议时，却遇到了阻力，辩论两小时不能通过。他为表达他的观点，在1919 年 2 月发表了《教学合一》一文，主张“一、先生的责任在教学生学；二、先生教的法子必须根据学的法子；三、先生须一面教一面学”①。他在这里从教学方法论方面走出改革的第一步以后，进而借助五四新文化运动的力量，毅然将南京高师原来的教授法均改成了教学法。至于他把“教学合一”又与“做”相结合，他自己认为是在 1922 年，“教学做合一的理论已经成立了”，可是直到 1925 年才明确提出“教学做合一”的名称。1926 年他在撰写《中国师范教育建设论》时，才“将教学做合一之原理作有系统之叙述”。

从生活教育的发展过程可以看出陶行知创立生活教育理论所走过的道路可作这样的概括：“由（一）生活即是教育发展到（二）教学做合一；然后更发展到（三）社会即学校。”直到他 1927 年创办了晓庄师范，再通过试验，才将“生活即教育”“社会即学校”与“教学做合一”创造性地结合在一起，形成了生活教育理论体系。

① 《陶行知全集》第 1 卷，湖南教育出版社 1984 年版，第 89 页。

二、从中外教育家对陶行知的影响探寻源头

（一）对陶行知生活教育思想最有影响的中国教育家

1. 黄炎培的影响

黄炎培（1878—1965）籍隶江苏省川沙县城关（现属上海市），比陶行知长十多岁，毕业于南洋公学特班，蔡元培时任南洋公学特班总教习。辛亥革命后，黄炎培出任江苏省教育司司长。陶行知在1914年6月于金陵大学毕业时，黄炎培虽然刚刚辞去司长职务，但他作为江苏省教育会副会长应邀出席了陶行知的毕业典礼。由于陶行知毕业成绩出众，名列全校总分第一名，深受黄炎培的赏识。陶行知留学美国，因撰写学位论文，托黄炎培帮助搜集资料，黄炎培于1916年12月5日给陶行知复信。黄炎培1917年5月6日创立中华职业教育社于上海，陶行知于同年秋由美归国，在南京高师任教，参加了中华职业教育社，担任评论员和社刊《教育与职业》杂志的特邀撰稿员。从上述情况可以看出：陶行知与黄炎培的关系是十分密切的。不但如此，陶行知在生活教育思想方面，直接受到了黄炎培的影响。

中国近代重视生活教育最早的人应首推黄炎培。黄炎培于江苏省教育司司长任内，非常重视教育调查、改革教育，在1913年8月写出了《学校教育采用实用主义之商榷》一文。文内所论“实用主义”是指要用职业教育改革脱离实际的升官教育，而不是指哲学意义上的实用主义。就在这篇文章中，他主张要重视生活教育。他引述罗马政治家、哲学家塞内加（Seneca，公元前4年（?）—公元65年）的话说：“青年之于学校，为生活而学，非为学校而学。”他然后指出，自“裴斯泰洛齐（Pestalozzi）氏出，益主张生活教育，务使学校教育与实际的生活渐相接近。准此而教育方法一变”①。黄炎培提出生活教育在先，陶行知

① 《黄炎培教育文选》，上海教育出版社1985年版，第18页。

紧步其后，于 1918 年 5 月在黄炎培所领导的中华职业教育社社刊《教育与职业》的第 1 卷第 3 期上发表了《生利主义之职业教育》一文，认为“生活主义包含万状，凡人生一切所需皆属之。其范围之广，实与教育等”①，并且阐述了生活主义、生利主义与衣食主义之间的区别。这是陶行知最早提出的生活教育概念，此时他所论生活主义尚未完全与生利主义分开，也可以说，他的生活教育思想尚涵盖在其生利主义之职业教育思想之中。黄炎培是职业教育的倡导者，重视生活教育，陶行知提出生活教育思想也正是在他的生利主义之职业教育中提出，并在中华职业教育社的刊物上发表，这绝非偶然，从中可以看出他与黄炎培提出的生活教育主张之间的联系，进一步说明他提出的生活教育思想是受到了黄炎培的启迪。

2. 张謇的影响

张謇（1853—1926）是我国近代的一位著名实业家，又是我国民办第一所师范学校——南通师范的创建者。他籍隶江苏南通，在 1894 年考中状元，授翰林院修撰，因为反对清政府对外妥协求和，于是放弃仕宦前途，返籍振兴实业、普及教育，以期救国自强。在他看来，小学是教育之母，而师范又是小学之母。因此，他办学是先从创办师范开始的。他创办的第一所学校是南通师范（1903 年 4 月），这所学校又是我国创办师范学校的先导。其后，他还创办了很多小学、中学，直到专科学校和大学。陶行知与张謇虽然年龄相差很大，但他们之间并不是没有过从。因为张謇是东南大学九个发起人之一，1921 年 3 月 28 日又被当时教育部任命为该校 10 位校董事之一。南京高等师范学校于同年 7 月 3 日正式并入东南大学，陶行知担任东南大学教授、教育科主任等职。陶行知对张謇创办南通师范学校的情况一定是很清楚的。他可能受到了张謇为办小学先办师范学校的影响，因为他力图改造社会，计划在中国每一个乡村办一所小学，而为解决小学师资则必须先办师范学校，于是

① 《陶行知全集》第 1 卷，湖南教育出版社 1984 年版，第 78 页。

创办了晓庄师范。

陶行知创办晓庄师范学校，与张謇创办南通师范学校，在其办学步骤和具体方法方面，有很多相似之处。张謇选校址，选在南通南门外的一所古老千佛寺，周围地势开阔，可以开辟出一些土地；而陶行知选校址，选在南京北郊的晓庄，地方开阔幽静，可以建设校舍，开垦荒地。张謇聘用教师，请了像王国维等名流学者；而陶行知聘用指导员（即教师），请的也都像秉志等学者名流。张謇在南通师范开学前夕，亲自到校察看，发现没有钉牢的门牌，动手用锤钉；而陶行知在晓庄师范开学前夕下乡，学校没盖起校舍就住在农民家里，亲自过问校舍的建设问题。陶行知曾说过："和农民生活习惯打成一片，我是学得张謇的。"陶行知还说："他（张謇）曾告诉我，要替农民做事，第一就得和农民打成一片，不然，农民就怕你，什么真心话也不同你说。他建设南通的初期，自己就常在农民家中来来去去，吃农民一样的东西，说一样的话。"① 这样，陶行知下乡，脱去西服革履，穿上布衣草鞋，与农民同吃同住，同农民的老耕牛睡在一个屋里。陶行知与农民接触，既受到了张謇为农民做事与农民同吃同住的影响，又是"青出于蓝胜于蓝"，真正做到了向农民"烧心香"，全心全意为农民服务，并且做到了与农民在感情上打成一片，成为农民的知心朋友。

3. 张伯苓的影响

张伯苓（1876—1951）是著名的爱国教育家，南开大学、南开中学的创建者。他主张德智体"三育并进而不偏废"，重视提高教学质量。他反对死读书本，提倡学生入校学习共同生活，学会做事。

张伯苓对陶行知早就很看重，他曾以校长身份在 1920 年 1 月向"修身班"谈话时，将陶行知与蒋梦麟、杜威并提。他指出："学生自治——现在有许多讲学生自治的文。《新教育》蒋梦麟、杜威、陶行知

① 《陶行知全集》第 3 卷，湖南教育出版社 1984 年版，第 609 页。

三先生的说法大概差不许多，都见说要思想，要负责任。”[①] 因此之故，张伯苓在1925年邀请陶行知到南开大学演讲，陶行知以“教学合一”为讲题，张伯苓提出了补充意见。张伯苓的这些意见，在1925年12月17日，于南开学校高中周会上讲演时全部表达了出来，他说：“我的意思，以为以前的‘教书’‘教学生’，固然是不对；但是‘教学生学’就能说是已经尽了教之能事了吗？这个，据我看还是不够应该再进一步，教学生行。”[②] 他还引了《论语》上的“行有余力，则以学文”和《中庸》上的“笃行之”作为他立论的根据。他并且指出：“我以为最低限度，即使‘行’不比‘学’更重要，也应当‘学’‘行’并重，不可偏废。”当然张伯苓对“行”的理解，主要是儒家的“行做人之道”，但这一争论却给了陶行知很大启发，使他在“教学合一”之中加上了“做”，促进了生活教育的教学方法论更加系统完善。

（二）对陶行知生活教育思想最有影响的外国教育家

1. 裴斯泰洛齐的影响

裴斯泰洛齐（1746—1827）是18世纪末到19世纪初瑞士著名的资产阶级民主教育家。陶行知在1918年4至6月间，于先后发表的《试验主义之教育方法》和《教育研究法》两文中，称他是“世界大教育家”，是“前贤”，开教育试验之先河者，深表景仰。

陶行知从裴斯泰洛齐那里受到最大的启示是重视教育与生活的联系，认为生活有教育的作用。裴斯泰洛齐是世界上最早以生活教育思想指导自己教育活动的教育家。他在1826年所著《天鹅之歌》中，就提出了生活教育思想，并且认为，它是贯串在整个初等教育的原则。他明确地指出：“生活具有教育的作用。这是指导我在初等教育方面的一切实验的原则。”他从德育、智育和工艺或艺术等方面，贯彻这一原则精

① 《张伯苓教育言论选集》，南开大学出版社1984年版，第70页。
② 《张伯苓教育言论选集》，南开大学出版社1984年版，第149页。

神，均收到了良好的结果。在德育方面，他认为，初等教育与家庭生活有着紧密的联系，儿童的首先观念“是从家庭中的亲子的情爱得来的”，家庭是“爱情和信仰的永恒的起点”。他还认为，“在智育方面，也是生活教育着我们，因为生活依次地发展接受印象的能力、说话的能力和思考的能力”。他并且谈道，“在工艺或艺术方面，也是从生活中受到教育”。在他看来，“旨在发展儿童工艺或艺术能力的练习，也必须决定于儿童生活的一般情况，因为这里又是生活在进行教育”①。陶行知对他崇拜为“前贤”的裴斯泰洛齐所提出的生活有教育作用、儿童必须在生活中才能受到良好的教育等观点，肯定会竭诚聆受的。不但如此，陶行知一生愿为贫苦子弟和难童办学，坚持进行教育试验，对儿童充满爱心，这一切也与裴斯泰洛齐有着惊人的相似之处。

2. 杜威的影响

杜威（1859—1952）是陶行知在哥伦比亚大学师范学院留学时的导师之一，对他有很大的影响；尤其是陶行知在归国以后，在 1919 年 3 月，陶行知与胡适、蒋梦麟一起邀请杜威来华讲学并曾为杜威担任过讲学口译还为欢迎杜威来华发表了《介绍杜威先生的教育学说》一文。可见，陶行知对杜威及其教育学说是很有研究的。他自己曾回忆说：从 1917 年起，推行杜威的“教育即生活”理论有八年之久，后来才认识到“此路不通”。他“在山穷水尽的时候才悟到‘教学做合一’的道理。所以，‘教学做合一’是实行‘教育即生活’碰到墙壁把头碰痛时所找出来的新路。‘教育即生活’的理论，至此乃翻了半个筋斗。实行‘教学做合一’的地方，再也不说‘教育即生活’”。由此可见，陶行知提出的“生活即教育”和“教学做合一”是推行“教育即生活”和“做中学”碰壁之后，才找到的新路，并且是“翻了半个筋斗”，是“根本的变了一个方向”。从这里看出，陶行知对杜威教育思想并不是照抄照搬，而是经过他的思想“过滤”、去伪存真的过程，才形成了本

① 《西方资产阶级教育论著选》，人民教育出版社 1984 年版，第 208 页。

质上完全不同的、新的教育学说。所谓“翻了半个筋斗”，实际上就是翻了180度，是彻底的改变。陶行知是民主革命家，一生为贫苦儿童办学，为工农大众服务；而杜威是实用主义者，一心为大资产阶级效劳。因此，陶行知在形成生活教育学说过程中，虽然受到了杜威的影响，但从杜威教育思想那里，主要吸取了其中有益于向工农劳苦大众及其子女施教的合理因素，正如马克思创立辩证唯物主义时主要吸取黑格尔唯心主义辩证法的“合理内核”一样，陶行知与杜威在教育思想上既有批判继承的联系，又有着本质上的区别。

陶行知主张“生活即教育”与杜威提出的“教育即生活”，两者都强调生活的作用，好像极其相似，仅在语序上有所不同，其实两者有实质上的区别。他们所论的生活有真与假的差异。陶行知认为，杜威的“教育即生活”，是把社会生活引入了学校仍然不是真正的社会生活。杜威实施的是鸟笼式的教育，为了不让鸟儿寂寞，把一两棵树的树枝搬入鸟笼，“然而鸟笼毕竟是鸟笼，决不是鸟的世界”，所以，这种鸟笼式的生活是假的生活。陶行知之所以主张用“生活即教育”代替“教育即生活”，就是为了打破这种鸟笼式的教育，破除假的生活，让学生到大社会里去过真正的生活。可见，陶行知与杜威虽然都强调生活的教育功能，而所论的生活却有真与假的区别。

陶行知提出“社会即学校”，是为了打破杜威“学校即社会”的鸟笼式教育的一种措施。杜威根据“教育即生活”的原理，主张把社会的现实生活引入学校，使学校变成一个微缩型的社会，事实上是让学生脱离了真正的大社会，在假的社会中生活。陶行知的“社会即学校”主张拆除学校与社会隔离的墙，让学生在校就过真正的社会生活，使学校成为社会的有机组成部分。因此，陶行知的“社会即学校”同杜威的“学校即社会”不只是一种语序上的颠倒，而是对学校与社会之间的关系在理解上有着本质的不同。

陶行知提出的“教学做合一”，与杜威主张的“做中学”，好像都重视“做”，就似乎没有什么不同了，其实两者在认识论上不一样。陶行知是唯物主义者，而杜威是实用主义者，因此，两个“做”有着本质上的区别。杜威所说的“做”，是指人与自然环境和社会环境所进行的交涉，从中所得经验是兼具主观和客观的性质，这种“做”实际上是生物个体适应环境的活动；而陶行知早年虽然曾经相信过杜威的这种看法，但他后来具有唯物主义观点之后，他所论的“做”是要求手脑并用，与实践有同样的含义。陶行知的“教学做合一”和杜威的“做中学”，不只是在“做”的理解上有本质的区别，而且在教学理论上也有巨大的差异。因为陶行知所说的“做”，是同“教”与“学”紧密结合的，它不同于“做中学”与“教”与“学”无内在联系。由于“做中学”只强调了“做”，不同于“教学做合一”中的将“做”与“教”“学”紧密结合，从而降低了教师在教学过程中的主导作用，同时也必定会影响学生系统地学习文化科学知识，只能是做什么才学什么。由此可见，陶行知和杜威虽然都重视“做”，但对“做”的具体理解和在教学中的应用，两者则有本质上的不同。

三、陶行知生活教育理论源头的探究

陶行知将生活教育的思想种子在何时撒在中国的教育沃土上，萌发出了生活教育理论幼苗？从其形成过程来看，可以肯定是他在 1927 年开始于晓庄师范教育试验的实践。晓庄师范的教育试验是生活教育的泥土地，正是这片泥土地才使这粒种子得以萌发、生长。也正是在晓庄师范，陶行知才把“生活即教育”“社会即学校”的教育论和“教学做合一”的教学方法论融合成为一个整体，有了生活教育论的实质内涵和理论体系，因此可以说，陶行知在晓庄师范教育试验的实践，是他生活教育论的发源地。

陶行知的生活教育理论，不可能是由他的头脑想象创造出来的，而是由于他受到了中外教育家关于生活教育思想的启发才有了生活教育思想的试验的蓝图，通过长期的教育试验的实践，再从实践经验升华到理论认识的产物。毛泽东同志曾说："人的正确思想是从哪里来的？是从天上掉下来的吗？不是。是自己头脑里固有的吗？不是。人的正确思想，只能从社会实践中来，只能从社会的生产斗争、阶级斗争和科学实践这三项实践中来。"教育试验是科学实验的一种，科学实验的实践，是产生正确思想的一个重要途径。因此，陶行知在晓庄师范教育试验的实践，是生活教育理论产生的根本源泉。

陶行知创办晓庄师范，是从爱国主义思想出发的，为了培养具有农夫的身手、科学的头脑、改造社会的精神的乡村教师，以便为祖国造就出旨在改造中国的人才，然而他又知道这样的改革人才是旧的传统教育所不能培养出来的，于是他决心进行生活教育的试验。在试验过程中，他越来越明确：生活教育理论正是他所要寻觅的教育新理。他把生活教育的试验看成同哥伦布探险新大陆一样艰难重要。他指出："我们在这里干乡村教育，所说'摸黑路'三字，就是探险的意思。这个'摸黑路'并不是一点没有路径，乱撞乱跑，一味蛮干的。我们摸黑路，都抱了一种目的，一种新道理和新路径。"在今天看来，生活教育理论的发现，正是他在反对传统教育和洋化教育过程中在中国旧教育的茫茫海洋里找到的新大陆，寻觅到的新的教育曙光。

陶行知在晓庄师范的教育试验，创立了生活教育理论，这并不是自发产生的结果，而是与近代爱国救亡和民主革命的时代精神所分不开的，是五四新文化运动促进的成果。陶行知早在金陵大学读书时，就受到了辛亥革命民主精神的洗礼，但对他影响最为显著的还是五四新文化运动。他虽然在五四运动以前就在《生利主义之职业教育》中提出了生活教育的概念；其后又在《试验主义与新教育》中，主张以试验主义的新教育改革传统教育，反对"沿袭旧法，仪型外国"；还发表了《教学合一》一文，主张用教学法代替教授法，但这些都受到了保守势力的阻挠，直到五四新文化运动的勃起，才使他的这些改革愿望得以实现。因为五四运动是彻底反帝反封建的爱国运动，又是新文化启蒙运动，它标志着由旧民主主义进入新民主主义的历史转折。通过五四运动，陶行知受到了爱国主义和科学与民主的熏陶，他在教育思想界高举起科学与民主的两面大旗，成为改革旧教育、创造新教育的伟大旗手。陶行知在五四运动精神指引下，在晓庄师范进行的生活教育试验，体现出民族的科学的和大众的特点，是属于新民主主义的文化教育范畴。

陶行知通过教育试验的实践，创建了生活教育理论，也是他发扬了创造精神和开辟精神的思想结晶。正如他在五四运动前夕所写的《第一流教育家》一文中所论那样，要做第一流的教育家，就要有“敢探未发明的新理”，“敢入未开化的边疆”，他本人正是这样的“第一流的教育家”。在他看来，“敢探未发明的新理，即是创造精神；敢入未开化的边疆，即是开辟精神”①。他后来指出，人生最有意义的事就是创造，教育者“要创造值得自己崇拜之创造理论和创造技术”②。

① 《陶行知全集》第1卷，湖南教育出版社1984年版，第114页。
② 《陶行知全集》第3卷，湖南教育出版社1984年版，第483页。

陶行知与杜威在教育思想上的联系与区别

关于陶行知与杜威在教育思想上的联系和区别问题，是关系到能否全面正确地评价陶行知的一个关键性问题。对于这个问题，解放以来教育界一直有争论，似有进一步探讨的必要。

新中国成立初期，曾把陶行知的生活教育论看作美国约翰·杜威（John Dewey）实用主义教育理论的“翻版”，以致批判杜威时株连了陶行知。就是在“文化大革命”以后，也还有文章说：“‘生活教育’思想，实际上是‘实用主义’思想在半封建、半殖民地旧中国的实际运用。”① 直到现在，也仍然有人认为，陶行知在政治上是民主革命家，但在教育思想上，总没有能摆脱杜威的影响。此外，也还有这样一种倾向，就是有些人生怕说陶行知与杜威在教育思想上有联系，以为那样会损伤陶行知作为人民教育家的杰出和伟大，不惜“为贤者讳”。由此可见，搞清楚陶行知与杜威在教育思想上的联系和区别问题，是非常必要的。

一、要用发展变化的观点看问题

研究陶行知与杜威在教育思想上的联系和区别问题，必须借助于历

① 《全面正确评价陶行知先生的教育思想》，《教育研究》1980 年第 1 期，第 79 页。

史唯物主义这架望远镜和显微镜，坚持用发展变化的观点看问题，否则就会陷入“盲人摸象”状态。只盯住陶行知前期的教育实践和教育思想，就会得出是杜威一套的“翻版”“花样翻新”等错误结论；可是，如果光看重陶行知后期的教育实践和教育思想，又会得出他同杜威没有什么联系的违反史实的看法。因此，必须坚持用发展变化的观点，既要认清陶行知教育思想的前期与后期是有密切联系的，又要看到这前期与后期思想有着本质上的变化，才能对陶行知的教育思想有一个全面的正确的认识。

从陶行知前期的教育活动和教育思想可以看出。他早年就教于杜威，曾经信奉和宣传过杜威的教育主张。1914 年，他到美国留学，先在伊利诺大学学市政，后转入哥伦比亚大学攻读教育，是杜威的中国得意门生；他在约翰·杜威的直接指导下，获得了教育文监（相当于硕士）学位，可见他当时对杜威的教育理论，是学而有得的，这怎么能说陶与杜在教育思想上没有什么联系和影响呢？不仅如此，他于 1917 年回国，在就任南京高师教授兼教育科主任并代理教务主任期间，不但在讲教育学课程和实行学校管理中，运用了杜威的教育理论，而且还积极发表文章，提倡生利主义、工具主义等的教育思想。1919 年，他为迎接杜威来华讲学，发表了《介绍杜威先生的教育学说》《试验教育的实施》[①] 等文章，传扬了实用主义的教育主张。杜威在华讲学期间，他亲自为之主持会议并曾担任翻译。所以，陶行知前期与杜威不仅有联系，而且这种联系是很紧密的。

但是，要能真正了解陶行知的教育思想，不能只看到他在前期深受杜威实用主义的影响，而应更加重视他在后期能够坚决摆脱这种影响，做到推陈出新。那么，陶行知为什么能够取得这样的根本转变呢？这绝不是偶然的，是由于他亲自参加了教育改革，实践经验成为他迷途中的指南针，同时，也由于他后期在政治思想和哲学观点方面起了重大的发

① 《时报》副刊《世界教育新思潮》1919 年第 6 号。

展变化，所以才能达到质的飞跃。

陶行知回国后，就积极投入教育改革之中。他总结了中国废科举、兴学校的经验教训，认为既要反对“沿袭陈法”的传统教育，又要反对“仪型他国”的洋化教育。他认识到，传统教育是“老八股”，洋化教育是“新八股”，“‘老八股’与民众生活无关，‘洋八股’依然与民众生活无关”①。他原以为杜威的“教育即生活”主张，能够解决教育脱离生活问题；但是，他经过八年之久的教育改造，实践告诉他，杜威的这种理论，在中国是行不通的，因为杜威强调的生活，是为垄断资产阶级服务的寄生生活，是脱离中国劳苦大众的贫苦生活的。这样，他决心把杜威的“教育即生活”的主张“翻了半个筋斗”，加以改造创新，提出了“生活即教育”的生活教育论。这是他推行杜威的“教育即生活”主张碰壁后找出的新路，从而他把杜威推行的教育路线改变了一个方向。陶行知在办学过程中，之所以能够由信奉杜威，走上了背离杜威的道路，这是他坚持教育改革实验，敢于创新，决心走中国自己的办学道路的结果。由于他有这样的雄心壮志，即便在南京办晓庄师范和到上海大场办山海工学团时，背离杜威道路可能还不够彻底，可是后来他到重庆办育才学校和社会大学，就同杜威的思想实行了根本的决裂，走出了他自己独特的办学道路，办起了接受共产党领导的、培养革命人才的新型学校。陶行知的一生，为民主革命和人民教育事业，作出了重大贡献，正因为如此，毛泽东同志对他给予了极高的评价，称他为“伟大的人民教育家”。由此可见，陶行知后期的教育思想，在他亲自参加的改革实践中，同杜威的教育思想变成了两种根本不同的思想体系，具有了本质上的区别。

陶行知与杜威在教育思想上，由前期的紧密联系到后期的根本决裂，除了教育改革实践促使他思想上的变化外，还由于伟大的革命斗争，促使他在政治思想上也发生了根本的变化。也正是由于这后一个变

① 《生活工具主义之教育》，《中国教育改造》，安徽人民出版社 1981 年版，第 91 页。

化，才使他的整个思想完成了质的变化。

陶行知早年是一个爱国主义者和民主主义者。他的爱国心和平民性，使他具有救国救民的宏愿；为实现这一崇高的理想，他与同时代的许多爱国志士一样，努力向西方求取救国救民之道，毅然赴美留学。当他留美学成之后，坚决地从西方“上流社会”回国，来到平民之中，推行平民教育，实行救国救民的教育改造。他满以为只要在劳苦大众中办学，普及教育，提高人民大众的文化水平，就可以改造中国的乡村和改造社会了。他后来才懂得，不过问政治是不行的，国民党反动派是不允许他传播进步的教育思想、办改造社会的学校的。所以他创办的晓庄师范，后来被封闭，他本人也被通缉，使他的“教育救国”宏愿遭到了打击。血的教训，也使他懂得了什么是反动什么是革命的道理，使他在进步道路上迈出了第一步。九一八事变发生，他目睹国民党反动派的不抵抗，这种内忧外患的环境，更加促使他在政治思想上的转化。但他在政治思想上有了根本的转变，那是在一二·九学生爱国运动被镇压之后，从此他坚定地走上了反蒋抗日的革命道路。他公开表示，接受共产党领导，拥护共产党提出的“停止内战，一致抗日”的方针。后来，他奔走反蒋抗日，以人民外交使节身份，遍访了世界上的二十八个国家。他后期，一直在党的领导和关怀下，从事民主革命，由党的亲密朋友变为党的忠诚战友。周恩来同志生前曾高度地赞扬陶行知，认为他后十年是“一个无保留追随党的党外布尔什维克”。假如说，在陶行知提出生活教育理论的初期，他还是一个民主主义者，背离杜威教育理论还不可能彻底，那么，当他成为了党外布尔什维克之后，由于在政治思想上与杜威处于两种绝然不同的思想体系，有着两种不同的政治立场，尽管他还没有改换生活教育理论的名称，但就其受政治思想决定的教育思想内容来看，与杜威教育思想已经具有了根本性质上的区别。

陶行知与杜威在教育思想上，由紧密联系变成了有本质区别，不仅有政治思想上发展变化的原因，还有哲学观点上的发展变化作为教育思想变化的认识论基础。陶行知在哲学思想上，是由唯心主义观点走向具有一定的辩证唯物主义观点的发展过程。根据陶行知的认识论看，他的哲学思想发展，大体上可分为四个阶段：

第一阶段：是相信王阳明“知行合一”说的阶段。因为他笃信王阳明的“知是行之始，行是知之成”的观点，于是他把自己的名字改成了“知行”。

第二阶段：是相信“行是知之始”阶段。因为他读了《墨辩》，在思想认识上发生了重大变化，于是他把王阳明的话“翻了半个筋斗”，创造出“行是知之始，知是行之成”的理论。为了表示改变观点的坚决，他又把已改成的“知行”名字，再改为“行知”。

第三阶段：是他主张认识过程为“行知行”阶段。他在从事民主革命和教育改革的实践中，逐渐体会到：虽然由行到知，但认识过程并未完结，还要继续，再由知到行。他把这一整个过程，概括为“行知行”。这种新的认识，虽然没有促使他再次改换“行知”的名字，但发表文章时，常常把“行知行”作为笔名。

第四阶段：是他具有一定的辩证唯物主义认识论观点的阶段。他在一九四三年十月写的《创造年献诗》，就是这种认识观点最为集中的体现。他把“行”，看作认识的来源，只有“行”才能由已知到未知。他反对武断臆测，认为主观意识决定于客观存在。他写道：

行以求知知更行，
不知直认为不知。
遍览已知求未知，
以知与人已愈知。
道听途说悬断语，
屡试屡验验还试。
“武断”“以为”靠不住，
存在由来定意识。

他在这首哲理诗中，不仅表达了他的唯物主义认识论，而且还认识到辩证法中有质量互变的规律：

解剖本体寻条理，
追踪外缘找联系。
矛盾相克复相生，
数量满盈能变质。
源头之上搜证据，
观察发展觅定律。①

综观陶行知一生，他的教育思想是随着他的教育实践和政治思想、哲学观点发展变化而发展变化的。他在前期，信奉杜威，两者的教育观点有相同之处；但到了后期，由于他成为了党外的布尔什维克，具有一定的辩证唯物主义观点，有多年的教育实践经验和体会，他就从根本立场和观点上背叛了杜威，与杜威不再是相同的思想体系，他们之间在教育思想上也就具有了本质上的不同，即不仅在服务对象上有阶级性质的根本不同，而且在教学认识论上有辩证唯物主义和主观唯心主义的根本区别。

二、要从问题的本质上去对比

陶行知虽然就教于杜威，却青出于蓝而胜于蓝。由于陶行知后期已是党外的布尔什维克，所以他与杜威有着本质的区别，这是一目了然的；但是，对他的生活教育论，人们的认识并未取得一致，有的甚至认为他把杜威一套“翻”的并未彻底。持这种见解的人以为，陶行知提出的“生活即教育，社会即学校”和“教学做合一”，说是对杜威的“教育即生活，学校即社会”和“做中学” “翻了半个筋斗”，只是

① 《创造年献诗》，《育才学校》，教育书店 1951 年版，第 11 页。

“花样翻新”而已，并没有根本上的变化。但同时也有这样一种看法，陶对杜的教育理论“翻了半个筋斗”，实际上就是“翻”了一百八十度，就是有本质上的变化；假如“翻”成了三百六十度的“筋斗”，那就跳回到原地了，等于未翻。上述两种看法，都有些绝对化，关键在于要从教育的根本问题上去分析对比，只有这样，方能透过现象看出本质上的区别。

（一）从教育目的对比

杜威是教育无目的论者，他认为在教育过程之外不要再填加其他目的，但他并不是说教育本身不该有目的。事实上，杜威的教育目的是很明确的。他说：教育目的就是“要养成配做社会的良好分子的公民”①。他的这种教育目的的本质，就是要为资本主义国家培植干练的统治者和能跟资本家有“合作的志愿”的良好“公民”。对这种良好“公民”，他要求能做到：在政治运动中会参加选举，在其他方面“应该做一个生利的出产的人，不要做分利的人”。其实，这正是要造就列宁所揭露的那种人，“就是训练对资产阶级有用的奴仆，既能替资产阶级创造利润，又不会惊扰资产阶级的安宁和悠闲”②。

可是，陶行知早年虽然受到杜威的很大影响，主张生活教育，然而他自从创办晓庄师范时起，要求培养的人同杜威的要求就不一样。他主张培养“在劳力上劳心”的现代人，能够为劳苦大众服务，改造社会的人。陶行知到了后期，由于他已是民主革命的战士，他办育才学校就要求学生能够成为“追求真理的小学生；自觉觉人的小先生；手脑双挥的小工人；反抗侵略的小战士”③。到抗战胜利以后，他就更加明确地

① 杜威：《杜威五大讲演》第2讲，晨报社1921年版。
② 列宁：《青年团的任务》，人民出版社1992年版。
③ 《育才学校创办旨趣》，《育才学校》，教育书店1951年版，第3页。

希望，把学生造就成为民主革命的战士。因此可以说，从教育目的的本质上看，陶与杜两相对比，是有本质区别的。

从陶行知一生办学的实践来看，不论在晓庄师范和山海工学团，也不论在育才学校和社会大学，他在党的帮助下，培养出一大批教育工作者、艺术人才和为革命献身的干部。仅以办育才学校为例，当时全校共四百多学生，为延安和各个解放区输送的干部，约占全部学生的三分之一①。另外，据调查统计，在陶行知培养的学生中，有四十多位革命烈士：晓庄师范学生在南京雨花台就义的就有十四名；育才学校和社会大学的学生，在中美合作所渣滓洞牺牲和战斗中牺牲的，有二十多名。铁的事实说明，陶行知培养出了大批革命者。

（二）从教育内容对比

有人认为，从教育内容上看，很难观察出陶行知生活教育论与杜威的教育思想有什么本质区别，因为两者强调的均是教育生活化、学校社会化之类。可是，事实上，只要我们从本质上去分析对比，就不难发现它们之间所存在的本质区别。

首先，教育内容是受制于教育目的的。如前所述，既然陶与杜在教育目的上有着本质区别，按照逻辑规律，在教育内容。上也就会有本质区别。譬如，陶行知办育才学校和社会大学，希望学生成为民主革命战士，那么，这样的教育目的，就决定了在两校必须实行革命的教育内容。以社会大学为例，看看“第一期各系课程表”，就能得到证明。仅抄录出下列课程②，可见一斑：

---

① 《铁的事实，血的见证——从一份调查材料来着育才学校的性质》，《陶行知教育思想研究》第 2 辑，上海市陶研会 1980 年版，第 63 页。

② 《社会大学第一期各系课程表》，《商才学校、社会大学校史资料》，育才学校社会大学校史研究会 1981 年版，第 7 页。

一、各系必修课

课程	教授	每周授课时间
中国通史	翦伯赞	二小时
中国近百年史	华岗	三小时
政治问题	邓初民	三小时

二、政治系课程

课程	教授	每周授课时间
经济学	许涤新	二小时
现在政治问题讲话	王昆仑	二小时
中国学术思想史	侯外庐	二小时
哲学	罗克汀	二小时
现在经济问题讲话	章乃器	二小时
宪法	何思敬	二小时
……		

三、教育系课程

课程	教授	每周授课时间
教学法	孙起孟	二小时
普通心理	潘菽	二小时
十字教育	李公朴	二小时
民主教育	陶行知	一小时
生活教育	方与严	三小时
幼稚教育	孙铭勋	二小时

除了请当时进步人士、名流学者讲革命进步的课程以外，陶行知还引导学生读课外的革命进步书刊，如马列著作、《新民主主义论》、《整风文献》以及《新华日报》等，并组织学生演出革命戏剧和举办音乐会，进行抗日救国宣传。而杜威由于教育目的与陶行知不一样，他所设的教育内容就有本质上的不同。杜威是为垄断资产阶级培养接班人和奴仆，他要求儿童有实用主义精神，反对接受马克思主义；不需要让他们学习高深的系统的知识，所以他否认学校应把普通教育的系统知识提到第一位，而把儿童视为中心，把儿童本身的个人经验和实践提到了首要地位，把劳动作为学校工作中心。他要求学校设立许多工场，让儿童、青年去学习木工、金属制造、纺织、裁缝等；另外，让他们在学校设立的农场、厨房、实验室、图书馆中，就他们自己感兴趣的工作，从做中去学。所以，陶行知在后期与杜威在教育内容安排上是毫无共同之处的。

其次，陶行知与杜威在教育内容上，都强调同生活相联系，但两者却有着“真”生活与“假”生活的区别。陶行知认为，杜威的“教育即生活”，是把社会上的“生活”引入学校中，就好像把活泼泼的小鸟从天空捉来关到鸟笼里一样。为了不让鸟儿寂寞，搬进一两个树枝进笼，或者再捉几支生物进来。“然而鸟笼毕竟还是鸟笼，决不是鸟的世界”①，所以鸟笼内的“生活”是“假的生活”。陶行知之所以要用“生活即教育”代替“教育即生活”，就是为了打破这种鸟笼式的教育，破除“假”的生活，让学生冲出校门，过社会的“真”生活。因此，陶行知和杜威虽然都强调生活的教育，而其生活内容却有“真”与“假”的不同，这难道不是本质区别吗？

最后，陶行知提出“社会即学校”，是为打破杜威“学校即社会”鸟笼式教育的一种措施，是为了让学生能冲出校门，回到劳苦“大众”

① 《什么是生活教育》，《陶行知教育论文选辑》，生活·读书·新知三联书店1949年版，第1页。

社会中去生活，是为了免受资产阶级“小众”精心制造的资本主义“雏型社会”的污染。他要求生活教育能给予劳苦大众子弟以生活的能力，反对资产阶级小众把教育作为装饰品。他说：生活教育“不是摩登女郎的金钢钻戒指，而是冰天雪地下的穷人的窝窝头和破棉袄”①。因此，陶行知的“社会即学校”同杜威的“学校即社会”，不是一种语序上的颠倒，而是生活内容的本质区别。

（三）从教学方法对比

陶行知提出的“教学做合一”，是他生活教育论的教学方法论。有人说，这同杜威的“做中学”没什么区别，只不过是一种“花样翻新”。其实，只要能从两者本质上去分析对比，就能看出它们之间有根本性质的不同，这决不是什么“花样翻新”，而是“勇于创新”。

第一，教学方法论是受教育思想体系制约的，教育思想体系不同，教学方法论也就有区别。杜威的“做中学”，是他的“教育即生活，学校即社会”的教育论在教学中的应用，是杜威整个教育思想体系的一个组成部分；而陶行知的“教学做合一”，是受“生活即教育，社会即学校”的教育论指导的，同“做中学”是两股铁轨上跑的车，走的不是一条路线。

第二，杜威“做中学”的“做”，与陶行知“教学做合一”的“做”，虽然“做”字相同，但因两者的认识论基础不同，却有实质的区别。杜威是经验论者，他所说的“做”，是指人与自然环境和社会环境所进行的交涉，从中得到的经验是兼具主观与客观的性质，如果脱离人们的主观这种经验就不能存在，这种“做”实际上是生物个体适应环境的活动。而陶行知早年虽然相信过杜威这种看法，但他后来读了《墨辩》，背离了杜威，强调亲知的重要性，把它作为闻知、说知的母

① 《什么是生活教育》，《陶行知教育论文选辑》，生活·读书·新知三联书店 1949 年版，第 3 页。

本，创造出“接知如接枝”的道理。他认为：“行动是老子，知识是儿子，创造是孙子”，要求“做”能手脑并用，在劳力上劳心。后来，当他读到了毛泽东同志的一些著作，有了一定的辩证唯物主义观点，这时他讲的“做”，实际上有“实践”一词的含义。他还直接运用过“实践”这个词，要求“从实践到原理”①。因此，陶行知的“做”同杜威的“做”有本质的区别。在教育实践中，陶与杜也不是一样的：陶行知强调的“做”，是让学生同农民交朋友，为农民子女办识字班，参加民主革命运动，演出革命戏剧、开音乐会，宣传抗日救国，而杜威只是让儿童在“雏型社会”的学校里，做日常生活的事，在学校工厂中学做木工、金工，在学校农场里练习种地，在学校厨房中学烹饪，或到图书馆、实验室中看他们想看的书，做有趣的实验等。陶与杜所论之“做”，不仅有真“做”与假“做”的区别，而且有革命与不革命的性质上的不同。

第三，陶行知“教学做合一”与杜威“做中学”，从教学过程来看，虽然都是强调“以做为中心”，但实质上却不一样，因为陶行知所论的“做”，是同“教”与“学”紧密结合的，是反对传统教育“读死书，死读书，读书死”的，它不同于杜威“做中学”，与“教”和“学”无内在的联系，只强调“做”字，从而降低了教师在教学过程中的主导作用，忽视了向学生系统地传授文化科学知识。可见，陶与杜虽然都重视“做”，但两者却有本质上的差异。

三、对具体问题要作具体分析

对具体的事物作具体的分析，这是毛泽东同志要我们必须牢记的列宁的话，它对于我们研究陶行知与杜威在教育思想上的联系和区别问题，也是最好的指导。因为，对待这个复杂问题，除了要从发展上、从本质上进行研究以外，有些具体问题，必须进行具体分析，才能使人易

① 《写在植物小世界创刊号之后》，《育才学校》，教育书店1951年版，第72页。

于理解。

（一）事实是最有说服力的见证

有人说，陶行知直到逝世以前，也没有改变生活教育的提法，这就说明他一直没有彻底摆脱杜威“教育即生活，学校即社会”和“做中学”的影响。乍一听来，这种说法似乎有道理，但要具体分析，就会不攻自破了。

陶行知生活教育论并不是一成不变的，而是发展变化的，它随着革命形势发展，根据各个时期的中心任务不同，不断增添新的内容。陶行知一生，以生活教育名义，领导了六大教育运动，即“乡村”“普及”“国难”“战时”“全面”和“民主”教育运动。如果说，在陶行知前期的生活教育，具体体现为乡村教育、普及教育，那么，到他的后期，就可以说指的是国难教育、战时教育、全面教育和民主教育。陶行知自1927年创立了生活教育之后，他认为，要使生活教育为贫苦农民服务，就要下乡，所以他提出了乡村教育。后来，要推广生活教育，创造了“小先生制”，强调“即知即传”，又提出了普及教育。九一八事变以后，他走上爱国反蒋抗日道路，日夜奔走国难，他把生活教育再改称为“国难教育”，就是把生活教育同挽救国难相结合。七七事变以后，全国人民奋起抗战，他为使生活教育能服务于抗战，又提出了“战时教育”。1938年实行全面抗战，为使生活教育同全面抗战的中心任务相配合，又提出了“全面教育”。抗战胜利后，他为了反对法西斯独裁统治，配合争民主、要自由运动，再把生活教育改称为“民主教育”。因此，可以说，生活教育是他的教育思想的灵魂，六大教育运动是生活教育在各个时期的化身。因此，同样是生活教育，由于在各个时期为之服务的革命中心任务不同，内容也就不尽相同，甚至有很大的差异。尽管生活教育这个名字始终未改，可在前期与后期，因他在思想政治上有了根本转变，所以前后就有本质不同。这种不同，不仅是唯心与唯物之分，而且有改良与革命之别。因此，不能说生活教育名字始终未改，陶行知的教育思想也就没有变化，也就始终未能摆脱杜威教育理论的影响。至于，陶行知在后期，已经成为党外的布尔什维克，他还延用生活教育这个名字，除了由于他认为生活教育原理是正确的、有益的而外，还可能有以下一些具体原因：

第一，因为陶行知当时生活在国民党统治区，处于白色恐怖之下，而且他本人已经先后被国民党反动派当局通缉过两次，最后还上了特务暗杀的黑名单，被点为“黑榜探花”，于是用生活教育之名，去行革命教育之实，使之隐讳一些，起到保护作用。

第二，陶行知在后期，先是忙于为育才学校募集经费，后来是奔走于民主革命，经常出席集会演讲，只有写些短诗的时间，无暇将他已经实践多年的革命的教育改革经验，加以总结，升华出新的教育结论。

事实是最有说服力的见证。只要了解一下陶行知在育才学校和社会大学的革命的教育实践，就可以说明了：他后期的教育思想，已冲出了生活教育的界限，已在实际中克服了早年受杜威实用主义的影响。例如，杜威主张以儿童为中心，要靠学生自动去学习，教师在教学过程中只处于辅导地位；可是，陶行知在后期，已不同于早期在晓庄师范时过分强调学生在“做”中去学，而要求育才学校学生，能“随时随地”听从教师的教诲和指导；主张“按程度分班级上课”，要求学生“上课时不看课外之书报，不做别事”“依教师指定日子交作业课卷”①；在育才学校，除了要求教师系统讲授普通文化课外，还分专业组，请名流专家上专业课。他“到处聘请教授，所有各系主任，都为一时有名的作家和专家，如艾青任文学组主任，章泯任戏剧组主任，贺绿汀任音乐组主任等”②。翦伯赞到育才学校讲“中国通史”课，系统讲授二十多天。陶行知办社会大学时，请的教授学者更多。其中著名学者专家有：在政

① 《育才学校公约》，《育才学校》，教育书店1951年版，第21页。

② 白韬：《陶行知生平及其学说》，生活·读书·新知三联书店1949年版，第134页。

经历史方面，如翦伯赞、华岗、邓初民、许涤新、王昆仑、侯外庐、罗克汀、章乃器、何思敬等；在文学方面，如徐苻、宋云彬、杨晦、胡风、何其芳、骆宾基、艾芜、力扬、曹靖华等；在教育方面，如孙起孟、潘菽、李公朴、方与严等；在新闻方面，如陈翰伯、张友渔、章汉夫、潘天觉等。聘请了这样多的名流学者，系统教学，当时有些大学也不及。他这样办学，就把杜威等实用主义的教学方法论中，不重视班级授课、降低教师在教学过程中的主导作用，忽视系统传授文化科学知识等缺点，一扫而空了。因此，从陶行知后期的教育实践看，他同杜威的区别，已不是一般零星的差异，而是两种教学方法论体系的本质区别。

（二）批判吸取杜威的合理主张，同其在思想体系上有本质区别，两者并不矛盾

有人认为，陶行知后期并未放弃生活教育，仍提“教学做合一”，吸收了杜威的一些教育观点，可又说他同杜威有本质区别，这不是有矛盾吗？其实，陶与杜在教育思想上既有联系又有区别，这是不相矛盾的。根据本文前面所述，陶的前期和后期思想有着本质上的变化，正因为如此，他在前期同杜威在教育思想上虽曾有紧密的联系，而到后期却可变成有本质上的区别。这个命题并不矛盾，是有时间上前后之分，并有陶本人思想上的根本转化，作为条件的。

此外，一个事物总有主流和支流之分，对杜威的教育思想也要一分为二，尤其要看陶行知吸取杜威的一些什么。只要对陶行知教育思想作些研究，就可看出，陶从杜那里主要吸取了以下几方面的内容：一是关于教育与生活联系部分，反传统教育的思想；二是关于强调“做”的问题，反对死读书本，加强理论同实际的联系；三是关于教育加强民主性问题，反对以专制独裁办法对教育工作的控制；四是强调发挥教育改造社会的作用，重视教育改革实验；等等。看来，陶行知从杜威那里吸

取的多半是一些有益的教育思想，这当然是可以吸取的。

陶行知从杜威那里多半吸取了一些有益的教育思想，这是符合当时历史实际的。陶行知就教于杜威之时，是在 1915 年到 1917 年之间。杜威是美国的实用主义教育家，就他的思想总体来说，那是为垄断资产阶级服务的，应该是反动的。但是，他的反动表现，并不在早期的教育思想和教育实践方面，而主要是在杜威的后期的政治活动和哲学思想方面，就他的思想体系是同马克思主义思想观点相对立的。然而，杜威在 1915 年至 1917 年这个时期，正是他从 1904 年到 1930 年在哥伦比亚大学任哲学教授的中期，这时他发表的教育著作，主要是反对传统教育的，是为资产阶级争取教育民主权利的时期。这从他发表的教育论著的内容，可以得到证明：他在 1897 年发表了《我的教育信条》一书，提出的是教育对“社会进步”所起的作用等方面问题，1900 年，他发表的是《学校与社会》，其内容着重批评“传统教育”的思想。1916 年，他出版了《民本主义与教育》，这是一部批制机械的、僵化的形式主义教育的专著，揭露批判了西欧中世纪的教育。从当时的美国社会看，是正在向垄断资本主义发展，是越来越反动，而在教育方面，当时批判的却是西欧带给美国的僵化的传统教育，所以，在这方面的改革，当时是具有一定的进步性。陶行知受教于杜威，正是在这个时候，所受到的是关于从事教育改革、反对传统教育方面的影响，所以也具有一定的进步性。但当陶行知回国以后，尤其在他参加了民主革命和接受了一些马克思主义观点以后，这时他的教育观点，就从与杜威主张有紧密联系，逐渐变成为具有两种教育思想体系的根本区别。尽管在表面上，他还保留有杜威的反对传统教育、反对教育脱离生活的一些看法，可就其整个思想体系来看，也是以他的政治思想和哲学观点进行了根本改造的，严格来说，也与杜威的那些观点具有本质上的不同。

陶行知批判吸取杜威教育思想上的有益方面或合理方面，从道理上看，也是合乎逻辑的。因为，一种新的教育思想出现，总是要批判继承一些原有的教育思想；而新出现的教育思想与原有的教育思想虽然有联系，但又不等于在这两种新旧教育思想之间没有质的区别。众所周知，马克思、恩格斯创立唯物辩证法时，是批判吸取了黑格尔的辩证法的。斯大林论述这个问题时指出，“但这并不是说，马克思与恩格斯的辩证法和黑格尔的辩证法是一个东西”，又说，“其实，马克思与恩格斯仅仅从黑格尔辩证法中采取了它的‘合理的内核’，而摒弃了黑格尔的唯心主义外壳，并向前发展了辩证法”①。因此可以说，陶行知在创立生活教育论时，仅仅吸取了杜威教育思想中的“合理部分”，摒弃了那些实用主义的杂质，并把教育同生活联系的理论向前推进了一大步，所以，绝不能说陶行知与杜威在教育思想上是“一个东西”，更不能说陶行知生活教育论是实用主义在半封建、半殖民地中国的实际运用。

陶行知是中国近现代教育史上的一位伟大的人民教育家。他的教育思想，早年虽然因他信奉杜威而与杜威有着紧密联系，但到他的后期，由于他转化成为了党外布尔什维克，同杜威实行了决裂，因而，他们在教育思想上具有了本质区别。让我们对陶行知教育思想能够进行认真的全面的深入的研究，与杜威实用主义教育思想划清界限，从中吸取他的革命民主的教育思想和坚持教育改革实验的精神，为“四化”建设培养人才，为建设社会主义精神文明作出贡献！

---

① 苏共中央特设委员会：《联共（布）党史》，外国书籍出版局1953年版，第123页。

陶行知“教学做合一”与杜威“做中学”的本质区别

陶行知是我国五四运动以来最为著名的一位进步教育家。他提出的“教学做合一”教学论，是他一生倡导的生活教育理论中的重要组成部分，也是他对传统教学方法的勇敢革新和大胆创造。但是，长期以来，教育界有着这样一种看法，认为陶行知提出的“教学做合一”是杜威“做中学”的“翻版”。正因为如此，在解放初期，批判杜威实用主义教育思想时，就把“教学做合一”同“做中学”联系一起加以批判。直到粉碎“四人帮”以后，还有人公开发表文章，把“教学做合一”看作杜威“做中学”在“旧中国的实际运用”①。那么，陶行知的“教学做合一”同杜威的“做中学”究竟是什么关系呢？是杜威实用主义教学论的“翻版”，还是对它的背叛？对这个问题应该搞清楚，它关系到能否正确评价陶行知及其生活教育在现代教育史上的地位和作用的重大问题。

一、“教学做合一”是推行“做中学”碰壁之后闯出的新路

陶行知提出的“教学做合一”，很容易被误认为是杜威“做中学”

① 须养本、王恩清：《全面正确评价陶行知先生的教育思想》，《教育研究》1980年第1期。

的“翻版”。因为，人们通常是这样推理的：陶行知早年留学美国，就教于杜威门下，学的是杜威“教育即生活”和“做中学”一套，他回国后自然要传播这些主张，似乎这是合于逻辑的。

但是，逻辑推理还不是事实本身，而事实由于各种条件，往往有着复杂的变化，甚至同主观臆想的相反。陶行知提出“教学做合一”的事实说明，他不但没有师承“做中学”，而且恰恰背叛了杜威的这一原理。关于这个问题，陶行知本人说得很清楚，就无需再逻辑推理了。他曾回忆说：从 1917 起，就陪着杜威的教育理论由美归国，经过八年多推行实践，使他认识到了“此路不通”。他“在山穷水尽的时候才悟到‘教学做合一’的道理。所以‘教学做合一’是实行‘教育即生活’碰到墙壁把头碰痛时所找出来的新路。‘教育即生活’的理论，至此乃翻了半个筋斗。实行‘教学做合一’的地方，再也不说‘教育即生活’”①。在陶行知看来，“教学做合一”是实行“教育即生活”和“做中学”碰壁之后，才找到的“新路”，此其一；其二，这条“新路”找出之后，对“教育即生活”和“做中学”是“翻了半个筋斗”，是“根本的变了一个方向”②，是由旧质变成了新质。这种变化，是经过他进行平民教育，乡村教育、办晓庄师范等教育实践“悟”出来的。因此，尽管他过去信奉过杜威“教育即生活”和“做中学”的教育理论，但是，纵观全局，必须肯定这一点，陶行知是力图背叛杜威的一套，走出自己的新路，是改革的大方向，是他思想中的主流，所以就不要看重他思想中的支流，求全责备。

陶行知所以能够提出“教学做合一”，这不是孤立的一件事，是他背叛杜威“教育即生活”的整个教育思想给教学论带来的必然结果，也是他提出的生活教育理论中的重要一环。陶行知创办晓庄乡村师范之后，通过他亲自的教育实践，使他逐渐认识到：杜威的“教育即生活”

---

① 《生活即教育》，《陶行知全集》第二卷，四川教育出版社 1991 年版，第 7 页。
② 《生活即教育》，《陶行知全集》第二卷，四川教育出版社 1991 年版，第 7 页。

和“做中学”是一种虚伪的理论，是不切合中国教育实际的。据他发现：杜威强调的“教育即生活”，就好像把一只活泼泼的小鸟从天空里捉来关在笼里一样。“它要以一个小的学校去把社会所有的一切东西都吸收进来，所以容易弄假。”① 于是，他勇敢地把这个“弄假”的理论，“翻了半个筋斗”，把“教育即生活，学校即社会”和“做中学”，改革成为“生活即教育，社会即学校”和“教学做合一”。在他看来，只有这样把实用主义教育弄颠倒了的理论，能够翻转成为生活教育的主张，才能使“弄假”的学生生活变成为“真正”的生活，才能“把笼中的小鸟放到天空中使他能任意翱翔”②。

陶行知何以能够提出“生活即教育，社会即学校”和“教学做合一”，背叛杜威的师传，这是同他出身于贫苦农民家庭，生长在受着“三座大山”压迫的旧中国，具有着强烈的人民性，爱国主义和民主主义的思想分不开的。尽管他因为求取救国济民之道，去美国留学，涉足于资产阶级上层社会，但是他能够出污泥而不染。正如他给妹妹的信中所阐明的那样：“好在我的中国性、平民性是很丰富的……经过一番觉悟，我就像黄河决了堤，向那中国的平民的路上奔流回来了。”③ 这种强烈的爱国主义、人民性，是他所以能够背叛杜威的阶级基础和思想基础。

陶行知刚从美国“奔流回来”之时，内心是有矛盾的，一方面，在他尚未认清杜威实用主义那一套不适于中国教育实际以前，他力图在中国传播他所信奉的这些货色；而另一方面，他因为是爱国主义者、具有民主主义和人民性，他又坚决反对“仪型他国”，为外国人“拉黄包车”。他主张：要根据中国教育的实际和自己教育实践的体验，总结出本国的能适合于劳苦大众及其子女受教育的教育经验。他要走出本国自

① 《生活即教育》，《行知教育论文选集》，大众书店 1947 年版，第 82 页。
② 《生活即教育》，《行知教育论文选集》，大众书店 1947 年版，第 82 页。
③ 《给文汉的信》，《行知书信》，上海亚东图书馆 1929 年版，第 55 页。

己的路，这也是他从我国近百余年来，以“仪型他国”“拉黄包车”办法，反对传统教育的“老八股”，不但没有反掉“老八股”，又拉来了“洋八股”的教训中得出来的。他认为，“老八股”和“洋八股”有一个共同特点，就是脱离中国教育实际。他曾指出：“‘老八股’与民众生活无关，‘洋八股’依然与民众生活无关”①。至于“教育即生活”和“做中学”的一套，虽然强调了教育与生活的联系，把社会生活引入了学校，但在陶行知看来，这是“弄假”的生活，是排斥“大众”受教育的“小众”教育，而同劳苦大众的现实生活“仍然无关”。因此，他既反对“老八股”和“洋八股”，也反对杜威这一套的“新八股”。当他立志要走出本国的教育新路之后，他甘愿放弃有名位的教授、教务长职务，给官不做，去任中小学的校长，办晓庄师范、山海工学团，后来又办了育才学校和社会大学。他为了表示不做“洋车夫”，对他自己的讲演和文章，如有“仪型他国”的“拉车”文字，都坚决删除不留。由此可见，陶行知提出的“教育即生活”和“教学做合一”，并不是偶然的灵机一动的产物，而是从他亲自参加的教育实验中逐渐“悟”出来的道理，是他大胆进行教育革新的结晶；尽管因为他过去受杜威影响较深，背叛杜威一套还不够彻底，甚至仍沿用了一些杜威的语言，但这绝不是杜威实用主义教育“在旧中国的实际运用”，也不是什么“翻版”或什么“花样翻新”。

陶行知背叛杜威师承所创立的“教学做合一”，并不是他一回国，立即把杜威“做中学”加以“副版”所成，而是他在同中国传统的教育思想的激烈斗争中，经历八年的教育实践的体验才提出来的；其后又经过不断的补充修改，最后方告形成起来。为了澄清“翻版”之说，回顾一下陶行知创立“教学做合一”这段史实不是无益的。

自从陶行知从美国“奔流回来”以后，他就应南京高师之聘负责该校的教务工作兼教育科主任。他在工作中发现：当时很多教师只知拿

---

① 《生活工具主义之教育》，《行知教育论文选集》，大众书店 1947 年版，第 6 页。

一本书去教，把学生当成书架子、字纸篓，用“填鸭方式”往学生头脑中灌书本知识；而同时，他也看到有些教师，在教学方法上有所改革，把只管教书本死知识转到教学生了，但学生仍处于被动状态。因此，他认为这种先生只管教、学生只能受教的传统教授方法，应有立即改革的必要。于是，他在南师教务会议上。提出了用“教学法”代替“教授法”的倡议。他主张：“好的先生不是教书，不是教学生，乃是教学生学。教学生学有什么意思呢？就是把教与学联络起来……”① 但因传统教育观念根深蒂固，对陶行知提出的要“把教与学联络起来”，要以“教学法”代替“教授法”等正确建议，在教务会议上经两小时辩论，未能得到通过。陶行知为此事气愤地辞去了兼职教育科主任的名义，以表示他坚持改革的决心；与此同时，为阐述和宣传他的必须把教与学联系起来的观点，他才写成了《教学合一》一文发表。他的主张，首先得到苏州师范学校的响应，继而在五四运动精神鼓舞下，陶行知才取得了把“教学法”代替“教授法”的胜利。由此可知，作为形成“教学做合一”的前期阶段，就是“教学合一”：提“教学合一”的实质在于强调把教与学联络起来，重点是在“合”字上，而不在“做”字上，这时“做”字还没有加入“教学合一”概念当中来。“教学合一”是在五四运动前夕提出来的，并在五四运动中正式确立起来，所以它充分地体现出五四时期反对教学分离的教授法的改革精神。

到了1922年，也就是陶行知提出“教学合一”三年以后，他的这一教学方法才又有了进一步的发展。他于是提出：“事怎样做就怎样学，怎样学就怎样教；教的法子要根据学的法子，学的法子要根据做的法子。”② 这一思想发展的特点，就是把“做”加入了“教学合一”之中，把“做”看成是教与学不可脱离的基础。这时虽然有了

① 《教学做合一》，《陶行知教育论文选辑》，生活·读书·新知三联书店1949年版，第10页。

② 《教学做合一》，《陶行知教育论文选辑》，生活·读书·新知三联书店1949年版，第14页。

"教学做合一"的思想，可还未正式提出这个名称。仅从这一点，就能表明：这时虽然加入了"做"的思想，但中心也还不在"做"字上，仍然是强调"合"字的重要。这就是说，强调教学工作不能脱离学生，这是一个"合"；同时，要求教与学不能脱离生活和活动，不能离开"做"，又是一个"合"。直到一九二六年，陶行知写《中国师范教育建设论》时，才把"教学做合一"的教学论原理，作了系统阐述。真正确立起"教学做合一"而写成专文，那是在 1927 年办晓庄师范的时候。正是在此时，他才把"做"看成是"教学做合一"的中心，而在实际上仍是重视"合"字。他说："教学做是一件事，不是三件事。"所谓强调"做"为中心，只是说教与学都不能离开"做"的意思，因为"不在做上用功夫，教固不成教，学也不成学"①。

综上所述，"教学做合一"是在陶行知提出"教学合一"以后，经过了八年的探索、丰富与发展才最后形成的，它是从中国的教育实践中产生的，它并不是杜威"做中学"在中国的运用，不是什么"翻版"，"花样翻新"，而是对"做中学"教学论的背叛。

二、同有一个"做"，却是两种不同的本质

认为陶行知"教学做合一"是杜威"做中学"翻版或是"花样翻新"的另一个理由，就是说两者都有一个"做"字，两者都强调"做"是教学的中心，因此，好像两者有相同之处。其实，这种相同，只是表面现象。毛泽东同志说得好："现象只看作入门的向导，一进了门就要抓住它的实质。"② 所以，我们如果透过同是一样的"做"字这个现象，从其涵义以及政治态度和哲学思想加以分析比较，就不难看出两者在本

---

① 《教学做合一》，《陶行知教育论文选辑》，生活·读书·新知三联书店 1949 年版，第 15 页。

② 《星星之火，可以燎原》，《毛泽东选集》第 1 卷，人民出版社 1952 年版，第 99 页。

质上是不同的，从而可以弄清楚“教学做合一”并不是“做中学”的“翻版”，恰恰相反，正是对“做中学”的背叛。

陶行知“教学做合一”的“做”，与杜威“做中学”的“做”，在含义上有着本质上的区别。陶行知的“教学做合一”是推行“做中学”碰壁之后，“翻了半个筋斗”，才创造出来的教学理论。“教学做合一”包含的这个“做”，是同教与学不可分离的，是指教要在“做”上教，学要在“做”上学，认为教学做是三位一体的，这跟杜威单纯强调“做”，是根本不同的。另外，陶知行所指的“做”，还有下述两项要求，也是他对“做”描述的两个特点：一方面，他认为盲行盲动、胡思乱想，都不是真做，“只有手到心到才是真的做”①。另一方面，他认为世界上有四种人，就是劳心者，劳力者、劳心兼劳力者和在劳力上劳心者；而在劳力上劳心者才是他所理想的人。因此他认为，那种只会劳心或者只会劳力，也或者只会劳心兼劳力，都不是理想的“做”，只有在劳力上劳心才是理想的“做”。他指出：“所以单单劳力，单单劳心都不能算是真正之做。真正之做须是在劳力上劳心。”② 他认为，在劳力上劳心是一切发明之母，事事在劳力上劳心，便可得到事物的真理。像陶行知对“做”的这种理解，是同杜威的“做”毫无共同之处的。

教育总是受制于政治并为政治服务的。陶行知与杜威在政治态度上的不同，决定着“教学做合一”与“做中学”同有一个“做”字，却有阶级性质和政治目的上的不同。陶行知是一位爱国主义、革命民主主义者，是抗日救国的坚强战士，他通过“教学做合一”之“做”，真心诚意地为劳苦大众服务，为祖国培养能够抗日救国的革命战士；而杜威却是一个帝国主义御用学者，他通过“做中学”之“做”，是为大资产阶级效劳，为剥削阶级培养接班人和供其驱使的奴才。这样两相对照，

① 《在劳力上劳心》，《陶行知教育论文选辑》，生活·读书·新知三联书店 1949 年版，第 19 页。

② 《在劳力上劳心》，《陶行知教育论文选辑》，生活·读书·新知三联书店 1949 年版，第 21 页。

“教学做合一”和“做中学”都有一样的“做”中，就可以清楚地看出，不仅两个“做”在阶级性质上有根本不同，而且两者是一种从背叛走向敌对的关系。这怎么能说两者是什么“翻版”或是“花样翻新”呢？这不仅从道理上分析是这样，而在事实上也是如此的。陶行知就是运用“教学做合一”的教学方法，培养出了一大批愿为劳苦大众献身的新型教师和很多专门人才；而且，其中有不少学生，在共产党的领导和帮助下，参加了党的地下工作和抗日救国活动，有些就在中国民主革命和解放战争中献出了宝贵的生命。仅晓庄师范，就“有十四位同学被杀害在南京雨花台”①，用他们的热血谱写了革命的诗章。难道陶行知的这种“教学做合一”的革命教学论，岂能是杜威“做中学”反动教学论的翻版吗？

陶行知的“教学做合一”同杜威的“做中学”，两者所强调的“做”字，不仅有其内涵和政治态度上看有着本质的区别，而且就其哲学的理论基础是根本不同的。众所周知，杜威“做中学”所强调的“做”，是以他的实用主义经验论为理论根据的。按照实用主义经验论的观点，人们的经验是人的有机体在行动中，也就是在“做”中，同自然的环境和社会环境所起的一切交涉所得的结果。因此，这种相互交涉所得的体验及其体验过程的“做”，都是兼具主观与客观的，是脱离主观感受就不能存在的。所以，这种理论就其实质来说，是属于唯心主义认识路线的。可是，陶行知尽管在刚回国时还信奉着杜威这一套，但当他创立了“教学做合一”之后，他就背叛了杜威，走向了唯物主义认识路线。由此可见，对陶行知和杜威两者都重视的“做”，如果从认识论角度看，两者在实质上具有唯物和唯心的本质区别。

陶行知对“做”的认识，为什么会同杜威对“做”的理解，由相同的看法而变成不同，由背叛而走向对立呢？其关键在于陶行知参加了

① 《追忆伟大的人民教育家陶行知先生》，《行知研究》，安徽省陶行知教育思想研究会1980年版，第7页。

抗日反蒋革命斗争和教育改革实践，受到共产党的影响和帮助，在思想认识上不断进步、不断发展变化。陶行知早年信奉王阳明的知行说，认为“知是行之始，行是知之成”。因他信之诚，他把原名“文濬”改为“知行”。在他提出“教学做合一”之后，由于他认识上对“知是行之始，行是知之成”翻了半个筋斗，又信了“行是知之始，知是行之成”，于是又把自己的名字“知行”改为“行知”。这里并不只是简单地改个名字问题，而是由“知行”到“行知”的颠倒，表明着他在思想认识上的重大变化，是他从唯心主义的认识论向唯物主义方向的转化和发展。此后，陶行知认为，行动与知识和创造的关系是“行动是老子，知识是儿子，创造是孙子”。有人对陶行知由“知行”到“行知”的转化，认为是他强调“做”是知识的来源，因此，就认为他是受杜威“做中学”而来，从而否认“行是知之始”有唯物主义因素。其实这种看法，是违反陶行知思想实际的，因为陶行知留有一篇《行是知之始》文字在人间，应相信他本人的解释。他本人认为是《墨辩》对他的启发，他没提“做中学”对他有影响，这不能看作是他的疏忽，这正反映出他思想认识上变化的实质，不是从唯心变成唯心，而是从唯心变成具有唯物的因素。他写道：

“《墨辩》提出三种知识：一是亲知；二是闻知；三是说知……我们拿‘行是知之始’来说明知识之来源，并不是否认闻知和说知，乃是承认亲知为一切知识之根本。闻知与说知必须安根于亲知里面方能发生效力。”①

陶行知柜信《墨辩》所论“亲知”的重要性，认为“亲”知是亲身得来的，就是从“行”中得来的。他一反相信王阳明“知是行之始”，而强调“行是知之始”，这说明陶行知已经具有了朴素的唯物主义认识论。建筑在这种哲学认识论基础上的“教学做合一”所强调的

① 《行是知之始》，《陶行知教育论文选辑》，生活·读书·新知三联书店1949年版，第17页。

“做”，同杜威建立在唯心主义经验论基础上的“做中学”所强调的“做”可谓表面上同有一个“做”字，实质上却具有唯物与唯心两条认识路线上的性质不同。

如果说，当陶行知提出“行是知之始”时，他的“教学做合一”所强调的“做”，背叛杜威所强调的“做”还可能有某些不够彻底的地方，那么，到了1935年一二·九学生爱国运动之后，由于陶行知逐渐成了革命民主主义者，成为共产党的朋友，他所论的“行”或是“做”，已逐渐转化成马克思主义的“实践”的同义语了。到这时，陶行知同杜威在教学论中都强调“做”的重要，两者不仅毫无师承可言，而且只能是彻底的背叛。

陶行知在他的后期，已经具有了马克思主义的一些基本观点，历史事实表明这是可能的。早在办晓庄师范时，他就同共产党合作，不能说他对马克思主义一无所知。1938年，他在出席伦敦世界反侵略大会期间，同中共中央代表吴玉章一起去瞻拜了马克思的墓。他在墓前，虔诚地礼赞说：“光明照万世，宏论醒天下，二四七四八，小坟葬伟人。”①他作为人民外交使者，在奔走宣传抗日和参加会议的百忙之中，不忘参拜“二四七四八”号墓，这绝不是偶然的行动；而且他在墓前献诗中称马克思为“伟人”，确信马克思主义“宏论”能够“醒天下”“照万世”，从这里不难看出：陶行知是钻研了马克思主义的，只是在白色恐怖的社会条件下，不敢公开承认罢了；否则，他不可能对马克思主义有这样深刻的认识，对马克思能够这样崇敬。不仅如此，他对中国人民伟大领袖毛泽东同志也是非常敬仰的。在重庆谈判期间，他不仅尽力宣传共产党的谈判诚意，而且还不顾国民党反动派戒严，率领学生到机场为毛主席回延安送行，并留影纪念。他在重庆办育才学校，可以说是在中共中央代表周恩来同志的直接帮助和领导下工作的，他本人一遇到困难就向周恩来同志求教。根据周恩来同志在陶行知逝世时打给中共中央的

① 麦青：《陶行知》，生活、读书、新知上海联合发行所1946年版，第57页。

电报，认为陶行知最后的十年，是“一直跟着毛泽东同志为代表的党的正确路线走，是一个无保留追随党的党外布尔什维克”。同时还推断说：“假使陶先生临终能说话，我相信他必继韬奋之后请求入党。”① 陶行知是一位伟大的人民教育家和人民诗人，他虽然未能写下对马克思主义基本观点作系统阐述的文章，但从他后期的大量教育论文和诗歌的篇章中，却闪烁出唯物主义和辩证法的光芒。在 1943 年 10 月，他写出一首《创造年献诗》，就有这样的观点：“‘武断’‘以为’靠不住，存在由来定意识”②，这就说明陶行知已经相信物质的客观存在，相信客观“存在”能够决定主观“意识”，这无疑是唯物主义的观点。此外，该诗还表达了“矛盾相克复相生，数量满盈能变质”，这里又表明了陶行知具有了认为由量变可以引起质变的辩证法观点。在《我们的校徽》解说中，更加简洁地表述了事物发展的辩证法规律：“肯定、否定、否定之否定。”③ 他还在《写在植物小世界创刊号之后》中，为“我们立了几条共学的原则：（一）从生物到书本；（二）从实践到原理；（三）从具体到抽象；（四）从个体到系统……”④ 这很明显，他表述的正是马克思主义认识论的一些原理。像“从实践到原理”的“实践”，就代替了他过去只说“做”或是“行”；“从具体到抽象”的“抽象”，说明了他已要求从感性认识达到理性认识。他具有了马克思主义认识论的基本观点，还在他所写《育才二周岁前夜》中，表达得更加清楚和完整。他指出：“人类与个人最初都由行动而获得真知，故以行动始，以思考终，再以有思考之行动始，以更高一级融会贯通之思考终，再由此而跃入真理之高峰。”⑤ 要知道，陶行知上述这一些马克思主义基本观点，是在国统区的白色恐怖条件下公开写出来的，一方面表明他坚信

① 《为陶行知逝世，周恩来同志给中央的报告》，《教育研究》1981 年第 1 期。
② 《创造年献诗》，《育才学校》，教育书店 1951 年版，第 11 页。
③ 《我们的校徽》，《育才学校》，教育书店 1951 年版，第 36 页。
④ 方与严：《育才学校》，教育书店 1951 年版，第 72 页。
⑤ 《育才二周岁前夜》，《育才学校》，教育书店 1951 年版，第 38 页。

马克思主义；另一方面也可看出他为真理而战的大无畏精神。陶行知一生，先后两次遭到国民党反动政府的通缉，最后成为“黑榜探花”，他勇敢地等待着继闻一多、李公朴被暗杀之后的第三枪。

三、实践是最有说服力的检验

有人认为，“不能为贤者讳”①。似乎一说陶行知“教学做合一”是对杜威“做中学”的背叛，就好像那是缺乏事实的根据，而是故意为陶行知这位贤者隐恶扬善，这是一种误解和成见。

马克思主义认为，实践是检验真理的唯一标准。如果能详细地了解陶行知后期的教育实践，那倒是了解陶行知是师承杜威还是背叛杜威“做中学”的最为有说服力的检验。假使只重视陶行知前期办晓庄师范的教育实践，而对“教学做合一”就下断语，说是杜威“做中学”的翻版，往往会忽略陶知行在后期办育才学校时的教育实践，从而可能抹煞了“教学做合一”教学论随着陶行知整个生活教育思想的发展变化而有着相应的发展变化。假如说，陶行知在办晓庄师范时曾经过分地强调在“做”上教、在“做”上学，忽视了教师的教学和书本知识的作用，因而无论他自己怎样辩白“翻了半个筋斗”，人们仍然认为在他的灵魂深处还有着杜威“做中学”的影子；但是，到他后期办育才学校时，由于他再也没有过分地强调“教学做合一”中的“做”，实际上他是重视了“合”，把教与学放在了应有的重要位置上，尽管这时他自己没有宣布什么，可是，在人们的心目中已经看出了他在摆脱杜威教学论的影响。因此，应该重视对陶行知后期教育实践经验的研究，因为他在后期办育才学校、社会大学时，正是他的教育思想发展到了成熟的阶段。也只有到了这个时期，他才能由背叛以致最终达到摆脱实用主义“做中学”对他的影响。

① 须养本、王思清：《全面正确评价陶行知先生的教育思想》，《教育研究》1980年第1期。

我们把陶行知前期办晓庄师范和后期办育才学校的两个时期教育实践，两相对照分析，就不难看出后期比之于前期有一些新的特点。这些特点，正是标志着他对“教学做合一”增添了新的理解，标志着他对杜威“做中学”已进一步背叛。这些特点，主要有以下四个方面。

（一）重视传授系统的普通文化科学知识，强调培养和发展学生的特殊才能

陶行知在前期办晓庄师范的时期，曾经过分地强调着：事怎样做就怎样学，怎样学就怎样教，对传授普通文化科学知识缺乏质量上的要求，只是结合种地、做工、办民校、演戏等日常生活去组织活动，进行一些零星片段的学习。可是，当他办了育才学校以后，就有了明显的变化，要求能系统地学习普通文化科学知识，掌握“文化钥匙”，以便能开发祖国的“文化宝库”。他指出：“文化钥匙主要有四把，即国文、数学、外国文、科学方法。”这也是他为学生规定要上的普通文化课。

陶行知是我国现代教育史上极为重视发展学生天才能力和特殊才能的教育家。为了不让难童中天才幼苗枯萎，他除了主张开设普通文化课外，还要求开设特殊专业课；具体分成为音乐，戏剧、文学、社会、自然、绘画六个专业组，后来又增设了舞蹈组，以便能因材施教，发展特殊的才能。

育才学校很重视学生的学习质量，提出了高标准的要求：“特修课我们是希望学生一直学上去，到学成了才告一段落；普通课则大约和别的学校同年限毕业”①。育才学校对专业课和普通课的时间安排是三分之一同三分之二比。这就是说，育才学校的学生要用三分之一时间掌握专业知识和技能，然后只能用其余的三分之二时间学习和掌握普通文化科学知识，而要求质量又不能比其他学校同年限学生水平降低。为了达

① 《育才二周岁前夜》，《育才学校》，教育书店1951年版，第51页。

到这样的高标准，育才学校采取了措施，因学生都是全年住校，能用一部分假期补其上课时间的不足；有些专业课知识，可同普通课内容互相补充，等等。

由此可见，陶行知办育才学校，强调传授系统的文化科学知识，重视培养学生的特殊才能，这就在事实上表明了：陶行知后期已经在克服和摆脱杜威“做中学”关于不重视传授系统文化科学知识的恶劣影响，也同时在纠正他自己前期过分强调“教学做合一”之“做”出现的问题。

（二）重视教师队伍的质量，注意发挥教师在教学过程中的作用

陶行知在办晓庄师范的时期，曾经过分地强调了师生共教共学，以为只要学生能“做”就可以“学”到知识，把教师改称为“指导员”，从而降低了教师在教学中的主导作用。但是，当他办了育才学校以后，对教师一律不再称“指导员”，而且努力聘请名流教授学者，他虽未发布改变对教师看法的宣言，可是人们再也不怀疑他搞的“教学做合一”并不是“做中学”那一套。

陶行知为了加强育才学校教师队伍的质量，提高教学水平，他以办普通大学方法成立了六个专业组（相当于大学的系），“到处聘请教授，所有各系主任，都为一时有名作家和专家，如艾青任文学组主任，章泯任戏剧组主任，贺绿汀任音乐组主任等”①。当时育才学校规模和气魄都很大，著名人士沈钧儒、郭沫若、史良、翦伯赞等，也都曾来校演讲或任教。陶行知后来办社会大学时，请的大学教授学者名流就更多。这都说明，他在后期的教育实践中，是注意发挥教师在教学中的作用的。

---

① 白韬：《陶行知的生平及其学说》，生活·读书·新知三联书店1949年版，第134页。

由于陶行知在后期重视了教师的作用，因而他向教师提出了必须加强教导学生的要求。他希望，教师要像艾迪生母亲那样深入地了解儿童，要从整个民族的利益出发，不使天才幼苗枯萎，使他们能够成为担负起抗日救国的革命后代。他指出：“因此我们要引导学生们团起来做追求真理的小学生，团起来做自觉觉人的小先生，团起来做手脑双挥的小工人，团起来做反抗侵略的小战士。”①

为了使教师能够提高教育质量，他要求教师改进教学方法，废止填鸭式，采取启发式。他觉得：“与其把学生当作天津鸭儿填入一些零碎知识，不如给他们几把钥匙，使他们可以自动的去开发文化的金库和宇宙之宝藏。”② 他希望教师能“尽我们知道的交给学生”。

由于陶行知重视教师在教学中的作用，在他看来，还要关心教师生活，提高教师业务水平，才能收到好的教学效果。他指出：“安定教师生活，辅助教师进修，以期收‘学而不厌，诲人不倦’之效”③。

陶行知后期不再过分地强调学生只有在“做”中去学，而且要求学生能“随时随地”听从教师的教诲，从而重视了教师在教学中的作用，这不仅是在纠正他本人前期过分强调“教学做合一”中的“做”所带来的缺点，也是在清除杜威“做中学”早年对他的不良影响，使他从背叛杜威逐渐达到与其彻底脱离。

（三）要求对学生实行班级上课，并采取各种措施提高课堂的教学质量

陶行知办晓庄师范的时期，由于过分地强调了要以“教学做合一”的“做”为中心，把教师按班级上课的制度，代之以各种“教学做”

① 《育才学校创办旨趣》，《育才学校》，教育书店 1951 年版，第 27 页。
② 《育才十字诀》，《育才学校》，教育书店 1951 年版，第 15 页。
③ 《育才创造年计划大纲》，《育才学校》，教育书店 1951 年版，第 27 页。

的课题进行教学，如“农事教学做”“家事教学做”等，这就影响了向学生系统地传授文化科学知识。可是，当他办了育才学校以后，一反过去的做法，强调了教学，认为按班级上课是传授文化科学知识的最好办法。他明确地指出：国文、数学、外国文三样，在初期按程度分班级上课最经济。”① 他主张“按程度分班级上课”，这是他对“教学做合一”教学论的一大改进，也是他教育思想的一大变化。

陶行知为了能够提高班级上课的质量，他同育才学校师生制定了公约，以便维持学校的纪律和教学的秩序。在公约的“师生间”部分，规定了八条，其中有：“（四）上课不迟到早退；（五）回答时，须立正；（六）依教师指定日子交作业课卷；（七）上课时不看课外之书报，不做别事；（八）随时随地愿受教师之指导与督促。”② 从这些规约中可以看出：育才学校除了在课堂上要求学生集中精力听课以外，还留有课外的“作业课卷”；并且要求学生，“随时随地”接受教师的指导。这些要求都表明，陶行知后期非常重视提高班级教学的质量。

为了搞好学生的学习，陶行知还提出很多学习方法。他认为，学生学外文，“至少一门，与国文同时并进，愈早愈好，风、雨、寒、暑不使间断”③。他认为探索真理有五条道路：“（一）体验；（二）看书；（三）求师；（四）访友；（五）思考。”④ 他希望学生掌握学习方法，能虚心学习，以便敲开知识之宫的大门，找出真理的夜明珠。

他为了让学生在课外有个好的学习环境，建立了当时重庆少有的图书馆，藏书很多。他不再把书本知识视为没有维生素的纤维，而看成是学生的“精神食粮”。他认为人有两个肚子，需要两种粮食，而且认为当时是精神食粮偏枯，“为了免掉这种偏枯，我们除了吃‘点心’外还

---

① 《育才学校公约》，《育才学校》，教育书店 1951 年版，第 22 页。
② 《育才学校公约》，《育才学校》，教育书店 1951 年版，第 23 页。
③ 《育才十字诀》，《育才学校》，教育书店 1951 年版，第 23 页。
④ 《育才十字诀》，《育才学校》，教育书店 1951 年版，第 15 页。

要吃‘点脑’——还要吃文化点心’”①。他要求学校能创造出追求学问的气氛。他于是希望：“请学者轮流来校讲学，以提高学术之气候。”②

由此可见，陶行知在育才学校，重视教师的班级授课，而且，为了提高教学质量，还制定了公约，明确教学纪律，“奖学金”办法等等，这都说明：他力求纠正前期过分强调“教学做合一”的“做”带来的缺点，也使他背叛杜威“做中学”就越来越彻底。

（四）效法解放区生产自救，使学习同生产劳动联结起来

陶行知办晓庄师范的时期，他同师生一起参加建校劳动，而且能脱去长衫，穿上草鞋，到农村和“牛大哥”同睡，愿同劳苦大众一起过劳动生活。这在旧中国的留学生中是不可多得的。他这种反对传统教育的行动，确实起到了这样的积极作用：“揭开革命旗，飘扬劳山侧，风云啸起处，书呆失魂魄。”这时，虽然他本人认为是按“生活即教育”和“教学做合一”理论开展教学活动的，但人们怀疑他背叛杜威“做中学”，“翻了半个筋斗”并未“翻”彻底，强调的“做”仍有“做中学”那种自发摸索性质，正如他自己形容的那样：“从野人生活出发，向极乐世界探寻。”

但是，当他办起育才学校以后，让师生参加的大生产劳动，却具有了革命教育的性质。由于陶行知这时已是党外的布尔什维克，积极抗日反蒋，因此，国民党反动派对他办的育才学校，视为眼中钉、肉中刺，又不敢公开封闭，就阴施政治压力和经济封锁，迫使学校自行垮台。那么，陶行知怎样才能使学校渡过这一难关呢？就在这个困难时刻，周恩来同志和邓颖超同志为表示支持陶行知和育才学校，他们亲自到校参观，向师生讲话，并“捐助四百元”经费；此后，“周恩来和董必武派

① 《育才二周岁前夜》，《育才学校》，教育书店1951年版，第38页。
② 《育才创造年计划大纲》，《育才学校》，教育书店1951年版，第27页。

专人送来毛主席在延安动员开荒生产自给的一套照片，另送陶先生一件延安织制的灰色毛线衣。”① 据陶行知夫人吴树琴的回忆，陶行知接到这些礼物后，对党的深情倍感亲切，于是他不顾是在国统区心脏的重庆，勇敢地效法老解放区延安的生产自救办法，动员育才全体师生开荒生产，这样不仅解决了当时生活上的困难，同时也对师生进行了生产劳动教育，锻炼了他们的革命意志。陶行知指出：“根本之计，则在从事有效之生产，以十年树木之手段，贯彻百年树人之大计。”②

由此可见，陶行知在育才学校开展的生产劳动，同前期在晓庄师范建校劳动相比，同样是生产劳动，同样是“做”，由于前后指导思想上的不同，却有着很大区别，前期是在“教学做合一”思想指导下，虽然说背叛了“做中学”，但仍有背叛不彻底的地方，曾过分地强调了“做”的作用。可是后期在育才学校的生产劳动，是直接效法解放区生产自救的办法，把教育同生产劳动初步地结合起来了。如果说这时并未宣布“教学做合一”有不足之处，但他在实际上强调的重点不是“做”而是“合”了。育才学校当时，不仅感到生产自救对解决经济困难很重要，更感到把生产劳动同教学结合更重要。他们让师生参加生产劳动，是在保证通过班级上课向学生系统地传授文化科学知识的前提下开展的，所以育才的教学质量，不仅未因参加生产劳动而有所降低，而且有助于锤炼学生的身心，加强一些科学的理论联系实际。譬如，学生因参加了生产劳动，对农作物和有些植物就熟悉了，引起了他们学习植物的兴趣和钻研它们的积极性。当时，只有七个小朋友，就合力编写成了《植物小世界》壁报，陶行知极力称赞这件事，并撰写了一篇《写在植物小世界创刊号之后》赞词，赞扬了学生的这种创造精神和学习成绩。翦伯赞对陶行知的人才幼苗教育，认为非常有成效，感到很惊奇：“十

① 《周总理对陶行知先生的关怀》，《行知研究》，安徽省陶行知教育思想研究会 1980 年版，第 12 页。

② 《育才二周岁前夜》，《育才学校》，教育书店 1951 年版，第 51 页。

几岁的孩子，居然能够自己作曲，自己编剧本，自己导演自己编的剧本，而且还能够写出短篇的创作，在座谈会中能够分析时局。”① 还有的育才学生回忆：“尤其是我们音乐组，连国民党老爷们在欢迎外宾的时候，也不得不丢弃了堂堂的教育部国立音乐院的少爷小姐们，来请我们这个穷的私立学校的难童们。”② 可见，育才学校学生的戏剧音乐的演出水平，超过了当时国立音乐学院学生的演出水平。

综上所述，陶行知后期的教育实践，是以马克思主义认识论的基本观点为指导的，有些是直接效法老解放区教育实践的，而且，他认为生活教育特点是“民族人类解放的武器”，“是生活的”“是科学的”“是大众的”③，并以此为武器，在国统区同国民党法西斯教育作斗争，所以，他的教学论思想同他的整个教育思想一样，这时是属于新民主主义教育范畴的。像这样的教学论，同杜威“做中学”教学论已毫无共同之处了。

陶行知教学论思想，是随着他整个教育思想的进步变化而进步变化的。可以说，他同杜威“做中学”的关系，走的是“三步曲”，即：从信奉，到背叛，最后走向脱离。

陶行知是中国现代教育史上伟大的教育实践家和教育革新家，是反传统教育的伟大旗手，是战斗在国统区的坚强革命战士。让我们学习他勇于教育实践和大胆改革的创造精神，搞好新中国教学论的理论建设，同杜威“做中学”划清界限，吸取“教学做合一”反传统教学理论的合理因素，为培养出大批德智体全面发展，又红又专的人才而努力奋斗！

① 《我和行知先生》，《陶行知四周年祭》，新北京出版社 1950 年版，第 150 页。
② 复君：《哭老夫子》，《解放报》（延安）1946 年 8 月 31 日。
③ 《告生活教育社同志书》，《行知教育论文选集》，大众书店 1947 年版，第 270 页。

论陶行知的中西教育观

对伟大的人民教育家陶行知的中西教育观进行整体的全面研究，是很有意义的。因为陶行知的中西教育观是其教育理论研究和办学实践的重要指导思想之一。他能在从事平民教育、乡村教育、国难教育、战时教育、民主教育和全面教育各次运动中留下教育革新的不朽业绩，尤其是创造性地提出了生活教育理论，在中国教育发展史上取得令人瞩目的光辉成就，这与他有着能够正确对待中外教育及其关系的教育观分不开的。众所周知，自中国近代西学东渐以来，在教育领域出现了西学与中学经过碰撞而走向融合的过程。先从物质层面接受西学的西文、西艺；然后延伸到制度层面，接受了西学的西政；最后才深入到思想文化层面，这是五四运动时期接受西方文化教育的重要课题。我国近代教育发展的史实表明：处理中西教育及其相互关系问题，是近代教育中的一个中心问题。陶行知留美回国是在 1917 年 10 月，正处于五四新文化运动前夜。他后来积极参加五四运动，提倡新教育，反对传统教育和洋化教育，成为教育革新的旗手。伟大的时代，促使他走到了教育革新的前列，在重视有选择地吸纳中外教育经验教训过程中，促进了他的中西教育观走向成熟。本文仅从其知识结构、思维方法和教育价值观几个方面，阐述陶行知中西教育观的形成、发展和主要内涵。

一、从知识结构上，看陶行知中西教育观的形成

陶行知的中西教育观，就是他对待和处理中外教育及其相互关系时所持的观点和态度。这种观点和态度，早在他青少年求学和后来留美深造时期，已呈现出端倪。

（一）儒学开蒙，植根于传统教育沃土

陶行知 1891 年出生于徽州歙县。徽州不但是拥有巨资的徽商故里，又是著名的“徽州文化”发祥地。从学术思想上看，有以朱熹为代表的新安理学；有以江永和戴震为代表的朴学，等等，史称“徽州学派”。他生长在这样经济繁荣的“徽州文化”故乡，植根于传统教育沃土，在“细雨润无声”中，受到了中学的潜移默化的熏陶。

但因他幼年贫寒，直到 6 岁（1896 年）时，蒙馆塾师方庶咸秀才视其聪慧，免费为之开蒙。1900 年，他随父陶位朝到万安镇，得入吴尔宽经馆伴读，但只读一年多，又随父返回家乡黄潭源。由于他攻读经史认真，成绩斐然。据他的同学、同乡姚文采回忆：“在小学时代，我们比赛记忆力，他在三刻钟内，可以背熟四十三行《左传》。”① 还有人回忆：“他从王藻老夫子学习四书经传，天资聪敏，过目不忘。”② 这位王藻老夫子是前清时的贡生，在离陶行知家十五华里的航埠头经馆执教。他每隔几天求教一次，风雨无阻。由于他这样勤奋攻读儒学经史，为其中学打下了牢固的基础。

（二）广采博集，中西兼学

陶行知于 1906 年入教会学校崇一学堂就读，这是他接触西学的肇

① 《人民褒扬，昭告天下》，《陶行知先生四周年祭》下卷，新北京出版社 1950 年版，第 405 页。

② 《我所知道的陶行知》，《陶行知一生》，湖北教育出版社 1984 年版，第 33 页。

始。当然，崇一学堂开设的课程，是中西兼学，以西学为主，其中的英文、代数、格致、外国历史，为西学；修身、历史、地理、算术、音乐，为中西兼学；经学、国文、中国历史，为中学。他不但对堂内各门课程，成绩优秀，还在课外注意补充中国传统的文化知识。“他对吟诵唐诗颇为向往。他挤出时间向国文老师程修之求教”①。

他于1909年考入南京汇文书院，后随书院并入金陵大学。金大的“本科科目分选科和必修两种”②。必修科目有：中国文学、英国文学、中国哲学、西洋哲学、伦理学、社会学、教育学、生物学或生理学、天文学或地质学、政治学等门；选修科目有：文言文、自然科学、社会学、宗教学等门。他中西兼学，刻苦钻研，既接受了西方达尔文的进化论。美国总统林肯的民主共和主张，还受到基督教义的很大影响，同时，也吸纳了中国古代孔孟的思想、王阳明“知行合一”学说等。

由此可见，他在崇一学堂和金大学习期间所形成的知识结构是中西冶为一炉，将传统儒学与近代西学融为了一体。

（三）留学赴美，吸纳西学

陶行知为了寻求革命真理，1914年秋赴美留学。同年9月，入伊利诺斯大学研究院，攻读市政。头两个学期，修习的课程主要有公法研究、市政、美国的性质和教育行政等；第三学期，修习的课程有“单位等级与规范、教育研究法、中学课程、教育心理学研究等”③。其后，因他决心献身于教育事业，于1915年夏，转入哥伦比亚大学师范学院，专攻教育。他在第一学年修习的课程主要有：美国公共教育管理、教育史、教育哲学、中学原则等；第二学年修习的课程主要有：教育史、教

---

① 《再记我所知道的陶行知》，《行知研究》，安徽省陶行知教育思想研究会1984年版，第11页。

② 南京大学高教研究所：《金陵大学史料集》，南京大学出版社1989年版，第17页。

③ 《陶行知在美国的教育经历》，《行知研究》，安徽省陶行知教育思想研究会1983年版，第66页。

育社会学实习、国外学校系统的社会基础、教育社会学研究等。这表明，他在留美期间，主要攻读了西方的市政和教育，使他的知识结构增大了西学的分量。

总之，他在少年时期学习的是中学，后入崇一学堂，金陵大学是中西兼学，以西学为主；最后留美专攻西学，可见他的知识结构是中西掺糅，这是他中西教育观形成的起点和基础。

二、从思维方法上，看陶行知中西教育观的发展

陶行知在学习期间所构成涵盖中西的知识结构，严格来说这还只是他中西教育观形成的物质基础，因为知识本身还不等于是智力和能力，而从知识转化为智能有一个很重要的转化因素，这就是思维方法。他正是运用了现代的思维方法，处理中外教育及其关系，使他的中西教育观得到了相应的丰富和发展。

（一）运用中西比较方法，借镜西方试验主义，揭示传统教育弊端

陶行知在五四时期，在思维方法方面，大力提倡试验主义教育方法，并深刻地揭示出中国传统教育在治学方法上存在着违反科学的地方。他指出："吾国数千年来，相传不绝之方法，惟有'致知在格物'一语"①。可是，格物致知的效果如何呢？他认为朱熹和王阳明虽然有"格物"与"格心"的不同，但均不得法，因为都缺乏试验，所以都不能格物穷理。在他看来，教育为群学之一种，治学必须采取试验主义教育方法。因为教育之进步，莫不根源于试验，"试验之消长，教育之盛

① 《陶行知全集》第1卷，湖南教育出版社1984年版，第60页。

衰系之"①。他主张要以试验主义教育方法进行教育改革。他认为："欲求常新之道，必先有去旧之方。试验者，去旧之方也。盖尝论之，教育之所以旧者五，革而新之，其惟试验。"② 他归纳传统教育的"五旧"弊端是：一曰依赖天工，二曰沿袭陈法，三曰率任己意，四曰仪型他国，五曰偶尔尝试。

他从思维方法上，将中西教学方法两相比较，发现西方施行试验主义新教育，尊重儿童，采取启发诱导，于是对中国传统的注入式教授法产生怀疑。他在南京高师教务会议上提出了把教授法改为教学法的提案，因受保守势力阻挠，当时未获通过。但到五四运动兴起，他趁反对者无暇对抗，毅然将全校的教授法改成了教学法，取得了教学改革的胜利。

（二）采取逆向思维方法，逆反旧理之不足，翻转变成新理

陶行知为了吸取中外教育思想，往往采取逆反思维方法，针对前人旧理之不足，反转过来，利用其语言形式，变成为新理。这种逆反思维方法，为他的中外教育观带来了新思维，使他在处理中外教育及其相互关系过程中受益颇多。他在金大学习期间，采用逆反思维方法，将王阳明提出的"知是行之始，行是知之成"的唯心认识论，逆反其思路，"翻了半个筋斗"，就变成了"行是知之始，知是行之成"的唯物认识论，为他创立生活教育论奠立了坚实的理论基础。后来，他在创办晓庄师范、山海工学团过程中，体会到杜威教育理论不适合于中国国情，理论本身体现的不是真的生活，而是假的生活，于是他采取逆反思维方法，将"教育即生活，学校即社会"，"翻了半个筋斗"，但又利用了原

① 《陶行知全集》第 1 卷，湖南教育出版社 1984 年版，第 61 页。
② 《陶行知全集》第 1 卷，湖南教育出版社 1984 年版，第 93 页。

有的语言形式，变成为“生活即教育，社会即学校”，促进了他的生活教育论的发展和完善。他运用逆反思维方法，主要是为了从地主、资产阶级那里批判吸收其中合理的思想因素所采取的方法。他曾说过：“我的生活教育的思想，大半都是从资产阶级、大地主以及老百姓中的启发而来的。自然，我的思想，不是抄他们的，他们有的只启发我想到某一面。有的我把它反过来，就变成了真理。”① 可见，陶行知运用逆反思维方法批判吸收中外教育思想，是其中外教育观的一种重要方法。

（三）运用辩证思维方法，对待中外教育经验教训，主张从现时生活滤下来，明辨择善

陶行知的思维方法中，辩证思维是很丰富的，认为“矛盾相生复相克，数量满盈能变质。相推而进正反合，顺沿发展觅规律”②。他对中外的教育经验教训，既主张吸收，但又要求“必须用选择的态度来接受”③。他认为：“在这之前，中国有点盲目地模仿外国。最初，为了学习新的，就抛弃了一切旧的。到现在，他已逐渐认识到，旧的未必一定就坏，新的也并非必定就好。他对于一切新理论、新方法的反应不再是生搬硬套，而是先存疑，考察，实验，然后才加以选择。”④ 那么，对于人类留下来的历史经验教训和从外国传入的一切新理论、新方法，要怎样进行选择呢？他主张：“历史教训必须通过现生活，从现生活中滤下来，才有指导生活的作用。”⑤ 他的这种“从现生活滤下来”的办法，是把“现生活”作为分辨好坏、决定是否吸取的过滤器。不过，他指的“现生活”是否有标准呢？其实是有严格标准的。因为他指的“现

① 《陶行知全集》第 3 卷，湖南教育出版社 1984 年版，第 609 页。
② 《陶行知全集》第 4 卷，湖南教育出版社 1984 年版，第 586 页。
③ 《陶行知全集》第 3 卷，湖南教育出版社 1984 年版，第 27 页。
④ 《陶行知全集》第 1 卷，湖南教育出版社 1984 年版，第 511 页。
⑤ 《陶行知全集》第 3 卷，湖南教育出版社 1984 年版，第 27 页。

生活”，就是他对生活教育要求过的生活，是与生活教育一样具有下述的特点，就是生活的、行动的、大众的、前进的和有历史联系的。概括来说，就是中国广大劳苦民众要求进步向上的现在生活，只有经过这种生活过滤才是生活教育所需要的教育经验教训。他表示：“今当改革之时，我们对于国外学制的经验，应该明辨择善。”① 总之，他认为中国古代的和外国的教育中，旧的未必一定坏，新的也并非一定就好，吸取时“必须用选择的态度”，“从现生活滤下来”，“明辨择善”。

三、从教育价值观取向上，看陶行知中西教育观的内涵

陶行知中西教育观的形成和发展，是在他具有中西文化知识的深厚基础上，运用现代思维方法所完成的，其中不可忽视的一个重要因素，就是这些都与受到了他的教育价值观指导所分不开的。对于形成和发展他的中西教育观来说，实际上起着关键的指导作用的则是他的教育价值观。

陶行知的教育价值观，就是他认为教育对于人和社会的发展有着巨大的功能和价值。他对教育价值的看法是：“人民贫，非教育莫与富之；人民愚，非教育莫与智之；党见，非教育不除；精忠，非教育不出。”②他留美以后，则“坚信没有真正的公共教育就不可能有真正的共和国”③。后来他认识到：“政治与教育原是不能分离的，二者能同时并进，同时革新，国民革命才有基础和成功的希望。”④ 当他摆正了教育与政治的关系时，也促进了他的教育价值观的完善。陶行知是一位伟大的爱国主义者，又是人民至上、主张“教育为公”的教育家，他的教育价值观的核心是为国为民造福，其主体是为劳苦大众能够建立起使人

① 《陶行知全集》第1卷，湖南教育出版社1984年版，第190页。
② 《陶行知全集》第1卷，湖南教育出版社1984年版，第51页。
③ 《陶行知教育论著选》，人民教育出版社1991年版，第9页。
④ 《陶行知全集》第2卷，湖南教育出版社1984年版，第17页。

人均可受教的公共教育制度。他的中西教育观受着他的教育价值观指导，即主张吸取中外教育的经验教训，但同时要求必须适合国情，适合广大劳苦民众受教的需要，内涵极为丰富，有很多独到之处。

（一）反传统教育，但并不反对固有的优点

陶行知把反传统教育作为他一生教育活动的一项重要任务。他所要反对的传统教育，具体指的是："'满朝朱紫贵，尽是读书人'的升官教育，以及'为教书而教书，为读书而读书'的超然教育。"① 从他的教育价值观的取向看，他主要反对的是为"小众"服务的贵族教育和超然教育，反对传统教育中的"五旧"弊端。他认为科举时代的八股教育遗毒深重，至于近代"新学办了三十年，依然换汤不换药，卖尽气力，不过把'老八股'变成'洋八股'罢了"②。他描述两种八股教育的共同特征是：先生"教死书，死教书，教书死"，学生"读死书，死读书，读书死"③。他认为这样的传统教育不仅危害极大，还会把学生造就成为书呆子、书架子、蛀书虫。

值得注意的是，他反传统教育只是反对传统教育为"小众"服务的性质和"五旧"弊端，而不是反对传统教育的一切。他运用辩证思维方法，提出"反传统教育也不是反对固有的优点"，不但如此，他以其教育价值观为指导，认为"对于中国固有之美德，是竭诚的拥护"④。这一点很重要，但往往为人们所忽略，以致对他反传统教育的论述在理解上有时不够全面。

他竭诚拥护传统教育中固有的美德，是因为他了解"我国先秦诸子如老子、孔子、孟子、庄子、墨子、杨子、荀子等都能凭着自己的经验

---

① 《陶行知全集》第3卷，湖南教育出版社1984年版，第338页。
② 《陶行知全集》第2卷，湖南教育出版社1984年版，第76页。
③ 《陶行知全集》第3卷，湖南教育出版社1984年版，第339页
④ 《陶行知全集》第3卷，湖南教育出版社1984年版，第338页。

发表文字，故有独到的议论”①。他不仅对先秦诸子加以褒扬，而且吸纳他们的思想之处很多。他不但借镜孔子的教学思想和启发式教学方法，还吸取了墨子的有关亲知、闻知、说知的认识论，还将孟子、王阳明尊为“二贤”，效法他们自我修养，去伪存真，学做真人，相信“将来真我之必胜，而伪我之必可败”②。

（二）反洋化教育，但对外国输入的真知识则竭诚欢迎

陶行知把反洋化教育与其反传统教育一样，作为他一生教育活动的另一项重大任务。他所指的洋化教育，主要是“办学校一定要盖洋楼、说洋话、用洋书”，“尤其是没有工业的生产而他们要工业的享受和花费”③。他总结照搬照抄发达国家办学的经验教训时指出：“我国兴学以来，最初仿效泰西，继而学日本，民国四年取法德国，近年特生美国热，都非健全的趋向。学来学去，总是三不像。”④ 他虽然反洋化教育，反对不顾国情照搬照抄，但认为：“反洋化教育的用意并不是反对外来的知识”，不但如此，他以其教育价值观为指导，主张“对于外洋输入的真知识是竭诚的欢迎”⑤，他对于借鉴外国经验办幼稚园的态度，就是很好的说明。他提出办幼稚园“不要搬洋货，也不要骛时髦，只求适合于乡村儿童的生活”，但同时认为：“还要吸收别人的经验，我们要把英国的，法国的，日本的，意大利的，美利坚的……一切关于幼稚教育的经验都吸收进来，我们来截长补短冶成一炉。”⑥ 他极力主张截长补短、有选择地吸收外国教育优长于我之处，是因为他认识到：“泰西学术，实高出吾人之上。何妨借他人之长，以济己之短。”⑦ 他还指出：

① 《陶行知全集》第2卷，湖南教育出版社1984年版，第88页。
② 《陶行知全集》第1卷，湖南教育出版社1984年版，第28页。
③ 《陶行知全集》第3卷，湖南教育出版社1984年版，第338页。
④ 《陶行知全集》第1卷，湖南教育出版社1984年版，第190页。
⑤ 《陶行知全集》第3卷，湖南教育出版社1984年版，第338页。
⑥ 《陶行知全集》第2卷，湖南教育出版社1984年版，第159页。
⑦ 《陶行知全集》第1卷，四川教育出版社1991年版，第167页。

"中外情形有同者，有不同者。同者借镜，他山之石，固可攻玉。不同者而效焉，则适于外者未必适于中。"①

陶行知在积极主张吸取外国文化教育的同时，则反对两种不正确的态度：一是醉心西化，东施效颦；二是唯我独好，拒绝吸取。对于前者，他认为："自西学中输，新学派之醉心欧化，蔑视国文也，久矣。殊不知腐儒鄙弃西学，固属偏见；而新进蔑视国文，尤为忘本。"② 对于后者，他批驳以东方精神文明为最好作借口，抑制向西方学习的论调，指出："现在有一班人，开口就说：西方的物质文明比东方好，东方的精神文明比西方高。这句话初听似乎有理，我实在是百索不得其解。"他论证说，"精神文明与物质文明是合而为一的"③，如果承认西方物质文明比东方好，就该接受西方文化教育，不该自以为精神文明唯我独好，拒绝向西方学习。

其实，陶行知不只是在认识上主张有选择地向西方学习，在实际行动中也是选择吸收西方文化教育的典范。他在大学学习期间，为了加强修养，存真去伪，"暇时辄取《新约》展阅之，冀得半言片语以益于身心而涤其伪习"④；后来赞扬马克思主义学说是"光明照万世，宏论醒天下"⑤。他对西方的教育经验教训，有选择地吸取更为广泛。对他影响最为显著者，主要有：其一是裴斯泰洛齐、福禄倍尔，其二是杜威。他对前者赞扬说"白斯达罗齐、福禄伯等之伟功盛业，无不在试验，无不在发明"⑥，并效法他们坚持教育试验，办晓庄师范、育才学校，办幼稚园；受后者影响更为明显，他的"生活即教育、社会即学校"理论，显然是对杜威"教育即生活，学校即社会"的改造继承。对于陶行知反洋化教育必须有整体的全面了解，才不致于发生只强调反洋化教

① 《陶行知全集》第1卷，湖南教育出版社1984年版，第94页。
② 《陶行知全集》第1卷，四川教育出版社1991年版，第166页。
③ 《陶行知全集》第2卷，四川教育出版社1991年版，第77页。
④ 《陶行知全集》第1卷，湖南教育出版社1984年版，第27页。
⑤ 《陶行知全集》第4卷，湖南教育出版社1984年版，第414页。
⑥ 《陶行知全集》第1卷，湖南教育出版社1984年版，第68页。

育或只看到他有选择地吸取外国教育的片面性。

（三）去与取，只问适不适、好不好

陶行知的中西教育观，有一个总的指导思想和根本原则，就是“去与取，只问适不适，不问新与旧。”所谓“适不适”，是指“适合国情，适合个性，适合事业学问需求”。他认为：“外国的经验，如有适用的，采取他；如有不适用的，就回避他。本国以前的经验，如有适用的，就保存他；如不适用，就除掉他。”①

他对外国教育的吸纳，以“只问适不适”为准则，反对照搬照抄外国办学经验。他把照搬照抄外国教育的看作是拉洋车夫，他讽刺愿当拉车夫的教员：“拉来一车洋八股，谁愿受骗谁呜呼。”② 他回顾我国近代改革学制过程，就是当拉车夫，一味抄袭外国，未能制定出适合国情的学制。他认为：“只有透彻地研究自己的需要与问题，才能确有把握地制定出一套真正适合中国国情并为中国服务的教育制度来。”③

他对中国古代教育的吸取，也是“只问适不适”现实生活和教育实际。他反对依样画葫芦，以古进今办法。他认为“有的人见古人怎样解决，我们也怎样解决，这种解决是不对的，是没进步的。因为古时现象不是与今日现象一样，所以以古进今的办法往往是错的”④。他还指出：“适于昔者未必适于今。徒执古人之成规，以解决今之问题，则圆枘方凿，不能相容。”⑤

但是，他对于有益于今天的古代教育，则主张有选择的继承。甚至对安徽本土的乡贤思想与学问，也“只问好不好，不问土不土”。他指出“我们徽州的土产本来不错。你看朱晦庵、江慎修、戴东原诸位乡

① 《陶行知全集》第 1 卷，湖南教育出版社 1984 年版，第 191 页。
② 《陶行知全集》第 4 卷，湖南教育出版社 1984 年版，第 182 页。
③ 《陶行知全集》第 1 卷，湖南教育出版社 1984 年版，第 510 页。
④ 《陶行知全集》第 1 卷，湖南教育出版社 1984 年版，第 291 页。
⑤ 《陶行知全集》第 1 卷，湖南教育出版社 1984 年版，第 93 页。

贤，那一位不是土产？现今的胡适之先生，从头到脚也只是我们家园所出的土产。”他对小朋友说：“我深信，他们来做你们的老师，你们是一定欢迎的。”①

由于他吸纳中外教育只以“适不适”“好不好”为原则，对于违反这一精神的是不加吸纳的。就是对他视为徽州现代“乡贤”的胡适也如此。当胡适赞扬了作为英国殖民地香港普及教育搞得好，还说要“效法”的话，他则不顾与胡适是同乡、留美同学，马上写了一篇《胡适的普及教育理论》文章，加以义正词严的驳斥。

总之，陶行知的中西教育观，在吸取中外教育经验教训时，最使人们受到启迪的是两个方面：一是必须从现时生活中“滤下来”，“明辨择善”，既反对传统教育和反对洋化教育，又主张有批评、有选择地接受中外教育中的固有优点和真正知识；二是“只问适不适，不问新与旧”，“只问好不好，不问土不土”。他的这种中西教育观，与我们党对待中外教育一贯坚持的去其糟粕、取其精华的批判继承主张，是相一致的。在迈向 21 世纪的今天，为了建设有中国特色的社会主义教育体制，我们应当把陶知行的中外教育观当成一面历史的镜子，从中取得借鉴，丰富和提高处理中外教育及其关系的经验、能力和方法。

① 《陶行知全集》第 5 卷，湖南教育出版社 1984 年版，第 88 页。

陶行知是教育理论创新的泰斗和楷模

陶行知是中国近现代伟大的人民教育家，一生从事教育事业，不但创立了生活教育理论，提出了众多具有新意的教育思想，还留下了丰富而宝贵的、有助于教育理论出新的现代思维智慧。在中国近现代教育史中，对于中国教育事业和教育思想理论有着重大贡献的教育家不少，但能像陶行知那样有创造开辟精神、不断进行教育理论创新、创造性地提出了生活教育理论的教育家并不多见。他对教育理论的创新，无论其量与质，均无与伦比。正如有人所惊叹那样，可谓前有孔夫子，近现代只有陶行知。郭沫若在《祭陶行知先生诗》中就是这样发自肺腑地称赞："两千年前的孔仲尼，两千年后的陶行知。"①

现在，我国正在史无前例地建设社会主义和谐社会和具有创新型国家，需要培养众多具有高素质的创新型人才。培养创新型人才，需要教育创新，而教育理论创新必须先行。教育理论创新，这是新时代的需求，尚缺乏经验，而人民教育家陶行知是中国近现代教育理论创新的泰斗，为世人楷模，学习和借鉴陶行知运用现代思维智慧，有利于促进当今的教育理论创新。

陶行知在教育理论创新过程中，运用现代思维智慧，博大精深，颇

① 《陶行知先生四周年祭》下卷，新北京出版社1950年版，第294页。

令人有仰之弥高之感。陶行知曾教导人们，学习要掌握诀窍，就是要像学习“点金术”那样，重在不是要那“点石成金”的“金子”，而是要那“点石成金”的“指头”。如果说将陶行知创立的生活教育论和众多有新意的教育思想视为陶行知“点石”所成的“金子”，而其“点石成金”的“指头”（“点金术”）在哪里呢？这是要师法陶行知教育理论创新的关键所在，可以说就是下述三种“点金术”。一是坚持办学试验（实践），发现教育新理；二是重视教育调查研究，促进教育理论出新；三是运用现代思维智慧，使传统教育理论“过滤”增新。

一、坚持办学试验（实践），发现教育新理

陶行知非常重视教育试验（实践），认为只有教育试验（实践），才能促进教育创新，发现新理。他说：“试验者，发明之利器也。试验虽未必皆有发明，然发明必资乎试验。”在他看来，大教育家能够有教育创新和发现，都是来自于他们的试验（实践）。认为，“近二百年来教育界之进步，皆试验而来”①。他列举了世界大教育家裴斯泰洛齐、赫尔巴特、福禄培尔直到杜威等发现教育新理，认为皆来自教育试验，概莫能外。他在重视教育试验的思想指引下，反对旧教育，提倡新教育，探寻教育新理，奋斗一生。他在担任中华教育改进社主任干事期间，在从事社务的同时，创办了私立安徽公学，公推他任校长。他坚持教育试验，其后创办有晓庄师范、山海工学团、育才学校和社会大学。他创造性地提出的生活教育理论和众多富有新意的教育思想，都是他坚持办学试验的产物。从事教育试验是他教育理论创新的温床。

陶行知创办晓庄师范，既是他的办学实践，又是他的教育试验。教育试验本是一种教育实践，但又有其特点，就是要为实现自己的教育理论进行设计，寻求新理。他创办的晓庄师范，是为培养具有农夫的身

① 《陶行知全集》第1卷，湖南教育出版社1984年版，第91页。

手，科学的头脑和改造社会精神的新型乡村教师。他要“筹募一百万元基金，征集一百万位同志，提倡一百万所学校，改造一百万个乡村”①，为中华民族创造出一个伟大的新生命。他在晓庄师范的教育试验，虽然后因学校被国民党反动派以莫须有的罪名查封而夭折，但他在教育理论上得到了创新，创立了生活教育论。可以说，晓庄师范是他创立生活教育理论的发源地。陶行知坚持教育试验是生活教育理论得以诞生的社会基础，同时也由于他具有现代教育思维智慧，深入研究教育理论，掌握教育创新之所在，阐释生活教育新理，使教育新理成为系统的生活教育体系。

陶行知坚持教育试验（实践），反对沿袭陈法和仪型他国，使他的教育理论创新不断。他在 1932 年 10 月，于上海与宝山县交界处孟家木桥创办的山海工学团，就是他继在晓庄师范教育试验之后又一次的生活教育试验。“工学团”是他设想的一种崭新的教育组织形式，他在所写的教育小说《古庙敲钟录》中已有详细论述。按照他的设计，“工学团”是“工以养生，学以明生，团以保生”的教育组织，是改造乡富有生命力的社会新细胞。山海工学团以招收农民子弟为主，学员由二十几名增至四五十名，上午学普通课，有国文、算数、自然、历史等课，下午到两节课后，由农业生产技术（如种菜、养鱼、植棉等）师傅指导，边劳动边学习。每晚与农友们在自办茶园中边喝茶边谈心、讲故事，按照“即知即传”原则，实行“小先生制”。由于“小先生制”适合普及教育的需要，得到推广传播。山海工学团实际上是一种把学校、工场和社会连成一片的教育组织，成为当时宣传抗日斗争的革命基地。山海工学团的教育试验，后因抗日战争爆发被迫停办。虽然只是短短五年时间，但为中国革命培养了上百名优秀干部，使生活教育理论得到了验证，发明了“工学团”“小先生制”，为教育理论创新作出了贡献，它表明，必须进行教育试验（实践）才能促进教育理论创新。

① 《陶行知全集》第 1 卷，湖南教育出版社 1984 年版，第 646 页。

陶行知办育才学校，可以说他是有慈善家的心肠和教育家的理论创新精神。他在1936年7月受中国各界救国联合会的委托，担任“国民外交使节”，出访欧美亚非26国和两个地区，于1938年8月归国。为了救护在抗日战争中流离家乡的苦难而有特殊才能的难童，为了培养人才幼苗，他克服了经济上等各种困难，在距重庆约有100公里的古圣寺，创办了育才学校。在育才学校，按照陶行知培养人才幼苗设计，与一般传统学校不同，采取了将普通教育与专门教育相结合的教学组织形式，既与一般中小学相同进行普通教育，按班级上文化课，与此同时，又按学生才能与兴趣，分设音乐、戏剧、绘画、文学、社会、自然科学等六个专业组课程，聘请学者专家授课。如艾青、贺绿汀、戴爱莲等就曾担任过文学组、音乐组、舞蹈组的主任等。为培养学生的创造精神和研究能力，陶行知于1941年9月开办了“幼年研究生”班，选拔27名学生为幼年研究生，取得了良好成绩。陶行知认为，幼年研究生有着惊人的理论创新能力，曾非常高兴地向他人介绍说：“有一位研究我们古圣寺之历史，在和尚坟墓、账簿、年谱及地上挖出的残碑中得到古圣寺之前寺是比沙士披亚（即莎士比亚）小三岁。同时他研究苏德战争，已成廿万字。他们产生了四个剧本，廿七支曲，研究报告十余种。半年前发动自制仪器，现已完成卅余件。”① 著名历史学家翦伯赞先后两次到育才学校担任中国通史课教学，对陶行知教育创新深有体会。据他回忆：“在这两次讲学中，我发现了陶行知生活教育的奇迹。十几岁的孩子，能够在座谈会上面谈时局，从国内到国际，从政治到军事，明如指掌；能够写出文学创作；能够自编剧本，自己导演；能够自己作曲，作歌；能够写生，速写；能够画出星宿的图谱。”②

陶行知在育才学校开展生活教育和创造教育的成功，是他相信青少年有创造才能，鼓励他们动脑动手，发明创造，理论创新。陶行知主

---

① 《陶行知全集》第5卷，湖南教育出版社1984年版，第763页。

② 《记古圣寺》，《行知研究》，安徽省陶行知教育思想研究会1984年版，第26页。

张，“行动的教育，要从小的时候干起。要解放小孩的自由，让他做有意识的活动，开展他们的天才”。他认为，“行动才生困难，想法解决了困难，才是真知识的获得”。“惟其行动，到行不通的时候，方才觉得困难。困难而求解决，于是有新价值的产生。”① 他反对墨守成规，毫无创造，而要手脑双挥，才可能有新的发明。他鼓励创造，歌颂创造，写下了散文诗般的《创造宣言》，赞颂：“只要有一滴汗，一滴血，一滴热情，便是创造之神所爱住的行宫，就能开创造之花，结创造之果，繁殖创造之森林。”②

陶行知怀着探索、发现新教育的理想，进行教育理论创新，先后提出了生活教育理论以及“工学团”“小先生制”培养幼年研究生等。他是坚持教育试验（实践），不断创新教育理论的大师。

二、重视教育调查研究，促进教育理论出新

陶行知不但坚持教育试验（实践），进行教育理论创新，并且非常重视教育调查研究，促进教育理论出新。他于 1925 年 7 月，在中华教育改进社第四届年会上的发言中，指出：“欲施行适切的教育，自必以调查为尚。”③ 他反对教育理论研究脱离实际，把教育调查研究作为教育理论研究入手办法。他在留美归国初期，特别重视对中国教育现状作调查研究，以期能够确切地了解教育发展的实际情况，从中发现问题，进行比较分析，找出解决办法，以便加以改进。他认为，教育调查有着重要的意义：一是调查为确实研究之根据，为教育研究的重要方法之一种；二是调查研究为改良教育初步，调查而后，利弊立见。利者宣扬之，弊者改良之。根据他的了解，“欧美各国，对于调查教育一事，视

① 《陶行知全集》第 2 卷，湖南教育出版社 1984 年版，第 612 页。
② 《陶行知全集》第 3 卷，湖南教育出版社 1984 年版，第 486 页。
③ 《陶行知全集》第 8 卷，湖南教育出版社 1984 年版，第 187 页。

之非常重要"①。他非常"提倡统系之调查"，认为统系调查方法计有四种：一是接谈；二是观察；三是考察教育机关表册；四是制成表格，请教育机关照填。

由于他重视教育调查研究，在他留学归国后，在南京高师任教期间，就开展了江苏省市乡教育调研活动。1918 年 5 月，他以南京高师教育研究会的名义，印发了江苏省市乡教育调查表格，要求学生在寒假回乡期间就近作调查统计，开学后给研究会。陶行知根据这些调研材料，统计分析，写成了《江苏市乡教育之一斑》，作为研究会教育调查报告，留下了珍贵的第一手史料。例如，其中关于当时《教员年俸表》和《教员每周担任钟点》表，可以让我们了解到近百年之前的教育实际情况。

表一　教员年俸表

年俸 校名	最高位	中位	最低位
国民小学	240	102	30
高等小学	600	200	70
中学	1200	600	240

表二　教员每周担任钟点

学校 钟点	国民小学	高等小学	中学
最高位	26	24	20
中位	17	16	14
最低位	4	8	5

① 《陶行知全集》第 8 卷，湖南教育出版社 1984 年版，第 59 页。

陶行知在1921年，深入调查了南京的教育状况，随后写出了对于南京建设具有重要参考价值的《南京教育谈》《市乡教育分治与南京教育》等教育新文章。同年秋后，他在美国哥伦比亚大学留学期间的导师孟禄博士来华考察教育，由他陪同口译，走遍了南京、上海、广东、福建、杭州、济南、山西、河南等省市地区，并于同年10月在广州出席了全国省教育会联合会召开的会议，研讨新学制的制定问题。他通过调研，发表了《我们对于新学制草案应持之态度》一文，还写了《中国建设新制的历史》等有新见解的文章。

陶行知在1921年12月，受聘担任中华教育改进社的主任干事，以“调查教育实况，研究教育学术，力谋教育进行”为己任。1923年7月，改进社于济南举行第一次年会，讨论教育革新问题。陶行知在会上作《社务报告》，指出教育调查的重要性。他强调：“我们应该用显微镜察看中国教育不振兴的微生虫在什么地方，也应该用千里镜察看中国教育不发达的远因在什么地方，所以第一种手续就是调查。”他主张“第一是调查一个地方的教育状况”，“第二是调查一个问题的事实”①。他力求在调查后，将结果报告出来，还要进一步研究，谋划改进之方，然后加以解决。

陶行知在教育调查中，注意应用统计方法，使数量记载准确，分析认真，提高了教育质量分析的可信度。正因为如此，陶行知于1923年为出席万国会议所写的《中国之教育统计》，就是一篇优秀的教育调查报告。它既是对当时中国教育现状最为可靠的第一手统计资料，又是留下来的最为珍贵的、有价值的史料。陶行知是把统计方法作为教育调查的重要工具，认为“无斧不能砍木，无剪不能裁衣，无刀不能作厨子，无工具不能作教育的事业”。他指出：“有了统计法我们可以比较，可以把偶然的找出根本原理来，如同望远镜可帮助我们眼睛看的清楚，在材料中可找出一定的线索。所以统计是不可看轻的。”② 他认为，中国

① 《陶行知全集》第1卷，湖南教育出版社1984年版，第250页。
② 《陶行知全集》第1卷，湖南教育出版社1984年版，第295页。

人过去有一个“差不多”的毛病，缺乏数目观念。在他看来，不但学理化的人对于数目要正确，就是学教育的人也要数目正确。他引用孟禄的话说：“中国人对于数目不正确。如若改良中国的教育，非从数目入手不可。”①

陶行知由于运用统计方法进行教育调查，写出了许多数字准确的调查报告和一些观点出新的好文章。他在1931年7月以何日平笔名发表在《中华教育界》第19卷第3期上的《中华民族之出路与中国教育的出路》一文，就是质量优异的范文。他以一位拥有30亩耕地的自耕农为例，由于小孩子生多了，土地随之减少，经过几代后，这位自耕农则变成了佃农或佣工。他找出了中国贫穷落后和教育不发达的根本原因，就是由于小孩子生多了，又由于工业不发达所致。他经过调研论证，认为中华民族之出路和中国教育的出路，有下述三条：

一、教人少生小孩子；

二、教人创造富的社会；

三、教人建立平等互助的世界。②

陶行知从人口调查统计入手，分析经济与教育发展的关系，找出了中华民族和中国教育发展存在的问题和出路，具有重要的社会意义。这一论断，早在20世纪30年代就已提出，时至今日，仍然有着重要的参考价值。文章贵在出新，陶行知文章能够出新，其中的奥秘就在于他的文章不是空想出来的，不是抄人家的，而是运用统计方法，经过认真调查，分析研究，得出的有创新价值的结论。

三、运用现代思维智慧，使传统教育理论“过滤”增新

陶行知对教育理论创新，主要是坚持教育试验（实践），进行调查

① 《陶行知全集》第1卷，湖南教育出版社1984年版，第293页。
② 《陶行知全集》第2卷，湖南教育出版社1984年版，第285页。

研究，还有一个重要方面就是运用现代思维智慧，开展教育理论研究。教育理论创新，关键要靠教育试验（实践）和教育调查，但同时必须与教育理论研究紧密结合，方可得到分析整理，形成系统理论。陶行知深知教育理论研究的重要性，而且注重运用现代思维智慧研究，使他能对传统教育理论“过滤”增新。

陶行知运用现代思维智慧研究教育理论，最为常用的是通过现在生活的“过滤法”。他认为，中国传统教育源远流长，鸦片战争以后吸纳了西学，虽然其中存有“老八股”和“洋八股”的糟粕，但也包含有中华民族优秀的教育遗产，因此，“反传统教育也不是反固有的优点”，“反洋化教育的用意并不是反对外来的知识”①。对于历史上的教育经验教训，要采取什么态度加以吸取和利用呢？他主张对于历史上的教育经验教训“必须通过现生活，从现生活中滤下来，才有指导生活的作用”②。他的取舍原则是，要看这些历史上的经验教训是否能够适用于现代生活，不在于人们认为是新或是旧。他于 1921 年下半年参加了制定新学制的讨论会，他对于制定新学制的态度是：“至于外国的经验，如有适用的，采取他；如有不适用的，就回避他。本国以前的经验，如有适用的，就保存他；如不适用，就除掉他。去与取，只问适不适，不问新与旧。”③ 陶行知所说的“适不适”，就是要求新学制能够适合中国国情和当时教育改革的需要。他认为：“只有透彻地研究自己的需要与问题，才能确有把握地制定出一套真正适合中国国情并为中国服务的教育制度来。”④

陶行知主张制定新学制要适合中国国情的思想，是他从实际出发，实事求是的体现。他从中国当时贫穷落后的实际考虑中国的教育改革问题，反对因循保守和照搬外国的做法。他曾说：“苟不实事求是，详加

---

① 《陶行知全集》第 3 卷，湖南教育出版社 1984 年版，第 338 页。
② 《陶行知全集》第 3 卷，湖南教育出版社 1984 年版，第 27 页。
③ 《陶行知全集》第 1 卷，湖南教育出版社 1984 年版，第 191 页。
④ 《陶行知全集》第 1 卷，湖南教育出版社 1984 年版，第 510 页。

审谛，惟就前人之说以遵循之，则教育终无大昌之时也。至于徒袭外人之余绪，而不思自己有以考察之，亦可以自反矣。”① 实事求是，从实际出发，本属于现代思维的唯物主义范畴，而陶行知早在1918年10月就能应用这种观点从事教育研究，实属难能可贵。他的这种实事求是的现代思维方法，是只问“适不适”，不论所谓的新与旧的。正如他所说：“旧的未必一定就坏，新的也并非必定就好。”② 教育是有历史性和继承性的，标新立异未必就是好，并不一定能够增新。陶行知的这种实事求是的继承增新观点，是现在教育理论创新中值得关注的重要问题。

陶行知经常用逆向思考方法研究教育问题，对传统教育理论转换角度分析，有助于使教育理论继承增新。他在晓庄师范创立的生活教育理论，不可否认教育试验（实践）是教育理论创新的物质基础，但是如果不是陶行知运用现代思维智慧，进行逆向思考研究，生活教育理论就难能成为系统的教育理论，因为难于发现“教育即生活”原理中有不足之处，以致会与生活教育新理擦肩而过。他本来是陪伴杜威的“教育即生活”和“做中学”教育理论由美归国的，并经过八年的宣传推广，后来经验告诉他“此路不通”。他是“在山穷水尽的时候才悟到‘教学做合一’的道理。所以，‘教学做合一’是实行‘教育即生活’碰到墙壁把头碰痛时所找出来的新路，‘教育即生活’的理论，至此乃翻了半个筋斗。实行‘教学做合一’的地方，再也不说‘教育即生活’”③。他经过研究，认识到杜威的“教育即生活”是将社会生活引入学校，是模拟生活，所以容易弄假，于是他逆向思考，将“教育即生活”翻了半个筋斗，改变成为“生活即教育”，让学生在学校中就过真正的社会生活，成为新理。由此可见，陶行知创立生活教育理论，是他运用现代思维智慧，逆向思考，使他能够继承增新，起到了关键作用。陶行知

① 《陶行知全集》第1卷，湖南教育出版社1984年版，第76页。
② 《陶行知全集》第3卷，湖南教育出版社1984年版，第511页。
③ 《陶行知全集》第2卷，四川教育出版社1991年版，第7页。

对杜威“教育即生活”理论，逆向求异思考，获得了继承增新，产生了“生活即教育”的新理。从陶行知后来《与柳湜的谈话》中说：“我的生活教育的思想，大半都是从资产阶级、大地主以及老百姓中启发而来的。自然，我的思想，不是抄他们的，他们有的只启发我想到某一方面。有的我把它反过来，就变成了真理。”① 陶行知将杜威的“教育即生活”理论“反过来”，创立了“生活即教育”的新理，这是吸取了杜威重视教育与生活要紧密联系的合理内核，反转语序，将假生活改造成真生活，在继承中增新。陶行知还在此基础上，运用现代思维的系统原理，逐渐将杜威的“教育即生活，学校即社会”和“做中学”加以系统分析论述，变成新的生活教育理论体系，即“生活即教育，社会即学校”和“教学做合一”。

当今社会是信息时代，为了获得教育理论创新，需要向在教育理论创新中有巨大成就的大师陶行知学习，学习和借鉴他运用现代思维智慧，创造性地提出了生活教育论和众多具有出新和增新内容的新教育思想，促进了现代教育理论创新，为培养创新人才服务，为促进有中国特色的社会主义教育事业的发展作出贡献。要在教育理论中创新，必须坚持运用唯物辩证的思维方法论，落实科学发展观。同时，还要善于吸纳和运用现代教育思维智慧，海纳百川，与时俱进，促进教育理论的不断创新、出新和增新。

（注：该文是作者于 2006 年 10 月出席南京晓庄学院庆祝建校 80 周年举办的“陶行知与当代教育高层论坛”送交的论文，论坛由中国陶行知研究会和江苏省陶行知研究会主办。该文作为大会主题报告，受到热烈欢迎②。）

---

① 《陶行知全集》第 3 卷，湖南教育出版社 1984 年版，第 609 页。

② 徐莹晖：《“陶行知与当代教育高层论坛”综述》，《南京晓庄学院学报》2007 年第 5 期。

学习借鉴陶行知教育思想全面推进素质教育

中共中央、国务院于1999年6月发布了《关于深化教育改革全面推进素质教育的决定》。这是对我国培养和造就21世纪新人，构建有中国特色的社会主义教育体系的战略决策和指导方针。怎样才能更好地贯彻执行这一具有历史意义的决定，关键要靠全党全民和学校师生认真领会，身体力行；同时如能学习和借鉴陶行知教育思想，对贯彻执行决定将会更有补益。陶行知教育思想与当前提倡的素质教育就其实质来看是相一致的，都坚决反对“读死书，死读书，读书死”的应试教育，主张教育与生活、与社会、与劳动相结合，实施普及教育、全民教育、全面教育，终生教育，充分发展人的素质与才能，使学生成为全面发展的劳动者和专门人才。陶行知教育思想体现了人民大众教育的规律性，是人民教育家陶行知一生从教的经验教训结晶和理论上的升华，值得教育工作者学习和借鉴。正因为如此，江泽民总书记号召“学习陶行知教育思想，促进教育改革”，李岚清副总理也指出，“以陶行知先生为楷模，为办好我国全民素质教育作贡献”①。

陶行知教育思想博大精深，包容宏富，本文仅就下列几个主要方

① 王光宇：《在安徽省陶研会芜湖暨镜湖实验区素质教育现场会上的讲话》，《中国陶行知研究基金会会讯》第124期，第9页。

面，作粗略介绍。

一、对于培养目标，要阐明旨在提高素质的思想内涵

陶行知先生为防止对他提出的培养目标有误解，特别重视阐明与传统应试教育目标在培养人素质上有不同的界限。一是指出生活教育是“不教人升官发财”。当统治者，做“人上人”“只教中国民众起来做主人，做自己的主人，做政府的主人”。这种主人，“即使有人出来做官，他是要来服侍农人和工人”的①，他是工农的服务员，是“人中人”。②他的教育目的是“教人做人”“学做真人”“追求真理做真人”。二是指出所要培养的“人中人”“主人”“真人”，在品德素质方面，既要具有健康的体魄，科学的头脑，艺术的兴趣，改造社会的精神，更要具有真善美的品德。他反对他的二儿子陶晓光搞假证书、假学历，告诫说，“要追求真理做真人”，“坚持‘宁为真白丁，不作假秀才’”③。他要培养的是能够在“劳力上劳心”，在德、智、体、美、劳等方面得到全面发展的人。

陶先生注意从素质要求上对生活教育培养目标与传统应试教育目标有不同的阐释，对于当前全面推行素质教育有很大的启示。因为长期受传统应试教育不良的影响，有些人头脑中已根深蒂固，仍从传统应试角度看待现在的培养目标，“歪嘴和尚念歪了经”。现在需要以素质教育思想为指导，对培养目标要予以明确的内涵，防止发生歧义：一是要指明“社会主义事业的建设者和接班人”，是为社会主义事业服务的公民，是人民中的普通一员，与应试教育那种读书为了做官有根本性质的

---

① 《传统教育与生活教育有什么区别》，《陶行知教育论著选》，人民教育出版社 1991 年版，第 401 页。

② 张国良：《再论我所知道的陶行知先生》，《行知研究》1994 年第 11 期。

③ 《追求真理做真人——致陶晓光》，《陶行知全集》第 5 卷，湖南教育出版社 1984 年版，第 700 页。

不同；二是不能为应试而施教，而要使学生在德、智、体、美、劳诸方面素质得到全面发展，成为21世纪所需要的具有社会主义觉悟、健康体魄，高度文化素养和能够遵纪守法的社会主义事业的建设者和接班人。

二、在教育内容上，既要面向全体学生进行全面教育，又要重视特殊才能素质的培养

在陶行知看来，生活教育内容不是应试需要什么教什么，而是以人们生活需要为内容。由于生活是全面的，每个人都要过生活，所以要给予每个学生全面的生活教育。他认为，人类生活有健康，劳动，科学，艺术和改造社会等生活，就要进行健康、劳动、科学、艺术和改造社会等方面的教育。他提倡的全面教育，是“心、脑、手并用。学政治、学经济、学文化相结合”①。他在育才学校开展的“每天四问”就是向每个学生进行全面教育的一种具体实践。他要求每个学生每天要问自己四问：第一句，我的身体有没有进步？第二句，我的学问有没有进步？第三句，我的工作有没有进步？第四句，我的道德有没有进步？②

陶先生在进行全面教育的同时，还特别重视发展学生的特殊才能，主张将一般的基础教育与特殊的基础教育相结合。育才学校的教学内容就是这样安排的，不仅有统一的课程表，分班向全体学生进行文化基础教育，还按学生特有的才能，分成音乐、戏剧、绘画、文学、社会、自然科学等六个专业组，进行特殊的基础教育。陶先生将生活教育与创造教育、全面教育与特殊才能教育结合起来了，使学生的素质和才能都得到了发展，出现了教育奇迹。到育才学校讲授过通史课的著名历史学家

① 《全民教育》，《陶行知教育论著选》，人民教育出版社1991年版，第615页。
② 《每天四问》，《陶行知全集》第3卷，湖南教育出版社1984年版，第464页。

翦伯赞对此大加赞赏："十几岁的孩子……能够自己作曲，作歌；能够写生，速写；能够画出星宿的图谱。"①

现在全面推进素质教育，应学习和借鉴陶行知教育思想，需要既注意面向全体学生使他们受到全面教育，同时还要注意培养每个学生的特殊爱好和才能，全面发展他们的素质与才能。

三、在教育方法和组织形式方面，要使学校与社会生活紧密联系，实行"教学做合一"的教学方法

陶先生反对传统的学校与社会相脱离的教学方法和组织形式，主张拆除学校与社会相隔离的围墙，以社会生活场所的农场、工厂、商场等作为大课堂，实行"教学做合一"。他认为："教的法子要根据学的法子，学的法子要根据做的法子"②。他反对学生读死书、死读书、读书死，主张读活书、活用书，用书活；反对填鸭式教学方法，把文化知识像填鸭一样填给学生，主张将开发文化宝库的钥匙交给学生。他认为文化钥匙最重要的有国文、外国语、数学和科学方法四把。他还非常反对传统应试教育的考试方法和会考制度，认为那种考试只是考的书本知识，而会考对学生的损害更大。"赶走了脸上的血色，赶走了健康。"因此，他呼吁："停止那毁灭生活力之文字的会考，发动那培养生活力的考试。"③ 在这里，陶行知先生并非不要考试，只是反对仅考书本知识，而且考试过滥，而认为应采用可以考核实绩的考成。他主张应用可以考核实绩的考成方法，代替仅能考核书本知识的传统考试方法。他更反对束缚学生自由思考的死记硬背方法，主张"把小孩子的头脑，双

① 《记古圣寺》，《行知研究》安徽省陶行知教育思想研究会 1984 年版，第 26 页。

② 《教学做合一》，《陶行知全集》第 2 卷，湖南教育出版社 1984 年版，第 42 页。

③ 《杀人的会考与创造的考成》，《陶行知全集》第 2 卷，湖南教育出版社 1984 年版，第 676 页。

手、嘴、空间，时间都解放出来”①，后来又加上解放眼睛，称之为“六大解放”。总之，他认为：“教育方法要采用自动的方法，启发的方法，手脑并用的方法，教学做合一的方法，并且要使学生注重全面教育以克服片面教育。”② 陶先生实行全面教育，培养学生素质和能力方法，有一个重要特色，就是教育与生活相联系、与生产劳动相结合。他在办晓庄师范学校时，非常注意让学生参与学校工作管理，参加力所能及的生产劳动。像文牍、会计、庶务等“一切操作，都列为正课，由学生躬亲办理”③。设立了很多与生活联系紧密的课程，诸如“科学的农业教学做”“基本手工教学做”“征服天然环境教学做”等。陶先生为使学生得到全面发展他们的素质和才能所采取的教育形式和教学方法，对于我们今天全面推进素质教育，具有最好的启迪和借鉴的现实价值。

四、从师生双边活动看，要大力提高教师素质

陶行知认为，教师必须“以教人者敬己”，就是说，要想提高学生素质，教师必须自己率先垂范。在师生双边活动中，虽然是双边互动关系，可教师处于主导位置。一切方针政策和道德知识，都要靠教师向学生启示与灌输；再好的教学原则方法，也只有采用它才能发挥作用。因此，陶行知非常重视教师修养，论述极其丰富，如能对其认真学习和借鉴，定会有助于提高教师素质。陶行知限于所处时代，还未能采用教师素质词语，但他所论教师的品质修养，实际上包容了教师素质内涵。就其中可体现为对教师素质要求的，概括起来。主要有以下几个方面：

首先，要有献身教育事业精神。他有一句名言：“捧着一颗心来，

---

① 《创造的儿童教育》，《陶行知教育论著选》，人民教育出版社 1991 年版，第 597 页。

② 《小学教师与民主运动》，《陶行知教育论著选》，人民教育出版社 1991 年版，第 637 页。

③ 《试验乡村师范学校幼稚师范院简章》，《陶行知全集》第 2 卷，四川教育出版社 1991 年版，第 403 页。

不带半根草去。”① 他认为，教师能抱着这种精神教导学生，“总是不会错的。”他主张教师献身教育，应体现在敬业上。教师应“认定教育是大有可为的事”②，并且要有服务乐业精神。陶行知指出：“一定要看教育是大事业，有大快乐，无论做小学教员，做中学教员，或做大学教员，都是一样的。”他不仅是这样主张，也是这样做的。他于 1917 年留美归国，在南京高师任教务主任、教授，年轻有为。但当他认识到乡村教育重要后，于 1927 年 3 月，则毅然放弃教授尊荣职位，脱下西装革履，穿上布衣草鞋，到南京市郊的劳山脚下，创办了晓庄师范学校。他白手起家，开荒建校，筚路蓝缕，追寻中国新教育的曙光。一般人以为到乡下办学很苦，他却感到很快乐。他在家信中写道：“在乡村师范工作，快乐得像活神仙一样。”在他看来，教师要为教育事业献身，不应是偶然的行动，而必须树立起坚定信念，终身从事教育事业，永不动摇。他自己就是这样的典型，请他去当教育厅长、大学校长，他不就任，而坚持办学，而且学校越办越小，职位待遇越来越低。如果说办晓庄师范学校属中等教育，而后来办育才学校，招收的是难童孤儿，就是属于寄宿小学和难童孤儿院了。但他为教育献身精神矢志不渝，鞠躬尽瘁，死而后已。今天，学习和借鉴陶行知为教育事业献身的品德素质，对于广大教师是具有现实意义的。

其次，要热爱学生，有甘为骆驼的品德。陶行知奉行的格言是“爱满天下”，认为“真教育是心心相印的活动”。他特别赞扬武训那种乞丐兴学精神，认为是“为了苦孩甘为骆驼”。他主张热爱学生，要对学生一视同仁，不以家庭门第、衣裳面貌以及个人好恶以别亲疏。他为挽救难童中有才能的人才幼苗，使他们不致枯萎，创办了育才学校。他像慈父般关怀难童生活，想方设法为难童增加营养。买不起肉就设法买些

① 《陶行知全集》第 5 卷，四川教育出版社 1991 年版，第 235 页。

② 《试验乡村师范学校幼稚师范院简章》，《陶行知全集》第 2 卷，四川教育出版社 1991 年版，第 184 页。

猪血、黄豆吃。冬天缺寒衣，他去募集，穿在难童身上暖在心里。他爱护学生特别反对体罚学生，警告说："你的教鞭下有瓦特，你的冷眼中有牛顿，你的讥笑中有艾迪生。"今天的教师，应以陶行知为榜样，热爱学生，为人师表。

最后，要学而不厌，诲人不倦，千教万教教人求真。陶行知非常赞赏孔子的名言："学而不厌，诲人不倦。"他希望教师能把这两句话，作为自己职业修养的信条。他深信："教师必须学而不厌，才能诲人不倦。"在他看来，教师必须天天学习，才能常教常新，有教学之乐而无教学之苦。

教师学而不厌的目的，是为对学生的诲人不倦。他后来对诲人不倦进行了具体解释，就是要"千教万教教人求真"。教导学生达千遍万遍也不知疲倦，为的是追求真理，培育真人。所谓真人，就是要有为真理献身的大丈夫气概，具有广博的真知识、真本领，并能为人民大众谋福祉的新人。教师诲人不倦精神，在教学方法上的集中体现，就是对学生循循善诱，采取启发式教学。他指出："注意启发，使小孩子接受教育的时候，有求学之乐趣，而无不必要之恐怖和烦恼。"他认为循循善诱，要动之以情，晓之以理，授之以方。动之以情，能够唤起学生学习的兴趣。"学生有了兴味，就肯用全副精神做事体"。在晓之以理、授之以方方面。他总结出很多良好的方法。他认为做学问一定要坚持"五个字"，即"一""集""钻""剖""韧"。"一"，就是研究问题的心境要专一；"集"，就是要广泛搜集与所研究问题有关的材料；"钻"，就是钻进去弄清问题的根源奥妙；"剖"，就是剖析所有有关的材料，分清真伪主次；"韧"，就是坚持韧性战斗，不把问题解决了绝不罢休。

提高教师素质，就要像陶行知那样，主张教师能有"捧着一颗心来，不带半根草去"献身教育事业精神；具有热爱学生，甘为骆驼的品德；还要有学而不厌，诲人不倦，"千教万教教人求真"的自学能力和教学作风。我国正处在改革开放的新时期，需要培养有理想、有道德、有文化、有纪律的新人，而这种新人其实也正是追求真理、为真理献身的真人。我们要以陶行知为师，要借鉴陶行知教育思想，大力提高教师素质，使素质教育在教育的各个领域得全面推进，使我国教育通过深化教育改革出现崭新面貌，为“科教兴国”和培育 21 世纪建设者和科技人才作出重大贡献。

区域教育史辑要

湖北教育近代化概述

中国传统的儒学教育，到了晚清，遇到了西学东渐的挑战。英帝国主义恃其坚船利炮，发动鸦片战争，打开了闭关自守的中国大门，西学随之潮水般涌入。湖北是中国传入西方文化最早的省份之一。1858 年 6 月 26 日，清政府被迫与英国签订《中英天津条约》，规定“自汉口溯流至海各地，选择不逾三口，准为英船出进货物通商之区”①。自此汉口成为通商口岸之一，外国传教士、外商等纷纷来鄂，开办工商企业修建教堂、兴办学校，武汉成为中外客商云集的繁华商埠。与此同时，也给湖北带来了西方近代文明。湖北教育就是在这样的背景下，步入近代化轨道的。

一

湖北教育近代化是湖北自古以来前所未有的运动。秦汉以后，湖北在中华“大一统”文化氛围中，文化教育与其他省份一样，成为了清一色的儒家文化。进入近代社会后，一方面出于列强的压力，一方面出于对西方文化教育思想与制度的适应和对腐朽空疏的封建儒学及文化教育改革之需，湖北对西方文化教育在一定程度上予以有选择地吸收，而

① 《中英天津条约》，《中国通史参考资料》（近代部分）上册，中华书局 1980 年版，第 119 页。

又在一定程度上对儒学及传统文化教育进行了改革，湖北教育近代化就这样起步了。

湖北教育近代化自起步后，便露出近代新教育的端倪：渗进了民主化、科学化的成分，普及教育愈来愈受到重视；西方的科学文化知识在教学内容中的比重日渐增大；学校基本上完成了向集体化教育、班级授课制、学年制的过渡、无论是管理思想还是管理措施，都有了较大的更易。过去，教育目标不外乎“化民成俗”和“明人伦”，而在湖北教育近代化进程中的教育目标，则或多或少出现多样化、个性化趋势。可以如是说，湖北在教育近代化进程中，在逐渐抛弃封闭型的旧教育，向西方新教育靠拢。譬如，为了开启湖北教育近代化之新风气，湖北将创办外语学堂作为引进西学的先导。1893 年 11 月，奏设湖北自强学堂于武昌，这是湖北兴办的第一所新式学堂。湖北当时的督抚认识到：要自强求富，仅凭掌握外文工具是远远不够的，还必须通算学、机械制造之学等。受恭亲王奕䜣奏呈京师同文馆增设天文算学馆（1866 年 12 月）的启发，湖北不失时机地在 1892 年 6 月创设了湖北矿务局工程学堂；于 1898 年秋创设湖北农务学堂等一大批实业学堂。

湖北教育近代化起步较早，新学制雏形的形成亦较全国各地为先。早在“癸卯学制”公布以前，湖北所创办的各级各类学堂“星罗棋布”，已经形成了系统。根据张之洞（1837—1909）在 1902 年 10 月奏呈的《筹定学堂规模次第兴办折》中所述：在湖北省城设有高等小学堂 5 所，分为东西南北中五路；中学设有文、武普通中学堂两所；设有文、武高等学堂各一所，文高等学堂即两湖高等学堂，武高等学堂即武备学堂。虽未设大学，但学生于文、武高等学堂毕业后，可送入京师大学堂深造；按规定还可出洋游历一年或送到日本留学。此外，设有师范学堂和速成师范学堂，并设有农务学堂、工艺学堂和外语学堂。湖北兴办新式学堂，在张之洞于 1903 年到京参加制订“癸卯学制”之前，已在教育实践中初步形成了体系。

学习西方教育近代化的经验，百闻不如一见。湖北在留学生派遣的时间上，是在甲午战争前后，虽不算很早，可是派遣留学生数量之多，却逐渐为各省之冠。1892 年湖北派出工近 10 名，赴比利时学炼铁。光绪二十二年，湖北又派出一名公费留日学生戢翼翚，为清政府第一批公派赴日留学的 13 名留学生之一。光绪二十四年，湖北省派出 20 名留日学生学习陆军，其中有吴禄贞（1880—1911）以及铁良（1863—?）、文华等人。从 1899 年起，湖北派遣赴日留学生几乎没有间断，数量越来越多，到 1906 年上半年已达 1366 人，占全国留日学生总数 5418 人的 1/4，居各省之首。1903 年 3 月，湖北从各学堂中选拔学生，奏派赴德 8 人、美 10 人、俄 4 人；12 月，又奏派赴比利时留学 24 人；次年 2 月，继续派遣学生赴美 2 人、法 10 人、德 13 人、比 23 人。

总之，湖北在教育近代化进程中，引进西方的教育思想与措施及对传统教育的改革，在许多方面是开风气之先的，走在各省的前列。

二

湖北教育近代化的历史舞台，是在中原富庶膏腴之地的长江中游数十县市的这片热土上。作为政治、经济、军事、文化中心的省城武汉，可说是湖北教育近代化的策源地。武汉以外数十县市的教育近代化运动，均为武汉所推展。在湖北教育近代化运动中，武汉充分发挥了“九省通衢”大都市的综合辐射功能。

在湖北教育近代化历史舞台上，扮演了一幕幕活剧的，是数百万饱经沧桑、忍辱负重的荆楚人民。汉口、宜昌、沙市的相继开埠，湖北人民实际上已被卷入近代化运动之中，但是，这一幕幕活剧编剧、导演者，是一批封建官吏及其幕僚。他们身居统治阶级要位，尽管食有鱼，出有车，但目睹中国将要被瓜分豆剖、亡国灭种、沦为列强殖民地的窘境，为了维护即将灯干油尽的清王朝统治，不能不思有所作为，不能不思学习列强的技艺、教育及某些管理制度，奋发图强，达到克敌制胜、图谋富强的目的。

湖北教育近代化的设计者、推进者们，兴办湖北近代教育及其他事业的旨意，虽然是为了维继日趋腐败没落的清王朝统治，但是无数历史事实证明，个人与历史存有二律背反关系。在某些特定的历史空间之内和历史舞台之上，某些历史人物与一系列历史运动甚至整个时代，存在着多重复杂、紧密难析的种种关系，他们的素质、行动、思想、情感、健康及平生事业的影响，都会产生超越于个别意义之上的重大而长远的效应。这也许是这些历史人物所始料不及的，或者可以用“种瓜得豆”取譬，表述他们的动机与效果大相径庭吧。正如列宁所言：

> 历史必然性的思想也丝毫不损害个人在历史上的作用，因为全部历史正是由那些无疑是活动家的个人的行动构成的。①

湖北教育近代化的设计者、推进者们，就其目的而言，是为了挽救清王朝免于走向灭亡，是违背历史发展方向的，是不足挂齿的，但他们在19世纪之末、20世纪之初，对于湖北人民，也是中国人民所面临的爱国御侮、自强求富的前途命运问题，不是通过争吵不休的讨论，而是采取脚踏实地地践履，借教育近代化推进湖北近代化，向全国人民展示了教育近代化的实绩。当然，这种实绩，虽然不是人们所理想的，但也不要苛求他们，作为一些封建官僚能够做到这一步，也可算无可厚非了！

湖北的教育近代化实绩，并非一人一时之功。但湖广总督张之洞却是这场近代化运动的设计者、推进者，应居首功。此外，也与几位与张之洞配合默契的官员如端方（1861—1911）、梁鼎芬（1859—1919）、蔡锡勇（1848—1896）等，有着至关重要的关系。道理十分简单：前无古人、后启来者、气势不凡、规模宏大的湖北教育近代化事业的铺成与展开，单靠一个人的力量是远远不够的。在“湖北新政”的框架之

① 《什么是“人民之友”》，《列宁全集》第1卷，人民出版社1955年版，第130页。

内，中层决策集团的行为导向，是一个不容忽视的问题。对于张之洞和中层决策集团的作用，在《世纪末的兴衰》一书中有这样的评论：

> 作为湖广总督，他对“湖北新政”实际发挥的作用与影响是决定性的，无人能够企及。然而……他所开创的崭新事业，得到了来自不同方面的支持、同情、赞助，凝聚着无数人的智慧、勤劳、心血。其中，他主持、领导的中层决策集团扮演了重要角色。①

湖北教育近代化设计与推行集团，是以张之洞为首，由两部分人组构：一是偏重谋划的智囊班子。张之洞注意网罗学有专长的名儒硕彦与俊杰之士，如杨守敬（1839—1915）、张裕钊（1823—1894）、樊增祥（1846—1931）、辜鸿铭（1856—1928）、王葆心（1867—1944）、黄绍箕（1854—1908）等。张之洞注意发挥他们谋划的事功作用，他的许多奏折、公牍多出自这些幕僚之手。甚至于轰动一时载有厚誉的《劝学篇》，相传就是由张授意、黄绍箕捉笔并呈进光绪帝和慈禧太后的。二是偏重推行的“内圈实力派”。湖北教育近代化推进人士，大多是与张之洞的思想接近或一致的湖北官员。其中较为突出的有思想开明、力倡新政的湖北按察使陈宝箴（1831—1900）；有对儒学情有独钟而又不阿谀逢迎的武昌知府梁鼎芬；还有任过张之洞的洋务委员，负责筹办汉阳铁厂、湖北枪炮厂、湖北织布局、湖北武备学堂的道员蔡锡勇；此外，还有慈禧宠臣、湖北巡抚、曾一度兼署湖广总督的端方。

湖北成为全国地方教育近代化的“示范省”，张之洞集团的其他成员之功不可湮没。譬如，端方便是湖北教育近代化的得力推行者。张之洞离鄂后的通省事务，均委湖北巡抚端方兼代。端方是满洲正白旗人，主张改革，重视教育。他表示：“兼署督篆以来，即专以兴办学堂、考求推广为事。”在其治下，张之洞举办的各级各类学堂，“均已次第修

① 陈钧、任放：《世纪末的兴衰》，中国文史出版社1991年第1版，第358页。

改学舍，招考学生，一律开学"①。1903年8月，经张之洞批准，由端方经手操办，创设了湖北幼稚园，聘请日本女师为保姆。这是中国近代官办的第一所幼稚园。他还在省城城关内外分设60所初等小学，督促将各道府师范学堂设齐。此外，他特别重视为荆州驻防改旧学创新学：将原有辅文书院改为中学堂，将义学改成小学堂，将牛录官学改为蒙养学堂，并对"其聪颖者选送省城高等普通各学堂肄业，并派往东西各国游学"②。

张之洞奉旨赴京参与制订《奏定学堂章程》期间，端方兼理鄂督，大力推进湖北近代留学教育。在续派学生留日的同时，目光逐渐转向欧美各国。端方有识见地看到，"中国人士怵于日本之自强，往往径赴东洋游学"，"实则日本学制亦皆步武泰西"。他还指出："从前在欧美游学之人，其得有卒业文凭者，大半学问精深，心术纯正，颇多可用之材。"③ 端方的鼎力筹办，在1903年3月到1904年2月的不到一年时间内，先后三批遣派学生赴德、美、俄、比诸国留学，共派出学生81人④。

综上所论，一言以蔽之曰：湖北教育近代化是集体智慧的结晶。

三

对湖北教育近代化的起讫年代，作一明确界定是十分必要的。

本来，历史本身是前后连续的过程，很难一刀两断。特别是传统思想与近代化的关系，是很难截然分开的。在研究教育近代化的问题时，必然要牵扯到与传统教育的关系问题。而在处理这一矛盾关系时，不难

---

① 《学堂筹建完备折》，《端忠敏公奏稿》第2卷，台湾文海出版社1904年版。

② 《荆州驻防学堂情形片》，《端忠敏公奏稿》第3卷，台湾文海出版社1904年版。

③ 《奏派学生前赴美、德、俄三国游学折》，《约章成案汇览》乙篇卷三二下，1905年版。

④ 《奏派学生前赴比国游学学折》，《约章成案汇览》乙篇卷三二下，1905年版；《续选学生实习实业折》，《端忠敏公奏稿》卷三，台湾文海出版社1904年版。

发现，教育近代化与传统教育并不是水火不相容的，相反它们之间存在某些包容关系。质言之，如果剔除传统教育中那些腐朽、没落、陈旧、空疏的内容，其中那些“生生不息”的东西，本身就是近代化教育应予吸收的因素。

但是，为了研究的方便，为了更准确地把握教育近代化的特征，界定教育近代化的起讫年代问题，便是必要的，也是不可避免的。既然如此，应确立什么是湖北教育近代化发轫的界标呢？应该说，以汉口开埠作为湖北教育近代化的标尺，是比较妥当的。因为汉口开埠前后，几乎可判若两个时代。湖北教育的许多近代化因素，是在汉口开埠后产生的。1858 年 6 月以后，传教士自西而来，“一石激起千层浪”，给湖北教育与文化带来一系列变化，这些变化是以前未曾有过的。

关于湖北教育近代化的迄止时间，湖北与其他省区有所不同。湖北教育近代化运动终止的时间，与辛亥革命同步。辛亥革命以后，这场运动戛然而止，湖北教育纳入全国一体化轨道，丧失了个性，“教育示范省”的光环黯然消退。这一场区域性的教育近代化运动，就这样未果而终。

湖北的这场教育近代化运动前后历经 53 年。这半个世纪的光景，根据教育近代化的深度和广度，可分三个阶段，即一，从 1858 年汉口开埠到张之洞 1889 年担任湖广总督，是湖北教育近代化的酝酿期；二，从 1889 年到 1901 年“湖北新政”前，是湖北教育近代化的兴起与推进期；三，从“湖北新政”到辛亥革命，这是湖北教育近代化的高潮及消退期。

湖北教育近代化运动的这三个阶段，具有以下特征：其一，酝酿准备的时间特别长，竟达 31 年之久。其间虽然办了一些学校，但这些学校明显带有新旧交替的特征，新教育、近代化教育的因素，在潜滋暗长，这个量变的过程十分缓慢。其二，兴起与推进期势头很猛，全省近代性质的学校、文化教育机构如雨后春笋，“星罗棋布”于各地，一跃而成为全国“教育示范省”。其三，高潮时期以辐射面广、深刻见长于世。

湖北教育近代化并未取得完全意义上的成功，相反留下很多遗憾。它本身存在着神秘、诡奇和诱惑，也存在着巨大的思考空间与深厚的历史积淀。从某种意义上说，对湖北教育近代化这一并未完全成功的试验研究，其魅力往往比对成功者的研究更能诱惑人们呢！

湖北教育近代化发轫前的教育

清末教育改革前的湖北教育是湖北教育近代化的基础。高楼万丈从地起，湖北教育近代化离不开原有传统教育的实际，也离不开湖北的社会历史环境。全面地了解清末教育改革前的湖北传统教育和社会历史环境，对于研究和认识湖北教育近代化是非常必要的。因为湖北教育近代化正是建筑在湖北传统教育的基础之上。

一、惟楚有才，湖北教育往昔的繁盛

湖北省简称鄂，地处长江中游，洞庭湖之北。省内有长江和汉水冲积而成的江汉平原，湖泊星罗棋布，物产丰饶，为鱼米之乡。

湖北省历史悠久，早在公元前三四千年的新石器中期，武昌、汉阳等地，“就有人类居住和生息”①。湖北为楚文化的发祥地，在春秋战国时期，楚国便发展成争霸者的“七雄”之一。秦置南郡，汉称荆州，武昌古名江夏，武昌、汉阳到汉末三国初始建城邑。元时设湖广行省，省会置于江夏。汉口称夏口，原为汉阳的组成部分，明代因汉水改道才分为两地。清朝置湖北省，南京政府建立后，武昌、汉口、汉阳三镇才合称为武汉。武汉有“九省通衢”之称，为长江、京汉铁路的水陆交通枢纽。

① 皮明庥：《武汉近百年史》，华中工学院出版社1985年版，第4页。

（一）荆楚胜迹，人才辈出

清代中叶教育家洪亮吉（1746—1809）曾作《春秋时楚国人文最盛论》一文，对荆楚文教之盛赞不绝口：

> 春秋时人材惟楚最盛。其见用于本国者不具论，其波及他国者，蔡声子言之已详，亦不复述。外此，则百里奚霸秦，伍子胥霸吴，大夫种、范蠡霸越，皆楚人也……其后，即诸子百家，亦大半出于楚……至词赋家则又原始于楚，屈原、唐勒、景差、宋玉诸人皆是。盖天地之气盛于东南，而楚之山川又奇杰伟丽，足以发抒人之性情。故异材辈出，又非仅和氏之璧、随侯之珠与金木、竹箭、皮革、角齿之饶所得专其美矣。①

荆楚文化教育在华夏文化中，占有极其重要的地位。

湖北为中华腹地，物华天宝，人杰地灵，自古文教发达，人才荟萃，史有“惟楚有才”之誉。清末督鄂长达20多年的张之洞，称赞“两湖地方，人才素盛，名贤辈出”。湖北如屈原（约前340—约前278）、张居正（1525—1582）、李时珍（1518—1593）……可谓群星璀璨。从清朝湖北生员科举会试及第者的情况来看，张之洞之誉绝不为过。

据有关材料记载，清朝科举考试共举行112科，包括恩科及补行某科，共录取湖北进士1304人，其中通榜进士及翻译进士36人，平均每科录取11.72人。

从湖北各州县比较来看，112科中以黄冈最多，有（文）进士133人。在112科（次）中，中状元的有3人，即：黄冈刘子壮（顺治六年己丑科会试），天门蒋立镛（嘉庆十六年辛未会试），蕲水陈沆（嘉庆二十四年己卯恩科会试）；榜眼5人，即：汉阳熊伯龙，黄陂刘彬士、

① 李国约：《清代前期教育论著选》下册，人民教育出版社1990年版，第267页。

金国钧，江夏何金寿，孝感余联沅；探花5人，即：钟祥杨炳，黄梅帅承瀛，江夏陈銮，天门蒋元溥，江夏欧阳保极。从1835年乙未科起至1904年甲辰科止，湖北生员中试进士后成为知名人物的主要有：叶名琛、刘心源、张仲炘、余联沅、柯逢时、周树模、杨承禧、姚晋圻、夏寿康、甘鹏云、汤化龙等。

湖北（武）举人参加武会试，除三科未有中试者外，录取的武进士亦为数不少。据统计：

从1652年（顺治九年）壬辰科，至1898年（光绪二十四年）戊戌科，共开105科（其中恩科20科），取录湖北武进士307人（其中3科缺，未录），平均每科2.92人。①

尽管这些有幸金榜题名的，不能说都是人才，但中试者如此之众，却是有深刻历史文化原因的。正如张之洞所言："人材之成，必由学术。"② 而学术的兴盛，必赖乎重教兴学。

（二）官学教育，相对繁荣

湖北素有重教兴学的传统。早在战国时期，楚国都城郢（在今江陵附近），已设有国学，分为大学和小学两级；在郢都以外，楚国大小封建主在自己的封地上设有小学程度的乡学。乡学按当时行政区划分为：闾设望，党设庠，州设序。后因战事频仍，官学衰落，私学随之兴起。譬如，楚庄王曾聘师教太子，楚大夫申叔时提出设春秋（楚国大事记）、世（楚王世系）、诗、礼、乐、令（楚国法令）、语、故志、训典等9门课程，作为教太子的教学内容。秦以后，湖北官学与私学并举。"东汉大学者马融（79—166）任南郡太守时，曾在江陵城西南设堂讲学，生徒前后有千余人。"③ 东汉刘表（142—208）任荆州刺史（后改

① 《湖北省志·教育》，湖北人民出版社1993年版，第29页。

② 《咨南北学院调两湖书院肄业生并单》，《张文襄公全集》卷97，北京中国书店1990年版。

③ 江陵县教育志编写组：《江陵县教育志》，江陵县教育志编写组1984年版，第1页。

为荆州牧）时，“命五业从事宋衷建文学，延朋徒至者三百余人”①。所谓“建文学”，就是设立文科学校；朋徒也就是生徒，达三百人之多，可见其规模很大。

晋时庾亮（289—340）镇守武昌时，特别重视兴学。他设置学官，任命学官，聘请“四府博学识义、通涉文学经纶者，建儒林祭酒，使班同三署，厚其供给”②。他不仅让参佐大将子弟都进学宫受业，也令自家子弟入学。此举受到官民称赞，对湖北教育的发展颇有影响。

隋大业（605—618）以后，尤其唐朝和北宋，湖北官学十分兴盛。到北宋大观（1107—1110）期间，仅江陵府的学生就“达 700 人之多，学校之盛甲于荆湖”③。

对于湖北设学之始，一般溯源于楚国，但据现有史料，考察学宫的设置，“大抵皆溯始于宋庆历”④。据《湖北通志》载，汉阳、黄州、蕲州、德州、安陆等府，均设有府学；江夏、蒲圻、兴国、大冶、黄冈等设有县学，均建于宋。

明清两代地方学校的主体是府州县学。明太祖在 1369 年诏谕天下府州县皆立学。湖北各府州县遵旨皆立学校，礼乐射御书数设科分教，湖北地方教育体制始趋于完备。到湖北教育近代化发轫前的咸丰年间，湖北全省基本实现每府有府学、州有州学、县有县学，不仅巩固了明代形成的地方学制系统，而且学校规模也有一定的发展扩大。据载，全省府、州、县学生员名额迅猛增长。其时情形为：

> 湖北所属府学、大州州学及大县县学均定为 20 名，次等州、县学的名额分 3 等，即 15 名、12 名、8 名，也有少于 8 名的。据统计，全省各府、州、县学附生原定额，岁试共取文

---

① 《学校志一·学官一》，《湖北通志》卷 55，商务印书馆 1934 年版。
② 《礼志一》，《宋书》卷 14。
③ 江陵县教育志编写组：《江陵县教育志》，江陵县教育志编写组 1984 年版，第 1 页。
④ 《学校志一·学官一》，《湖北通志》卷 55，商务印书馆 1934 年版。

生 1135 名，武生 1025 名；科试取文生 1136 名。①

咸丰时，因众州县办理捐输得力，办团练成效卓著，清廷特赠岁试文生武生名额各 427 名，予以奖励。这样文武生岁试定额分别上升到 1562、1452 名。此外，对荆州驻防名额另有规定，即“岁试、科试文生，岁试武生均 5 名取 1 名；翻译（指满蒙文、汉文互译）亦 5 名取 1 名”②。

全省府、州、县学，除附生名额有规定外，对廪膳生与增广生名额也有规定。全省 10 所府学，其中只施南（今恩施市）府学对廪、增生各设 4 名外，其余 9 所各为 40 名；8 所州学，除归州（今秭归县）各 20 名、鹤峰州（今鹤峰县）各 4 名外，其他 6 个州设廪、增生 30 名；60 所县学，其中 54 个县各设廪、增生 20 名，其余 3 所为各 4 名、12 名、8 名，还有 3 所各 2 名。另外荆州驻防设廪、增生各 2 名。统计全省 78 府州县学和荆州驻防学额，“共设廪、增生各 1680 名”③。

作为内地幅员广阔、富庶的地区，区区数千学生，还不能完全说明湖北文教兴盛，但相对于唐宋以来湖北的学额而言，却是一个天文数字。兹列湖北府州县学及学宫一览表（见表 1-1）如下，可见湖北文教兴盛之一斑：

表 1-1 湖北府、州、县学及学宫一览表④

府州县	官学建立时间	学宫建立时间	地址
武昌府	元至元中改军学为府学	宋康定中	府治南黄鹄山下
江夏县（今武昌）	宋就州学别置务本斋，明建县学	明洪武年间	在凤凰山下

① 《湖北省志教育》，湖北人民出版社 1993 年版，第 2 页。
② 《湖北省志教育》，湖北人民出版社 1993 年版，第 2 页。
③ 《湖北省志教育》，湖北人民出版社 1993 年版，第 3 页。
④ 《湖北省志教育》，湖北人民出版社 1993 年版，第 6~10 页。

续表

府州县	官学建立时间	学宫建立时间	地址
武昌县	元至元中改军学为府学，元大德中改为县学	元大德中	城内西隅
嘉鱼县	宋建县学	宋淳熙中	龙潭山麓
蒲圻县	宋建县学	唐武德建，宋绍圣中移建	县治南
咸宁县	宋建县学	宋庆历中	登高峰下
崇阳县	宋建县学	宋	县治北
通城县	明洪武五年建县学	明洪武年间	县治东
兴国	唐有州学，宋立军学，元立路学，洪武九年改为州学	明洪武年间	龙蟠山下
大冶县	宋政和五年建县学	宋政和年间	县治西
通山县	宋庆历四年立县学	宋庆历年间	县治左近圣坊罗霄山麓
汉阳府	宋庆历建府学	宋庆历中	府治西凤栖山麓
汉阳县	明初	明初	南纪门
汉川县	元至元二十六年建县学	元至元二十六年	县治东北
孝感县	宋端平中段	宋端平年间	县治东
黄陂县	明	明洪武初	县治东南
沔阳州	旧为府学，元毁。明洪武九年改建州学	明洪武年间	城内十字街
黄州府	宋宝佑建州学，后改府学	宋乾道中	宋河东书院旧址

续表

府州县	官学建立时间	学宫建立时间	地址
黄冈县	宋	宋	县治东，后移城内东南
蕲水县	北宋	北宋始建，明洪武七年重修	县治东
罗田县	明初	明洪武八年	县东
麻城县	明初	明初	城内朝圣门
黄安县	明嘉靖四十二年建县学	明嘉靖末	县治西稍南
蕲州	元，此前无考	宋乾道八年	麒麟山之阳
广济县	北宋庆历五年建县学	北宋	县治东北
黄梅县	元至元年间	元至元十六年	县治东南
德安府	宋庆历六年建府学	宋庆历年间	府治东
安陆县	明洪武十三年建县学	明洪武年间	城中鼓楼清凤街
云梦县	明洪武中	明洪武年间	县城东
应城县	唐始立，宋复立	唐始建，宋复建	城东门内
随州	元	明洪武十四年因元旧址建	城内小南门
应山县	元	明初因元故址建	城北
安陆府	宋绍兴前	宋绍兴中水圮迁建	应城东南
钟祥县	明万历初仍无专学，学生入府学，康熙末立县学	康熙五十四年建	城内考院旁
京山县	宋崇宁年间	宋崇宁年间	文昌门内
潜江县	元至元年间	元至元三十年水决后建	城内北门

续表

府州县	官学建立时间	学宫建立时间	地址
天门县	宋治平年间	北宋治平中	北门外清河桥
襄阳府	唐垂拱初立府学	唐垂拱元年	府治东南文教坊
襄阳县	明洪武年间	明洪武初	县治南文选坊
宜城县	宋	宋	县治东毓秀山下
南漳县	宋绍兴年间	宋绍兴二十七年	县治东南门内
枣阳县	唐贞观六年立县学	北宋庆历四年，以文庙为学宫	小南门内
谷城县	北宋景祐年间	北宋景祐年间	县治东南，佑圣观右
光化县	宋	宋元符三年重修	城内聚奎街西北
均州	北宋咸平年间	宋咸平中	州治东玉带街
郧阳府	明成化中升县学为府学	明洪武中	府治东北
郧县	明洪武中建郧乡县学	明嘉靖年间	县治西
房县	明洪武八年改州学为县学	明洪武初	城北门内
竹山县	明洪武中	明洪武中	城内西街文献坊
竹溪县	明成化年间	明成化十二年	县鼓楼街
保康县	明弘治年间	明弘治十一年	县治右
郧西县	明成化十三年	明成化十三年	城东北隅
荆门直隶州	元	明洪武二年因元故址重建	南门内

续表

府州县	官学建立时间	学宫建立时间	地址
当阳县	宋以前无考	元至元十四年重建	县署东
远安县	明成化年间	明成化二十二年	县东北隅
荆州府	梁太清元年立州学，明洪武二年将江陵府学改为荆州府学	梁太清元年立庙	府治东南
江陵县	旧在沙市，明洪武迁入城东北	明	县治南
公安县	宋	宋	城内
石首县	宋初	宋初	县西绣林山
监利县	南宋	南宋	县治东
松滋县	宋	宋	县治东
枝江县	宋	宋	县治东南
宜都县	宋乾道年间	宋乾道中	县治东
宜昌府	乾隆初	乾隆初	文昌门内
东湖县	旧为彝陵州学，宋故址无考	宋	东湖门正街
归州	明万历年间	明万历三十六年	城内笃学坊
长阳县	明洪武中	明洪武中	县署东
兴山县	宋	宋	县治东
巴东县	明洪武初	明洪武初	县治左
长乐县	乾隆三十三年	乾隆三年	城东南
鹤峰直隶厅	乾隆年间	乾隆元年	州治东门内
施南府	乾隆年间	乾隆元年	城内象牙山阳
恩施县	雍正七年改州卫学为县学	旧为州卫学，建年不详	南门内
宣恩县	乾隆年间	乾隆五年以土司署改建	城内西街

续表

府州县	官学建立时间	学宫建立时间	地址
来凤县	乾隆三十六年	乾隆五年	城内东街
咸丰县	乾隆年间	乾隆五年	城内西街
利川县	乾隆三十六年	乾隆五年	城东门内
建始县	元大德年间	元大德中	县城西北隅

（三）书院讲学，异军突起

中国书院始萌于唐末五代，大盛于宋。湖北书院的兴盛，也自宋始。据考，宋代湖北书院共有 10 所，即荆门东山、沔阳南湖、黄州河东、蒲圻新溪、夏口东山、黄冈公安、咸宁相山、嘉鱼义学、江陵南阳、鄂州南湖等书院①。此外，据《湖北通志》载，除黄州河东书院和江陵南阳书院重复记载外，还有兴国叠山、沔阳仁凤、光化文忠、公安竹林诸书院②。

元代书院相对于宋，有了进步发展。数量有了增加，规制也有扩大。元代湖北书院共有 23 所：襄阳路 2 所，黄州路 4 所，中兴路 6 所，峡州路 2 所，德安府 2 所，沔阳府 1 所，武昌路 6 所。书院规模也有扩大，如江夏主一书院有庐舍数百间，学田 1000 亩，应城县长庚书院有学田 200 亩③。

明代实行文化专制，不允许知识分子利用书院妄发议论、抨击时弊，导致湖北书院畸形发展。自洪武初到成化的 100 年中，湖北书院沉寂无声，仅建书院 4 所，即：洪武年间的钟祥郢门书院，永乐年间襄阳的鹿门书院，景泰年间城南书院，天顺年间麻城的龙溪书院。修复前代因战争而年久失修倾圮的书院 4 所，即嘉鱼义学书院、咸宁相山书院、

① 罗新：《湖北历代书院考》，《江汉论坛》1988 年第 10 期。
② 《学校志五・书院》，《湖北通志》第 59 卷，商务印书馆 1934 年版。
③ 《湖北简史》，湖北人民出版社 1994 年版，第 226 页。

襄阳隆中书院、鄂州龙川书院。成化到嘉靖年间，由于政治腐败，官学有名无实，为书院的复苏提供了契机，渐渐得以复兴。其中湖北新建的书院计19所，各大府县，均相继设置了书院。嘉靖（1522—1566）以后，王守仁（1472—1528）、湛若水（1466—1560）等一批著名理学家倡私人讲学，统治者对书院的控制也相对松动，湖北书院步入繁荣时期，新建79所，复建4所，共建78所，遍及全鄂各州县。湖北历史较久、影响较大的江汉书院，便是在这时期的万历年间创建的。江汉书院是其时程度最高的书院，数任山长皆为名儒硕彦，如夏力恕、彭久余等。书院教育为其时之盛事。

清初统治者害怕汉人借书院为基地煽动反满情绪，颠动其统治的根基，特制定如下律令：

> 各提学官督率教官生儒，务将平日所习经书义理，着实讲求躬行实践，不许别创书院，群聚徒党，及号召他方游食无行之徒，空谈废业。①

因而，扼制着书院的发展。到1733年清政府才做出提倡书院的姿态，允许诸省在省城设书院，拨银千两为开办经费。此后湖北设立的书院，其山长均由督抚学台礼聘；生员则必须由鄂省道员及布政司考核。私人欲创办书院，则须到官方登记，当局批复后方可。因而清代书院实在是欺世盗名，与官学无本质区别。清代湖北先后共设书院149所，其中新建123所，修复、改建26所②。湖北的这些书院与官学以课试为主，教学与实际严重脱节，衰败迹象昭然。由督抚主持的书院，亦沦为科举的附庸，肃杀萧条，毫无生气。

（四）基层学校，兴旺发达

社学、义学（或义塾）与府、州、县学有密切联系，又有很大区

① 《儒学·学规》，《大清会典》。
② 罗新：《湖北历代书院考》，《江汉论坛》1988年第10期。

别。就学习程度来看，社学、义学（或义塾）一般属于初等教育程度，幼童到入学年龄均可进入，而府、州、县学通常属于中等教育程度，学童要通过县、府、院试取得（附生、增生、康生）资格（俗称秀才）方可入学；只有府、州、县学兴盛，才能带动社学、义学（或义塾）的发达，而没有社学、义学（或义塾）的发达，也就难于保证府、州、县学兴盛的持久性。

湖北乡村设学，有确凿材料可考的，是从元代开始的，元代乡村将50户结为一社，政府规定“每社立学校一，择通晓经书者为学师，农隙使子弟入学”①。于是，湖北有了社学之设。设置最多的有三个县：谷城、江夏两县均设22所，崇阳县设置27所。根据《湖北通志》所载：全省共设社学和义学有252所，现绘制出湖北官私立社学、义学统计表②（见表1-2）：

表1-2　湖北官私立社学、义学统计表

名称	官立	私立	合计
社学	29	16	45
义学（或义塾）	64	143	207
合计	93	159	252

湖北义学不少规制较为健全，使义学能行教书育人之实。如《湖北通志》《蕲州志》对蕲春县蕲州义学有较详细的记载：

> 蕲州义学，道光十八年（1838年）署知州林寿平倡捐建立东西两学，复增建南北两学。道光二十五年，署知州龚桀请裁去北义学，以其束修作本城乡会试宾兴。道光二十六年，知州劳光泰订立章程，三学学师，从蕲州城每届岁试科试诸生中，按其等第先后聘请。义学实存足一千一百五十串文，存典生息。③

① 《新元史·食货志》。

② 苏云锋：《张之洞与湖北教育改革》，台湾“中央”研究院近代史研究所专刊1983年版，第47页。

③ 《蕲春县教育志》，湖北省蕲春县教育局教育志编纂组1987年版，第47页。

湖北义学设置上存在一些问题，因为政府不是强令设置，又要民间筹募资金，因而开办义学积极性不高；正因如此，全省竟有 19 州县无一设置。

湖北在荆州驻防地还设有许多旗人学校，简称为旗学。1683 年满族、蒙古族八旗兵在荆州城驻防。按编制，每 300 人为一牛录（满语，汉译佐领），设一所牛录官学，专门收教驻防八旗兵子弟。1780 年每旗增设 1 所满汉义学，学生二三十人不等，由牛录官学选入。1807 年又设立八旗官学 1 所；后又设八旗翻译义学 1 所。至 1903 年，共有牛录官学 56 所，八旗义学 10 所①。

湖北自古以来，民间对办私塾以教乡里子弟乐此不疲。由于私塾费用少，不讲求规模，简便易行，因此比起义学（或义塾）更为普遍，如同繁星遍布于广袤的荆楚大地。

> 据粗略统计，清末蕲水（今浠水县）有私塾 300 余所，学生 6000 余人；黄安（今红安县）有私塾 300 余所，塾师 712 人，学生 10500 人；江陵有私塾 1700 多所；巴东有私塾 41 所，学生 3010 人；鹤峰有私塾 28 所，学生 600……②

上述私塾统计数字，在湖北 78 个府、州、县来看，只是其中一小部分。但从这个数字中可以看出，教育发达地区江陵有 1700 所，偏远的鹤峰也有 28 所，不难估算出全湖北所兴办的私塾数量是相当可观的，可谓私塾兴旺。

湖北私塾，就其教育程度看，可分为蒙馆与经馆。蒙馆俗称“跑学”，是一种走读的私塾，以识字为主；另一种是经馆，又称“爨学”，即学童住馆起伙食宿的私塾，以读经制义为主。私塾如果再按其设塾方式来看，还可分为家塾、门馆、公延馆。家塾为富有之家设馆，延师教本家子弟；门馆为塾师自行在家设馆，招收附近子弟入馆受业；公延馆

① 《湖北省志·教育》，湖北人民出版社 1993 年版，第 3~4 页。
② 《湖北省志·教育》，湖北人民出版社 1993 年版，第 4 页。

由数家或一村一族聘师设馆，以教其子弟，由一村聘师设馆的又称村塾，由一族聘师设馆的又称族馆。

湖北私塾中，有些教学质量是很好的。所聘塾师很多是科举未仕或乡里才学出众者，像“蕲水汤化龙曾任门馆塾师”①。

由于湖北私塾质量较高，很多名士或者科举及第者，他们幼年求学大多是从这里发蒙而成长起来的，像近、现代知名人士蕲春田桐、黄侃，广济居正，兴国（今阳新县）石瑛等人均在少年时期从学过黄州府的一些知名塾师。

湖北的传统教育，数千年来繁衍不息，为华夏文化的传承作出了特殊贡献，是中华民族文化宝库中的一份珍贵遗产，是湖北教育近代化的渊源和基础。

二、晚清的衰落，湖北教育的腐朽空疏

湖北传统教育曾经有它辉煌的过去，但到了晚清，却明显地落伍了。教育与实际的隔膜与日加大；教育内容陈腐过时，无用于世；学校空气沉闷，生机荡然。

（一）官立学校，空存四壁

湖北府、州、县学与孔庙合一，既为儒学教育机构，又是地方祀孔之所，具有双重功用。晚清湖北全省约 78 所学宫，每一学宫大抵均与孔庙捏合在一起。其制由九部分组成，即：（1）大成殿；（2）先贤祠；（3）名宦祠；（4）乡贤祠；（5）忠义孝悌祠；（6）教官署；（7）明伦堂；（8）尊经阁；（9）射圃。这九项设施中，教官署，是教官居住的地方；明伦堂，是教官考课或训诫诸生的场所；尊经阁，为藏书之处；射圃，是教官训练武学生员习射的场所，但到光绪朝已有一部分停废。

① 《湖北省志·教育》，湖北人民出版社 1993 年版，第 4 页。

府、州、县学均配置教官，府称教授，州称学正，县称教谕，各学宫均配置训导1人，其任务对生员考课和考核品行。学校的这些设施，是数百年“一贯制”，大抵与明代、清初以来学校建筑格局一致。英国工业革命后各业奋勇猛进，社会发生了千百年未有的变化，湖北的传统学校却基本还是囿于颜元（1635—1704）设计的框架，不敢越雷池一步。西方列强的船坚炮利，已经使中国人从血的教训中领受到了科学教育的作用与必要，湖北教育近代化前的学校内竟仍赫然设置着教学生习箭的“射圃”，难道不是怪事？

湖北教育近代化运动发轫前的湖北官学生员，名曰在册学生，实不住学宫，到明伦堂听讲、复讲，只是每月朔望到学宫听教官讲解《圣谕广训》《训饬士子文》等，因此，学宫已丧失教学功能，至多只有考课；而无教学之实的考课，犹如不耕种而图收获，流于形式势所必然。所以，学宫已徒具宫殿式建筑的景观。有些学宫遭受灾害，本身被焚被毁，空有四壁，徒具虚名。

譬如，蕲州学宫因取得士之义，称“棂星”。其内部建筑大致情况为：

> 棂星门后为泮池，池上有石桥，过桥为大成门，再进为大成殿，即孔子享殿，供有“大成至圣先师孔子”牌位，左右列祀颜子、曾子、子思、孟子等“四配”“十哲”。大成殿后为崇圣殿，再后为尊经阁，乃藏书之所。大成殿前东西两庑，祔祀孔子弟子及历代名儒。崇圣殿、尊经阁前有东西两廊。此乃正殿前后之规制。在学宫之东者为号房、头门、明伦堂、名宦祠等；在学宫之西者为节孝祠、训导署、射圃、乡贤祠等。①

这是湖北教育近代化发轫前传统学校的一个缩影。鸦片战争过去了十余年，湖北学校并没有近代气息。步入这样的传统学校，只会引发怀

① 《蕲春县教育志》，湖北省蕲春县教育局教育志编纂组1987年印行，第40页。

古之幽思，依栏凭吊古圣先贤之辉烈。就是这样一所一州首重的学宫，也常遭年久失修或兵燹毁圮的灭顶之灾。如，1816 年，该学宫“岁久倾圮，州人、乡饮大宾，县丞张廷赞（张石潭）捐银一万两有奇，修缮州学”。《蕲春儒学历代修建、扩建、重建概况表》载：

> 咸丰三年，州学毁于清军与太平军的战火中。知州黄式度谕各乡捐输重修。这次重修后之庙学规模为：中为大成殿，墀下左右为两庑，前为大成门，东为名宦祠，西为乡贤祠；东为“道冠古今”坊，西为“德配天地”坊；东孔门，西义路，皆绕以红墙。殿后为尊经阁，又后为崇圣祠，墀下左右为两庑；东为明伦堂，学正署：西为乐育堂，训导署。门外为射圃。正殿至圣先师孔子正位。①

时代已经发生了深刻变化，但湖北的传统学校仍恪守列祖列宗框定的规制。鸦片战争后近十年，仍抱祖宗僵尸不放，食古不化，抱残守缺，岂止仅蕲州学宫一地一校？其时湖北传统学校与此只是五十步与百步之差，或者仅存四壁，或者倾圮，教学无以为继。

湖北官学化了的书院状况如何呢？一方面书院亦无法逃脱年久失修、兵祸毁学的厄运，另一方面书院皆假学名无教学之实。荆南书院自 1803 年到 1862 年便多次建修；初建于明代嘉靖年间的龙山书院，多次废圮，直到 1827 年方重建。重建后的书院，实际成为生员借考课骗取膏火钱的场所。龙山书院将膏火钱分内、外、加三等，每年 8 次课试，膏火、花红钱共 611 串 200 文，教学无足轻重。

麟山书院建于 1747 年，1871 年署知州吕宪端订定新章 19 条。此“新章”的重要特点是抓住考课的缰绳，每条不外“官课”“膏火”“等第”“扣钱”等字眼，教学之事却虚悬一格，只字未提。更加令人百思不解的是，其第 17 条规定：“旧章每逢官课均备酒席及生童点心，殊属妄费，应一体裁去。”这说明 1871 年前的书院考课是要大摆筵席，

① 《蕲春县教育志》，湖北省蕲春县教育局教育志编纂组 1987 年印行，第 42 页。

犒劳生员的。

湖北传统书院到鸦片战争时期，已经背弃了创办者的初衷，与官学一样徒具虚名。

（二）教学内容，空疏不实

清末学校已徒具虚名，平时已无教学活动，只是朔望在学宫考课而已，甚至有些学宫连考课都流于形式。但是，清政府为了培植所谓“忠臣清官”，率由旧章，仍在推行科举考试，因此，并未放弃学校阵地，并死死地抓住教学内容不放，以钳制师生思想。中国社会步入近代后，中央及地方各级各类学校依然固我，照样“诗云子曰”，未作任何适应性调整。其时法定的课程与教材，与清初几乎没有任何区别。这些是《御纂经解性理》《诗》《古文辞》及校订《十三经》《二十二史》《三通》等书。又据《皇朝文献通考·学校考七》记载是《四子书》《五经》《性理大全》《资治通鉴纲目》《大学衍义》《历代名臣奏议》《文章正宗》等书。武汉开埠后，学校教学内容仍然如清初一样，毫无变化，对于近代科学知识和实学常识摒于教学内容之外。

清法典《大清会典》规定：“若非圣贤之书，一家之言，不立于学宫者，士子不得诵习。”所谓圣贤之书，一家之言，就是崇尚儒家经术，尊崇孔子，提倡理学。康熙皇帝（1662—1722）亲自为《朱子全书》作序说：“非先王之法不可用，非先生之道不可为。”清代统治者把程朱理学作为办学育才的指导思想和教学的内容。可见，清代地方官学内容何等腐朽空疏，而湖北的府、州、县学和书院，与全国完全相同，概莫能外，同样空疏无实。

湖北各府、州、县学和书院，在未改革前，生员各自按指定课程教本学习，虽有些学宫和书院，教官一般是结合岁科考试或考课，于朔望召集生员到校，听地方官或教官讲解或让学生默写《卧碑文》《圣谕广训》等，地方官还要向军民宣讲。其实，《卧碑文》是1652

年颁刻，《圣谕》于1700年颁行，由《圣谕》演化而来的《圣渝广训》是1724年颁布的。为什么要生员对百年以前甚至200多年以前的谕旨还要能熟记默写呢？只要看一看这些谕令规定了一些什么条规，就可不言而喻了。《卧碑文》共8条，主要是："生员立志，当学为忠臣清官"，"军民一切利病，不许生员上书陈言"；"生员不许纠党多人，立盟结社"，违者黜革治罪。《圣谕》与《圣谕广训》只是简繁有别，内容完全相同。《圣谕》十六条，训诫生员说："敦孝悌以重人伦"；"黜异端以崇正学"①，等等。这些规定，是钳制生员思想，控制他们行动的规条，只准俯首帖耳，不准乱说乱动，否则施以刑罚。因此，清末教育内容不仅空疏无用，而且腐朽专制，扼杀人性。

湖北各地义学（或义塾）、旗学和私塾，同样为儒学所包揽，西学之风尚吹不进神圣的学校殿堂。这些学校的教材和学习进程是：先教读"三、百、千"（即《三字经》《百家姓》《千字文》），再读"四书"，并以《大学》《中庸》《论语》《孟子》为序，进而教读"五经"，兼学《古文观止》之类，重视习字，教习制义。考察全国著名义学——襄阳府属义学，不难了解湖北省义学教学内容情况。

1825年襄阳府知府周凯颁定《劝谕襄阳士民设立义学告示》，所框定之教学内容为："所读之书，以《圣谕广训》、吕新吾《小儿语》、朱子《小学》为先，然后再读《大学》等书。"② 道光六年，周凯又颁《义学章程十条》，规定：

> 各蒙童以本府所刊之《小儿语》《小学诗礼》《圣谕广训》为先。三书既熟，然后再读《小学》、"四书"、"五经"，不得任听无知之人读《神童诗》、《酒诗》以及无益之书。盖贫民子弟不能望其个个成就，读至十四五岁即要学习农家事务，若

① 《学校考七》，《清朝文献通考》卷69。

② 《襄阳府属义学章程·劝谕襄阳士民设立义学告示》，《内自讼斋杂刻》第3册，周氏家刊本。

能读此三种书籍，心中即知孝、弟、忠、信、礼、义、廉、耻为人治家之道，终身受用不尽。虽不能为入学之秀士，亦为安分之良民。前三种书籍，本府于每义学先发一百本，以后由首士承办，板藏城内书铺，官字价钱，恐生徒日众，不能遍给也。①

虽然其中提到“农事”，却是14岁出学校以后之事，足以证明义学与学生的生活实际和谋生是不相关联的。

（三）学校沉沦，科第熏心

科举考试自隋炀帝大业二年始设进士科以来，历代相沿，到清末已有1300年。科举本是取士制度，但它的内容却与教育紧密相联，可说是教育的指挥棒。

从学校的教育目的看，是为了培养人才，以供政府任使。早在1652年为儒学颁刻的《卧碑文》就规定：“生员立志，当学为忠臣清官。”② 清末张之洞督鄂时，为书院生童提出：“通经为世用，明道守儒珍。”“出为名臣，处为名儒。”③ 士子就学的目的，也是为了通过科举获取禄位。因此，学校的好坏，是以科举及第多少学子作为评价的标准。湖北的府、州、县学和书院等，均为科举而设，科举是学校质量的检验手段。

学校教学内容，与科举考试并行不悖。清代科举是以理学家解释的“五经”和朱熹的《四书集注》及时文、小楷为主要内容，各级各类学校教学科目和内容也以此为去取。据湖北枣阳的教育实际情况看，也正是如此，学校重视的是“五经”“四书”和八股文的教授和训练，训练

---

① 《襄阳府属义学章程·义学章程十条》，《内自讼斋杂刻》第3册，周氏家刊本。

② 《学校考七》，《清朝文献通考》卷69。

③ 《咨南北学院调两湖书院肄业生并学》，《张文襄公全集》卷97，北京中国书店1990年版。

学生作八股文时，要做到“立言用古人口气，不准说自己意见”①。

学校考课，完全是科举的预演。江陵县龙山书院所订《条约》八条，均是对考课的要求。根据各条可看出：书院考课是“每月官课一次，山长课一次”。生童报名，均于考课前“亲赴礼科，不准一报数名，尤不准假提姓名”。还要求：“初次仍验执照，以杜假冒。”生童到考场时，“务须衣冠整齐，俟本官到院启门唱名，鱼贯而入”，但“不得拥挤擅越，尤不得先入号舍，脱卸夹带，违者文虽佳，不入正课”。所谓正课，可能就是内课，因为龙山书院生童分为三等，即内课、外课和加课，三等每月膏火钱不同。规定“每课一文一诗，尽可从容完卷，违者继烛，非闲谈误事，即代人捉刀，罚扣膏火半月”。《条约》还规定：

> 课试生童，每多倩人接卷，或一人冒领数本，如遇难作之题，即不交卷，或抄袭成文，希图蒙取，有负作育至意，照册查出，生员移学申饬，童生责问业师。②

可见，书院考课，尤其是官课，由地方政府派官员主持，实际上是校内的一次科举练习，从入场、场规，甚至对考试弊端的防范，真与科举何其相似乃尔，可以说，已经达到了帷妙帷肖的地步。

清末湖北教育，各种学校都成为科举的附庸。这不仅是湖北一省教育的弊端，也是全国教育的通病。严复（1854—1921）曾经论及此点，揭露颇为深刻，指出书院不过是科第士子的养成所，一心想着科举得第，弄得无知无识，不能有益于社会于万一。他指出：

> 书院之兴，虽较胜于学校，其所课者，仍不离乎八股试帖，或诗赋杂体文；其最高雅者，乃分经学、史学、理学、文学等而试之。而其不切于当世之务，则与八股试帖等。士之当穷居，则忍饥寒，事占毕。父兄之期之者，曰：得科第而已。

---

① 《民国以前枣阳学校教育纪略》，《湖北教育史志资料》1985 年第 2 期。

② 《江陵县教育志》，江陵县教育志编纂领导小组 1984 年印行，第 7 页。

妻子之望之者，曰：得科第而已。即己之寤寐之所志者，亦不过曰：得科第而已。应试之具之外，一物不知，无论事物之赜，古今之通，天下所厚望于儒生者，彼不能举其万一。①

剀切之言，切中学校教育弊端。

（四）科场舞弊，有禁不止

清代科举弊端丛生，到了晚清已是舞弊成风，虽严刑峻法也无济于事。仅以与湖北教育直接相关的乡试略作考察，就可以得出这样的结论。张之洞从 1867 年到 1870 年任湖北学政，就曾上折将湖北府、州、县录取过滥，考试舞弊情况向清廷汇报，揭露了考试中的弊伪：

近来府、州、县积习相沿，于考试文童全行录送，并不遗漏一人，以致院试时，每有涂写杂字，并抄写他题成文，以及枪冒传递怀挟等弊，层见叠出。②

张之洞指出湖北考试文童录送过滥，考试中“枪冒传递怀挟等弊，层见叠出”，表明湖北并非净土一块，不仅考场内外“枪冒传递怀挟等弊”比其他省有过之而无不及，可谓“层见叠出”，甚至将“考试文章全行录送，并不遗漏一人”。

科场舞弊之事，在湖北不绝于耳。王郁之在《武汉文史资料》上撰《乡试、会试、殿试见闻》一文，披露了某官以“猴子”作关节的事例。某主考见某官扶着轿杠道贺，说：“你何必这样做出一个猴子样儿来呢?”某官认定“猴子”就是“关节”，写信叫儿子将“猴子”写进去。其子左思右想毫无办法。隔壁同考者问以情由，他不得已以实相告。隔壁的考生说：“猴子”岂不是齐天大圣吗？遂代做了两句：“帝德齐天，此尧之所以大圣也。”隔壁的考生自己也作“大圣齐天，尧当

① 《论治学治事宜分二途》，《严复集》第 1 册，中华书局 1986 年版，第 88 页。
② 《清实录 50 册穆宗毅皇帝实录 6》，中华书局 1987 年版，第 310 页。

之无愧也。”结果二人皆取了。据此可见，考官与考生勾结一气，考生与考生竟明目张胆倩代、耳语，考风竟到如此地步。

黄陂县东乡有个姓李的考生，八股文章极过得硬，进县考棚后将文章做好，缮写在考卷上。得意忘形中将考卷污黑了几个大墨砣。他大叫一声：“糟糕！”一语打断了隔壁姓陆考生的文思。李在叹息不已中对陆说：“我功名无望，你把我的考卷拿去照抄，必可中选。”

黄陂西乡有一胡秀才，知县官是父辈乡试同年好友，便以父执之礼去晋谒。县官暗示了一句“猪也病了”。胡秀才百思不得其解，其父浮沉宦海，稍加思索，说道：“感谢老同年的关照，这个关节，我已经理会得，你从明天起，即以‘尧舜其犹病诸’为题，做一篇给我看看。”①这次考题果不出所料，胡不假思索，一挥而就。考官评考，点头赞许，批语第一。

这种弊端，湖北考场司空见惯，不胜枚举。

湖北以至全国科举考试弊端，采取各种防范措施，甚至用严刑峻法也屡禁不止，其原因何在？于1889年开始督鄂的张之洞，结合湖北实际情况，对湖北以至全国的科举弊端作了深入了解，认真分析，提出了下列的认识和主张：

首先，认为国家已处于前所未有的“世变”局势，而科举仍率由旧章，法久而弊起。张之洞指出：“今日之世变，岂特春秋所未有，抑秦汉以至元明所未有也。”② 但他看到处于这种前所未有之“世变”之时，尚不知惧、不知变，仍然延用有千余年之久的科举取士制度，必然会弊窦丛生，他说：以八股取士，“自明至今，行之已五百余年，文胜而实衰，法久而弊起”③。他认为“今时局日新，而应科举者拘瞀益甚”，不但没有认识到面对前所未有的“世变”，跟上“时局日新”

① 《儒林拾碎》，《武汉文史资料》第1辑，政协湖北省武汉市委员会文史资料研究委员会1986年版，第189页。

② 《劝学篇》序。

③ 《劝学篇》外篇，《变科举第八》。

形势，实行变科举，相反仍旧是“所解者高头讲章之理，所读者坊选程墨之文，于本经之义，先儒之说，概乎未有所知”，但却傲然以为是“吾所习者孔孟之精理，尧舜之治法也。遇讲时务经济者，尤鄙夷排击之以自护其短”，其危害严重，使“人才益乏，无能为国家扶危御侮者”①。

其次，科举沿用时文、小楷取士，士子把学时文、练小楷作为获取禄位的途径。张之洞揭露说：“中国仕宦出于科举，虽有他途，其得美官者，膺重权者，必于科举乎取之。”② 可是，科举依旧“使乡会试仍取决于时文，京朝官仍絜长于小楷；名位取舍，惟在于斯；则虽日讨国人而申儆之，告以祸至无日；戒以识时务，求通才，救危局；而朝野之汶暗如故，空疏亦如故矣”③。不但如此，虽然严刑峻法，仍有不惜以身试法者，即便有的惩处，流放充军，甚至杀戮，还有铤而走险者。因为科举舞弊，与获取利禄相联系，不改变科举制度本身，难于禁绝。因此，他认为杜绝舞弊，就必须变科举，这就是张之洞从湖北科举实际情况中，分析认识所得出的结论，他认为：“故救时必自变法始，变法必自变科举始。”④

当然，张之洞主张变科举，不仅由于他看到科考舞弊层出不穷，乡试录取文童过滥，还因为他已认识到以八股文取士，“文章之体不正，命题之例不严，则国家垂教之旨不显，取士之格不一”，拘挛陈腐之习，苛琐浮滥，不能阐发圣贤之义理，“行之日久，必至不读四书五经原文，背道忘本”⑤。他认为科举文字不如传播西学的学堂，因此，他逐渐明确：必须废科举兴学堂。他指出：“科举文字，每多剽窃；学堂功课务在实修。”又说：“科举但取词章，其品谊无从考见；学堂兼重行检，

① 《劝学篇》外篇，《变科举第八》。
② 《劝学篇》外篇，《变科举第八》。
③ 《劝学篇》外篇，《变科举第八》。
④ 《劝学篇》外篇，《变科举第八》。
⑤ 《妥议科举新章折》，《中国近代学制史料》第1辑下册，华东师范大学出版社1986年版，第87页。

其心术尤可灼知。彼此相衡，难易迥别。”① 他力倡停废科举。

概观湖北传统教育，一方面它是教育近代化的前提和基础，是湖北传统教育给教育近代化献上的一份厚礼；另一方面，湖北传统学校的徒有其名和教学内容的空疏腐朽，却又是湖北教育近代化进程中的巨大阻力，无疑是要革除的对象。

① 《奏请递减科举注重学堂折》，《中国近代教育史资料》上册，人民教育出版社 1962 年版，第 60 页。

湖北教育近代化的设计师张之洞

张之洞（1837—1909），字孝达，号香涛、壶公，晚号抱冰、无竞居士，直隶（今河北）南皮人。他是洋务派后期首领，为清朝“自强”“求富”，宦海人生40余年。他在湖北先后任学政、总督长达20年之久，即使是调任他省，仍心系湖北。他身为总督，除了在鄂兴办实业、扩展商贸、治理财政等统筹全省外，大部分心血倾注到了兴学育才上面。他在鄂期间，推行变（废）科举、改书院、兴学堂、派游学，建立湖北新学制系统，从宏观上为清末湖北教育全面改革绘制出了一幅壮丽图景，可以说，他是湖北教育近代化的设计师。

一、重教兴学，鄂省育才蹊径独辟

在湖北近代化历程中，教育的近代化具有独特的重要作用。这一作用因张之洞的论阐而为人们所认识，且因他醉心于教育而发挥得尽致淋漓。尤其是在“新政”开始后，湖北教育所取得举世瞩目的实绩，并不亚于湖北经济与军事。而湖北一系列近代文化事业的兴办，倘若没有教育方面新质因子的渗透与繁衍，倘若不是张之洞对教育的高度重视与切实讲求，那么，可以设想“湖北新政”将会是多么缺少灵智与血性。可以说，湖北教育近代化的启动，不仅是湖北传统社会向近代转变的加速器，而且为湖北在19世纪末20世纪初的崛起插上了金翅膀；张之洞还不仅藉教育在湖北播撒了近代文明的种子，也为湖北乃至近代中国新式教育构建了实验场地，促进了湖北教育自身初步的更新与完善。

（一）务实通达，追求功利

张之洞是一位科举仕途得志、力主经世致用的儒者。科举对他的行为规范最直接的影响，就是拯世济民，建功立业意识的确立。他在《輶轩语》袒露其胸襟说："志在圣贤固是远大，即思立功名、图进取亦是立志。"① 他平生宦海生涯数十年，纵贯其间的一根中线是有所作为、兼济天下的功名欲望与追求。他曾在一篇奏稿中表露了其胸怀高远、图谋建功立业的心志：

身为疆吏，固犹是瞻恋九重之心；职限方隅，不敢忘经营八表之略。②

他还用功名、进取思想勉励湖北籍留学生：

生等到西洋宜努力求学，将来学成归国，代国家效力，带红顶，作大官，可操券而获，生等其勉之。③

张之洞务实通达、建功立业的思想风格形成，受他的恩师、在湖北任巡抚达七年之久的胡林翼（1812—1861）的影响颇大。胡林翼曾说：

凡事尽一分心力，必有一分功效，踏实作出，干实事，说实话，无忘来自民间，无忘书生本色，总可稍济于时也。④

又说：

经天纬地之才，不外人情物理，俗士心乎俗志，不曾向事理体验，名士骛于虚声，亦不曾向实事体验，吏事所以日颓，人才所以不出也。司马公为近千年第一流人才，考其实际，不

① 《张文襄公全集》卷204，北京中国书店1990年版。
② 庄练：《中国近代史上的关键人物》上册，中华书局1988年版，第155页。
③ 辜鸿铭：《张文襄幕府纪闻·务外》。
④ 汪士铎：《胡文忠公抚鄂记》，岳麓书社1988年版，第151页。

过脚踏实地尔。[①]

胡林翼刻意务实、积极入世的实践理性，经世致用的风格，在张之洞的行为规范与思想观念上深深地打上了烙印。在他接替了胡林翼曾辖之省的权柄后，更加雄心勃勃，决心不辱师名，干出一番事业。他出任湖广总督后，急于建功立业的心志昭然若揭，将武昌寓所起名为："抱冰堂"，要仿效卧薪尝胆的越王勾践，"冬抱冰夏握火"，实现振邦兴国的夙愿，他说："天下艰巨之事，成效则俟之于天，立志则操之在己，志定力坚，自有功效可观。"[②] 长期担任张之洞幕僚的辜鸿铭，曾以一语准确地概括了张之洞人生观、哲学观与思想行为的特点说：

余谓文襄之学本乎荀子者，盖为其务外自高，故未脱于功利之念也。[③]

"功利"，或曰急功近利，这是张之洞思想行为的重要特征。

那么，一位功名利欲很强的封建权要人物，为什么把毕生精力倾注到不易见效的办教育上呢？这与他对教育作用的认识有关。他认为，"自强之策，以教育人才为先；教战之方，以设立学堂为本"[④]；又认为"古来世运之明晦，人才之盛衰，其表在政，其理在学"[⑤]，形成了"国势之强弱在人才，人才之消长在学校；环球各国竞长争雄，莫不以教育为兴邦之急务"[⑥] 的教育功利观。这些字眼在他数十万言的著述中随处可见。可见，他的功利观，不是一般凡夫俗子的"建功立业"欲念，而是为了中华民族的长远利益，中华民族的根本利益。为此，他甘愿从事这一三年五载难见功效的教育事业。

张之洞追求功利，但不是不顾一切后果，掠夺式地追求，而是主张

---

① 汪士铎：《胡文忠公抚鄂记》，岳麓书社 1988 年版，第 135 页。
② 《妥议枪炮厂常年经费折》，《张文襄公全集》卷 30，北京中国书店 1990 年版。
③ 辜鸿铭：《张文襄公幕府纪闻 · 务外》。
④ 《设立武备学堂折》，《张文襄公全集》卷 45，北京中国书店 1990 年版。
⑤ 《劝学篇》序。
⑥ 《筹定学堂规模次第兴办折》，《张文襄公全集》卷 57，北京中国书店 1990 年版。

正确处理功利关系，为收长效、宏效，可以牺牲眼前、局部利益。如办学要求做到“三不”：一曰不惜费：“若堂斋、书器不求完美，衣冠食宿不为筹备，惟以节省为主，则苟且散乱，是约束无方，讲习无效，所用尽属虚糜”，与浪费贪污同罪；二曰不嫌缓：教育具有迟效性、远效性，不可急于求成，违背教育的客观规律。办学者应注意做到：

> 功课不宜太多，毕业不宜太速。若急于见功，不先多开小学，而骤入中学。徒务虚名，不通中学而强入大学，则根柢不清，讲授无序，师劳徒昧苦而无得。欲速反迟。①

三曰不靳赏：湖北要求做到“学成而予以名，试以事，则人才日奋，而人心亦日固矣”。政府对学成之才应“优加鼓舞，量材任用，明定出身之阶”，湖北近代化可增添无穷后劲。张之洞高出凡人一筹的是，为求功利不搞短期行为。湖北教育近代化发轫后，他不是要求在一二年内成其大效，而是及时提出了湖北发展教育事业的“三不原则”：一为幼学不可废经书；二为不可早习洋文；三为不可讲泰西哲学，但读经禁忌儒家空言。可谓未雨绸缪，防患未然。这“三不”表露出其思想的保守性，但也说明他的功利观的长远性，并非一叶障目，不见泰山。

张之洞的这一功利观，对湖北教育近代化的影响，既有正面的，也有负面的。就正面影响而言，他以急切建功立业的心情，不甘落后的心境，使湖北的教育近代化运动搞得热火朝天，在短短的几年或十几年内，对湖北传统教育进行了脱胎换骨的改造，取得了其他时期几百年亦未曾取得的巨大成绩。其负面影响也是极为明显的。短期行为是湖北教育近代化的致命伤，湖北教育近代化的总体框架、前景、措施，也许是时间不允许是其原因之一，都没有来得及深入思考，而是在摸索中前进，观望一阵子，走一步看一步。毋庸讳言，张之洞在湖北兴办的教育近代化事业，带有一定的盲目性与急功近利的实用主义色彩，缺乏科学决策与长远规划。正如曾就读于张之洞创办的学堂的学生朱峙三所言：

---

① 《筹定学堂规模次第兴办折》，《张文襄公全集》卷57，北京中国书店1990年版。

"张之洞以前所办的师范，如省师范、三道师范、各府师范、支郡师范，以及各县师范皆系短期，为一时权宜之计。"①

（二）育才图存，教育兴邦

张之洞兴学办教育，是为了藉教育培养人才，挽救濒临崩溃的清王朝统治，为了救亡图存，保国、保种、保教。他不同于清末众多迷信"教育万能""教育救国""职业救国"的教育家，他之所以对教育价值的估量判断并未见得比他人低下，但他自始至终是把教育当作实行洋务新政必不可少的工具，在清朝统治即将灯干油尽之时，尤其当作不可须臾离开教育这种工具。他对教育的价值所作出的明确而充盈的判断，正基于此。而这一判断的形成，则是近代中国受尽屈辱的历史和与西方的比较形成的。他在《劝学篇》序中指出：

> 曰益智，昧者来攻，迷者有凶也。曰游学，明时势，长志气，扩见闻，增才智，非游历外国不为功也。曰设学，广立学堂，储为时用，为习帖括者击蒙也。曰学制，西国之强，强以学校，师有定程，弟有适从，授方任能，皆出其中，我宜择善而从也……

他以赫然"西国之强，强以学校"八个大字警醒朝野，认为强国必赖乎教育。

在张之洞看来，兴学育才是救亡图存的必由之路。救亡图存的前提是要自强，然而，何以自强？他考察了古今中外前例，归纳出这样一条令人信服的道理："自强生于力，力生于智，智生于学。"② 一言以蔽之曰，要大力兴办学校。中国是世界四大文明古国之一，有着重教兴学的良好传统，但张之洞所强调的并不是数千年来形成的传统教育。他认为

---

① 《两湖书院——两湖总师范学堂》，《武汉文史资料》第1辑，政协湖北省武汉市委员会文史资料研究委员会1986年版，第75页。

② 《劝学篇》外篇，《益智第一》。

仅靠传统教育拯救不了清王朝覆亡的大势，必须藉西学益华人之智。这不是张之洞妄自菲薄，他说：

岂西人智而华人愚哉？欧洲之为国也多，群虎相伺，各思吞噬，非势均力敌不能自存，故教养富强之政，步天测地、格物利民之技能，日出新法，互相仿效，争胜争长。且其壤地相接，自轮船、铁路畅通以后，来往尤数，见闻尤广，故百年以来焕然大变，三十年内进境尤速。如家处通衢，不问而多知，学有畏友，不劳而多益。①

西人之智发展尤快，习西人之智不可只顾买来他们的“坚船利炮”，而必须办学习其智。除此而外，别无他途。因而非兴学难收其功。

“西智”涵盖的内容极其丰富，“政刑兵食，国势邦交，士之智也；种宜土化，农具粪料，农之智也；机器之用，物化之学，出工之智也；访新地，创新货，察人国之好恶，较各国之息耗，商之智也；船械营垒，测绘工程，兵之智也”②。

张之洞强调，“此教养富强之实政也，非所谓奇技淫巧也”，必须竭尽全力办好教育，使士人“殚心力以求之”，切不可安常蹈故，“智以救亡，学以益智”，否则，“将冥冥之中，举中国之民已尽为西人之所役矣”。像张之洞这样把教育的价值提高到国家治乱兴亡的高度来认识的，在清朝文武百官中并不是太多。

中国进入近代以后，屡遭屈辱，被动挨打，创巨痛深。对此，张之洞有其独到的见解。他认为，

窃谓中国不贫于财，而贫于人才；不弱于兵，而弱于志气。人才之贫，由于见闻不广，学业不实，志气之弱，由于苟安者，无履危救亡之远谋，自足者，无发愤好学之果力，保邦

① 《劝学篇》外篇，《益智第一》。
② 《劝学篇》外篇，《益智第一》。

致治，非人无由。[1]

中国之所以由天朝上国跌到任人宰割的悲惨地步，原因是教育上“学业不实”，“无发愤好学之果力”。他不无深刻地指出，中国的问题由教育问题酿成，彻底根治中国问题，必须从抓教育入手。他指出：

> 盖非育才不能图存，非兴学不能育才，非变通文武两科不能兴学，非游学不能助兴学之所不足。[2]

断言：“当此时势阽危，非人莫济。除兴学堂外，更无养才济时之术。”[3] 他主张向西方学习，就应当注重学习西方重视教育、以科学和教育立国的精神：

> 人皆知外洋各国之强由于兵，而不知外洋之强由于学。夫立国由于人才，人才出于立学，此古今中外不易之理！不蓄而求，岂可幸致？[4]

他大声疾呼朝野重教兴学，大力创办学堂，“以求实在有用之学，气象一新，人才自奋，转弱为强，实基于此”[5]。他自己在湖北对教育极为重视，使兴学育才成为“湖北新政”中气势非凡的一项近代化事业。为使“非育才不能图存”的价值判断变成现实，他亲自策划对湖北传统进行全面改造。

（三）作育人才，三育并重

张之洞从他早期兴学育才工作与后期兴办洋务活动中，深切地体会到人才对于近代化事业的作用。尤其是中法之战的切身体验，使他强化了战争中的“战人”比“战具”更重要的观念。由此推而广之，进而认识到近代化运动中培养西学人才比买来西方的器具更重要。他

---

① 《变通政治人才为先遵旨筹议折》，《张文襄公全集》卷52，北京中国书店1990年版。
② 《变通政治人才为先遵旨筹议折》，《张文襄公全集》卷52，北京中国书店1990年版。
③ 《请试办递减科举折》，《张文襄公全集》卷61，北京中国书店1990年版。
④ 《吁请修备储才折》，《张文襄公全集》卷37，北京中国书店1990年版。
⑤ 《请试办递减科举折》，《张文襄公全集》卷61，北京中国书店1990年版。

指出：

有船而无驾驶之人，有炮而无测放之人，有鱼雷、水雷而无修造演习之人；有炮台而不谙筑造攻守之法；有枪炮队而不知训练修理之方，则有船械与无船械等。故战人较战具为尤急。①

在开办洋务过程中，由于对洋务人才迫切之需，特别重视兴学育才。

调任湖广总督后，张之洞对人才培养的目标与其前期属于清流派时提出的办学目标有所不同。那时主张学生“出为名臣，处为名儒”②；但随着他由清流派向洋务派转化，对西方科学技术加深了解之后，他要求所培养的学生，不但要“以忠孝为本，以中国经史之学为基，俾学生心术壹归于纯正”，而且要“以西学瀹其智识，练其艺能，务期他日成材，各适实用，以仰副国家造就通才、慎防流弊之意”③。这就是他为洋务教育提出的总目标，务使学生无论为士为农为工为商，“均上知爱国，下足立身”，体会朝廷所谓兴学的意旨。

张之洞还将他提出的“中学为体，西学为用”的人才观与西方德智体和谐发展理论相比附，将德育比作体，将智育与体育比作用，强调“体用兼赅，先后有序”。1902 年，张之洞在上奏的《筹定学堂规模次第兴办折》中，明确提出要像日本那样实行德智体三育，并使德智体次第有序的主张。他说：

考日本教育，总义以德育、智育、体育为三大端，洵可谓体用兼赅，先后有序。礼失求野，诚足为我前事之师。④

西方教育学理论中，德智体三育并重，到张之洞那里来了一番改

① 《筹议海防要策折》，《张文襄公全集》卷 11，北京中国书店 1990 年版。

② 《咨南北学院调两湖书院肄业生》，《张文襄公全集》卷 97，公牍 12，北京中国书店 1990 年版。

③ 《重订学堂章程折》，《奏定学堂章程》湖北学务处本。

④ 《筹定学堂规模次第兴办折》，《张文襄公全集》卷 57，北京中国书店 1990 年版。

造，德育为体，被置于首要地位。张之洞在《劝学篇》中指出："惟以激发忠爱，讲求富强，尊朝廷、卫社稷为第一义。"① 还认为："以忠孝为敷教之本，以礼法为训俗之方。"② 他将智体两大端为用，主张体用兼赅，德智体次序有先后。但在德智体具体排列时，也有将次序改为体德智的。譬如，他在光绪三十年撰写了《学堂歌》，并让学务处发给各学堂学生熟读歌唱，其中的第一段里就是以体德智为序阐发三育要旨的：

教体育，第一桩，卫生先使民强壮；

教德育，先蒙养，人人爱国民善良；

孝父母，尊君上，更须公德联四方；

教智育，开愚氓，普通知识破天荒；

物理透，技艺长，方知谋生并保邦。③

总之，张之洞为实现他的培养目标，主张德育、智育、体育"三育"并重，以德育为本，以智育、体育为用，促进了湖北教育的近代化。

二、教育立省，鄂省兴学重教的构想

张之洞督鄂期间，为推行"湖北新政"，适应编练新军，振兴实业，扩展商贸等事业对人才的渴求，非常重视兴学，培养人才。认定"非育才不能图存，非兴学不能育才"④。

张之洞在湖北兴学重教，可从他 1889 年调任湖广总督时起，分为前后两个时期：此前他为使学生"出为名臣，处为名儒"，兴办的学校主要是书院；其后则主要是兴办新式学堂。

① 《劝学篇》内篇《同心第一》，两湖书院刊本。

② 《学务纲要》，《奏定学堂章程》湖北学务处本。

③ 《札学务处发学歌军歌》，《张文襄公全集》卷 106，公牍 21，北京中国书店 1990 年版。

④ 《筹议变通政治人才为先折》，《张文襄公全集》卷 52，北京中国书店 1990 年版。

（一）创建书院，改造书院

张之洞于1867年秋，出任湖北学政。有鉴于湖北学界重科举，多以利禄为事，即或读书也多空疏无用，鲜有实学。他为改积习，引导士子尚实研究，同治八年创设经心书院于武昌。原设在三道街文昌阁，次年迁至火星堂，1891年复迁回三道街。“诸生例由学政调取，课经解史论诗赋杂著，延聘山长主院事。”①

张之洞于1889年12月，接任湖广总督。他为兴鄂，推行洋务新政，统筹全局，精心规划，继1890年3月筹办湖北织布局、枪炮厂之后，于6月创办两湖书院于武昌都司湖。初建时，设经学、史学、理学、文学、算学、经济学六门学科，但算学、经济学虚悬一格。学员计240名，由湖南、湖北两省各调取100名；另招商籍学员40名，由书院甄别录取。学员全部住院，学制5年。

张之洞督鄂后，在实践中，逐渐认识到：书院与学堂相比，对于培养和造就各种洋务人才，旧式书院不如新式学堂。他指出书院有不及学堂的弊端：

> 今日书院积习过深，假借姓名希图膏奖。不守规矩，动滋事端，必须正其名曰学，乃可鼓舞人心，涤除习气。如谓学堂之名不古，似可即名曰各种学校，既合古制，且亦名实相符。②

还有一个现实的问题，因经费拮据，财政亏空，办新学堂经费无法筹措，改书院为学堂可省经费。张之洞遂把自己以前创办的书院一律改为学堂。要求：“将两书院均酌照学堂办法，严立学规，改定课程，一洗帖括词章之习，惟以造真才济时用为要归。”③ 他将书院改为学堂，表明其教育思想开始从旧的教育观在向新的教育主张过渡。

---

① 《张文襄公治鄂记》，《湖北通志》1947年版。

② 《变通政治人才为先遵旨筹议折》，《张文襄公全集》卷52，北京中国书店1990年版。

③ 《两湖经心两书院改照学堂办法片》，《张文襄公全集》卷47，北京中国书店1990年版。

改制后的两湖、经心书院，课程设置与新式学堂是一样的。两湖书院修习经学、史学、舆地学、算学四门。图学附于舆地学，后又将地图一门改称兵法。再后来又增设格致、体操，体操中特别重视兵操，训练瞄准射击。经心书院修习外政、天文、格致、制造四门。学员分年轮习四门，但无论所习何学科，均要兼习算学，体现了“中体西用”的指导思想。1898 年两湖书院于夏历闰三月改制后，仍称书院；同年五月，遵照将大小书院“一律改为兼习中学西学之学校”上谕，乃改称学堂。

（二）兴办学堂，倚重学堂

在张之洞看来，为了兴鄂需要大批能够从事洋务的新型人才，这些人才的养成，必须依赖于新式学堂。他指出：“查自强之策，以教育人材为先；教战之方，以设立学堂为本。”① 他还说：“国势之强弱在人才，人才之消长在学校。”② 并认为如果不设学堂，就难于获得人才。他作了这样形象的比喻：“夫学堂未设，养之无素，而求之于仓卒，犹不树林木而望隆栋，不作陂池而望巨鱼也。”③ 他身为总督，从湖北全省和学堂规模次第的宏观着眼对兴办学堂作了总体构想。

张之洞在湖北办的头一所学堂是 1893 年 11 月奏设的自强学堂，此学堂是根据湖北的战略地位和外贸商务需要而设立的。分立泰西方言、格致、算学、商务四斋施教。甲午战争后，外语受到了张之洞的垂青，被置于各科之首，是一切西学的阶梯。认为：

> 自强之道，贵能取人所长。若非精晓洋文，即不能自读西书，若不能多读西书，即无从会通博采。④

---

① 《设立武备学堂折》，《张文襄公全集》卷 45，北京中国书店 1990 年版。

② 《筹定学堂规模次第兴办折》，《张文襄公全集》卷 57，北京中国书店 1990 年版。

③ 《劝学篇》外篇《设学三》。

④ 《札道员蔡锡勇改定自强学堂章程》，《张文襄公全集》卷 100，公牍 15，北京中国书店 1990 年版。

遂将算学从自强学堂移出，停办格致和商务，成为一所专门外语学堂。

张之洞又认为："新理新学非贯通洋文者无从得其底蕴，必士大夫多半谙晓洋文，而后各种政学有所措手。"① 在自强学堂开设日英法德俄五种语言，将东西洋发达国家语言囊括其中。

"湖北新政"开始后，张之洞对人才的渴求，不只是外语人才，对军、政、工、农、商、师等，均感到不够调配。出于现实之需，在湖北兴办了一大批近代新式学堂。他在湖北所办的学堂门类颇多，涉及面广，到底办了哪些学校，史载不一，兹列表如下（见表7-1）。

表7-1　张之洞在鄂办学一览表

年代	名称或内容	地址	备注
1869年	经心书院	武昌	
1890年6月	两湖书院	武昌	由经心书院改设
1891年6月	方言商务学堂	武昌	
1891年8月	算术学堂	武昌	
1893年11月	自强学堂	武昌	
1896年3月	湖北武备学堂	武昌	
1897年10月	农务学堂	武昌	1898年4月正式办起
1898年4月	工艺学堂	武昌	
1902年5月	湖北师范学堂	武昌	
1902年10月	两湖文高等学堂	武昌	由两湖书院改
1902年10月	武高等学堂（二所）	武昌	由武备、将弁学堂改
1902年10月	文普通中学	武昌	
1902年	武普通中学	武昌	
1902年	农务学堂	武昌	
1902年	方言学堂	武昌	
1902年	工艺学堂	武昌	

① 《自强学堂改课五国方言折》，《张文襄公全集》卷47，北京中国书店1990年版。

续表

年代	名称或内容	地址	备注
1902 年	勤成学堂	武昌	
1902 年	仕学院	武昌	
1902 年	小学堂（5 所）	武昌	
1904 年 7 月	两湖师范学堂	武昌	由两湖文高等学堂改
1904 年 7 月	敬节学堂	武昌	
1904 年 7 月	育婴学堂	武昌	
1904 年 7 月	蒙养院	武昌	附于育婴堂
1904 年 8 月	湖北学堂应用图书馆	武昌	
1904 年 10 月	湖北师范传习所	武昌	
1905 年 3 月	武师范学堂	武昌	武高等学堂改
1905 年 9 月	支郡师范学堂	武昌	共 6 所
1905 年	湖北省立师范学堂	武昌	
1906 年 6 月	湖北驻东铁路学堂	武昌	
1906 年 7 月	武营小学	武昌	
1907 年 6 月	存古学堂	武昌	
1907 年 8 月	湖北陆军小学	武昌	

这些学堂，很难说都是为张之洞一手操办，而是与端方、蔡锡勇、黄绍箕、梁鼎芬等分不开的。张之洞是清末“德高望重”的权臣，身兼湖广总督，日理万机，不可能将学堂之事事无巨细一一弄得清清楚楚，他只能在宏观上、总体构想上把握。其中可能有一些学堂的创设，由于要求朝廷批准，不得不用张之洞的名义上奏。这类学堂的开创之功，当然不应完全算在张之洞的账上。但是，张之洞对于湖北教育近代化、新式学堂的创设，处心积虑，披肝沥胆，当记首功。没有张之洞的支持、鼓励和襄助，这些学堂的命运如何，是可想而知的。

张之洞在湖北改书院为学堂，兴办了一大批新式学堂，形成了尊师重教的社会风气，非但培植出大批洋务人才和师资队伍，而且造就出不少新型的知识分子，有一些后来成为革命家。张之洞本人就曾提到：

所有现派各学堂各监学及中文之经学、史学、算学、图学、中国地理、中国词章等各门教员，皆系臣在楚所设经心、两湖两书院中之都讲高材，分布各处。①

又说："且京师调取，以及各省索取，络绎不绝，外出太多，已觉不敷应用。"② 后来成为辛亥革命主要领导人的黄兴（1874－1916）和著名革命者刘成禺等，均曾肄业于两湖书院。为袁世凯（1859—1916）派刺客（一说为良弼）所暗杀的反清名将吴禄贞，毕业于湖北武备学堂；辛亥革命时期著名人士宋教仁（1882—1913）、无产阶级革命家董必武（1885—1975），均毕业于湖北文普通中学堂；著名的科学家李四光（1889—1971），也是由湖北高等小学堂选送到日本留学的。当然，这些革命者、科学家之所以有其事业上或学术上的成就，不完全符合张之洞的人才标准，甚至是他所不愿听闻的，但他开办了新式书院和学堂，引进了西学，给他们以熏陶和启迪，在客观上促进了一代新人的茁壮成长。

（三）派遣游学，取法外洋

张之洞从兴办洋务事业出发，急需懂西学、会西艺的各种优秀人才。他运筹帷幄，认为将学生派出游学，比在国内培养要好，因为在国内培养，需时长，质量低。他指出："出洋一年，胜于读西书五年。""入外国学堂一年，胜于中国学堂三年。"③ 他这样设计的根据是"孟子置之庄岳"说，学齐语要在齐地才能学得最好，因为有好的语言环境，对学语言有奇特效果。在张之洞的倡导下，湖北省于1892年派出工匠赴比利时学炼铁；清政府于1896年派往日本最早的13名留学生中，就

① 《创立存古学堂折》，《张文襄公全集》卷68，北京中国书店1990年版。
② 《创立存古学堂折》，《张文襄公全集》卷68，北京中国书店1990年版。
③ 《劝学篇》外篇《游学第二》。

有湖北派出的第一名公费留日学生戢翼翠。湖北于 1898 年派出留学生赴日学习陆军。其后，陆续派遣湖北学生赴日学实业、师范、警察弁目业务。在张之洞筹划下，湖北是清末向日本派遣留学生最多的省份。

张之洞推行游学教育，培养出外交、军事、实业、教育等大量洋务人才，而且其中有些学生学习西学，由于爱国，走上反清革命道路，成为了革命者，这是张之洞始料不及的。据统计，1905 年至 1906 年在东京参加同盟会的有 863 人，其中湖北留日学生有 106 人；1907 年下半年，中国南方几省留日归国的同盟会员组织了共进会，有 84 人参加成立大会，其中湖北有 22 人。辛亥革命领导人之一的黄兴，就是两湖书院毕业生，由张之洞派赴日本留学的；在黄兴的司令部中，有不少是湖北留日学生，如李书城（1881–1965）、夏占奎、辜仁发等。像吴禄贞、蓝天蔚，后来成为了反清的著名革命将领。事实表明，不管张之洞的主观意愿如何，由于他倡导游学，重视西学教育，客观上为湖北和近代中国培养出很多革命者和各种新型人才，对于振兴湖北教育和中国教育近代化有着重要贡献。

自湖北教育近代化发轫后，湖北学校教育发展很快。据 1907 年统计，湖北专门学堂 4 所，实业学堂 9 所，优级师范 1 所，初级师范 6 所，师范传习所 17 所，中学堂 17 所，高等小学堂 93 所，两等小学堂 29 所，初等小学堂 1306 所，女子小学堂 8 所，蒙养院 13 所，半日学堂 9 所，全省各类学堂 1512 所，这是以前闻所未闻的数字。在校学生数亦直线上升，专门学堂 741 人，实业学堂 699 人，优级、初级、传习所等师范学堂 3483 人，中学堂 1391 人，高等、两等、初等小学 50393 人，女子小学堂 477 人，蒙养院 248 人，半日学堂 319 人，合共 57751 人。

学堂数和学生数的急剧增长，得益于张之洞在湖北率先改书院为学堂、改科举与废科举。随着学堂数、学生数的增长，张之洞对湖北学堂布局进行了统一筹划，形成了湖北新学制系统。教育形势的飞速发展，使张之洞产生设置全省学堂总汇之区的行政机构的设想。1902 年 4 月，设立湖北学务处变成现实，中国近代第一个地方统一的专门的教育管理机关，在学部设立之前三年便告诞生了。从而加快了湖北教育近代化的进程，在学制、教育行政组织机构方面，堪称“壬寅学制”“癸卯学制”及学部设置之先声，为中国近代学制的出台和教育行政机关设置提供了蓝本和雏模。

三、“中体西用”，鄂省的教育改革规范

“中体西用”是一个有深刻时代烙印的命题，由“中西”“体用”两对范畴组成。中与西不单是区域上、地理上的方位名称，而是欧风美雨东来之后产生的东西交往的新概念，含孕着不同生活、不同文化、不同历史背景的丰富内涵。它还与一对更古老的哲学范畴“道”与“器”常常发生联系。本来封建主义的“体用”与资本主义的“体用”含义上有着天壤之别，但在中国近代特殊的历史条件下，以张之洞为代表的洋务派却移花接木地把西方资本主义的“用”搬套到中国封建主义的“体”上来。这“是在中西文化两极相逢的矛盾中第一阶段的结合形式，是用以新卫旧的形式来推动中国社会的新陈代谢的，与同一国度内资本主义对封建主义的斗争既否定又吸收的形式相比，是被逼拶得变了形的”①。

“中体西用”并非张之洞首创，但因他撰《劝学篇》进行了全面深刻论证，产生了深远影响，使得人们将张之洞与“中体西用”联系到一起。毋庸讳言，“中体西用”最集中地代表了张之洞的教育思想，又是他改造湖北教育、构建湖北教育体系的指导思想。

（一）撰《劝学篇》，论定中西

中国近代文化教育领域中的论争，主要是围绕中学与西学展开。张

① 陈旭麓：《近代史思辨录》，广东人民出版社1984年版，第42页。

之洞从督鄂兴学中，直接感受到是春秋、秦汉以至元明所未有的世变形势，“于是图救时者言新学，虑害道者守旧学，莫衷于一”①。在他看来，只强调新旧哪一方，都有其不周全之处：

旧者因噎而食废，新者歧多而羊亡，旧者不知通，新者不知本；不知通则无应敌制变之术，不知本则有菲薄名教之心。②

认为这种新旧之争，各抒己见，在外有强敌，虎视鹰瞵，内有维新变法运动，如不加协调一致，任其发展下去，会导致大祸来临。他耸人听闻地指出：“邪说暴行，横流天下。敌既至，无与战；敌未至，无与安。”因为“杂出其说以荡众心”，“中无所主”。这表达了他对维新变法思想迅猛传播的种种忧虑。他悲天悯人地说：“吾恐中国之祸，不在四海之外，而在九州之内矣！”③ 他秉承清朝政府结好列强的卖国政策，认为内乱是心腹之患，外敌是肢体之灾，而并未认识到外国列强想瓜分豆剖才是祸乱之源。他为消弭国内的祸乱，想找到一根平衡木，以便调和中学与西学、旧学与新学之争，于是撰写了《劝学篇》，提出了“中学为体，西学为用”的教育观。

身任湖广总督的张之洞，1898 年 4 月撰著《劝学篇》，分为内篇与外篇。“内篇务本，以正人心；外篇务通，以开风气。”“内篇所言，皆求仁之事也。外篇所言，皆求智、求勇之事也。”④ 内篇讲的是内学，外篇讲的是外学，而内学为中学，外学为西学。一言以蔽之，《劝学篇》中所阐述的中心思想，就是“中学为体，西学为用”。

（二）新旧兼营，政艺兼顾

张之洞提出的“中学为体，西学为用”，其中心内容和基本特征是

① 《劝学篇》序。
② 《劝学篇》序。
③ 《劝学篇》序。
④ 《劝学篇》序。

"旧学为体，新学为用"，要"新旧兼学"，"不可偏废"。

张之洞所论的"新学"与"旧学"，按照他自己的解释是："四书、五经、中国史事、政书、地图为旧学；西政、西艺、西史为新学。"张之洞所谓"旧学为体"，就是把四书、五经等旧学作为学习的主体部分；所谓"西学为用"，就是用西政、西艺、西史作为主体的运用部分，把它们看成是思想方法和技艺，以处理中西交流方面出现的各种问题和事务。他主张"政艺兼学"，政急于艺。按照张之洞的理解，他所指的"政"与"艺，即："学校、地理、度支、赋税、武备、律例、劝工、通商，西政也；算绘、矿医、声光、化电，西艺也。"他指的政急于艺，就是他所说："大抵救时之计，谋国之方，政尤急于艺。"他强调："讲西政者，亦宜略考西艺之功用，始知西政之用意。"①

张之洞所讲的西政，有他自己的理解，是把西方的议院、民主选举等的民主政体排斥在外了，是假借提倡西政之名而达到维护封建专制之实的。他并未把"西政"包容在他提倡的"中体"之中，而是属于"西用"范围，是受维护封建纲常名教的"中体"支配的。他倡导的"西政"，至多只是西方社会制度中对维护封建专制体制有益而无害的部分，主要还是西方的物质文明和工艺技术之类。

张之洞的"中体西用"论体现出调和中西的文化教育比较观。他对比中西文化教育的优劣，认为中国纲常名教的"道"，优于西方文化教育的"器"。在他看来："中学治身心，西学应世事。"因此，他主张学西学，要"中体西用"，变"器"不变"道"。他明确指出："夫不可变者，伦纪也，非法制也；圣道也，非器械也；心术也，非工艺也。"又说：

> 夫所谓道本者，三纲四维是也。若并此弃之，法未行而大乱作矣；若守此不失，虽孔孟复生，岂有议变法之非者哉！②

① 《劝学篇》外篇《设学第三》。
② 《劝学篇》外篇《变法第七》。

他的文化教育比较观，是其“中体西用”论的理论基础。

（三）审时度势，通权达变

张之洞的“中学为体，西学为用”教育主张，对清末教育有着极大的影响。他于湖广总督衙署撰写《劝学篇》之时，也正是戊戌维新闹得热火朝天之际。当维新与守旧双方辩争最为激烈关头，他于1898年8月间，通过翰林院侍读学士、张之洞的门生黄绍箕将《劝学篇》进呈御览，得到光绪皇帝和慈禧太后的一致赞赏。光绪皇帝认为“持论平正通达，于学术人心大有裨益”，并命军机处颁发各省督抚、学政各一部，使“广为刊布，实力劝导，以重名教，而杜卮言”①。这样，“中体西用”，不胫而走，风行海内。1904年1月，由张之洞参与制订的“癸卯学制”，就是以“中体西用”作为指导思想的。至此，张之洞“中体西用”主张，已与清政府“新政”时期的教育法令制度紧密结合，产生的影响愈来愈深远。

“中体西用”论，虽然不是由张之洞最先提出的，但他是最为乐道者，是从理论上作系统论述并使之成为一种完整思想体系的第一人。最早提出“中学为体，西学为用”主张的，一般公认是冯桂芬（1809—1874）。他在1861年于《采西学议》中，虽未使用“中体西用”名词，但表达了这种思想，指出：“以中国之伦常名教为原本，辅以诸国富强之术。”郑观应在1893年所写《西学》一文，提出“中学其体，西学其末”，“主以中学，辅以西学”。将“中学为体，西学为用”联为一词，当推沈寿康，他在1896年4于《万国公报》上发表了《匡时策》一文，提出：“夫中西学间，本自有得失，为华人计，宜以中学为体，西学为用。”到同年8月，孙家鼐（1827—1909）在奏呈《遵议开办京师大学堂折》中，对“中体西用”思想，阐述就已非常精当了，指出：“应以中学为主，西学为辅；中学为体，西学为用。”后来，“中体西

① 《劝学篇》前谕旨。

用”言论，已为当时的“流行语”。为什么把张之洞作为“中体西用”说的代表人物呢？主要是因为他撰写了《劝学篇》，将“中体西用”进行了系统的理论阐述，并得到了清朝皇帝赞赏，还以谕令推广，成为清末文教政策的指导思想。因此，张之洞可以说是对“中体西用”加以系统理论化的思想家，是清末文教方针政策指导思想的提出者和执行者，是洋务派教育思想集大成的代表人物。

“中学为体，西学为用”的教育观，是鸦片战争以来在文教领域中反映出来的如何向西方学习的一种主张。“中体西用”就其在教育方面表现的形式看，无论维新派还是洋务派有其语言词句的共同之处，但对“中学”与“西学”内涵的理解上，又是有着明显的实质区别。张之洞为了阐明洋务派对“中体西用”的看法，既力求能使封建顽固保守派所接受，又能驳斥所谓维新派的“过激”之论。他的本意就是以他的洋务派主张，争取和联合顽固派，以便共同对付所谓维新派的异端邪说，防止其横流天下。因此，张之洞所重视的是中学，学习西学是出于不得已而为之。他曾表示：“今欲强中国，存中学，则不得不讲西学。”

张之洞的“中体西用”论，是对中国传统哲学有关“体”与“用”一对范畴的沿用。中国传统哲学对“体”与“用”的基本含义，大体上有两个方面：一是指本体与其作用、功能、属性的关系；一是指本体与现象的关系。就文化教育领域来说，“体”指内学，经义之学、治心之学；“用”指外学，王霸之学、治事之学。中国传统哲学体用观，还有一个特点，即强调“体用一贯”“体用不二”，也就是要在一种哲学思想体系中区分体用、内外、本末之学。但在张之洞的“中体西用”中，虽然他继承了中国传统哲学体用范畴观点，即以体用区分为“经义”与“治事”之学，但他不是在一种哲学体系内部区分体用关系，而是在两种哲学体系之间区分体用关系，不但如此，他更将这种区分体用关系作法扩展到中外两种不同的文化教育领域中，这就从根本上背离了中国传统哲学的“体用不二”原则。在张之洞的“中体西用”范畴论中，似乎“中学”只有体而无用，而“西学”又只有用而无体。正因为如此，他招致保守派、维新派的抨击。批评“中体西用”论最为深刻得体而富有逻辑论断的，当推近代启蒙思想家严复。严复抨击“中体西用”最为有力，指出：

体用者，即一物而言之也。有牛之体，则有负重之用；有马之体，则有致远之用。未闻以牛为体，以马为用者也。中西学之为异也，如其种人之面目然，不可强谓似也。故中学有中学之体用，西学有西学之体用，分之则并立，合之则两亡。①

在严复看来，“中体西用”之论，就是“牛体马用”，是世间未有的非牛非马的怪物，揭露和嘲讽了张之洞割裂体用关系的荒谬性。

张之洞的“中体西用”论存在问题，根本的还不仅是他运用哲学使用范畴违背了“体用不二”原则，造成了逻辑上的荒谬，更在于他力图将封建旧学与资本主义科学技术新学两者调和在一起，是在半殖民地半封建社会条件下出现调和中学与西学的“二重思想”。正如鲁迅批驳“二重思想”时所言，“学了外国本领，保存中国旧习；本领要新，思想要旧”，但是怎么能够做到“早上打拱，晚上握手，上午‘声光电化’，下午‘子云诗曰’呢？”张之洞“中体西用”论的矛盾根源在此。按照鲁迅看法：“要进步，要想太平，总得连根的拔去了‘二重思想’就好”。②

张之洞的“中体西用”说，对于中国近现代历史的影响，是较为复杂的。就其政治方面看，他在《劝学篇》中对“中体西用”给予系统论述的目的，在于防止“邪说暴行，横流天下”，就是反对维新派的变法维新思想，怕他们伸民权，实行君主立宪，动摇“中体”，于是提出引进西学西艺，以巩固封建专制制度的“中体”；但同时，他的这种保守的政治观念，毕竟比抵制“西学”的顽固派前进了一大步，突破

① 《与〈外文报〉主人书》，《严复集》第3册，中华书局1986年版，第558~559页。
② 《随感录四十八、五十四》，《鲁迅全集》第1卷，人民文学出版社1981年版，第379页。

了只强调“中学”的旧框框，而为引进“西学”打开了一个窗口。从教育观方面看，给予传统教育以有力的冲击，加速了湖北以至全国教育的近代化。他在“中体西用”教育观指导下，创设了大量的各级各类的新式学堂，派遣了很多留学生出国留学，参与废科举、制订中国近代第一个学制。他身为总督，从宏观上推动了湖北教育近代化，做出了许多令人瞩目的兴革，留下了许多令人难以忘怀的教育业绩。

张之洞的政治观是保守反动的，毕生以维护清王朝的统治为职志。为对抗义和团运动，在帝国主义策划下，与刘坤一实行“东南互保”；为效忠慈禧太后，镇压唐才常自立军起事。但他通权达变，怀有爱国之心，也做了许多有益于民族强盛和社会改革之事，如兴办了近代工业和实业。在教育上对张之洞的评价，却不能同对他政治观那样类比。他的教育思想及宏富的教育改革实践，使同时代的许许多多教育家、思想家黯然失色。他在当时对湖北教育近代化的强有力的、格外醒目的影响与作用，是他同时代人所无与伦比的。可以说，予张之洞湖北教育近代化的设计师、推动者和教育改革家称号是当之无愧的。

在抗日战争时期老解放区的群众办学

群众办学，是教育工作中一个十分重要的问题，是关系到我国能否迅速地实现普及教育和能否多快好省地发展社会主义教育事业的问题。这个问题，随着我国社会主义革命和社会主义建设事业的发展，随着我国劳动人民生活水平的提高和学龄儿童的不断增加将会愈来愈加重要。

我国是一个拥有六亿五千万人口的伟大的社会主义国家，学龄儿童今后要经常保持在一亿以上①；旧社会留给我们的基础是“一穷二白”的；而我国革命和建设事业又十分迫切地需要大量德才兼备的革命干部，因此，在这样“一穷二白”、学龄儿童众多的我国，又要迅速的满足革命和建设事业对革命干部的大量需要，实现普及教育，多快好省地发展社会主义的教育事业，这是一个严重的矛盾。解决这个矛盾的办法，企图仅仅依靠国家办学是不够的，必须发动群众，实行国家办学和群众办学并举的“两条腿走路”的办学方针。

把群众办学作为与国家办学并举的办学方针，这是中外教育史上前所未有的。这是我国在教育事业中的一项伟大创举。

群众办学最早出现在老解放区。在抗日战争时期，老解放区于小学教育中，才把群众办学首次作为了办学方针。

① 《当前教育革命指针》，人民教育出版社1960年版，第23页。

在抗日战争时期，老解放区在贯彻执行群众办学的方针方面，有着极其丰富的经验。为了继承和发扬老解放区在这方面的优良教育传统。为了能在不同时期、不同条件下，总结群众办学的经验，找出民办学校的创办、巩固和发展的规律。以便更好地推动和发展当前的民办教育事业，回顾和探讨一下老解放区的群众办学问题。将会不是无益的。本文仅就在抗日战争时期，老解放区于群众办学方面提出的方针、原则以及应解决的具体问题，作如下一些粗浅的研究和探讨。

一、新的办学方针，正确的方向

我们伟大的中国共产党是以马克思列宁主义为指导的，是相信群众、依靠群众、走群众路线的。因此，相信群众、依靠群众、走群众路线的这一根本思想。既指导着我们党的整个革命工作，也指导着我国的革命教育事业。

相信人民群众不仅能受教育，而且能办教育，这是我们党和毛泽东同志的一贯主张。远在一九二七年，毛泽东同志在《湖南农民运动考察报告》中，就曾对农民文化运动给予了热情的歌颂。他确信：农民一旦打倒了地主势力。在政治经济方面翻了身，就能积极要求受教育并且能“热情开办”认为“是他们自己的”农民学校。毛泽东同志还不仅只是相信人民群众能够办学，而且把人民群众办起的学校所能起的作用估计得很高。他指出：普及教育，只有人民群众自己动手办学才能尽快实现。只靠“知识阶级和所谓‘教育家’者流”是不行的，他们“唤来唤去还是一句空话。”①

党和毛泽东同志的相信群众、依靠群众办教育的思想。在第二次国内革命战争期间，于江西红色革命根据地的教育实践中，得到了充分地

① 《湖南农民运动考察报告》，《毛泽东选集》第1卷，人民出版社1952年版，第41~42页。

实现和发展。毛泽东同志在《长冈乡调查》和《才溪乡调查》中，真实地描绘了人民群众办学的图画。在这两个著名的《调查》中也表明：当时人民群众办起的学校还只是限于成人和妇女的夜校、识字班和俱乐部。这里虽然也有青年和儿童参加，可是作为青少年专门教育机关的“列宁小学”，当时还是由政府来举办的。

党和毛泽东同志的相信群众、依靠群众的办学思想，到抗日战争时期，发展到了一个新的阶段。在这个时期中，人民群众除了大力办起成人和妇女的夜校、识字班和俱乐部外，与前不同的，也自动地大量地办起了民办小学、私塾，有些地方办起了包括成人、青年和儿童部在内的“一揽子学校”；更为重要的，在这个时期里，政府首次在小学教育中发出了“民办公助”的指示，把群众办学正式地作为了与国家办学具有同等意义的新的办学方针。从陕甘宁边区的教育史料中，使我们知道：陕甘宁边区政府于 1944 年发出了《关于提倡小学民办公助的指示》。在这个《指示》中，是以党和毛泽东同志关于相信群众、依靠群众办教育的思想，针对当时那种“只知道政府来办学校，而不知道真正发动群众力量，根据群众意志来办群众自己的学校”的思想，进行了检讨和批评，同时，决定“来一个大的转变，把大多数的甚至全部的小学交给地方群众自己办，政府则在物质上予以补助，在方针上加以指导。”①

陕甘宁边区政府《关于提倡小学民办公助的指示》的提出，关于把群众办学作为办学方针的决定，一方面，正如上述，这是在党和毛泽东同志关于相信群众，走群众路线办学思想指导下的结果；另一方面，也有其教育外部关系和教育内部关系的客观要求及边区教育历史的经验教训等诸多的原因。

首先，从教育的外部关系来看，陕甘宁边区“小学民办公助”办

① 教育科学研究所筹备处：《老解放区教育资料选编》，人民教育出版社 1959 年版，第 261 页。

学方针的提出，是由于当时抗日革命根据地的政治经济发展的客观要求。一定的文化教育必须适应一定的政治经济，这是不依人们意志为转移的客观规律。抗日革命根据地的政治是共产党领导下的民选政府，人民群众是这里的主人翁；他们经过“减租减息”和大生产运动，生活改善了，加之他们参加革命工作及管理生产和生活的需要，没有一定的文化不行，于是他们迫切地要求受教育，并希望他们的子女能够入学。可是，当时党和政府的一切工作是为了打倒日本帝国主义，因此，按任务主次来说，首先是战争，其次是生产，再次才是文化。但三者又是密切联系的，没有文化又不可能搞好战争和生产。在这种情况下，边区政府必须抓战争和生产的任务，同时也要大力进行文化教育工作。任务既要分主次，而又要同时完成，因此，在教育工作方面，边区政府既要办起足够的学校，但又不可能拿出更多的经费，这是当时客观存在的一个严重矛盾。这个矛盾，单靠政府显然是解决不了的，客观上要求边区政府必须按照党和毛泽东同志的指示，充分地发动群众、依靠群众、走群众路线进行办学。只有这样做，才是解决这个严重矛盾的唯一正确的方法。陕甘宁边区政府就是在边区这种政治经济形势要求下，为了解决单靠政府所不能克服的矛盾，才提出了“小学民办公助”的群众办学方针的。

其次，从教育内部关系来说，陕甘宁边区“小学民办公助”办学方针的提出，也是有鉴于边区过去只靠政府办学，有不能完全适合农村特点和群众需要的地方，使教育不可能得到迅速普及。在《指示》中就指出了这样几种情况：其一，只靠政府办学，就不能使学校普遍设立，以致一个乡甚至一个区以上才有一所学校，使得多数学生都要离家住校，既不能参加家庭生产，又要加重家庭负担。其二，公办学校年限长，学校活动不能随时为家庭所知，造成家长的怀疑，怕孩子变成了“公家人”，不愿让子女入学。其三，公办学校教师对于农村群众缺少联系，群众缺乏对教师的应有信任。陕甘宁边区政府接受了上述一些实际教训，为了使教育事业能更好地为广大人民群众服务，适合农村特点和满足广大人民群众对文化教育的需要，才提出了“小学民办公助”的办学方针。

最后，从史的发展方面来说，陕甘宁边区政府关于“小学民办公助”办学方针的提出，是经历过一段摸索的过程的，甚至可以说，是经过一段曲曲折折的道路后，才对党和毛泽东同志关于教育工作中的群众路线思想有了深刻认识，才逐渐地明确了在边区必须实行“小学民办公助”的办学方针的。陕甘宁边区教育事业发展的史实告诉我们：在“七七”抗战以后，当时有大批的知识分子来到了陕甘宁边区并且参加了教育工作。从好的方面来看，他们是注入陕甘宁边区的新血液，对边区的教育事业起了推动的作用；但从坏的方面来说，他们也带来了主观幼稚的想法，以为边区是抗日革命根据地的模范，在教育发展上也应该领先，加之他们对边区的干部教育当时在全部教育工作中占有第一位这个方针政策认识不足，于是就本末倒置地把国民教育看成了头等重要，因而他们不管老解放区当时的经济条件是否许可，群众是否需要和自愿，先后主观地提出了普东同志创造性地应用马克思列宁主义的教育原理与中国革命的教育实践相结合的产物。

动员广大人民群众、走群众路线的办学方针，最先是在陕甘宁边区提出并得到了贯彻执行的。陕甘宁边区，是党中央和毛泽东同志所在的地方，因此，在党中央和毛泽东同志直接领导下，于陕甘宁边区提出的群众办学方针，也就自然地、很快地指导了当时其他各个解放区的教育。经过华中、华北和山东等各个解放区的八年来教育实践证明：群众办学方针不仅适合于陕甘宁边区，也适合于全国各个解放区，群众办学方针是我国实现普及教育和开展文化教育建设的最有力的新方向。在1946年，于华中解放区宣教大会上所作的《教育工作总结报告》中，就阐明了这个问题。报告指出：“八年来的经验告诉我们，在开展文化教育工作中最大的力量，并不是政府和教师，而是广大群众。应该断然地说，专靠政府办教育的办学路线，基本上是不适合今天中国的国情的，尤其不适合解放区的乡情，也就绝对不能完成大规模开展文化教育工作的任务。”在报告中，曾举解决师资问题为例，说明只有群众自己起来办学才能得到迅速地解决。报告阐明：“比方拿师资来说，单是儿童教育，我们苏皖边区就至少需要十万个教师。现在只有教师一万五千个。假定八个分区办八个师范学校，每年培养八百个教师，那起码要一百年才能达到普及儿童教育的目的。这是事实，也就是真理，必须深刻地加以认识。”又说：“相反，如果走群众路线，发动广大群众的人力物力一齐来办教育，那情形便完全不同。八年来华中、华北和山东各解放区的事实都证明了这是开展文化教育工作最有力的新方向。”①

由此可见，把群众办学作为办学方针，这是老解放区对我国教育事业的一项重大贡献，是老解放区一再用事实验证了的新的正确的方向。只有深刻了解和坚决贯彻“小学民办公助”的这个群众办学方针，才能使我国民办教育事业得以蓬勃的发展！

由此可见，反对用走群众路线的办法发展教育事业，认为“群众不能办教育”“民办小学不正规”等思想观点，都是不正确的。是否赞成群众办学问题，是检验教育工作者有否群众观点，有否走群众路线的办学思想的试金石。

对老解放区提出的群众办学方针的研究和探讨，是有着巨大现实意义的。我们党和政府在解放以后提出的“两条腿走路”的办学方针，正是对老解放区“小学民办公助"办学精神的继承和发扬。从老解放区提出的“小学民办公助”办学精神到我们党和政府提出的“两条腿走路”办学方针的发展过程，正体现出我国从民主革命时期到社会主义革命和社会主义建设时期的历史过程。假如我们能对“小学民办公助”办学精神进行研究和探讨，就能加深我们对“两条腿走路”办学方针

① 《说目前华中解放区教育工作》，《老解放区教育资料选编》，人民教育出版社 1959 年版，第 70 页。

的理解，就会使我们能更加坚决地贯彻执行“两条腿走路”的办学方针。

二、要按照群众的需要和自愿办学

老解放区关于群众办学问题有着许多宝贵的经验。有些经验，直到今天仍有着它的重要价值。

老解放区群众办学的经验告诉我们：群众办学问题，创办、巩固和发展民办小学问题，并不是任意都可以搞好的，除了必须深刻地了解和坚决地贯彻“小学民办公助”的办学方针，还必须正确地掌握和坚决地遵循一定的办学原则。

在抗日战争时期，老解放区留给我们的最根本的一条办学原则，那就是要“按照众需要和自愿”办学。这条原则是由毛泽东同志明确提出的。毛泽东同志于 1944 年 11 月 30 日在“边区文教大会”上讲话时指出：“我们的文化是人民的文化，文化工作者必须有为人民服务的高度热忱，必须联系群众，而不要脱离群众。要联系群众，就要按照群众的需要和自愿。”①

按照群众的需要和自愿原则办学，根据老解放区的经验，就是在办学的过程中，要一切从人民群众的实际需要出发，要启发和教育人民群众能自觉自愿地来办学。只有人民群众按照他们自己的需要并能自觉自愿地来办他们自己的学校，才能使学校容易办起来和巩固下去。因为人民群众如果对学校有其内在的需要，他们就愿意办学；如果他们能自觉自愿地参加办学，他们就能产生主人翁的情感。这样，他们在办学过程中，就能充分地发挥出主动性、积极性和创造性，就能有钱出钱，有力出力。

发动人民群众办学，是个在教育工作中走群众路线的问题，不单纯

① 《文化工作中的统一战线》，《毛泽东选集》第 3 卷，人民出版社 1952 年版，第 1010 页。

是个组织问题。只有严格地“按照群众的需要和自愿”原则办学，才不致在群众办学过程中，有强迫命令的不良现象。当人民群众尚且没有自觉自感时，当然也不应放任自流，其正确的作法是加强党和政府的指导和帮助。老解放区在创办和巩固民办学校的一般规律是：党和政府进行办学方针的教育，通过英雄模范人物、积极分子的带动和示范，启发群众的自觉自愿，然后创办起来的。假如把“按照群众的需要和自愿”原则理解成为不应对群众进行教育和引导，以为一提到党和政府的领导和帮助就会影响群众“真正的”自觉自愿那都是不正确的。如果按照这些方法去做，就会当群众的尾巴，就会给发展民办教育事业带来极大的危害。因此，贯彻“按照群众的需要和自愿”原则，不仅不排斥党和政府的领导和帮助，而且必须切实地加强党和政府的领导和帮助。

在老解放区，为了在群众办学中，在创办、巩固和发展民办小学中，能够更好地具体体现和坚决贯彻“按照群众的需要和自愿”的办学原则，又创造性地提出了“小学民办公助”和“因时因地制宜”两大措施。“民办公助”和“因时因地制宜”两大措施，既是党和政府关于群众办学的方针政策，又是指导人民群众如何办学的具体原则。

“小学民办公助”的含义是指的什么呢？就是说在老解放区举办小学时，要实行“民办”和“公助”。所谓“民办”，是指依靠群众自己动手，办自己的学校，是指由群众集体或家长联合办学。所谓“公助”，是指必须接受党和边区政府在教育方针方面的指导，在教材配备、师资提高以及其他等方面的帮助。在“公助”方面，既要注意防止行政命合，以免造成“官逼民办”，又要不使之放任自流，陷于无政府的状态。总之，所谓“民办公助”，就是要把“民办”与“公助”结合起来，就是指在创办、巩固和发展民办学校过程中，要发动群众，让群众自己动手，按照他们的需要和自愿，办他们自己的学校，党和政府要在方针政策方面、在教材配备、师资提高等方面加以领导和帮助。

假若对抗日战争时期陕甘宁边区政局提出的“小学民办公助”精

神，理解成为只要“民办”，不要“公办”，那是不正确的。因为在大力提倡“民办”的同时，不是取消“公办”，而正是为了加强“公办”。只要“公办”，不要“民办”，是片面的；只要“民办”，不要“公办”，也是片面的；只有“公办”与“民办”并举才是正确的。“民办”与“公办”的关系，应体现为普及和提高的关系。因此，既要提倡大量“民办”，以资普及；又要办好小量的“公办”，以资提高。在《边区文教大会上的总结提纲》里，就正确地论述了“民办”与“公办”的关系。《总结提纲》指出：“在今后边区的群众文教运动中，一方面要展开大量民办，以资普及；另一方面需要小量公办，真正办好，作为民办的楷模与核心，以资提高。放弃或忽视小量公办，是不对的。”①

大力贯彻“小学民办公助”原则，从政府方面说，就能更好地发动群众、走群众路线办学，既在人力物力上可做到节省，又能发挥群众的积极性，克服包办小学又不能都办得好的缺点，从群众方面说，就能克服单靠政府办小学的依赖现象，从而更加关心小学教育，养成办学的主人翁感，使民办小学更能适合他们的需要。

由于老解放区提出的“小学民办公助”办学精神，是适合人民群众需要的，因而受到了人民群众的热烈欢迎。这不仅在陕甘宁边区是如此，就是在其他老解放区，也能找到大量的实例。譬如：在老解放区的教育史料中，关于晋察冀边区贯彻“民办公助”政策后的反映，就有这样的记载：“‘民办公助’的政策传达后，群众热烈拥护，纷纷反映：‘上级对下边了解的真清楚’，‘共产党真行，又提出民办来了！’”②

除了“小学民办公助”之外，能够具体体现“按照群众自愿与需要”的另一个具体原则，就是“因时因地制宜”。

---

① 《开展大规模的群众文化运动》，《老解放区学校教育资料选集》第2辑，河南人民出版社1958年版，第34页。

② 《群众教育的“民办公助”》，《老解放区教育资料选编》，人民教育出版社1959年版，第301页。

“因时因地制宜”原则的含义是什么呢？据《解放日报》于1944年11月1日对当时《毛主席在边区文教大会讲演》的报道，毛泽东同志在讲话时曾作了详细而深刻的分析。他说：“要因时因地制宜，譬如陕甘宁边区与各解放区的指导原则是相同的，但是在陕甘宁边区适用的各项具体办法。如果不适用于其他各解放区的直接战争环境或人口较稠密、文化较进步等条件，即不应勉强搬用，而应采取适合当地条件的办法。”① 我们根据毛泽东同志的这些理解，“因时因地制宜”作为办学原则来说就是要从群众的实际需要出发，要根据时间、地点、条件的变化。在教育内容、学年假期和办学形式等等方面能相应的有所不同，不能生搬硬套，求得“整齐划一”。

在创办、巩固和发展农村民办小学过程中，贯彻“因时因地制宜”原则。是十分重要的。因为，在老解放区，是在地处分散的农村中办学，村与村距离较远。劳动力又缺乏，只有因村设校，“因时因地制宜”办学，才能符合人民群众的需要，使学生既能照顾家庭的劳动生产，又能参加学习；既能就近入学，减轻家庭经济等方面负担，又能对迅速普及教育有好处。

老解放区在创办、巩固和发展农村民办小学过程中，由于大力贯彻了“因时因地制宜”的原则，取得了巨大的成绩，在教学内容、学年假期和办学形式等等方面，都积累了非常丰富的经验。其中有些经验是极其宝贵的创造。在教学内容方面，贯彻了一切从群众实际需要出发的精神，结合实际，结合农业生产，把应用文、记账、写信、开路条等都作为了学习的重要内容，各个民办学校还多半根据本村实际情况，编了补充的乡土教材。在学年假期方面，冲破了过去刻板的规定，一般是把寒暑假作了适当变动，改放了农忙（如春耕、秋收等）假。在办学形式方面，提出了“分散经营。分时教学”办法。所谓“分散经营”，就

① 《毛主席在边区文教会议上讲演》，《老解放区学校教育资料选集》第2辑，河南人民出版社1958年版，第12页。

是“按照群众的需要和自愿”精神，“因时因地制宜”的按村设校，不强求集中，因此，老解放区创造出很多办学形式。而且每种形式又各具特点。这些形式是：有按较大自然村成立的村学；有包括成年男人、妇女和儿童在内的“一揽子学校”；有只输送教师到几个分散小村进行教学的新式“巡回学校”，也还有教师与学生一起输送的旧式“输学”；有些地区根据农闲季节成立起“春学”或“冬学”；更有些小村庄独自不能设校或设校尚不能满足需要，就有的以个别热心教育子女的家庭为主办起家庭学校；甚至有些地方仍然允许着私塾存在。在陕甘宁边区的教育史料中，就有这样的记载：“私学在陇东分区已极为发达，现有150处，其他分区也有相当数量”①。总之，老解放区办小学的形式是小型分散，多种多样的。这是为适应边区农村分散特点和人民群众对学习的迫切需要，进行“因时因地制宜”办学的结果。所谓“分时教学”，也就是根据“因时因地制宜”精神，按照季节的变化，考虑学生需要参加农业生产的时间要求，安排上课的时间不强求“整齐划一”，比较具有伸缩性、灵活性。因此，老解放区创造出全日班、半日班、早午班、夜班等各种学校类型。有些学校（如“一揽子学校”“巡回学校”等）可能兼而有之这些个班。根据“因时因地制宜”原则，在教学组织形式、教学方法等方面，也都有不少的创造，就不一一举例了。

“因时因地制宜”和“小学民办公助”两个具体办学原则。都是“按照群众的需要和自愿”这一根本原则在其贯彻执行过程中的具体体现。因此，在创办、巩固和发展农村民办小学过程中，必须将这些原则作为一个统一的整体来贯彻，任何对这些原则作机械割裂地理解和贯彻，都会带来某些不良的影响。“因时因地制宜”和“小学民办公助”两个具体原则，失去“按照群众的需要和自愿”这一根本精神的指导。就会削弱或丧失它们的重大意义。老解放区在创办、巩固和发展农村民

① 《执行新教育方针的巨大收获》，《老解放区教育资料选编》，人民教育出版社1959年版，第271页。

办小学过程中，正是从这个整体精神出发，彻底地贯彻了这些原则，才在教学内容、学年假期和办学形式等等方面，积累了极其丰富的经验，并且留下了许多宝贵的创造。

根据老解放区统一贯彻上述办学原则的经验，我们今天在创办、巩固和发展农村民办小学的过程中，应该注意以下一些根本性的问题：

第一，一定要充分地发动群众、依靠群众、走群众路线，要“按照群众的需要和自愿”办学。

第二，要强调“小学民办公助”精神实质的贯彻，要能使群众自己动手办自己的学校，同时，要加强党和政府对民办学校的领导，要加强在方针政策方面的指导和在教材配备、师资提高等方面的帮助。

第三，在教学内容、学年假期和办学形式等等方面。要做到“因时因地制宜”，多种多样，反对“整齐划一”，强求一律。

三、解决具体问题

坚决执行依靠群众、走群众路线的“小学民办公助”这一正确的办学方针，彻底贯彻“按照群众的需要和自愿”的这个根本性的办学原则，是老解放区创办、巩固和发展农村民办小学的关键。这条经验已为老解放区大量的有关民办教育的史实所一再验证了的。但同时，老解放区的这些民办教育的史实也告诉我们：有了正确的办学方针和明确的办学原则之后，并不等于把创办、巩固和发展农村民办小学过程中的一切都能解决很好了，因为搞好民办小学是个十分复杂的问题，它涉及的方面很广，因此，还必须妥善地解决一系列有关这些方面的具体问题。妥善地解决一系列的具体问题，是老解放区创办、巩固和发展农村民办小学的重要环节。本文仅就老解放区解决关于创办、巩固和发展农村民办小学过程中的几个主要的具体问题作如下的研讨和介绍。

(一)校舍、设备和经费问题

妥善解决校舍、设备和经费，是创办、巩固和发展农村民办小学的前提条件。老解放区解决校舍、设备和经费方面的经验是：发动群众、依靠群众，根据群众需要和自愿，鼓励有钱出钱，有力出力，进行集资兴学。只有群众感到对学校有需要而又自愿来兴办，他们才能有自觉性，从而才能发挥他们的积极性和创造性；只有群众感到学校是他们自己的，他们才能有主人翁感，从而才能做到有钱出钱，有力出力。譬如，在陕甘宁边区著名的杨家湾民办小学，最初就是这样解决的校舍、设备和经费问题的。杨家湾的村民，由于过去受过“睁眼瞎”的苦，吃过“不识字”的亏，他们就有着办学的内在需要；一经政府的引导和帮助，办学的积极性就非常之高，于是大家动手，齐心合力，没花多少钱就办起了学校。在陕甘宁边区府所写《记杨家湾村的北郊乡小学》一文中，有着这样一段栩栩如生的描写：“老百姓对于自己的学校是热爱的。李村长捐出了石窑一孔，工人李炳辉及各村居民多人，就出工把窑洞修得整齐干净，作为教室，学生家长则集资解决教育经费。当讨论经费问题时，候大嫂自动捐助小米两大斗，还借出家具给学校使用，王有前也自动捐助小米大斗一斗半，其他有娃娃上学的家庭也都依其经济力量纷纷自动捐助。‘众人背柴火焰高’，就这样，群众自力解决了校舍、教育经费等问题。”① 当学校办起后，全乡又自动捐助四石多粮食和九垧学田。人民群众为什么能这样热情地向学校无偿地捐助呢？这是因为群众感到：“自家的学校，当然自家出钱办。”② 由于人民群众热爱自己所办的学校，就对学校表现出主人翁的责任感。因此，人民群众给学校拨菜地、借水缸、拿凳子，“候大嫂说：‘要大锅有大锅，要小锅

① 《记杨家湾村北郊乡小学》，《老解放区教育工作片段》第2辑，人民教育社1959年版，第157页。

② 《在摸索试验中成长的杨家湾小学》，《解放区群众教育建设的道路》，东北书店1948年版，第12页。

有小锅，缺甚来拿甚！’这是可以代表当时众人对学校的责任感的一句话。”① 由此可见，只要是群众自觉自愿地办学，他们就能对自己办的学校有着充分的责任感，学校的校舍、设备、经费问题，就能获得很好地解决。

从上述杨家湾民办小学和老解放区其他民办小学的实际情况中，在解决校舍和设备时，除了贯彻自觉自愿原则外，还体现出因陋就简、勤俭办学的精神。在老解放区，由于处在抗日战争环境，国民党反动派还进行封锁，边区原来生产情况也较落后，因此，当时就是公办学校的物质条件也不是合乎理想的，而民办学校就更不用说了。但在这种情况下，却养成了一种艰苦奋斗、自力更生的好风气，在校舍、设备上主要考虑适用，不去追求形式。这种艰苦朴素作风，是革命优良品质的体现，就是我国经济情况好转了，也不应有丝毫忽视。在当前，解决民办小学的校舍和设备时，能继承和发扬老解放区因陋就简、勤俭办学精神，还是很有意义的。

在解决农村民办小学教育经费问题上，老解放区有着很多创造，杨家湾民办小学办法只是其中的一种。另外，还有全乡按户摊派和由学生家庭合理负担等办法。全乡按户摊派的办法，在陕甘宁边区的不少乡村中被采用。村学是至乡居民办的学校，因此，经费按全乡各户富力情况合理摊派，是一个好办法。譬如：清涧城关区一乡石台寺民办村学的经费，就是这样按合理摊派的：“最多出小米三斤十二两，最少出一斤，平均出一斤十二两，全乡一百六十余户中，贫苦群众二十户未出。”② 至于由学生家庭负担经费的办法，被采用的也很普遍。这个办法中又可分为两种措施：“一种是按学生家庭富力分担，富者多出，穷者少出，如子洲安家岔、盐池余庄等处村学即用此种办法；另一种是平均分摊，

① 《在摸索试验中成长的杨家湾小学》，《解放区群众教育建设的道路》，东北书店 1948 年版，第 12 页。

② 《民办村学经费问题的解决的几种办法》，《老解放区学校教育资料选集》第 1 辑，河南人民出版社 1958 年版，第 62 页。

或按学生年龄及程度不同略有差异，如新正前掌、前义阳两村学即如此。前者尚较合理，后者则阻碍贫穷子女入学。据新正县政府调查，前义阳村百分之六十二学龄儿童未能入学，与此种负担经费的办法有关。"① 上述，全乡按户合理摊派经费办法，其实质就是谁办学要由谁出钱的办法；由学生家庭负担经费办法，其实质也就是谁念书谁出钱的办法。因此，当前民办小学如果按照谁办学谁出钱、谁念书谁交费的办法解决经费问题，这正是对老解放区群众办学的优良传统的继承和发扬。但采用这些办法解决经费时，还必须根据老解放区的经验，要"富者多出，穷者少出"，不然就会使很多贫苦子弟不能入学。

老解放区关于民办村学经费问题的解决办法，还有一些。这些之中有的是可以直接吸取或借鉴的，但也有的是在特定历史条件下的产物，不应照搬。其余的解决经费办法，大体有：采用"文教合作社"集资生利；用变工合作帮助教员种地，教员在校也适当地领导学生参加一定的生产劳动；开垦学田；利用坟会地和庙会地收入；热心教育人士捐地兴学；群众团体出资；先由政府帮助，逐渐过渡到自给自足；等等。

目前我国农村的民办学校，在解决经费方面，也仍然还存在着问题。用什么办法解决经费最好呢？根据老解放区的经验，最好办法是：谁办学谁筹划经费，谁念书由谁拿钱。

（二）群众办学的形式问题

解决群众办学的形式，是有着重大意义的，因为它关系到学生能否便于参加家庭的生产劳动，又便于他们就近入学的问题。老解放区为了适应农村分散的环境，根据"因时因地制宜"原则，提出了"分散经营，分时教学"的具体办法，从而创造了多种多样的办学形式。

根据"分散经营"精神，老解放区创造出来的群众办学的形式，

① 《民办村学经费问题的解决的几种办法》，《老解放区学校教育资料选集》，河南人民出版社 1958 年版，第 62 页。

按其各自的特点和作用，大体可分以下几种：

村学：村学一般是以较大的自然村为单位设校的，有些村学也吸收一些邻近小村庄的儿童入学。村学就是由村民自办的小学，它适合于较大的自然村。村学有时又是民办小学的总称，只要是由人民群众自己办、自己管的学校，都可叫村学。

一揽子民校：一揽子民校是村学的一种，但它又有着独自明显的特色。这个特色是：从教学对象说，不仅有儿童和青年受教，还包括有成年男人和妇女；从教学形式上看，这种学校往往要按年龄、性别分成儿童、青年、成年男人和妇女等班（或组）；同时又因为在这个学校中学习的成年男人、妇女等不能脱离生产，在班级上又分出整日班、早午班和夜班等，以便使学生能够挑选适合他们自己的空闲时间来学习。这种学校是适合于村子较小、学龄儿童较少，而成年人又迫切要求学习的村庄。譬如盂平战斗英雄郝玉林创造的“民办一揽子”① 学校，就是一个很好的例子。

巡回学校：巡回学校又叫输学。输学是在地广人稀、村子又小，每村学龄儿童又少，村与村距离又远地区最为适宜的学校。因为在这种条件下，不可能集中在那个村庄设校。为适应这种情况，几个村子可以联合建校，共请教员，输流到各村授课，既可节省教员，又可免于儿童奔走求学的不便。这种学校，在陕甘宁边区的志丹等地很多。这种学校在人口分散地区，是值得提倡推广的。

此外，尚有一种旧式输学，也可划在这一类。新旧输学的不同点，在于新式输学只输教员，而旧式输学是教员与学生一起输，输到谁家，就在谁家吃饭上课。

家庭学校：家庭学校是以识字家长设校教他们自己的子女，有时亲朋或近邻子女也来参加。“如吴旗李某以自家几个娃娃为基础，同时吸

① 《群众教育的“民办公助”》，《老解放区教育资料选编》，人民教育出版社 1959 年版，第 302 页。

收本村其他儿童，成立了家庭学校，教学时间按季节不同而有所变动。”① 有的家长本人虽不识字，但有办学的积极性，愿意延师至家设校，也属于家庭学校这一类。

私塾：利用私塾，是老解放区人民群众办学的一种补充形式。这种补充形式的必要，是因为在老解放区，有些地方，民办其他类型的学校在那里不是尚未出现，就是既已出现也还不能充分满足广大人民群众及其子女学习文化的迫切要求。在这种情况下，允许私塾存在，并且很好地利用它，这对民办教育事业的发展，是有好处的。私塾有它有益的方面，就是教授一些农村人民群众需要的实际知识和手头应用的字，能够较为立竿见影，因此它能受到群众的欢迎。当然，也不能忘记：作为私塾，总有它的落后一面，因此，必须在利用它的同时要加以改造，以免使人民群众受到毒害。只要对私塾改造得当，就有可能使它去掉封建迷信内容，改变机械背诵和打骂体罚等教育和教学的方法，甚至使它能逐渐地向新型民办学校方面转化。譬如：在陕甘宁边区就有这样的实例：“改造的比较彻底的是镇原贾其昌私学，教材大部改用教育厅新编课本，并教笔算与珠算，大的学生还教应用文，作日记。”② 私塾的存在对教育事业发展的好处是很多的。因此，今天还不应该厌弃它，应该从团结的愿望出发，充分地加以利用并逐步地给予改造。总之，对私塾既要进行团结、利用和改造，同时也要批判吸取私塾中有益的方面（如集中背诵识字等）。

除了上述主要的办学形式之外，还有按季节成立的春学、冬学等等。因为这些学校可以归纳到上列类型之中，故不单独一一列举。

在老解放区的诸多办学形式中，可以分为两大类：一类是以“分散经营”为主的；一类是以“分时教学”为主的。但如“春学”“冬学”“一揽子学校”等，是两类兼而有之的形式。前述诸多形式，大体可以

---

① 《执行新教育方针的巨大收获》，《老解放区教育资料选编》，人民教育出版社 1959 年版，第 271 页。

② 《执行新教育方针的巨大收获》，《老解放区教育资料选编》，人民教育出版社 1959 年版，第 272 页。

说是以“分散经营”为主的形式；下边将要讲到的，一般说是以“分时教学”为主的形式。如：

整日班。这是民办小学的基本形式。它的特点是整日进行教学。在这里学习的是儿童和部分青少年，因为他们不是尚且不能参加生产劳动的，就是暂时可以不参加生产劳动的，家长希望他们能整日学习。

半日班。主要对象是半参加生产劳动的青少年和部分的青年妇女。这种形式的特点，是半工半读，即半日劳动，半日上学。

早午班和夜班。这两个班主要是为不能脱离生产的成年男子或妇女以及失学的青少年设立的，这两种班的特点，是具有业余的性质，即在劳动之余参加学习的。

关于整日班，一般的民办小学都有；半日班、早午班、夜班，有的学校有，有的学校没有。

在群众办学形式方面，老解放区能够以“分时教学”为主创造出整日班、半日班、早午班和夜班等，也是很有意义的，因为它能够解决学生既要参加生产又要坚持学习之间的矛盾，能够满足学生愿意多读或少读的要求，从而有助于民办小学的巩固和发展。在这方面，晋察冀边区的龙华桑文义民办小学，做得很好，不仅使学生在生产与学习上得到了双丰收，学校也因之越来越加巩固和发展了。在老解放区教育史料中有着这样一段详细的记载：“龙华桑文义小学，一开始就是‘民办公助’的。春天开学后，有四十个儿童入学，二十四个上整日，十六个上半日，整日班下午不游戏，早放学，让儿童回去拾粪、打柴、抱孩子、推碾；半日班早上和上午做活，下午上学。但还有更贫苦的四十多儿童不能入学，就又和家长讨论，每隔一天上一晚上。两个放牛儿童，则每天放牛时学两个字，或在歇晌时学习。这样，全村八十多儿童都有了学习机会。”①

综上所述，老解放区由于提出了“分散经营，分时教学”的办法，

① 《晋察冀边区小学教育剪彩》，《解放区群众教育建设的道路》，东北书店 1948 年版，第 141 页。

从而创造出多种多样的办学形式，这是对当时那种要求“整齐划一”、脱离实际、脱离群众的形式主义、主观主义、主张所谓“正规化”等等的思想和作法一个沉重的打击。从老解放区这些群众办学的形式中，使我们能够明确这样一个问题：今后办农村的民办小学所采用的形式，必须根据“因时因地制宜”精神，按照“分散经营，分时教学”办法，使之多种多样，不应强求一律或整齐划一。

（三）学制和教学问题

能否妥善地解决学制和教学问题，是关乎民办小学能否巩固和发展、能否解决学生既要参加一定生产劳动又要进行学习之间矛盾的又一个重大问题。解决学生既要参加生产又要进行学习之间的矛盾，是一个涉及群众办学的各个方面的根本问题。这个矛盾不解决，其他问题都将会落空。解决这个矛盾，不仅需要从办学形式等方面去解决，而且还要从学制和教学等方面去解决。为此，老解放区的民办小学，在学制和教学内容等方面，都进行了相应的改变或改进。

老解放区在群众办学过程中，于学制年限和假期制度等方面，都改变了过去那种强求一律的作法。在学制年限上，有些民办学校虽然也有所规定，但是对学生入学、退学都是按照群众的自愿；更有些民办学校，对年限没有严格限制，学生学够农村应用知识或学够“一千字”以上，就可以毕业。在假期制度上，也打破了常规，一般是根据农业生产的忙闲季节，对寒暑假作了调整：减少或不放寒暑假，增放麦收、秋收等等农忙假。从老解放区这些作法，今后在民办教育事业中可考虑：学制年限和假期，不要与公办学校搞得完全一样；关于学制年限和假期，各民办学校应根据群众要求，可长可短。

解决学生既要学习又要参加生产之间的矛盾，使民办小学能够巩固和发展，抓好教学这一环，有着非常重大的意义。老解放区民办小学的教学经验说明：教学内容能否做到学以致用，能否脱离实际、脱离生产，是能否真正解决学生既要学习又要参加生产之间的矛盾、巩固和发展民办小学的中心环节。

老解放区在教学内容上，于1940年以后到学校教育改革以前，一度走上了“旧型正规化”道路，脱离实际，脱离生产，所学非所用，对边区教育事业造成了极大危害。在陕甘宁边区召开的“文教大会”上，曾在检查边区的教育历史时指出：“在这个时期的教育内容，由以抗日为主转而以科学为主，但这种科学也不讲边区人民所迫切需要的科学知识，而讲了很多的火车轮船电气机械等，因而仍然不能引起群众的兴趣。”① 这样的教学内容，因与边区实际需要脱离，与生产需要脱离，而群众迫切需要的知识又学不到，就必然使人民群众感到学习是个负担，加重了学生学习与参加生产之间的矛盾，这就是当时学校教育不受欢迎的原因。

“小学民办公助”政策提出后，在总的方向上是对过去的一个纠正。但也有些民办学校，受到了“旧型正规化”思想的毒害，教学内容也仍然有脱离实际、脱离生产需要的毛病，因而也有不受群众欢迎的现象，学生不能坚持学习，影响了民办学校的巩固和发展。

上述教训说明：不论公办学校还是民办学校。只要教学内容脱离实际、脱离生产，不能做到学以致用，就不能受到人民群众的欢迎，学校也就不能巩固和发展。

老解放区群众办学的经验也告诉我们：要想使民办学校得以不断巩固和发展，要想能妥善地解决学生既要学习又要参加生产之间的矛盾，首先就必须在教学内容上贯彻“学以致用”精神，克服脱离实际、脱离生产，要以群众需要什么，生产上要求什么，就应教什么学什么；然后再考虑逐渐提高的问题。在老解放区的教育实际中，正是贯彻了这种精神。譬如，老解放区的人民群众，希望自己的子女能学会看报、开路条、打算盘、记账、写信，民办小学就把这些过去所谓不能登“大雅之

① 《边区文教大会检讨边区教育历史》，《解放日报》1994年11月5日。

堂”的实际需要的知识，作为了教学内容。只有将人民群众实际需要的知识，作为民办学校的教学内容，教给学生，人民群众才能愿意送自己的子女入民办学校。在晋察冀边区的教育实践中，当时就曾有过这样的实例：“灵寿在提出‘民办公助’方针后，教育工作即显现新气象，到处群众都表示欢迎。某村往年学校没学生，后来虽然村边添了敌人的炮楼子，上学学生仍然由20几人增到了80多个，有好几个过了入学年龄的青年，也要求再上几年，原因是学校课程适合群众需要，譬如添了写契约、开路条、学算盘等。一个学生刘光裕写信说：‘我上学7年了，算术我学过鸡兔同笼、父子年龄、大小二数等法子，但家里卖豆腐叫我写一笔账，或者叫我算算赚多少钱，就把我问个白瞪眼。结果送我个名字叫‘学混子’，不让我上学，三天两头让请假。今年开学没两个月，我学会了这一套，家里看我强了，要让我上高小’。”① 从这个生动的实例中可以看出：民办学校的教学内容只有与实际紧密联系、服务于生产、适合广大人民群众的需要，才能使人民群众愿意送自己的子女到民办学校学习，才能有助于民办学校的巩固和发展。

综上所述，我们从老解放区的教育实践中，可以明确这样一条：若想使民办小学日益巩固和发展，使人民群众愿意送自己的子女入民办学校，就必须在民办学校的教学内容中坚决贯彻“学以致用”的精神，克服脱离实际、脱离生产、脱离广大人民群众的实际需要，在语文、算术等重要学科里增添农村实际应用的知识（诸如打算盘、记账、写应用文等等）。

（四）民校教师问题

能否有好的民校教师，是办好民办小学的重要条件。教师是学校里的中心人物，在教学的过程中，是起主导作用的。民办学校学生是否能

① 《群众教育的“民办公助”》，《老解放区教育资料选编》，人民教育出版社1959年版，第316页。

安心学习，家长是否愿意送子女入民办学校，在很大的程度上取决于教师能否热心负责，能否教得使学生满意、使家长满意。陕甘宁边区在总结创办、巩固和发展民办学校的经验时指出："教员对学校有决定作用，一个好的教员必须有充分的群众观点与为群众鞠躬尽瘁的精神，才会得到群众拥护，而使学校得到发展。高家沟的高怀山和杨家湾的陶端予，是办好这两处学校的重大因素。"① 陕甘宁边区的这两位著名的模范民办小学教师高怀山、陶端予，是民校教师学习的榜样。

民校教师不可缺少的条件之一，是能吃苦耐劳，丢掉知识分子的臭架子。老解放区民校教育经验表明：民办小学教师只有能吃苦耐劳，丢掉知识分子的臭架子，才能更好地与人民群众打成一片，为农村人民群众服务，才能受到农村人民群众的爱戴和拥护。在延市西区民办小学里，就曾有过这样一位深受人民群众爱戴和拥护的教师："此次青委的田心同志，在开学之前就自己背了行李跑到学校，帮助打扫院子，布置校舍，教书而外，还自己抬水做饭（包括学生的），晚上则和寄宿的学生睡在一个炕上，照顾他们的大小便，另外还帮助乡长算账开条子等等。结果不到一星期，就受到老百姓的热烈欢迎，当他从裴庄调到莫家湾时，裴庄乡的老百姓都来挽留，不愿他离开。直到区长向他们保证中央妇委派的王云同志是同样的认真刻苦，老百姓才同意，这事说明：吃苦耐劳，完全丢掉知识分子的臭架子，实是乡村小学教员的第一个必要条件。"②

如果说，教师具有为人民教育事业鞠躬尽瘁的品质，是创办、巩固和发展民办学校的重要条件，而教师教学成绩的好坏，又是这个重要条件之中不可缺少的组成部分。民校教师必须是又红又专的。假如民校教师只有热情，而在教学上搞不出成绩，或者教学效果很坏，反而能受到

① 《执行新教育方针的巨大收获》，《老解放区教育资料选编》，人民教育出版社1959年版，第271页。

② 《延市西区两个民办学校开学》，《老解放区学校教育资料选集》，河南人民出版社1958年版，第43页。

人民群众的欢迎，能够使民办学校创办起来并能巩固和发展下去，那是不可想象的事。老解放区模范教师的事迹，都能说明这样一个事实：不仅仅由于他们在工作上热情，还由于他们在教学上取得了成绩，有了良好的教学效果，才受到人民群众的欢迎，才有助于民办学校的进一步巩固和发展的。因为只有当家长看到了自己孩子的进步，看到学习上有了成绩，才能大力支援学校。陶端予同志从她自身工作的经验说明了这一点。她在总结杨家湾小学之所以能够在群众中生根和提高的经验时，写下了这样一件事："学生小爱子今年进步快，他的老祖母一向对人冷淡，但因此也特别关心起教员来，问鞋问袜的，还送给学校很多扫把。今年春节讨论学校经费时，大家都提出：反正是为了咱乡上多教出几个识字的来。这些事实说明：教学有了成绩，学校的威信就会建立起来，当群众感到这学校对他们是必需时，总会想办法维持下去的。"①

由此可见，教师的为人民教育事业鞠躬尽瘁的优秀品质和他在教学上的良好成绩，是使他能受到人民拥护和爱戴的重要原因，也是使民办学校得以巩固和发展的重要因素。因此，在今天，党和政府以及民办学校的领导，要特别注意对民校教师的培养和帮助，使他们能具有拥护共产党、热爱人民的品质，具有政治责任感和为民办教育事业献身的精神，同时，还要使他们在文化水平和专业修养上能不断地提高。只有这样，才使民办教育的质量不断提高，才能有助于民办学校的进一步巩固和发展。

在培养和提拔民办小学教师时，要力求就地取材，实现民小教师地方化。使民办小学教师地方化，这是老解放区巩固和发展民办小学的经验之一。所谓"地方化"，就是在选拔和培养民办小学教师时要就地取材，并让在本地任教。这样做的好处在于：本地教师在本地任教，就容易熟悉本地情况，联系群众，了解群众的需要，也容易使教师照顾家

① 《生存和提高中的杨家湾小学》，《老解放区教育资料选编》，人民教育出版社1959年版，第280页。

庭，安心工作，具有为本乡教育事业献身的责任感。

（五）管理和领导问题

加强对民办小学的管理和领导，也是创办、巩固和发展民办小学的重要因素之一。

对民办小学管理和领导的最好方法，是建立校董会（或学校管理委员会）。陕甘宁边区杨家湾小学能在人民群众中生根，能够巩固和发展，其中重大原因之一，就是成立了一个健全的校董会，在这个机构的监督和帮助下，解决了不少单靠教师是难于解决得了的问题。根据杨家湾小学的校董会经验，校董会的经常工作是：检查教员的工作，审查经费的开支，听取校长教员的汇报，讨论决定工作中的重大问题，这是它的权利；它的义务是：进行筹划基金，动员学生入学，照顾教师生活，向政府汇报学校情况，等等。为了发挥校董们的积极性，教员要尊重校董，重大问题要向他们请示、汇报，帮助他们了解学校教学工作的情况，帮助他们解决工作中的困难和方法。校董会成员是否有积极性，是否负责任，往往可以影响民办学校是否能够巩固和发展。如延市旧城民办小学在巩固和发展过程中的经验就说明了，同样是一个民办学校，以前选出的校董不负责任，学校“就有停办的危险”，新选出的校董（如常冶安等）负了责任，学校就出现了“新气象”①。由此可以看出校董会（或学校管理委员会）的好坏，对巩固和发展民办学校有着巨大的作用。

老解放区对民办学校管理与领导的情况告诉我们：由谁办学就应由谁对学校加以管理与领导。为了把民办学校管理和领导得好，应选举出一定数量人员组成校董会（或学校管理委员会），实行人民群众自己对民校的管理和领导。

在对民办学校的管理和领导的问题上，仅仅限于谁来办学就由谁来

---

①《旧城民小的教学经验和管理办法》，《老解放区学校教育资料选集》第1辑，河南人民出版社1958年版，第53页。

管理和领导，这只是能体现出“民办”的这一个方面，另外，一定还要有“公助”的那一个方面，就是，要有党和政府对民办学校的领导和帮助。党和政府对民办学校的领导和帮助，是巩固和发展民办学校的根本保证。党和政府对民办学校的领导和帮助。主要体现在提出办学方针和指引办学方向上面。正确的办学方向，是巩固和发展民办学校的灵魂。因此，党和政府的领导和帮助是个关系到民办学校走什么道路的问题。假如民办学校失去了党和政府的领导和帮助，就会迷失方向。党和政府的领导和帮助，是党对民办学校的关怀。党和政府的领导和帮助，也体现在具体帮助解决师资、设备和教材等等的问题上。这样的实例，在老解放区是很多的。譬如，陕甘宁边区的杨家湾小学，就是在党和政府的领导和帮助下健康成长起来的学校。该校著名的模范教师陶端予同志，就是政府派去的。该校经费，在创办初期，有时不足，政府也适当地给予过接济。这就说明：加强党和政府对民办学校的领导和帮助，对巩固和发展民办学校有着巨大的意义。但在加强党和政府对民办学校的领导和帮助时，为了防止理解上的偏颇，根据老解放区的经验，我们必须注意下列两个问题：

首先。从党和政府角度来说。既不能放任自流，又不可管得过死；既要对民办学校加强方针政策方面的指导和有关具体问题上的帮助，又不可包办代替，违反由谁办学就由谁来管理和领导的基本精神。

其次，从民办学校角度说，既要争取党和政府的领导和帮助，加强向党和政府请示汇报工作的主动性，又要坚持自办自管的精神，防止对政府有着依赖的心理。

总之，在抗日战争时期，老解放区在创办、巩固和发展民办学校的过程中，积累起来的经验是非常丰富的。上述是仅就所知总结出的几个主要方面。我们对老解放区在群众办学问题上的丰富经验和宝贵创造，必须认真地加以研究和吸收，大胆地继承和发扬；但同时也必须明确：我国目前农村的条件与老解放区的当时是有着巨大的变化，因此，在继承和发扬老解放区群众办学的优良的教育传统时，一定要防止那种不问时间、地点和条件的一律照搬的做法。

我国的民办教育事业，在解放以后，在党和政府的重视下，得到史无前例的蓬勃发展。成绩十分显著。仅以湖北省为例，据湖北省教育厅于1962年3月所发表材料的统计："湖北省现有民办小学一万六千余所。占全省小学总数三万零五百余所的百分之五十二；学生一百三十一万二千九百余人，占全省小学学生总数四百十二万七千二百余人的百分之三十一。"又说："这些民办小学，对于满足群众的入学要求，提高人民的文化水平，起了很大的作用。"① 例不赘举，可以想见全国民办教育事业发展的情况，同时，还可以看出：民办学校在发展人民教育事业、普及教育方面的重大作用。

在我国民办教育事业发展过程中，当前有时也还出现一些问题，需要解决。这些问题一般有：对民办学校缺乏足够的正确认识；有些民办学校对经费来源没有良好的解放办法；对师资的选拔和培养尚缺乏经验；还有些学校常常发生学生大量流动现象；等等。如果把这些问题归结起来，就不外是两个大的方面，即民办学校的创办问题和已办起来的民办学校的巩固与发展问题。不管解决民办学校的创办问题，或者解决民办学校的巩固和发展问题，我们从老解放区群众办学的经验中，都可获得下列一些宝贵启示：

首先，必须有明确的群众办学方针，并能对这个方针予以深入地宣传和坚决地贯彻。在当前，要想使民办学校得以创办或能够进一步巩固和发展，就必须深入地宣传和坚决地贯彻党和政府提出的"两条腿走路"的办学方针。"两条腿走路"的办学方针，是对老解放区的群众办学方针的继承和发扬。只有深入地宣传和坚决地贯彻"两条腿走路"的群众办学方针。才能像老解放区那样，使民办教育事业有着明确的方向，才能消除什么"群众不懂教育""民办学校不正规"等谬论，才能

① 湖北省教育厅：《湖北省民办小学的情况和措施》，《人民教育》1962年第3期。

对民办学校有着正确认识，才能使民办教育事业得以正常的发展。

其次，要坚决地遵循“按照群众的需要和自愿”原则办学。老解放区群众办学的经验告诉我们：群众办学必须从人民群众的实际需要出发，不可违反人民群众的自觉自愿，要坚决地反对命令主义、主观主义和形式主义。只有这样，才能发挥人民群众的主动性、积极性和创造性，才能使民办学校得以迅速地创办起来和巩固下去。

最后，要解决一系列的具体问题。老解放区的群众办学经验还告诉我们：仅仅有群众办学方针和原则是不够的，还必须能将这个方针和原则用以指导实际，贯彻到解决一系列的具体问题中去。创办、巩固和发展民办学校，是一个复杂而细致的过程；不从具体问题入手，空有指导思想，企图创办、巩固和发展民办学校，是不可能的。当然，就创办、巩固和发展民办学校的整体来说，方针和原则这种指导思想那是根本的，但也必须将这些精神用以解决具体的实际问题，不然，方针和原则也就失去了指导意义。因此，我们首先要学习和继承老解放区这样一种良好的做法，那就是特别注意以群众办学的方针和原则为指导，深入细致地解决民办学校在创办巩固和发展过程中的一系列具体问题。此外，我们也要注意吸取和发扬老解放区在解决一系列具体问题方面，已经总结起来的那些宝贵经验。这些经验大体有：艰苦奋斗、勤俭建校的精神；发动群众、依靠群众妥善地解决校舍和设备问题；谁办学谁筹款，谁读书谁出钱等解决经费的良好方法；选拔能吃苦耐劳，愿为民办教育事业献身的教师的做法；加强民办学校的管理和领导；等等。这些经验，是老解放区留给我们的革命的教育遗产；我们必须接受这些革命遗产，吸取这些宝经验，这将有助于今天民办学校的创办和巩固，有助于新中国民办教育事业的发展！

目前，民办学校的创办问题，在有些发展民办学校较好的地区，已不是什么主要问题了，应着重吸取老解放区如何巩固和发展民办学校方面的经验，因为在这些地区当前存在的主要问题是如何巩固和发展民办学校的问题。

关于巩固和发展民办学校问题，除了应吸取跟创办民办学校有相同的一些精神（如方针、原则等）外，老解放区群众办学经验中还告诉我们：必须注意解决这样一个特殊问题。那就是要妥善地解决学生既要学习又要参加一定生产劳动之间的矛盾。这个矛盾，是使已创办起来的民办学校发生学生大量流动的主要原因之一。因此。民办学校能够从各方面妥善地解决学生既要学习又要参加一定的生产劳动之间的矛盾。对巩固和发展民办学校来说，占有着特殊重要的地位。从老解放区巩固和发展民办学校的经验中，留给我们如下一些有效地解决这个矛盾的良好办法：

首先，在采用办学形式和规定学制年限方面，都应以能够妥善地解决学生既要学习又要参加生产劳动之间的矛盾为主线。为了使学习时间和劳动时间之间减少矛盾。在时间安排上，使办学形式和学制年限不要做“整齐划一”的要求，应根据“因时因地制宜”原则，采取“分散经营，分时教学”。

其次。在教学内容方面，力求使学习内容能与生产劳动和阶级斗争相联系。这样，就使学生的学习有助于他们参加生产和工作，以致他们不再感到学习是一种额外的负担。从而他们愿意到校学习，这样就自然地能有助于民办学校的巩固和发展。要使民办学校的教学内容能够起到这样作用。老解放区的经验告诉我们：必须克服脱离政治、脱离生产、脱离实际的偏差；要能力求为解放战争和阶级斗争服务，为生产服务；要联系当前革命斗争、劳动生产和学生实际，做到学以致用。

最后，在学校管理领导方面，必须健全校董会（或学校管理委员会）和选拔一批优秀的民校教师。因为任何巩固和发展民办学校的优良制度，也需要民校的领导人员和教师去遵守；任何良好的教学原则和教学内容。都需要经由教师来贯彻。因此，老解放区的经验告诉我们：选举好的民校管理人员和选拔优秀的民校教师，加强对民校的领导和管理，是办好民校的重要因素之一。

老解放区有关群众办学的经验是十分丰富的。而今后，随着我国社会主义革命和社会主义建设事业的发展和人民群众的经济负担能力的逐渐提高，民办教育事业将是前程远阔、大有可为的。我们相信，深入探讨和研究老解放区关于群众办学的优良教育经验，正确地继承和发扬它的革命教育传统，对创办、巩固民办学校，发展我国当前的和今后的民办教育事业以及实现普及教育，必将具有极其重大的现实意义。

高等教育史散论

中国近现代高等教育的历史渊源

历史如镜，鉴往知来。中国近现代高等教育史就是这样一面镜子。通过研究中国近现代高等教育的产生、发展和变迁的历史，从中发现它的客观规律性，不仅可获得近现代高等教育的知识，并可掌握规律，得到借镜，启迪未来，有助于搞好当前的高等教育。

中国近现代高等教育属于近现代教育的范畴，虽然与中国古代大学有传承关系，但却有质的不同，既在时间上有古与今的区别，也在性质上存在专制与民主、古典与现代化的差异。开章明义，不可不知，知其概要，有助于深入领会全书的精神实质。

中国历史悠久，高等教育源远流长。早在虞夏商时期，大学就已从中国古代文明的沃土中萌发出来。在儒家经典《礼记·王制》中就有这样的记载：

> 有虞氏养国老于上庠，养庶老于下庠。夏后氏养国老于东序，养庶老于西序。殷人养国老于右学，养庶老于左学。

汉代经学大师郑玄（127—200）在《礼记注》中。曾作了这样的论断："上庠、东序、右学三种是大学，下庠、西序、左学三种是小学。大学即国学，所以养国老；小学即乡学，所以养庶老。"唐代杜佑又在《通典》的《礼十三》中，作了如下的分析："有虞氏大学为上庠，小学为下庠；夏后氏大学为东序，小学为西序；殷制，大学为右学，小学为左学，又曰瞽宗。"

从上述文献记载和经学家论述可以肯定：我国早在虞夏商时期就有了大学，只是名称上当时并未叫大学；虞舜时称上庠，夏禹时称东序，殷商时称右学。大学于初始阶段，职能尚未专门化，不是单一的传道授业机构，还有养老的职能。如果说，虞舜时的上庠和夏禹时的东序，至今尚有传闻性质，可是到殷商时的右学，当时已确有这样的大学，应无疑议，因为考古发掘出来的卜辞可为之佐证。这样的甲骨卜辞就有一些片，其中下述几片最为典型。第一片可证明商代已有了大学。在《小屯南地甲骨》第60片中，有这样的记载：“[illegible]（勿）[illegible]？王[illegible]癸[illegible]？于甲[illegible]？于祖丁旦[illegible]？于旦[illegible]旦[illegible]？于大学[illegible]？”据考释，“[illegible]”是一种祭祀的名称。[illegible]这片卜辞首先从反面问这祭祀要不要举行，然后卜问这一祭祀的日期，最后卜问的是祭祀的场所。卜辞对祭祀场所，明确地列举出大学，与祖丁神坛、宗庙祭坛相并列。祭祀是礼仪活动，正是古代设立大学、开展学礼的重要实践。从教育角度来看，这片卜辞是弥足珍贵的，它极有说服力地表明，我国在商代已建立了大学。第二片，“学多口父师于教”；第三片，“丁酉卜，其呼以多方小子小臣其教戒”①，均见于《殷契粹编考释》② 中。前者表明，殷商时已有“父师于教”的大学；从后者可看出，殷商大学办得很兴盛，对邻近国家学子颇具吸引力，有不少国家遣送来的“多方小子小臣”留学受教。中国古代大学发展到了西周时期，体制才逐渐趋于完善。据《礼记·王制》所载：“大学在郊，天子曰辟雍，诸侯曰泮宫。”就其严格意义来说，辟雍、泮宫才是专门研习礼、乐、射、御、书、数的大学，因为这时大学已不再兼有养老的职能，并任命专职官员组织管理和充任教师。如当时的大司乐、大司徒、师氏、保氏、大师、大胥等，既是当时的官吏，也是当时的教师。据《尚书》载：“天佑下民，作之君，作之师。”这说明，古代是君师一体管教百姓。

---

① 朱启新：《从甲骨文学看殷商时期的教育》，《教育研究》1982年第11期。

② 郭沫若：《殷契粹编考释》，科学出版社2002年版，第149页。

到春秋战国时期，出现了“礼崩乐坏”局面，各种人才和文物典籍，流散民间。官办大学衰落，私立大学兴起。从后世整理的《弟子职》《论语》《学记》和《大学》等著述来看，这个时期已出现了管理古代大学的系统理论和经验。这些重大变化，标志着中国古代大学已发展到了新的阶段：有着明确的办学指导思想，并总结出了具有教育规律性的教育原则和教学方法，有了行之有效的管理体制。

中国自秦朝到清朝中期，尽管政权上有很多次更迭，可在政体上基本上是一个中央集权封建专制国家，与之相适应的高等教育，其办学形式大体上有着四种类型：一是以培养国家行政官员为任务的中央官学，二是以训练科技、法律和艺术专门人才为目标的专科学校，三是以传递学术、科技、人生哲学为宗旨的私人授徒及家学，四是以培养学术、理论人才为主旨的书院①。自隋唐兴起科举取士，科举考试就成为这种大学系列培养目标和教学内容的指挥棒。这四种大学的类型是以中央官学为主导的。中央官学创始于汉代，称为太学；西晋以后，于太学外又增设有国子学；从隋唐开始设立管理官学机关国子监，国子监又是大学的总称，其下分为国子学、太学和四门学；元代分设国子学、蒙古国子学和回回国子学；明清时期又统一称为国子监。

鸦片战争失败后，西方资本主义列强凭借坚船利炮打开了中国闭关自守的大门。西学东渐，西方的文化教育思潮如潮水般涌入。洋务派为自强求富，保“中学”，学“西学”，提出“中学为体，西学为用”，倡办洋务学堂。为办理外交不受欺蒙，要求造就通晓外国语言文字的人才，于1862年在北京创办了京师同文馆。这是在中国教育发展史上具有里程碑意义的近代新式学堂，又是中国高等教育发展史上第一所新式专科学校，是中国近代高等教育的发轫。近代大学的雏形是1895年在天津设立的中西学堂的头等学堂和1896年在上海设立的南洋公学的上

① 《论中国封建时代的大学》，《1985年校庆论文选》下卷，华东师范大学教育科学学院1985年版，第13页。

院。在中西学堂中还有二等学堂（即中学堂），在南洋公学中还有师范院、外院（即小学堂）和中院（即二等学堂），就是说，这两种学堂还不是独自设立的大学。中国近代第一所独立的大学是于1898年在北京创办的京师大学堂。京师大学堂开设有相当于现代综合大学系科的各堂，还规定学生不仅学习普通课程，而且要专精一门学科的专门学。总之，从京师同文馆到天津中西学堂和上海南洋公学，再到京师大学堂，这是中国近代高等教育肇始时期，是从专科学校到专门学院再到综合大学的逐步完善的过程。中国近代高等教育虽然与中国古代大学教育就教育传统来看有传承的联系，但就思想渊源来说，两者有着本质上的区别。具体来看，两者有以下三个方面的差异。

第一，从教育性质上看，中国古代大学明发于奴隶社会，但自汉代太学以后，长期为封建社会服务，培养维护封建社会统治的官吏和各种专门人才，其性质主要是封建主义的。中国近代高等教育，除了外国传教士在中国办的教会大学是属于资本主义性质以外，其他都受制于半殖民地半封建社会的政治经济，其性质是半殖民地半封建主义的。中国近代的高等教育与古代大学在性质和办学指导思想上有不同，古代大学以传授儒学为正宗，而近代高等教育虽未摆脱儒学传统观念，但接受了西方异质文化教育，并且逐渐使中学与西学由碰撞走向融合。

第二，从教育内容上看，中国古代大学主要学习儒学经典，其中有礼、乐、射、御、书、数。中国古代科学技术虽然走在世界的前列，但并未进入大学的殿堂。中国近代高等教育主要传授西学，就是传授西文、西艺，特别重视外国语、天文、数学、物理、化学等学科的学习和研究，使教学内容走向科学化、现代化。

第三，从教学方法上看，中国古代大学主要是靠导师个人施教，以灌输和死记硬背儒学经典为主；而中国近代高等教育，虽然沿袭了一些古代传道授业的方法，但也采用了西方班级授课制，除教师分学科讲授以外，还很重视见习、实习和实验。这里强调中国近代高等教育与古代大学不同之处，是为了认识中国近代高等教育的性质和内容，而不是要因此忽视中国古代大学教育对中国近代高等教育的传承和影响。古代大学传授的文化艺术，内容既丰富又有民族特色，已为近代高等教育所吸收；古代大学，尤其是书院，其治学精神和方法，也被近代高等学校有选择地广泛应用；像孔子等古代教育家，仍为广大教师和学生所尊崇。中国近现代高等教育与中国古代大学教育既有不能分离的传承关系，但又因时代不同，产生的社会条件有别，其性质和内容有着很大的差异。

中国近现代高等教育的历史分期与基本特征

一、中国近现代高等教育史的研究对象和历史分期

我们研究的中国近现代高等教育史是研究自 1862 年京师同文馆成立至 1999 年《中共中央、国务院关于深化教育改革全面推进素质教育的决定》颁布的 100 多年间高等教育产生、发展和变迁的历史。其中以中华人民共和国的成立为分水岭，即从 1862 年至 1949 年为近代高等教育史，从 1949 年至 1999 年为现代高等教育史。这样分期，不仅是按时间先后来划分的，更考虑到高等教育在发展过程中其性质上的重大变化。近代高等教育史所处的时代是以鸦片战争后至中华人民共和国成立前的这段历史时期，中国由一个独立的封建专制国家沦为了半殖民地半封建国家，在这一历史时期的高等教育属于半殖民地半封建性质。中华人民共和国的成立，在中国历史发展中具有前所未有的重大意义，它结束了中国半殖民地半封建社会的历史，建立起独立自主的社会主义的新中国。新中国成立后的高等教育，在性质上有着根本性的变化，由半殖民地半封建性质变成为社会主义的性质以中华人民共和国成立作为分界线，就在中国高等教育史的近代与现代历程之中，树立起一座明显而高大的里程碑。

中国近代高等教育在自身发展过程中，又经历了肇始、演进、发展的几个阶段。在肇始阶段，洋务派兴办了京师同文馆等各类洋务学堂；维新派创办了京师大学堂等大学，并在“壬寅学制”“癸卯学制”中对高等教育加以体制化；西方资本主义列强在华还开办了一些教会大学。辛亥革命后，南京临时政府对高等教育进行了一系列改革，近代高等教育进入演进阶段。最为明显的是公布了《大学令》和《专门学校令》，制定了《大学规程》和《专门学校规程》，将京师大学堂改制成为北京大学，先由维新派严复任校长，随后由蔡元培执掌北京大学，对北京大学进行了革命性的改造。与此同时，虽然有政府对高等教育的复旧，但高等教育向近代化演进是历史发展的大方向，政府的倒行逆施，只能是螳臂当车的一场表演。1927 年南京国民政府成立，蒋介石在政治上反共反人民，但其标榜推行“三民主义”教育，重视高等学历人才培养，使高等教育得到了相应的发展，进入高等教育发展阶段。蔡元培出任大学院院长，推行大学区制，提高了大学的职能。即使在抗日战争时期，条件虽然艰苦，还办起了著名的西南联合大学等高等学府。抗日战争胜利后，国统区高等教育有了很大发展，出现了不少有名气的大学，诸如北京大学、清华大学、复旦大学、浙江大学、武汉大学等。在民国时期，私立大学也有很大发展，先后成立的较为著名的私立大学就有中国大学、武昌中华大学、大夏大学等。这些私立大学，不仅弥补了中国大学教育发展的不足，而且在教学质量和管理民主化上，往往还比国立大学的表现更好。

南京国民政府成立后，由于实行“先安内、后攘外”政策，削弱了中国人民抗击日本帝国主义侵略力量。1931 年日本入侵东北，成立了伪满洲国；1940 年又拼凑组成了汪伪政权。在伪满洲国和汪伪政权统辖区域内，均成立有日伪高等学校。日伪高等教育的出现，表明民国时期高等教育在发展中也有逆流，存在着正义与邪恶的尖锐斗争。

在南京国民政府统治时期，一国出现了两种政权，除了南京国民政府之外，在革命根据地先后建立了中华苏维埃共和国临时政府和陕甘宁边区政府。在苏区、边区，先后建立了马克思共产主义大学、红军大学、中共中央党校、中国人民抗日军事政治大学、陕北公学、鲁迅艺术文学院、华北联合大学等。这些大学是革命的人民大学，为无产阶级革命斗争服务，使教育与革命斗争、生产劳动相结合，理论联系实际。人民性、革命性、进步性，是这些革命大学的主要特色，也是苏区、解放区革命大学的优良传统。

中国现代高等教育史随着新中国成立后政治经济发展进程，可分为下述几个阶段：中华人民共和国高等教育的起步（1949—1956），社会主义高等教育的探索（1956—1966），高等教育在“文化大革命”中遭受严重摧残（1966—1976），高等教育恢复与发展（1976—1999）。新中国高等教育在这几个时期的发展中，虽然经历了“文化大革命”时期的严重摧残，总的来说，取得了很大的发展和进步。高等学校由新中国成立前的 206 所，到 1998 年已达到 1984 所①。其中著名的高等学校有北京大学、清华大学、中国人民大学、复旦大学、浙江大学、上海交通大学、武汉大学等。此外，成人高等教育也相应地有所发展，少数民族和华侨高等教育发展也很快，现已有中央民族大学等院校 11 所，还有以招收华侨和台湾省籍青年为主的暨南大学和华侨大学。由于现代教育与当代教育紧密衔接，现代教育在中国高等教育史研究中占有更为重要的地位。如能对现代高等教育进行系统深入的研究，从中发现社会主义高等教育发展的规律性及其特点，吸取经验教训，就可使当代的高等教育从中得到更为切实有益的管理和教学经验。

二、中国近现代高等教育的基本特征

中国近现代高等教育史虽然已有 100 多年，但从中国教育发展的历史长河来看，还是很短暂的。不过，它所经历的风浪颇多，有的时期真

① 教育部：《共和国教育 50 年》，北京师范大学出版社 1999 年版，第 358 页。

可谓是暴风骤雨。鸦片战争时期正是这样，欧风美雨吹撒进来，洋务教育思潮兴起，翻卷出巨大波澜。辛亥革命狂飙骤发，民主革命教育思潮掀起革命浪涛，可是又遇到了封建复古主义教育逆流的阻挡。五四运动，更激起新民主主义教育思潮的风云漫卷。新中国的成立，标志着三民主义教育思潮的胜利，社会主义教育思想的开始。这些风起云涌的教育思潮表明，在这一百多年当中，中国高等教育在性质上，变化之频繁，动荡之猛烈，在高等教育的历史上实属罕见。就是在一所高等学校中，其由于指导思想的变革，也往往有着前后之分、旧新之别。

在中国近现代高等教育史中，各种高等教育思想尽管在性质上迥异，目的有别，但从整个历史发展进程来看，它们之间仍然存在诸多共同之处。如果与古代大学教育相较，就不难看出，它们有着历史发展时期的烙印，具有一些共同的特征，就是教育的现代化，近代时期也可称为近代化。其具体特征大体上有以下几个方面。

（一）民主化

中国近现代高等教育的民主化，体现在高等教育领域的各个方面，从办学的指导思想到教育管理，可以说是无所不在。体现最为突出之处，则是在享受高等学校就学的权利方面。这里仅就中国近现代高等教育逐渐废除封建等级性、人人可以入大学、民主平等受教作简要阐述，由此可窥见走向民主化之一斑。

无论贫富、官民子弟，均可同等进入高等学校，享受平等教育权，这是一个历史的进步，但并不是一下子就能彻底实现的。京师大学堂本是近代第一所新式大学，引进了西方办学模式和西学内容，可是享受高等教育权方面，仍然存在着封建的等级性，学生全部是京官和八旗子弟。辛亥革命后，京师大学堂改为北京大学，民主革命家、曾任南京临时政府教育总长的蔡元培出任校长。他提出了反封建的民主招生主张，坚持不论资格出身，严格以择优录取为标准。为了使更多的平民子弟受到高等教育，他还准许北京大学招收旁听生、选科生。但真正能使工农子弟受到大学教育，走向彻底的民主化，是在南京国民政府时期的苏区和解放区的革命大学方才得以实现；中华人民共和国成立后，才能得到全面推行。工农子弟到大学受教，是新中国现代高等教育的特色。

中国近现代教育的民主化，不只体现在工农及其子弟为主流登上大学殿堂，还体现在男女平等上。中国在封建社会，以“女子无才便是德”的封建思想剥夺了女子入学资格，女子根本谈不上读大学。个别女子有才能，只能受到好的家教。辛亥革命后，主张男女平等，始有小学男女同校，后来允许单独设立女子中学。五四时期，男女平等受教的思想深入人心。蔡元培在北京大学、陶行知在南京高师，几乎同在1920年招收女生入学，开启了大学破除女禁的先河。中华人民共和国成立后，男女上大学已经再无差别，直到读硕士生、博士生、博士后。

教育民主化还体现在各民族之间的教育民主平等上。在清朝封建社会里，民族不平等，只有官员及其子弟才能入国子监受教。辛亥革命后，倡导各族官员绅庶及其子女同等入大学受教，可是少数民族学子，能入大学受教者仍然寥寥。真正在高等教育方面达到各民族平等受教，还是在中华人民共和国成立后。人民政府对少数民族子女，不仅提倡与汉族子女平等到大学受教，还实施了一些优惠政策，从入学考试成绩到入学后的生活待遇都给予了一些特殊照顾；不但如此，还对少数民族高等教育加以扶持，除在北京设立中央民族大学外，还在凡有少数民族聚居的省、自治区设立民族学院。

中国近现代高等教育史的发展历程，是由封建专制逐渐走向民主化的过程。中国近代高等教育是伴随西学东渐而出现的，并与中国固有文化教育相结合，在与封建专制教育斗争中得到发展。到了现代，由于中华人民共和国的诞生，为其提供了良好土壤，使高等教育的民主化更加壮大深化。

（二）科学化

中国高等学府重视传授西方自然科学，是自鸦片战争后成立的洋务学堂开始的。京师同文馆于1864年增设天文、数学馆，是近代高等教育走向科学化的嚆矢。中国古代自然科学技术虽然在世界上处于领先地位，有著名的指南针、造纸、印刷术和火药四大发明，可并未上大学殿堂，作为学科传授。尽管自唐贞观二年至宋代，在国子监中列入了书、算、医学馆，但因儒学占统治地位，只重视太学、国子学，而书、算、医学馆等居于次要地位，形同虚设。到明代，西方的科学技术已经传入中国，中国科技有了很大发展，但因清王朝到雍正、乾隆期间，顽固地推行闭关自守政策，使西方科技的传入几乎完全停顿，达一百几十年之久。清王朝遭受鸦片战争失败，在饱尝西方列强船坚炮利苦头之后，惨痛教训使一部分有识之士开始醒悟，认识到必须“师夷之长技以制夷”。后来洋务派明确提出“中体西用”的教育主张，创办洋务学堂，才真正开启了学西学的一扇大门，吹响了近代高等教育向近代化进军的号角。

西学传入后，中国高等教育发生了巨大变化。中国第一所新式大学京师大学堂，就设有10种专门学科：高等算学、高等格致学、高等政治学、高等地理学、农学、矿学、工程学、商学、兵学、卫生学（医学归此门）①。将经学、理学降为了普通学，同时兼习外国语言。“癸卯学制”对分科大学堂，明文规定为8种学科，即经学、政法、文学、医科、格致、农科、工科、商科，经学仅是8科中的一科。辛亥革命后，废止了经学科。五四运动后，高举民主与科学两面大旗，对传统儒学冲击更加严厉，对西学的吸收也更加充分全面。这以后不仅重视学习西方的自然科学，也很重视学习西方的哲学、政法、经济、教育、美学。同

① 《总理衙门筹议京师大学堂章程》，《中国近代学制史料》第1辑上册，华东师范大学出版社1983年版，第657页。

时，马克思主义在中国得到传播，北京大学是马克思主义研究的主要基地，以马克思主义的辩证唯物主义与历史唯物主义为指导，才使吸收的西方科学文化真正成为科学。可见，科学化是中国近现代高等教育的另一个重要特征。

（三）中西交流化

高等教育的中西交流化是中国近现代高等教育又一重要特征。尽管中外交流古已有之，但作为与西方资本主义列强进行文化教育交往的中西交流，吸取西方的民主性和科学性的科学文化知识和技术，却萌生于晚清，逐渐成为一种办学指导原则，贯穿于教育的各个领域，成为中国近现代高等教育的又一个特征。

鸦片战争中，西方列强以坚船利炮打开了清朝闭关锁国的大门，使高等教育的中西文化交流掀开了新的一页。1862 年成立了京师同文馆，继承和发扬了俄罗斯文馆传统，教授西方国家的文字，后又增设了天文数学馆，开启了高等学校传播西方近代文化教育的先河。中国近现代高等教育的中西文化教育交流，其方式方法可说是多种多样的，除了办学传授西方近代文化教育之外，译介西方书籍，吸取西方高等教育的教学内容和教学方法，进一步派遣留学生到西方国家学习和研究，均使中西文化教育交流逐渐走向中西文化教育融合。

上述民主化、科学化和中西交流化，贯穿于中国近现代高等教育发展的整个过程，并且越来越明显突出。它们是中国近现代高等教育与古代大学教育相区别的重要特征。深刻认识这些特征，并且时时在高等教育实践中强化它们，有助于当代高等教育继承和发扬中国近现代高等教育的优良传统，提高高等教育的质量。

中国近代高等教育的肇始

中国近代高等教育肇始于19世纪60年代至90年代。19世纪60年代初中国创办的洋务学堂是中国近代最早一批高等专科学校。19世纪90年代后期创办的天津中西学堂的头等学堂和上海南洋公学的上院已具有中国近代最早新式大学的雏形。1898年创办的京师大学堂则是中国近代综合性大学的开端。从第一所洋务学堂——京师同文馆的创办到京师大学堂的建立，是中国近代高等教育由萌芽走向成熟的一个发展过程，直到20世纪初颁行了我国第一个学制即“壬寅学制”，才使中国近代高等教育从制度体系上得到确立。

一、洋务学堂的兴办与近代专科学校的发轫

洋务学堂是中国近代创办最早的一批新型高等专科学校。它们的创设是对中国封建社会传统的大学以讲授纲常名教为主旨的儒学教育的突破，它对“西学”“西艺”的引进，使中国高等教育开始迈向近代化。它们的涌现并不是无源之水，也不是一种孤立的社会现象，而有着当时的社会历史根源。

（一）洋务学堂产生的社会历史背景

洋务学堂是鸦片战争后，中国在“师夷之长技以制夷”的洋务自

强运动中逐步创办的一批新型学堂，其类型主要有外国语学堂、军事技术学堂、科学技术学堂等，其层次属专科学校性质。

1. 鸦片战争后的中国社会大变局

鸦片战争前后，中国社会处于天崩地裂的大变动时期。

从外部条件看，从 19 世纪 60 年代到 20 世纪初，正是西方资本主义列强从自由竞争走向垄断的阶段。它们为了寻找殖民地，以便榨取和掠夺更多的财富，把地大物博的中国作为猎取的最佳对象。它们力图通过贸易、贩运鸦片毒品等途径进入中国，在遭到了顽强抵制之后，终于采取强盗行径，靠坚船利炮轰开闭关自守的中国大门。然后，它们利用与中国签订的不平等条约作为庇护，强迫中国开放广州、福州、厦门、宁波、上海等口岸通商，肆意掠夺，派遣大批传教士来华传教、办学。西方列强的入侵，给中国带来了灾难，但伴随传教、办学，也传入了“西学”“西艺”，在古老的儒学教育氛围中吹进了一缕新的气息。

外部条件只是外因，内因才是根据，内部条件更加重要。晚清政府在遭受两次鸦片战争之后，对于外国侵略者从极力抵抗而转为与之相勾结。尽管在外国侵略者的帮助下，清政府将太平天国农民革命运动镇压下去了，但仍心有余悸，惧其东山再起。在外有强敌、内有隐忧的情况下，如何才能将摇摇欲坠的封建统治维持下去，是率由旧章、闭关自守，还是开办洋务、吸纳西学，在晚清统治集团内部出现了严重分歧。一部分具有买办倾向的地主、官僚，逐渐从顽固派中分化出来，形成洋务派，主要代表人物有奕䜣、曾国藩、李鸿章、左宗棠，后期有张之洞等。尽管洋务派与顽固派就阶级本质来说是一样的，但在如何维护封建专制统治的措施上，却有反对和主张从事洋务的不同。顽固派从维护封建传统出发，认为“立国之道，尚礼义不尚权谋；根本之图，在人心不在技艺”，祖宗之法不可变，“变而从夷”，“咸归于夷不止”①。他们把

① 宝鋆：《筹办夷务始末 同治朝》卷 47，第 24~25 页。

西学、西艺视为奇技淫巧，拒绝学习和应用。可是，洋务派认识到所处的时代是“数千年来未有之变局”，虽然仍认为儒学纲常的“道”优于西方，但在技术的“器”上却不如西方的坚船利炮，因此主张“变器不变道”。李鸿章的看法，在洋务派中具有代表性，他认为：“中国文武制度，事事远出西人之上，独火器万不能及。”① 在他看来，西方的技术有长处，指出：“彼西人所擅长者，测算之学，格物之理，制器尚象之法，无不专精务实，泐有成书。”② 洋务派由于认识到西方在“器”上优于中国，主张学习西学、西艺，于是产生了洋务教育。可见，鸦片战争后中国社会的大变动是洋务教育所赖以产生的社会基础。

2. 培养“自强”的洋务人才之需要

洋务派为了维护和延续晚清风雨飘摇的封建专制统治，从事洋务，实行改革，提出了“自强”口号。为达到“自强”的目的，他们认为必须效法西方练兵制器，兴办学校，造就有西学、西艺本领的人才。曾国藩、李鸿章主张：“赴泰西各国书院，学习军政、船政、步算、制造诸学……使西人擅长之技，中国皆能谙悉，然后可以渐图自强。”③ 李鸿章更指出：“造就人才，实为当务之急。”④ 盛宣怀则将培养“自强”人才与必须开办学堂联系起来，认为：“伏查自强之道，以作育人才为本，求才之道，尤宜以设立学堂为先。”⑤ 由此可见，洋务派为图“自强”，“以作育人才为本”；而要“作育人才”，又必须以“设立学堂为先”。这就是说，洋务学堂的产生，是由于洋务派主张培养“自强”的洋务人才之需要。

---

① 宝鋆：《筹办夷务始末 同治朝》卷48，第19页。

② 《江苏巡抚李鸿章奏》，《中国近代学制史料》第1辑上册，华东师范大学出版社1983版，第215页。

③ 《奏选派幼童赴美肄业办理章程折》，《中国近代教育史教学参考资料》上册人民教育出版社1986年版，第112页。

④ 《医院创立学堂折》，《李文忠公全书·奏稿》卷78，第32页。

⑤ 《拟设天津中西学堂禀》，《皇朝经世文新编》第六册，上海书局石印1901年版，第26页。

3. 西学东渐与西方高等教育对中国的影响

西方高等教育在古老的儒学故乡——中国得到传播，追本溯源，始自西学东渐。西学真正得到东渐，一般认为是在鸦片战争后的洋务运动期间。其实，西学东渐早在明清之际已开其端，只是其后清政府实行海禁，才一度中断。可是，明清之际，中国有识之士与来华的西方传教士译介的大量西文、西书，并未因海禁而停止对西学、西艺的传播。因为早期译介的西文、西书，有很多收入了钦定的《四库全书》之中，并在《四库全书总目提要》中有所介绍。在西方传教士早期著译的西文、西书中，有很多关于西方高等教育的内容、方法和体制，对洋务教育和洋务学堂的兴起，有着不可忽视的影响。

据钱存训统计：明清之际来华的耶稣会士从 1584 年到约 1790 年，200 多年间共著译西书 437 部，其中属于基督教（或天主教）的圣经、神学等类的书为 251 部，占 57%；属于自然科学的数学、天文、物理等类的书为 131 部，占 30%；属于人文科学的哲学、心理、伦理、教育、文学等类的书为 55 部，占 13%①。其中，属于教育的书仅 4 部，约占 437 部的 1%。这 4 部书中，属教育理论专著的只有 1 部，为意大利耶稣会士高一志（Alphonse Vagnoni，1566—1640）撰译的《童幼教育》，书中内容与高等教育无涉；另外 3 部，为意大利耶稣会士艾儒略（Julio Neni，1582—1649）撰译的《西学凡》《职方外纪》和《西学答问》（上、下卷）。其中《西学凡》和《职方外纪》是将西方高等教育体制和欧洲大学情况介绍到中国的最早著作。可以说，意大利耶稣会士艾儒略是将西方高等教育介绍到中国的先行者。艾儒略字思及，威尼斯人。他于 1610 年来到中国澳门，1613 年到中国江苏、陕西、山西、福建传教，世人称其为“西来孔子”。《西学凡》于 1623 年刊刻于杭州，书中介绍了西方教育制度和欧洲大学概况。据书内所述，欧洲教育共分 6 科，即文科、理科、医科、法科、教科（即教会

① 钱存训：《近世译书对中国现代化的影响》，《文献》1986 年第 2 期。

科）、道科（即神学科）。关于理科修习年限，“大都学之专者，则三四年可成”①。

此外，对课程教学方法和考试等，《西学凡》也都作了阐述。《四库全书总目提要》称此书“所述皆其国建学育才之法”。艾儒略另一本撰译书《职方外纪》，1623年刊刻于杭州。这是系统论述五大洲地理的专著，并介绍了世界各国风土、民俗、名胜等，同时也介绍了西方教育的情况。该书卷二《欧罗巴总说》中阐述：欧罗巴诸国广设学校，一国一郡有大学、中学，一邑一乡有小学。中学学成后：

> 优者进于大学，乃分为四科，而听人自择：一曰医科，主疗病疾；一曰治科，主习政事；一曰教科，主守教法；一曰道科，主兴教化。皆学数年而后成。学成，而师儒又严考阅之。凡试士之法，师儒群集于上，生徒北面于下。一师问难毕，又轮一师。果能对答如流，然后取中。其试一日止一二人，一人遍应诸师之问。如是取中，便许任事。②

在同一卷《欧罗巴总说》的第二章《以西巴尼亚》（即西班牙）中，还介绍了当时欧洲著名的4所大学，即：西班牙的撒拉曼加大学（Salamanca）、亚而加辣大学（Al－cala）和葡萄牙的阨勿辣大学（Evora）、哥应拔大学（Coimbia）。其中撒拉曼加大学在全欧最负盛名，哥伦布在这里进行过研究，哥白尼学说尚未被世人接受之前就在此讲授传播。还有，在同卷的《拂郎察》（即法兰西）章中，介绍了著名的巴黎大学③。

明清之际外国传教士著译的437部书籍，有些就是西欧古老大学的讲义。就以最早进入中国并为明朝万历皇帝恩准可在中国传教的意大利耶稣会传教士利玛窦（Matteo Rieci，1552—1610）来说，他为传教所著

---

① 艾儒略：《西学凡》，《钦定四库全书总目提要》。

② 艾儒略：《职方外纪》，《钦定四库全书·史部·地理十》。

③ 周谷平：《明清之际来华耶稣会士与西方教育的传人》，《华东师范大学学报》（教科版）1989年第3期。

译的很多西书之中，就有一些是译自其大学老师的讲义。据考察，由利玛窦口授、徐光启笔译，于1607年出版的《几何原本》，其底本就是利玛窦在罗马大学读书时的德国老师、数学家克拉维斯（Christphorus Clavius，1537—1612）所编讲义的前6卷。克拉维斯（Clavius）的德文名，按其原文意为钉子，利玛窦称其为丁先生①。该讲义共有15卷，前6卷是《欧几里得几何学》的本文，后9卷是丁先生对前6卷的注释。这说明，利玛窦译出的《几何原本》，正是在欧洲极有影响的《欧几里得几何学》。《欧几里得几何学》是希腊数学家欧几里得（Euclid，约公元前330—公元前275）依公理推理总结出的数学经典，是当时欧洲各大学的教本。《几何原本》的译出，是将欧几里得几何学译介到中国的肇始，是使中国传统数学发展成为现代数学的里程碑。与此同时，由利玛窦口授、李之藻翻译的《同文算指》和《浑盖通宪图说》两书，前者阐释了以西法演算数学，后者为讲述周髀浑天盖天的专著。两书原本，均译自克拉维斯讲义。上述诸书，一并收入《天学初函》，列入《四库全书总目提要》。艾儒略的《西学凡》和《职方外纪》两书是将西方教育制度和欧洲大学概况介绍到中国的开端，对于明清之际的教育发展具有划时代的影响。

第一，改变了传统的教育观念。中国儒学世代相因的教育观念是“重道贱器”，但西学、西艺的传入，引起了学界的重视，并受到了启蒙。一些开明之士在坚持中国传统经史之教的同时，重视对西学、西艺的研究和应用。西学、西艺逐渐成为教育中重要的组成部分。

第二，革新了传统教育的内容。中国传统教育为科举附庸，以儒家“五经”“四书”为内容，科学技术得不到重视。西学东渐之后，西学、西艺受到青睐，数学、天文、格致、地理诸学成为重要的教育内容。

第三，出现了重视实学的新型学校。西学东渐后，一些有识之士对作为科举附庸的官学或官学化的书院只教无用的八股文表示不满，主张

① 利玛窦·金尼阁：《利玛窦中国札记》上册，中华书局1983年，第180页。

教授经世致用的实学，开办新型学校。早在 1629 年，开设了历局，选职事天文历算学者畴人子弟，学习西法、西历。1713 年，设立算学馆，选世家子弟学习算法。颜元于 1696 年主持漳南书院，反对程朱理学，提倡实学，将水、火、工、天文、地理、兵法、射御等列为教学科目，摆脱了旧式书院的模式。阮元于 1801 年在原设“纂诂斋”基础上创办诂经精舍，很重视实学，天文、地理、历数等科目占有课程中的重要地位。

明末清初，中国儒学士大夫中有识之士所以愿意接纳西学，是因为他们自身有内在的需要。他们是在反对空谈心性理学的过程中，主张经世致用，采用实学，而西学正是他们所需要的天文、数学、格物等实学。这里还有一个重要原因，即清廷当政者康熙本人能身体力行学西学并倡导西学，起了带动和鼓励作用。可能正是有这些原因，使西学与中学相融合有了切入点，使西学、西艺为政府和儒家文化所容纳①。只可惜，明清之际西学东渐好景不长，由于罗马教廷干涉中国内政，禁止中国教徒拜天、祀孔、祭祖，从而引发清廷抵制，使本来重视西学的康熙皇帝出于维护国家尊严，于 1716 年颁布了禁海禁教诏令。其后，又于 1757 年宣布闭关，从而使早期的西学东渐夭折。当然，闭关之后，中止了中西文化教育交流，但不等于已被中学所容纳的西学对中国高等教育也丧失了影响。有些西方高等教育著作如《西学凡》《职方外纪》以及西方大学讲义等自然科学著作，不少已为《四库全书》所收录或在《四库全书总目提要》中有所记载，仍能继续为读者所了解和汲取。

不过，也应看到，中国闭关之后，西学和西方教育并未完全停止渗透。西方资本主义列强一直试图打开清朝闭关锁国的大门，从未停止在广州一带沿海进行暗中贸易，后来更是贩运鸦片毒品，达到猖獗程度。与之相配合，西方教会也在处心积虑，力图进入古老而神秘的中国传

① 朱国仁：《西学东渐与中国高等教育近代化》，厦门大学出版社 1996 年版，第 18 页。

教。他们为了吸引信徒，在中国沿海岛屿开办教会学校。英国基督教会于1807年派遣来华传教士马礼逊（Robert Morrison），于1818年在马六甲创办了一所英华学堂（Anglo-Chinese College），这也是外国传教士为中国人开办的第一所教会学校。继马礼逊之后，由美国传教士布朗（Samuel Bob-bins Brown，1810—1880）于1839年在澳门开办了马礼逊学校。这对中国后来创办洋务学堂不无借鉴与影响。

从历史发展来看，西学真正得以东渐，对中国近代高等教育的发生和发展产生直接而巨大的影响，当在鸦片战争之后。正是由于鸦片战争，使地主阶级改革派林则徐、魏源等明确认识到要向西方学习西学、西艺。魏源最早提出："师夷之长技以制夷。"① 鸦片战争失败后，西方传教士凭借西方列强同清政府签订的不平等条约，夺得了在华传教、办报、办学等特权，这与从明清之际以来传播西学、西艺的力度，两者无法相比。据统计，从1843年到1860年间，尚不满20年，在香港、广州、福州、厦门、宁波和上海的6个通商城市，出版各种西书达434种，是鸦片战争前30年出书138种的3倍。其中纯属宗教性质的有329种，占75.8%；属于天文、地理、数学、医学、历史、经济等方面的有105种，占24.2%②。外国传教士依靠开放"五口"通商不平等条约获得在中国办学合法化之后，教会学校发展很快。从第一次鸦片战争开始到第二次鸦片战争结束，即从1840年到1860年的20年间，传教士在被开放的"五口"和香港，大约开办的教会学堂就有"约五十所，学生约有一千人"③。这为清政府和开明人士后来创办洋务学堂开辟出一条可供效法的办学之路。

这一时期的西学东渐，与鸦片战争前的不同之处，就是以坚船利炮的侵略战争为后盾，具有不平等的强制性和侵略性。但从另一角度看，

---

① 《海国图志·筹海篇》，《魏源集》下册，中华书局1983年版，第839页。
② 熊月之：《西学东渐与晚清社会》，上海人民出版社1994年版，第8页。
③ 顾长声：《传教士与近代中国》，上海人民出版社1991年版，第226页。

由于封建专制腐朽的清朝帝国多次战败，使国内有识之士明白了一个事实，西方科技先进，必须师夷长技方能制夷。这进一步推动了学习西学的进程，使中国传统教育所忽视的科技教育得到了重视。国人出于内忧外患，御侮图强，对学习西学、西艺有了紧迫感，因此，可以说，西学能够真正得以东渐，是在洋务运动之中；洋务教育思潮高涨之际，也正是新式学堂得以发展和兴盛之时。

（二）各类洋务学堂的涌现

洋务运动时期，洋务派图“自强”，办外交，修武备，学西学，亟须造就洋务人才，非常重视开办洋务学堂。因办外交需要外国语人才最为急迫，所以开办外国语学堂最早。为引进西方军事科学技术，提高军事装备水平，开办了军事技术学堂；同时，为补充谙悉军事科学技术的军事骨干，开办了水师学堂和武备学堂；并为适应社会对科学技术人才需求，开办了一批技术学堂。这一时期，洋务学堂如雨后春笋般涌现，约有 30 余所。按学科性质分类，大体可分为外国语（方言）学堂、军事技术学堂、军事学堂和技术学堂四大类。

1. 外国语（方言）学堂

外国语（方言）学堂是洋务派最先创办的新式学堂，其目的是为满足处理外交事务的迫切需要，培养通晓外国语言文字的翻译人才。

（1）京师同文馆

第一，创办缘起和发展变化。鸦片战争后，清政府国际地位非常低下，办理外交受到列强刁难，还存在不谙悉外国语言文字的困难。为此，恭亲王奕䜣等于 1861 年 1 月 13 日在同一奏折中奏请设立总理各国事务衙门和创办同文馆，挑选天资聪慧年在十四岁以下八旗子弟入馆学习外国语言文字，得到皇帝旨准。总理衙门成立后，受命担任总理各国事务衙门大臣的奕䜣，深感办理外交而不懂外国语言文字的艰难。而且，根据中英、中法天津条约规定，以后英、法两国送至中国的外交文件，一律用英、法文字书写，如有文辞辩争之处，则以英、法文字作为正义。因此，从处理外交事务的目的出发，急切需要有足够数量通晓外国语言文字的翻译人员。可是，已奏准设立的文馆，因广州、上海找不到可任外国语教习之人送来京师，当时未能举办。在这种情况下，奕䜣等又于 1862 年 8 月 20 日专呈《奏请设立同文馆折》，奏称“欲悉各国情形，必先谙其语言文字，方不受人欺蒙”，“因于上月十五日先令挑定之学生十人来馆试行教习”，“即以此学为同文馆”①。由此可见，京师同文馆在 1862 年 6 月 10 日（即夏历七月十五日）已试行开馆。当时仅设英文馆，聘请英国传教士包尔腾（J. S. Burdon）任英文教习，徐澍琳任汉文教习。后于 1863 年 3 月增设法文馆和俄文馆。由于奕䜣等后来认识到学习天文、算学的重要性，于 1867 年又添设了天文算学馆（又称科学馆）。天文算学馆以聘请洋人担任教习为主，中国教习只有著名数学家李善兰。同文馆自此由专习外国语的学堂变成了综合性的学校。对入学学员资格要求也有所变化，与初期仅招收十三四岁学童有所差别，对天文算学馆学员规定招收 30 岁以下科甲正途出身人员，诸如满汉举人、贡生及五品以下京外各官。

同文馆在 1872 年加设德文馆，1896 年添设东文馆。馆内学员，由最初 10 人，后达 120 人。

第二，添设天文算学馆的辩争。洋务派奕䜣等奏设京师同文馆，从中国教育发展的历史来看，是对传统的封建儒家教育的革新，但却遭到了以大学士倭仁和监察御史张盛藻等顽固派的反对，引发出一场激烈的辩争。奕䜣奏称：

> 窃臣等前因制造机器火器，必须讲求天文算学，议于同文馆内添设一馆，招取满汉举人，恩拔副岁优贡生，前项正途出

① 《筹办夷务始末（同治朝）》卷 8，第 29~30 页。

身之五品下京外各官，考试录取。延聘西人在馆教习……①

掌山东道监察御史张盛藻在1867年首先上奏，指责不该“专用正途科甲人员学习天文算术，以为制造轮船、洋枪之用”，而应该让他们“读孔、孟之书，学尧、舜之道，明体达用”，因为“若令正途科甲人员习为机巧之事”，会养成他们“重名利而轻气节”，云云。他发难的核心，在于取消京师同文馆。他呈折的当天，上谕即加以批驳，指出：“天文算学为儒者所当知，不得目为机巧。”“正途人员用心较精，则学习自易，亦于读书学道无所偏废。”②

同文馆关于招取科甲正途人员入馆肄习天文算学的辩争，经上谕驳斥，本该平息了，可是大学士倭仁却于1867年3月20日又呈折抗辩，可见这场辩争的重要性和尖锐性。倭仁认为：“立国之道，尚礼义不尚权谋，根本之图在人心不在技艺”，他担心“求之一艺之末，而又奉夷人为师”，会“变而从夷”，“咸归于夷不止”③。奕䜣等针对倭仁攻击，一一加以驳斥。奕䜣等在奏折中，针对倭仁所说“以天文、算学必须讲习，博采旁求必有精其术者，何必夷人”的话，要求他“实心保举”国人精于天文、算学和外语之术者。1867年4月13日，上谕支持奕䜣等所奏，命倭仁实心保举懂西学之人，同时让他“另外择地设馆”，这才使倭仁服输，倭仁只好回奏：

今同文馆既经特设不能中止，则奴才前奏已无足论，应请不必另行设馆，由奴才督饬办理；况奴才并无精于天文算学之人，不敢妄保。④

至此，长达近两个月的辩争，洋务派由于得到皇帝支持，取得完全胜利。其实，这场辩争纯属统治阶级内部就如何兴学育才以维护封建专

① 《同文馆添设天文算学馆折（附清单）》，《中国近代教育史资料汇编·洋务运动时期教育》，上海教育出版社1992年版，第44页。

② 《筹办夷务始末（同治朝）》卷47，第15页。

③ 《筹办夷务始末（同治朝）》卷47，第24页。

④ 《筹办夷务始末（同治朝）》卷48，第14页。

制统治问题的内部争论，本不足为怪。但从我国近现代高等教育发展历史来看，这场辩争涉及的实质，在于是否应建设新式学堂，是否应学习天文算学等西学、西艺，学西学、西艺是否可聘请洋人任教、师事洋人等重大问题。这是我国近现代高等教育思想发展史上的一次重大辩争，对于清除阻滞办理新式学堂的思想有着不可忽视的历史价值。

第三，意义和影响。京师同文馆以添设天文算学馆为界，可分为前后两个时期。前期招收十四岁以下八旗子弟，开设有英、法、俄等外国语言文字各馆，主要是学习外国语言文字；后期主要招收科甲正途官员入学，注重学习天文算学等西方文化科学，第一次将西学、西艺引入课程之中。至于“汉文经学，原当始终不已，故于课程并未另列”①。京师同文馆以“中学为体，西学为用”作为办学指导思想，将西学和西艺列入课程，这是对中国传统儒学教育的变革和突破。京师同文馆是洋务派创办的近代第一所新式学堂，因缺乏管理经验，后来出现了一些弊端，受到了弹劾。1883 年 7 月，掌广东道监察御史陈锦，上折揭露京师同文馆有“考课不真”“铨补不公”“赏罚不实”“馆规不严”等问题②。1896 年 1 月，御史陈其璋奏呈《请整顿同文馆疏》，表明同文馆积弊有增无减，到了非整顿不可的程度。事物的发展往往是复杂的，尽管同文馆存在这样那样的不足之处，但从整体上看，它以近代新式教育代替了封建儒学传统的旧教育，为中国近代培养出一批外文翻译人才并译介了大量西书，引进了西学、西艺，加强了中西文化交流。据毕乃德在《同文馆考》中所记述：1888 年已有任驻欧各国使馆秘书者，1896 年更有毕业生任驻外总领事和代办，1907 年出使日、英、德、法各 1 人。以同文馆第一期毕业生张德彝为例，他于 1870 年充随员翻译出使法国，著有《随使法国记》《航海述奇》等书；1901 年任出使英、意、

① 《光绪二年（1876）公布的八年课程表》，《中国近代学制史料》第 1 辑上册，华东师范大学出版社 1983 年，第 73 页。

② 《请饬整顿同文馆并将提调范棻池严惩折》，《中国近代教育史资料汇编·洋务运动时期教育》，上海教育出版社 1992 年版，第 27 页。

比大臣，后专任使英大臣。在同文馆毕业生中，“有两位且被特派教授皇上的英文，一位即任文馆的数学教习”①。不但如此，同文馆教习自译或师生合译出版的著作大约30部，其中有《万国公法》《格物入门》《化学指南》《星轺指掌》《公法使览》等，对中国近代文化教育影响深远。京师同文馆是中国近代传授西学、西艺，培养新型人才最早的新式学堂，是由封建传统教育模式向近代新式教育转型的一座分水岭。其他外国语（方言）学堂还有上海广方言馆、广东同文馆、新疆俄文馆、台湾西学馆、珲春俄文书院、湖北自强学堂。

2. 军事技术学堂

洋务派创办的另一类学堂是军事技术学堂，其根本目的是培养军事技术人才，以图“强兵”“自强”。最著名的有福建船政学堂，以及江南制造局附设操炮学堂、广东实学馆、黄埔鱼雷学堂等。

（1）福建船政学堂

被誉为中国近代海军船政人才摇篮的福建船政学堂，是中国近代最早一所海军专科学校。由闽浙总督左宗棠在同治五年（1866）6月25日奏设于福建马尾。船政学堂设于船政局内，又名求是堂艺局，与福建船厂等同，是福建船政局的附属单位，而不是船厂的附设机构。

第一，创办宗旨。福建船政学堂的创办，目的是培养制造和驾驶轮船的军事技术人才。左宗棠在奏呈《船政事宜十条》中指出：“艺局之设，必学习英法两国语言文字，精研算学，乃能依书绘图，深明制造之法，并通船主之学，堪任驾驶。”并且表明：“学成制造驾驶之人，为将来水师将材所自出。”② 左宗棠之所以重视创建求是堂艺局，培养军事技术人才，与他奏设船政局、建厂造船一样，其根本宗旨是为了巩固海防，以图“强兵”“自强”。左宗棠认为：“东南大利，在水而不在

① 《同文馆考》，《中国近代学制史料》第1辑上册，华东师范大学出版社1983年版，第206页。

② 《详议创设船政学堂章程购器募匠教习折》，《左文襄公全集·奏稿》卷20，第62～68页。

陆”，“欲防海之害而收其利，非整理水师不可；欲整理水师，非设局监造轮船不可”①。可是，造船要有会制造的良工，驾船必须有会驾驶的良将，还需有“监工”（总工程师）和“船主”（船长）。在左宗棠看来，设局建厂造船，就必须设立学堂艺局，培养军事技术人才。1866年8月，左宗棠聘请法国人日意格、德克碑为船政学堂正副监督，筹划建厂办校事宜。同年10月，左宗棠奉旨调任陕甘总督，临行奏荐前江西巡抚沈葆祯主持船政。12月30日，上谕着照左宗棠奏议，明示：“创立船政，实为自强之计。”② 沈葆祯出任船政大臣后，一切按照左宗棠的主张和计划办理。

第二，学生与课程。对于招生条件，左宗棠主张：“挑选本地资性聪颖、粗通文字子弟，入局肄习。”③ 这与京师同文馆有所不同，不是限定八旗子弟与科甲正途出身人员，而是没有出身限制，同时采取公开招考办法，不仅在福州街头张贴招生告示，还派人到香港招生。据《船政奏议汇编》第九卷记载，船政学堂于1867年1月6日开学。因校舍楼房分前后，将学堂分为前后两堂。前学堂专习制造，注重法文，称“法文学堂”；后学堂专习管理驾驶，注重英文，称“英文学堂”。前学堂由三科组成：造船科（又称制造学堂）、设计科（又称绘事院）和艺圃（又称艺科、艺徒学堂）。后学堂则由二科组成：航海科（又称驾驶学堂，包括航海理论与练船实践两个专业）、轮机房科（又称管轮学堂）。

前学堂的造船科开办最早，1867年2月始招学生12名，学习年限5年，课程设有法文、算术、代数、画法几何、解析几何、三角、微积分、物理、化学、机械原理。学生学到最后两年，让学生到船厂实习，参加船厂各个工作部门的实际工作，熟悉工厂造船情况，学会与工人及

① 《试论造轮船先陈大概情形折》，《左文襄公全集·奏稿》卷18，第6页。

② 《著照左宗棠所议坚定办理船政谕》，《中国近代教育史资料汇编·洋务运动时期教育》，上海教育出版社1992年版，第289页。

③ 《详议创设船政学堂章程购器募匠教习折》，《左文襄公全集·奏稿》卷20，第68页。

管理人员相处。该科淘汰率很高，如开办后入堂学生累计有 105 名，到 1873 年底，仅剩 39 名。设计科培养轮机设计人才，学习年限 3 年，课程设有法文、算术、平面几何、画法几何、制图以及 150 匹马力轮机课。平时安排学生每天到工厂几小时，与工人交往，熟悉各种轮机和工具使用细节，上课时另外安排有到工厂实习的时间。艺徒科（艺圃）于 1868 年成立，对青年工人施行艺徒教育，边工作边学，每天学习一个半小时。业余学习的课程有法文、算术、平面几何、画法几何、代数、绘图、机械制图、发动机等，学习年限 3 年。

后学堂的航海科，专学驾驶，先学航海理论三年半，再学航海实践练船一年半。航海理论的课程设有英文、算术、代数、几何、解析几何、平面三角、球面三角、航海天文学、航海理论学、地质学、地理学、物理学等。学生必须学习一名船长所具备的理论和实际知识，包括航海术、射击术、领航、海战等。后堂还设有轮机房科，培养和训练高级轮机人员，学习年限 3 年，课程设有英文、算术、几何、绘图、机械制造、海上机械操作规则、机器安装、指示器、监分器及其他计量器的使用方法等。船政学堂设课，体现出这样的特点：一是系统地学习西方的科学技术；二是既注重理论课学习，同时又重视学习实际应用知识，进行实践训练；三是重视学习外文。虽然要求学生“每日常课外令读《圣谕广训》《孝经》，兼习策论，以明义理”①，但未将国学列入正式课程。

第三，开创赴欧留学教育。福建船政学堂办学，载入教育史册的一大特色，就是开创中国近代的赴欧留学教育。其实，原在学堂章程中并未规定有派遣学生赴欧留学的条款，但学堂却多次派遣学生赴欧留学。究其原因，是后来通过教学认识到：为了将学生造就成才，以适应船厂和船政事业的继续发展，需要派遣学生赴欧留学深造。1873 年底，船厂即将竣工，外国技术人员也将按约撤离，急需有中国自己的工程技术

① 沈葆祯：《沈文肃公政书》卷 4，第 7 页。

人员和造船工人，方能继续办厂造船。沈葆桢认为，最好的办法，是选送部分优秀学生，赴欧留学深造，登堂入室。他于1873年12月26日上折，奏称“窥其精微之奥，宜置之庄岳之间。”主张选派前后堂学生，分赴法、英两国，学习制造、驾驶之方，及其推陈出新、练兵制胜之理。他相信“速则三年，迟则五年，必事半而功倍”。这一奏议，得到总理衙门的支持。只因发生了日本侵占台湾事件，又无巨款可筹，未能定议。但沈葆祯未改初衷，决心派遣毕业生赴欧留学。1875年4月18日，法国监督日意格回国，沈葆祯认为是派遣学生随洋员出国游历的好机会，奏称“重洋万里，前导有人，生徒等正宜乘便偕行”①。后经诏准，派出前学堂学生魏瀚、陈兆翱、陈季同等3人，后学堂学生刘步蟾、林泰曾等2人，随同日意格前往英、法等国游历，成为船政学堂后来由政府先后派出四届学生赴欧留学的先导。

第一届，1877年，船政学堂选派前学堂学生郑清濂、罗臻禄等14人，艺徒裘国安、张启正等9人，后学堂学生刘步蟾、严宗光（即严复）等12人，由监督李凤苞、法籍监督日意格率领，有随员马建忠、文案陈季同等一行，分赴英法等国学习。其中马建忠、陈季同作为随行官员出国后，入英政治学校学习。至1880年，全体学成归国。

第二届，1881年，船政学堂选派前后堂学生陈兆艺、李鼎新、黄庭、王迴澜、李芳荣、王福昌、魏暹、陈才鍴等，分赴英、法、德等国留学②。至1886年，全体学成归国。

第三届，1886年，船政学堂选派前堂学生郑守箴、林振峰等14人，后堂学生黄鸣球、罗忠尧等10人，共24人，另由北洋舰队及水师学堂选派刘冠雄、陈恩涛等10人，分赴法英学习制造和驾驶。以周懋

---

① 沈葆祯等奏：《船政奏议汇编》卷12，第9页。

② 船政学堂第二届派遣前后学堂赴欧留学，共几人，有关资料统计不一致：认为8人者，有韩仲英著《福建船政始末记》，载《清末海军史料》，第771页；认为10人者，有陈学恂主编《中国近代教育大事记》，第43页，根据池仲祐《海军大事记》所载，为李鸿章原来奏请的计划所列。

琦为监督、斯宾塞格（L. Dunoyerde Segonzac）为洋监督。至 1890 年学成归国。

第四届，1897 年，船政学堂选派学生施恩孚、丁平澜、卢学孟、郑守钦、黄德春、林福桢（其中卢学孟因调赴比国，由魏子京补充）等 6 人，由监督吴德章带领，赴法国学习制造新法①。学习年限 6 年，但到 1900 年，因经费不足，中途撤归。

第四，意义与影响。福建船政学堂是中国近代所办洋务学堂中办学时间最长、毕业学生最多、质量最好、影响巨大的一所海军专科技术学校，为我国培养出第一代海军轮船的驾驶和制造人才。自 1867 年开学，至 1912 年 11 月将前学堂改为海军制造学校，后学堂改为海军学校，船政艺圃改为艺术学校，办学时间长达 46 年以上。据韩仲英在《福建船政始末记》中统计：前学堂习制造学生先后毕业八届，合共 180 名；后学堂习驾驶学生先后毕业十九届，合共 247 名；后学堂学管轮学生先后毕业十四届，合共 210 名。按此总计，船政学堂培养出毕业生总共 637 名②。前学堂学习制造的毕业生和留学生，是我国近代第一批造船专家。1875 年，船政局与法国订立的造船合同期满，外国技术人员按约撤走，船政学堂的毕业生和留学生承接了监造轮船的任务。法国人在船厂监造轮船时，还只是制造木胁轮船，可由毕业生和留学生接办后，从 1876 年起可制造铁胁轮船。据记载：船厂自创办到清末，40 多年共造轮船 40 艘，“其初虽然借材异邦，到了后来像艺新、登瀛洲、泰安等都由华员自行监督制造；开济、横海、镇清等十余船又皆先后毕业回国的学生吴德章、李寿田、杨廉臣、魏瀚、陈兆翱、郑清濂等所监造”③。后学堂学习驾驶和轮机的毕业生和留学生，成为晚清海军舰队担任驾驶

---

① 《福州船厂之沿革》，《中国近代学制史料》第 1 辑上册，华东师范大学出版社 1983 年版，第 462 页。

② 《清末海军史料》，海洋出版社 1982 年版，第 768 页。

③ 《际唐记中法战后的船厂》，《中国近代学制史料》第 1 辑上册，华东师范大学出版社 1983 年版，第 352 页。

员、轮机员、管带（舰长）等主力。中日甲午海战时，北洋舰队 12 名管带（舰长）中有 9 名是福建船政学堂的毕业生，后来成为著名良将的有：刘步蟾、叶祖珪、邓世昌、黄建勋、林永升、林泰曾、方伯谦等。他们在反抗日寇侵略战斗中英勇顽强，为捍卫神圣的祖国海疆，不惜献出自己的宝贵生命。这表明船政学堂为国家造就出了德才兼备的众多海军人才，他们不朽的功勋将载于中国海军的光荣史册。福建船政学堂不但培养出中国第一代造船和驾驶的军事技术人员和海军将材，而且还造就出众多教学管理人员和专家学者。在毕业生中，除大部分派往海军舰队和造船厂服役外，还有很多人被派到天津、南京、黄埔等处水师学堂担任教习和管理人员。如就读于驾驶专业第一届的学员严宗光（严复），毕业后出任天津水师学堂总教习和总办达 20 多年，写出大量介绍西学的论著，翻译出版《天演论》，是我国近代一位传播西学并具有重大影响的启蒙思想家。福建船政学堂对中国近代船政和文化科技之所以有着开创性的巨大贡献，是因为该校在科技教育和留学教育中有开拓创新：一是突破了传统儒学教育的束缚引进了西学和西艺，开创了现代军事技术教育的新路；二是将理论科技学习与实际历练有机地结合起来，使传统教育重理论轻技艺、重传授轻历练的恶习得到纠正；三是将校内教育与留学教育接轨，会通中外，开创出培养优秀科技人才的一种教育新途径。正因为如此，福建船政学堂在中国近代教育史中占有独特的重要地位。

其他军事技术学堂还有江南制造局附设操炮学堂、工艺学堂、广东实学馆（西学馆）、广东黄埔鱼雷学堂。

3. 军事学堂

军事学堂是洋务派为“自强”“御侮”培养军事骨干的军事学校，有水师学堂和武备学堂。军事学堂与军事技术学堂都属“强兵”性质，有共同性，这里分为两类阐述，是因军事学堂着重培养的是军事带兵人才，军事技术学堂着重培养的是军事技术人才。

其中，水师堂有天津水师学堂、广东水陆师学堂、北京昆明湖水师学堂、山东威海卫水师学堂、江南水师学堂。武备学堂有天津武备学堂、江南陆师学堂、直隶武备学堂、湖北武备学堂。

4. 科学技术学堂

洋务派不仅创办了外语学堂、军事技术学堂和军事学堂，而且还创办了一批科学技术学堂，这些学堂包括电报学堂、铁路学堂、商务学堂、矿务学堂等。

电报学堂有福州电气学塾、天津电报学堂、上海电报学堂、金陵同文电学馆、两广电报学堂；此外还有湖北方言商务学堂和算学学堂、天津医学堂。铁路学堂有山海关铁路学堂、南京铁路学堂。矿物学堂有湖北矿务局工程学堂、南京矿务学堂。此外还有湖南湘乡东山精舍、江南储才学堂、湖北农务工艺学堂。

梁启超是维新派著名的领袖人物，反对洋务派推行的改良主义。他从重视“西政”高度批评洋务派只强调“西学”“西艺”，认为洋务派兴办洋务学堂是“言艺之事多，言政与教之事少”，所论“又不过语言文字之浅，兵学之末，不务其大，不揣其本”。这种抨击无疑击中了洋务派推行改良主义的要害，直到现在仍有助于提高人们对洋务派本质的认识。但事物不是只有单一的一面，不能仅与后来居上的维新派相比，还应与洋务派反对的封建专制的顽固派相比，站在中国高等教育发展历史长河角度，客观地评述洋务派冲破顽固派的阻挠和打击，兴办高等洋务学堂的重要意义。从办学形式上看，洋务派创办新式学堂，使中国开始有了新式高等教育，加速了传统的科举取士寿终正寝的步伐；从培养目标上看，由培养只懂“中学”的封建士大夫，改革成为造就既懂外国语又懂现代科技的洋务人才；从学习内容上看，打击了只是灌输“中学”的一统天下局面，增添了“西学”“西艺”的现代科学技术和文化艺术内容。总之，从中国高等教育历史发展进程来看，尽管洋务派创办洋务学堂和培养洋务人才有着这样或那样的不足之处，但其根本点值得大书特书，这是中国近现代各类专科学校的发轫，具有冲破封建传统高等教育禁锢的划时代意义。

京师大学堂的创建

京师大学堂是中国沦为半封建半殖民地社会后，以国家名义创建的第一所近代新式综合性国立大学。辛亥革命后，于 1912 年 5 月改名为北京大学。京师大学堂虽然只存在了短短 14 年时间，却具有承前启后、继往开来的重大历史作用。它既是中国古代太学的承继，又是中国近代国家创办国立大学的首创；它明确提出了“中体西用”的办学宗旨，设立新式办学体制，规划出近代的课程设置，采取了现代的教学方法，为我国新型正规大学奠立了始基。

一、创建的艰难历程

创建京师大学堂，从中国高等教育发展历史来看，可说是新生事物。与任何新生事物的出现一样，它的创建并不是一帆风顺的，而是经历了一段冲破保守势力阻挠的艰难历程。虽然早有奏议，但屡遭搁置，直到“百日维新”之时，借助光绪帝下诏之力，才得以成立。

倡建京师大学堂，早在 1896 年 6 月，刑部左侍郎李端棻在由梁启超代拟的《请推广学校折》中，就已提出“自京师以及各省府州县皆设学堂”，“京师大学，选举贡监生年三十以下者入学，其京官愿学者听之”①。这一奏折得到了光绪帝关注，批交总理各国事务衙门议奏。

① 《刑部左侍郎李端棻请推广学校折》，《中国近代学制史料》第 1 辑下册，华东师范大学出版社 1986 年版，第 485 页。

总理各国事务衙门奕䜣等本对维新倡议有所芥蒂，但又不便对光绪帝批办的奏议公开抵制，则婉转拖延，将倡建“京师大学”一节，请旨由官书局办理。光绪帝同意总理各国事务衙门“议复”，则咨行到官书局，得到时任官书局大臣孙家鼐的积极响应。孙家鼐于 1896 年 8 月呈上《议复开办京师大学堂折》，认为设立京师大学堂“即官书局分内应办之事”，并建议“参仿各国大学堂章程，变通办理，以切实用”。孙家鼐按照需才缓亟，励精图治，从中国实际出发，悉心胪陈六项建议：一是选定宗旨，二是建造堂舍，三是确立学科，四是访求教习，五是慎选生徒，六是拓宽出路。孙家鼐所以乐于承办京师大学堂，与他支持维新变法，以及官书局实际是由“强学书局”改为官办并早有在官书局内设学的要求有关。孙家鼐是安徽寿州人，咸丰状元，历任尚书，入值上书房，1879 年被任命为光绪帝师傅；1895 年列名强学会，支持设立“强学书局”。后强学会被封，强学书局改为官书局①，他受命为官书局大臣。官书局内设学一所，教授中西诸学。孙家鼐乐于承接京师大学堂之原因，不言而喻。他积极筹办，奏请开办费，提出“按月各拨银五千两，解交户部，作为京师学堂专款”②。因款没能及时下拨，且因“其时恭亲王奕䜣、大学士刚毅等在枢府，厌言新政，请缓行”③，使筹建工作不得不搁置下来。

李端棻、孙家鼐奏建京师大学堂之议，不胫而走，引起朝野上下和来华外国人士的关注，或向皇上谏言，或在报刊上抒发己见。1887 年，姚文栋发表了《京师学堂条议》，指出：“盖以京师首善，四方之所则效，万国之所观瞻，故规模不可不宏，而教法不可不备。”④ 同年，编

---

① 《莅北京大学校欢迎会演说辞》，《饮冰室合集》第十一册，中华书局 1989 年版，第 38~39 页。

② 《议复开办京师大学堂折》，《皇朝经世文新编》第六册，上海书局石印 1901 年版，第 19 页。

③ 《京师大学堂成立记》，《中国近代教育史教学参考资料》上册，人民教育出版社 1986 年版，第 455 页。

④ 《皇朝经世文新编续集》第五册，上海书局石印 1901 年版，第 19 页。

修熊亦奇还写了《上孙大臣书》，就大学堂定规模、拟章程、请款项、分职掌、严出入、审基地、选人才、延师儒、明赏罚等，多有建言①。来华的美国传教士李佳白也写了建议文章，认为："立总学堂于京师，不但能扩众人之才智，尊朝廷之体统已也，亦可扬国家之声名。"住在京师的美国传教士狄考文等联名发表了《上译署拟请设总学堂议》，极力阐释成立京师大学堂的重要性和必要性，认为："京都必先立一总学堂，以为通国之倡，乃可以号召直省，而翕然从风。登高一呼，远近响应。"②

创建京师大学堂，虽有皇帝诏令，朝臣奏请，中外人士论议，因总理衙门消极软拖，时过两年仍无进展。后来所以出现转机，是康有为得到光绪帝召见，光绪帝决心变法维新，御史王鹏运抓住这一时机，赶在1898年春，毅然上折，奏请开办京师大学堂。该折得到光绪帝青睐，1898年2月15日上谕：

> 京师大学堂迭经臣工奏请，准其建立，现在亟须开办。其详细章程，着军机大臣会同总理各国事务衙门王大臣，妥筹具奏。③

总理衙门对此谕旨，仍然行动迟缓。康有为对此非常气愤，在上《请开学校折》中呼吁：

> 京师议立大学数年矣，宜督促早成之，以建首善而观万国。夫养人才，犹种树也。筑室可不月而就，种树非数年不荫。今变法百事可急就，而兴学养才，不可以一日致也，故臣请立学亟亟也。④

光绪帝接受康有为奏请，决心开设京师大学堂，兴学育才。在

---

① 朱有瓛：《中国近代学制史料》第1辑下册，华东师范大学出版社1986年版，第631~633页。

② 王学珍、郭建荣：《北京大学史料》第1卷，北京大学出版社2000年版，第14页。

③ 朱寿朋：《光绪朝东华录》第4卷，第4041页。

④ 康有为：《戊戌奏稿》，第14页。

1898年6月11日颁发的《明定国是诏》中，将创办京师大学堂作为其中的重要内容：

京师大学堂为各行省之倡，尤应首先举办。着军机大臣、总理各国事务王大臣，会同妥速议奏。所有翰林院编检，各部院司员，各门侍卫，候补候选道府州县以下官、大员子弟、八旗世职、各省武职后裔，其愿入学堂者，均准入学肄业，以期人才辈出，共济时艰。不得敷衍因循，徇私援引，致负朝廷谆谆告诫之至意，将此通谕知之。①

《明定国是诏》颁布后，光绪帝唯恐军机大臣和总理衙门仍因循阻挠，于同年6月26日又发出上谕督办：

前因京师大学堂为各行省之倡，特降谕旨，令军机大臣、总理各国事务王大臣会同议奏，即着迅速复奏，毋再迟延。其各部院衙门，于奉旨交议事件，务当督饬司员，克期议复。倘再仍前玩愒，并不依限复奏，定即从严惩处不贷。②

在皇帝督办下，总理各国事务衙门于同年7月3日，复奏《遵筹开办京师大学堂折》，表示"今日中国亟图自强，自必以育才兴学为要"；拟拨开办费银30万两，常年经费18万两有奇，并对如何开办提出建议四端："一曰宽筹经费，二曰宏建学舍，三曰慎选管学大臣，四曰简派总教习。"对管学大臣，希望"简派大臣中之博通中外学术者一员"；对总教习，认为"非有学赅中外之士，不足以膺斯重任"③。光绪帝接到这一奏折后，当日发出上谕，"即着照所议办理，派孙家鼐管理大学堂事务"；所需开办经费及常年用款，"着户部分别筹拨"，并明确表明开办京师大学堂是"为广育人才，讲求时务"④。京师大学堂的筹建，

---

① 《德宗景皇帝实录》卷418，第15页。

② 《为开办京师大学堂上谕》，《北京大学史料》第1卷，北京大学出版社2000年版，第43页。

③ 朱寿朋：《光绪朝东华录》第4卷，第4108页。

④ 沈桐生：《光绪政要》第20册卷24，文海出版社1985年版，第21页。

几经周折，皇帝亲自督办，作为戊戌维新第一要务，学堂才算正式成立。

孙家鼐受命管学大臣后，悉心筹建京师大学堂。为能先行开办，来不及建设新校舍，经皇帝批准，权假邸舍，将校址选在地安门内马神庙一所府第；聘请曾任同文馆总教习的美国传教士丁韪良为京师大学堂总教习；8 月 30 日奏派大学堂办事人员赴日考察学务。9 月 9 日，上呈《奏请另设医学堂折》，得到光绪帝批准，划归大学堂兼管。

正当京师大学堂在光绪帝关心和支持下紧锣密鼓筹建之时，以慈禧太后为首的顽固派发动了宫廷政变，囚禁光绪帝，捕杀“六君子”，废除全部新政。但事出意外，唯独京师大学堂以筹议在戊戌变法之前，得到过慈禧关注，竟得以保存下来；也可能是慈禧从甲午战败的教训中，认识到育才对于富国强兵的重要性。戊戌政变后，京师大学堂筹建仍未停顿。11 月 22 日，内务府将修缮好的校舍移交给了京师大学堂。孙家鼐在 12 月 3 日奏呈慈禧太后折中报告招生情况称“愿入堂肄业者”十分踊跃，“现在斋舍仅能容住二百余人，而报名者已一千有零，当先择人品纯正、文理优长者录取入堂，以广造就”①。1899 年 1 月 17 日，京师大学堂在《申报·学堂纪事》中发布了开学告示称：“该生等于十八日到堂，十九日开学。”这表明，京师大学堂经过艰苦筹建，于 1899 年 1 月 30 日正式开学②。

孙家鼐以“明体达用”思想作为京师大学堂的办学方针，认为“储才之道”，要以“经史义理”为立身之本，而后“博之以兵农工商之学，以及格致测算语言文字各门”，“以仰副我国家振兴人才之至意”③。这种办学思想，虽经慈禧同意，但因孙家鼐是光绪帝的老师，引起顽固势力的猜疑，总在挖空心思挑毛病。以御史吴鸿甲为代表的朝

① 《管理大学堂大臣孙家鼐折》，《戊戌变法档案史料》，中华书局 1958 年版，第 326 页。
② 郝平：《北京大学创办史实考源》，北京大学出版社 1998 年版，第 145 页。
③ 《管理大学堂大臣孙家鼐折》，《戊戌变法档案史料》，中华书局 1958 年版，第 327 页。

中大臣，以京师大学堂未能达到原本招收名人数“岁糜巨款”为由，上奏弹劾。此外，还指责“学生功课不分难易”，“开办半年，尚且苟安”，要求将大学堂“归并删除”。清廷借机对大学堂加以整顿，慈禧于1899年5月6日发出谕旨，对孙家鼐办学点名指责：

大学堂之设，原以培植人材，备国家任使，孙家鼐职司总理，自应悉心经画，俾入堂肄业者，鼓舞奋兴，期收实效。乃开办以来，时滋物议，是办法未得指归，更何以激扬士类，殊失朝廷实事求是之意。①

对京师大学堂的整顿，其用心良苦，为的是消除维新派的主张在京师大学堂办学中的影响。孙家鼐遭此谕令申斥和顽固派的指责，加之对囚禁光绪帝的不满，则称病不朝，由吏部右侍郎许景澄暂管大学堂事务。许景澄上任后不久，义和团运动在京勃发，大学堂存于华俄银行的银款不能支领；市面不靖，学生告假四散，许景澄上折请暂行裁撤大学堂，并很快得到谕允。1900年8月15日，八国联军攻入北京，大学堂学舍成了俄德兵营，学堂遭到严重破坏②。

在京师大学堂暂时停办期间，于西安避难的慈禧太后仍未忘记恢复重建。当局势稍加稳定，则让光绪帝在1902年1月10日颁下谕旨：

兴学育才，实为当今急务。京师首善之区，尤宜加意作养，以树风声。从前所建大学堂，应即切实举办。着派张百熙为管学大臣，将学堂一切事宜，责成经理，务期端正趋向，造就通才，明体达用，庶收得人之效。③

为扩大京师大学堂规模，在恢复京师大学堂的翌日，将京师同文馆并入大学堂。张百熙主持京师大学堂后，精心谋划，得到清廷鼎力支持，恢复事宜进行顺利。1902年12月17日，大学堂再度开学。

---

① 《许景澄奏暂行裁撤大学堂折》，《北京大学史料》第1卷，北京大学出版社2000年版，第49页。

② 郝平：《北京大学创办史实考源》，北京大学出版社1988年版，第154页。

③ 王学珍、郭建荣：《北京大学史料》第1卷，北京大学出版社2000年版，第51页。

京师大学堂从创办发展到整顿、暂时停办，再到恢复开学，历经风风雨雨，达四年有余，可见作为新生事物的京师大学堂其创建来之不易。

二、培养目标和办学宗旨

清政府筹建京师大学堂，受到光绪帝的特别关心与重视。这是因为他志在变法维新，决心向西方学习，发愤图强，而亟须新型人才。光绪帝在《明定国是诏》中，为京师大学堂明订了培养目标，要求培养“通经济变之才”。这种人才，必须是“努力向上，发奋为雄，以圣贤义理之学，植其根本，又须博采西学之切于时务者”①。根据这一精神，梁启超在为总理衙门起草的《奏拟京师大学堂章程》中，把培养目标具体化为：“培养非常之才，以备他日特达之用。”受命筹建京师大学堂的管学大臣孙家鼐具有维新思想，他在《议复开办大学堂情形折》中，对京师大学堂培养目标作过这样的具体解释：“作育人才，储异日国家之大用”，“贤才辈出，师师济济，为国干城，内治外交，永不必借材异地”②。可见，京师大学堂培养的人才，是国家急需的“为国干城”的栋梁之才，也就是维新变法所需要的维新人才。但这一培养目标，随着维新变法运动的失败以及京师大学堂当时并未能切实开办，实际上也就未能得到实行。孙家鼐后来受到顽固派攻击，慈禧本来对孙家鼐与光绪帝的关系有芥蒂，借机谕令整顿大学堂；后任许景澄请旨裁撤了大学堂，已无从再谈大学堂应作育何种人才了。因此，当京师大学堂重建之后，慈禧太后希望大学堂培养何种人才，值得关注。这可从她让光绪帝所下恢复大学堂谕令中看出来，即“务期端正趋向，造就通才，

① 王学珍、郭建荣：《北京大学史料》第1卷，北京大学出版社2000年版，第51页。
② 《皇朝经世文新编》第6册，上海书局石印1901年版，第20页。

明体达用，庶收得人之效”①。张百熙受命管学大臣后，在《奏筹办京师大学堂情形疏》中回奏称：“惟有钦遵谕旨，端正趋向，造就通才。”② 概而言之，清廷为京师大学堂后期确定的培养目标，就是“端正趋向，造就通才”。这里所要培养的“通才”，必须“端正趋向”，因此不可能同光绪帝在维新变法时所提“通经济变之才”一样，而是具有通达中外之学，推行“新政”的人才。

京师大学堂筹建之初，为实现“培养非常之才，以备他日特达之用”，以“中学为体，西学为用”作为办学宗旨。孙家鼐早在1896年呈奏他的建言：

> 今中国京师创立大学堂，自应以中学为主，西学为辅；中学为体，西学为用；中学有未备者，以西学补之；中学有失传者，以西学还之。③

其后，京师大学堂明确地将“中体西用”写入“大学堂章程”中，作为设置功课的指导方针：

> 夫中学体也，西学用也，二者相需，缺一不可，体用不备，安能成才？且既不讲义理，绝无根柢，则浮慕西学，必无心得，只增习气。

在章程中，还对实施“中体西用”的办学宗旨提出了两项原则，以防流弊：

> 一曰中西并重，观其会通，无得偏废。二曰以西文为学堂之一门，不以西文为学堂之全体；以西文为西学发凡，不以西文为西学究竟。④

在这里为大学堂明确了一个重要问题，即“中学为体，西学为用”

---

① 王学珍、郭建荣：《北京大学史料》第1卷，北京大学出版社2000年版，第51页。
② 王学珍、郭建荣：《北京大学史料》第1卷，北京大学出版社2000年版，第52页。
③ 《皇朝经世文新编》第6册，上海书局石印1901年版，第20页。
④ 《总理衙门筹议京师大学堂章程》，《中国近代学制史料》第1辑下册，华东师范大学出版社1986年版，第656页。

办学宗旨中的“西学”不可与“西文”混淆。西文是西学中的一个部分，学西文只是学西学的入门，而西学则是包含西方文化科学技术的整体。

以“中学为体，西学为用”作为京师大学堂办学宗旨，为后任管学大臣张百熙所坚持。其实，以“中体西用”作为办学宗旨，并非京师大学堂所独有的特征。这种指导思想原本是洋务运动兴起时提出的办学宗旨，京师大学堂的功绩在于汲取了反映时代要求的精神实质，并纠正了洋务派对其理解上的局限性，去除了误以西文为西学的流弊。

京师大学堂的创建，从“戊戌变法”前的倡议，到“戊戌政变”后的建成，中间经历义和团运动和八国联军入侵北京，几经变更，坎坷备尝，但有一点值得注意，不管情况怎么变，管学监督怎么换，“中学为体，西学为用”的办学宗旨始终没有变。如果说，这是中国近代高等教育走向近代化的时代特征为京师大学堂留下的印记，也不无道理。

三、学科设置和派遣留学

京师大学堂为了实现造就学贯中西的通才的培养目标，非常重视学科设置。学科设置要求以“中学为体，西学为用”为指针，以实事求是为主要原则，将学科分为两大类：“一曰溥通学，二曰专门学。”所谓溥通学，是指各个学生均需通习的功课；所谓专门学，是指学生要专精一门学科。溥通学设有经学、理学、中外掌故学、诸子学、初级算学、初级格致、初级政治学、初级地理学、文学、体操等 10 种，此外还有并习的外国语，要在英、法、俄、德、日五种语言中选一种。专门学设有高等算学、高等格致学、高等政治学、高等地理学、农学、矿学、工程学、商学、兵学、卫生学等 10 种。“俟溥通学卒业后，每学生各占一门或两门。”① 但当京师大学堂于 1899 年 1 月正式开学后，实际授课却有很大变通。由于当时各省学堂或仍未设立或尚无高年级学生，

① 《总理衙门筹议京师大学堂章程》，《中国近代学制史料》第 1 辑下册，华东师范大学出版社 1986 年版，第 657 页。

招收合于大学堂要求水平的学生有困难，斋舍也不足，仅招有1名，分作三类："计仕学院学生三十名，中学生六十名，小学生七十名。"① 计开课程有"诗""书""易""礼"四堂，每堂学生不过十多人；"春秋"二堂，每堂多些，约有20人。教学的安排是"兢兢以圣经、理学诏学者，日悬《近思录》、朱子《小学》二书以为的。每月甄别一次，不记分数。有奖赏，分三等"②。到秋季，招收学生渐多至200余人，选拔优长者，另立史学、地理、政治三堂。将中小学合并，唯有仕学馆名尚存。大学堂开办初期，学生虽稍习科学，但受科举应试影响，"大都手制艺一编，占毕咿唔，求获科第而已"。时任总教习的许景澄，已看出孙家鼐办学弊端，为有所匡正，笑致建言："公办学堂，太偏于理学。"③ 正如张百熙后来在《奏筹办京师大学堂情形疏》中所评论："惟是从前所办大学堂，原系草创，本未详备。且其时各省学堂未立，大学堂虽设，不过略存体制，仍多未尽事宜。"④

1902年2月，京师大学堂复课后，管学大臣张熙仍以"中体西用"为指导，主张课程设置要体现政艺并重、新旧兼学。他针对当时学生能合于大学生水准尚且不足的情况，提出"目前姑请缓立大学专门，先办预备、速成二科"⑤。预备科功课分为两种：一曰政科，一曰艺科。隶属政科的课程门类有经史、政治、法律、通商、理财等，隶属艺科的课程门类有声、光、电、化、农、工、医、算等。预科生卒业后升入正科，再学习三年卒业。预科之外，设两门速成科：一曰仕学馆，一曰师范馆。两馆课程设置，在1902年7月诏准的《钦定大学堂章程》中有

---

① 《学堂纪事》，《申报》1899年1月17日。

② 《京师大学堂沿革略》，《中国近代学制史料》第1辑下册，华东师范大学出版社1986年版，第683页。

③ 《京师大学堂沿革略》，《中国近代学制史料》第1辑下册，华东师范大学出版社1986年版，第683页。

④ 《北京大学史料》第1卷，北京大学出版社2000年版，第52页。

⑤ 《张百熙奏筹办京师大学堂情形疏》，《北京大学史料》第1卷，北京大学出版社2000年版，第53页。

着具体规定：仕学馆主要科目有算学、博物学、物理学、外语、舆地学、史学、掌故学、理财学、交涉学、法律学、政治学，师范馆主要科目有伦理学、经学、教育学、习字、作文、算学、中外史学、中外舆地、博物学、物理学、化学、外国文、图画、体操①。

京师大学堂在1903年底颁行《奏定大学堂章程》后，于1905年12月5日，始由学务大臣奏请设立分科大学，奏称：

> 查《奏定大学堂章程》分列八科，目前骤难全设，拟先设政法科、文学科、格致科、工科，以备大学预科及各省高等学堂学生毕业后考升入学，此外四科以次建置。②

学部在1908年8月16日对于京师大学堂设立分科大学加以督促，认为京师大学堂为各省弁冕，应按《奏定大学堂章程》规定“规模建置，当力求完善”。奏称：

> 大学分科，明年必须设立，以备高等学生升入之地。按照奏定章程，大学应分设八科：一经学、二法政学、三文学、四医学、五格致学、六农学、七工学、八商学。门目均属紧要，缺一即不完备。③

由于本科的校舍尚未能落成，而预备生已毕业，京师大学堂于1909年先办起经、文两科分科大学，至1910年1月10日其他各分科大学方才筹办。但因教学条件限制，京师大学堂各个分科大学尚难按《奏定大学堂章程》规定，一一开设出各个门类课程，又略有变通：

> 查奏定章程，经科原分十一门，现拟先设毛诗学、周礼学、春秋左传学三门，而以“四书”为通习之课。法政科原分法律、政治两门，现拟全设。文科原分九门，现拟先设中

---

① 《钦定京师大学堂章程》，《中国近代学制史料》第二辑上册，华东师范大学出版社1987年版，第754页。

② 《学务大臣奏请建设分科大学片》，《中国近代学制史料》第二辑上册，华东师范大学出版社1987版，第851页。

③ 《学部奏请设分科大学折》，《北京大学史料》第1卷，，北京大学出版社2000年版，第198页。

国文一门、外国文一门。格致科原分六门，现拟先设化学一门、地质学一门。农科原分四门，现拟先设农学一门。工科原分九门，现拟先设土木工学一门、采矿及冶金学一门。商科原分三门，现拟先设银行保险学一门。以上各科各门，均兼学“四书”及《大学衍义》、《衍义补》节本，以正趋向而厚根柢。①

京师大学堂各分科大学课程设置，到 1904 年，在师范馆和预备科的政艺两科中，均将体操列入正课，表明对体育的重视。张亨嘉任总监督后，更加明确将德、智、体三育作为办学的指导思想，并在 1905 年 5 月 28 日至 29 日举办了京师大学堂第一次全校运动会。运动会竞赛项目虽然只有跳高、跳远、铅球、中长跑、竞走、拔河等二十几个一般赛项，但本次运动会却有重大历史意义，不仅开创了京师大学堂举办全校运动会的先河，而在中国近代高等教育史上也是头一次。

今日本学堂开第一次运动大会，辱诸君子惠临，不特本大学堂之光，亦中国学界之庆事也。区区鄙意，敬为诸君子正告之。盖学堂教育之宗旨必以造就人才为指归，而造就人才之方，必兼德育、体育而后为完备。讲堂上所授学科，讲受内外一切规矩，无一非德育之事，然而气质有强弱之殊，禀赋有阴阳之眦，欲人人皆有临事不辞难，事君不惜死之节概，盖亦难矣。东西各国知其然也，故无不以体育一事为造就人才之基。②

张亨嘉总监督把体育看成是“造就人才之基”“养成国民气节”的手段，认为“世界文明事业皆刚强体魄所造成”，并颇有感慨地指出：“吾国文事彪炳，而武力渐趋于薄弱，陵夷以至今日为寰海风涛之所冲

① 《学务大臣奏请建设分科大学片》，《中国近代学制史料》第二辑上册，华东师范大学出版社 1987 版，第 857 页。

② 《总监督为大学堂召开第一次运动会敬告来宾文》，《北京大学史料》第 1 卷，北京大学出版社 2000 年版，第 291 页。

激，士大夫之担学事者，乃知非重体育不足以挽积弱而图自存。”① 京师大学堂又于 1906 年和 1907 年举办了第二次和第三次全校体育运动会②。

京师大学堂的课程设置虽以“中学为体，西学为用”为指导思想，使西学内容大量增加，但由于办学条件尚不尽如人意，在当时又难以招到合于水平的学生，西学质量得不到应有的保证。为了弥补学西学的局限，在《总理衙门奏拟京师大学堂章程》中，把派遣大学堂卒业生到外国游学，作为使学生继续深造的一项重要措施。章程中有这样的规定：

大学堂中卒业各生，择其尤高才者先授之以清贵之职，仍遣游学欧美各国数年，以资阅历而期大成。③

张百熙出任管学大臣后，对于京师大学堂“深以教习乏才为念”，认为急需补充师资队伍。在 1903 年 12 月 21 日呈上《奏派学生前赴东西洋各国游学折》，奏称：“计自开学以来，将及一载，臣等随时体察，益觉资遣学生出洋之举，万不可缓”，理由是“大学堂教习，尤当储之于早，以资任用。”认为应借鉴日本解决师资不足办法，即选派优等生出洋深造，“其用心深远，可为前事之师”，并奏称：

查日本明治八年，选优等学生留学外国，至明治十三年，留学生毕业归国，多任为大学堂教员。迄今博士学士，人才众多，六科大师，取材本国。④

张百熙在折中还禀明：“大凡置之庄岳，假以岁时，决其必有成就。”折上当天，即得谕准：

---

① 《总监督为大学堂召开第一次运动会敬告来宾文》，《北京大学史料》，北京大学出版社 2000 年版，第 291 页。

② 郝平：《北京大学创办史实考源》，北京大学出版社 1998 年版，第 301 页。

③ 《总理衙门奏拟京师大学堂章程》，《北京大学史料》，北京大学出版社 2000 年版，第 84 页。

④ 《管学大臣奏派学生前赴东西洋各国游学折》，《北京大学史料》，北京大学出版社 2000 年版，第 441 页。

师范学生，最关紧要，着管学大臣，择其心术纯正学问优长者，详细考察，分班派往游学，余依议。①

京师大学堂遵照皇帝谕旨，于1903年底，选派余肇昌、曾仪进等31名学生赴日本留学。又于1904年初，选派俞同奎、何育杰等16名学生赴西洋各国游学。其中主要派往英、法、德、俄等国，如林行规入英国伦敦大学校，陈祖良入法国罗盎高等工业化学校，柏山入俄国圣彼得堡大学堂，等等②。此后，京师大学堂每年均派有出国的留学生。

京师大学堂除选派出国留学生外，从1909年开始，也接纳外国留学生入校学习。最早的一批是来自俄罗斯的留学生。他们是海参崴东方语言学堂肄业生索柏尼、齐阿尼、西柏罗诺夫、吕诺夫4人，暑假前来北京寓居，申请外务部允准，前来大学堂游观③。后来又允准一位俄国官费游历员兼充东省铁路学堂教习阿里克到堂听讲经史二课④，以及另一位海参崴东亚语言学堂⑤毕业生迪德生到堂听讲中国历史⑥。后经学部于1909年奏准：

再查各国大学，除教授本国学生外，外国人有程度相合而愿入学肄业者，亦无不一体收取。拟先就经科大学，准令外国人入学。⑦

京师大学堂派遣学生出国留学并吸纳外国人入堂学习，表明京师大

① 《管学大臣奏派学生前赴东西洋各国游学折》，《北京大学史料》，北京大学出版社2000年版，第442页。

② 王学珍、郭建荣：《北京大学史料》，北京大学出版社2000年版，第445页。

③ 《外务部为俄游观京师大学堂事知照学部》，《北京大学史料》第1卷，北京大学出版社2000年版，第450页。

④ 《学部为俄员入大学堂听讲事知照外务部》，《北京大学史料》第1卷，北京大学出版社2000年版，第451页。

⑤ 本页有“海参崴东方语言学堂”和“海参崴东亚语言学堂”，这是学部在不同咨文中所写。“东方”与“东亚”是否为同一所语言学堂的两种称谓，未能考证。

⑥ 《学部为俄员入大学听讲咨大学堂文》，《北京大学史料》第1卷，北京大学出版社2000年版，第453页。

⑦ 《学部奏请准外国学生人堂折》，《北京大学史料》第1卷，北京大学出版社2000年版，第454页。

学堂是一所实行开放式办学的新型的中央大学堂。

四、管理体制与规章制度

清政府创办的京师大学堂，在管理体制上具有两种职能：一是培养备国家任使的明体达用通才，成为各类学子得以深造的全国最高学府；二是为加强对全国各级各类学堂的统一管理，具有管辖全国学务的职能。这两种职能，在《奏拟京师大学堂章程》中有着明确的规定："京师大学堂，为各省之表率，万国所瞻仰。"还指出："各省近多设立学堂，然其章程功课皆未尽善，且体例不能划一，声气不能相通。今京师既设大学堂，则各省学堂皆当归大学堂统辖……"①

大学堂的最高领导人是管学大臣，钦命首任管学大臣为孙家鼐，继任管学大臣是许景澄、张百熙。1903 年学部成立后，将管理全国学务归于学部，京师大学堂成为名副其实的办学单位。学校领导人不再由管学大臣兼理，专设总监督。先后任京师大学堂总监督的有张亨嘉、曹广权（代理）、李家驹、朱益藩、刘琛廷、柯劭忞（暂行署理）、劳乃宣等②。大学堂开办初期，特聘美国传教士丁韪良为西学总教习；延请黄绍箕为总办，后由余诚格继任；聘朱祖谋、李家驹为提调；刘可毅、骆成骧等为教习。大学堂复校后，辞去丁韪良，改聘吴汝纶为总教习，于式枚为总办，由汪诒书、蒋士琿、三多、荣勋、绍英等分任提调。附设编译书局，以李希圣为编局总纂，严复为译局总纂③。设速成科，成立仕学、师范两馆。《奏定大学堂章程》颁布后，组织机构和管理体制均按其中《大学堂章程（附通儒院）》规定设置。京师大学堂将原大学

① 《总理衙门奏拟京师大学堂章程（光绪二十四年五月十五日）》，《北京大学史料》第 1 卷，北京大学出版社 2000 年版，第 81 页。

② 《京师大学堂历任负责人》，《北京大学史料》第 1 卷，北京大学出版社 2000 年版，第 67 页。

③ 《大学戎立记》，《北京大学史料》第 1 卷，北京大学出版社 2000 年版，第 143 页。

院改为通儒院，大学设预备科，师范馆改照优级师范学堂办理。1904年2月，将仕学馆并入进士馆，京师大学堂设八个分科大学，有经学、政法、文学、医科、格致、农科、工科、商科。各科陆续招生，到1904年11月，校内共有学生512人，为当时全国之最。据1909年统计，当时各分科大学监督有柯劭忞（经科大学）、林棨（法政科大学）、孙雄（文科大学）、屈永秋（医科大学）、汪凤藻（格致科大学）、罗振玉（农科大学）、何燏时（工科大学）、权量（商科大学）。

京师大学堂为造就以备国家任使的通才，除对行政管理人员甄选外，还非常重视对学堂教师、学生品德行为的规范和管理。建校伊始就制定出详备的规章制度，并不断加以修订完善。有些管理条规，如能去除其封建专制和禁锢学生的糟粕，至今尚可参照。京师大学堂成立后，孙家鼐于1899年1月制定出《京师大学堂规条》，多达31条，从祀孔到学生入堂后的行为准则、作息时间、斋舍管理，可说无所不包①。戊戌政变后，孙家鼐为适应慈禧太后推行“新政”要求，防止有触犯朝廷言行，又制定了《京师大学堂禁约》26条，对学生从请假手续、服装仪表到言行举止、卫生习惯，均立有禁约，明白揭示使“入学者触目惊心，是为至要”。其中最主要的禁约规定，“学生出入必有稽查，由杂务处派一供事经管，立一簿记，出入皆登记时刻”，“学生非寻常日用之物，不得携入学堂”，“每饭后散步一、二刻，同学者质疑辨难，可在此时，但不准放言高论，致涉浮嚣”。还规定“不准谈话邪淫，簸弄是非，违者戒斥，屡犯者斥退”，“戒不告假私出，违者斥退”，“留外人斋中宿食记大过”，“无故旷课三日以上，例假外逾二日以上，皆记过”②。

由此可见，京师大学堂对学生言行管理非常严格。

① 《京师大学堂条规（光绪二十四年十二月）》，《北京大学史料》第1卷，北京大学出版社2000年版，第210页。

② 《京师大学堂约（光绪二十五年二月）》，《北京大学史料》第1卷，北京大学出版社2000年版，第212页。

京师大学堂制定的这些规章制度，除了后期有端正学生思想趋向的意图外，作为第一所国立大学，能够这样重视规章管理，可说是难能可贵的，它对培养特达通用之才无疑是有益的，是中国高等教育登上历史舞台伊始迈出的值得重视的一步。

五、学生爱国拒俄运动

京师大学堂学生在1903年投身于席卷全国的反抗沙皇俄国侵略的爱国拒俄运动，这是深埋他们心底的对沙俄的仇恨在行动上的大爆发，是他们反抗外族侵略捍卫主权的体现。在他们看来，沙俄是“虎狼之俄”，“其与我国之交涉也，又无一事不予我难堪，无一时不置我于死地”①。众所周知，沙俄在1858年和1860年，强迫清政府与其签订了《瑷珲条约》和《北京续增条约》，强占了我国黑龙江以北乌苏里江以东一百多万平方公里领土；1897年沙俄派遣军队占领了旅顺口、大连湾，其后又修筑了“南满铁路”；1900年夏，更趁火打劫，一面同英美等帝国主义国家出兵京津，一面又以“保护”中东铁路为名，出兵占领东北三省，预谋将我东三省变成它们的“黄俄罗斯”。其军队所到之处，烧杀奸淫，无恶不作，还制造出血洗江东六十四屯和海兰泡等血案。为使“黄俄罗斯”计划合法化，他们还炮制了《奉天交地暂且章程》，力图强迫清政府签字生效。这种行径，遭到东北人民的坚决反抗。1901年2月，各地纷纷组织义勇军，发布讨俄檄文，全国人民支持东北人民抗俄斗争，一浪高过一浪。在《辛丑条约》签订后，沙俄不肯从东北撤兵，而英、日因与其有利害冲突，出面干涉。在这种形势下，迫使沙俄于1902年4月与清政府签订了《交收东三省条约》，约定于18个月内将俄军分三期撤回。但到1903年4月第二期撤军期满时，沙

① 《京师大学堂师范、仕学两馆学生上书管学大臣请代奏拒俄书》，《大公报》1905年5月7日。

俄违约未撤，并向清政府提出7项新的侵略条件，激起了中国人民的抗俄斗争，使日俄争夺我国东北的矛盾也随之激化，日俄战争一触即发。

1903年4月2日，日本东京《时事新报》突然发表沙俄驻日公使的谈话，说什么“俄国现在政策断然取东三省归入俄国版图”云云；《东京新闻》于4月28日进一步公布了沙俄向清政府提出的强占我国东北“七项要求”内容。英国立刻反对，先调兵逼迫清政府不要答应俄国割让东三省条件，日本也紧急在威海卫一带调集兵舰，迅即照会清政府不准割让，同时声言与俄开战。中国留日学生，了解真相后，群情激奋，并于4月29日召开全体大会，一场声势浩大的拒俄运动骤然兴起①。1903年4月，京师大学堂学生看到日本教习陆续请假回国，仍然蒙在鼓里。他们从临行的法律教习岩谷先生训诫的一席话中，方有醒悟。岩谷说：

> 中国存亡，在此一举。乃外而观士夫，歌舞升平，安然无恙；内而观学堂，学生出入讲堂，绝无忧色，士夫无论已。若中国所有几希之望在教育，教育者，养全国忠爱之精神者也。处亡国之时，学生绝无影响；以日本学生例之，当痛哭流涕，结大团体，发大志愿决不令政府以此地与俄。中国学生俱属亡国性质，我不屑教，当即回国矣！②

京师大学堂学生这时才知道，俄国已密约清政府，签字割让东三省，而清政府只是畏惧英日，方未敢贸然出卖中国东北领土主权。他们气愤已极，置个人安危于不顾，集会声讨，奏达清廷，坚拒沙俄无理要求，以挽救祖国丧权失地之危局。1903年4月30日，仕学、师范两馆学生200余人，商得副总教习允准，鸣钟上堂。据当时的《大公报》报道：

---

① 《1903年的“拒俄运动”及其历史作用》，《中国近代史百题》，湖南人民出版社1983年版，第648页。

② 《苏报》1903年5月20日。

先由范助教（按：范源濂）演说利害，演说毕，全班鼓掌，有太息者，有流涕者。次由各学生登台议论，思筹力争善策，拟办四事：

一、各省在京官绅告电该省督抚电奏力争；

二、全班学生电致各省督抚，请各督抚电奏力争；

三、全班学生电致各省学堂，由各省学堂禀请该省督抚电奏力争；

四、大学堂全班学生上禀管学代奏力争。①

这次拒俄集会后，学生立即按会议要求行动起来。他们首先写出了《京师大学堂师范、仕学两馆学生上书管学大臣请代奏拒俄书》（下称《拒俄书》）。《拒俄书》揭露了“虎狼之俄”的侵略本性；分析了若不坚决拒俄，中国将被瓜分，“二万里幅员，四万万民庶皆将奴隶牛马受压制于他国之下”，行将亡国；提出了“联英、日以拒俄”② 的策略。这在当时国家贫弱，难拒强敌的情况下，利用侵略者之间的矛盾，以达保国安民目的，也不失为一种有益的方法。在《拒俄书》上签名学生计有师范生 67 人，仕学生 6 人。然后，师范馆学生又写出了《京师大学堂师范馆学生请政务处代奏疏争俄约事》，认为时政之误，“未有甚于联俄者也”，指出“十数年以来，枢府诸臣以联俄为唯一不二之宗旨，一误再误，遂至酿成今日之巨祸，此诚生等所为痛哭流涕、仰天太息而无可如何者也”③。这是对清政府外交政策失误的痛斥，也是爱国拒俄肺腑之情的表达。

京师大学堂学生效法古代太学学生“伏阙上书”的办法，一边请有司代奏《拒俄书》，吁请清政府坚决拒俄，一边又把呈奏的《拒俄书》内容在 1903 年 5 月 7 日的《大公报》上公开发表，进行宣传鼓动。

---

① 《记京师大学堂学生拒俄事》，《大公报》1903 年 5 月 3 日。

② 《拒俄书》，《大公报》1903 年 5 月 7 日。

③ 《京师大学堂师范馆学生请政务处代表奏疏争俄约事》，《北京大学史料》第 1 卷，北京大学出版社 2000 年版，第 575 页。

与此同时，两馆学生还写出了《公致鄂垣各学堂书》，通报京师大学堂举行拒俄集会情况，提醒湖北各学堂学生应该明了国家已处于危亡之时，“瓜分之期至矣”！书中提出了“东三省系我等四万万人之东三省，非政府私有之东三省”，认为“某等与诸兄同为中国之人，当事中国之事”，主张“与其坐而亡，不如争而亡”，要“力阻政府，毋将东三省予俄，是为至要”！处处体现出“天下兴亡，匹夫有责”的英雄气概①。

在京师大学堂掀起的这场声势浩大的爱国拒俄运动中，由于大学堂是清政府创办的第一所高等学府，地处全国政要中心的京师，加之《大公报》《苏报》的接连报道，使这场爱国拒俄集会上书的消息不胫而走，产生了震动全国上下的巨大效应。仅从《苏报》1903 年 5 月 20 日发表的《京师大学堂学生公致鄂垣各学堂书》和湖北各学堂学生收到这封公开信后所反映的情况，就可看出京师大学堂爱国拒俄集会活动有着巨大的政治影响和鼓动效应。湖北高等学堂学生接信后，随即仿效京师大学堂学生停课集会，吁请电达清政府“将俄人背约之罪布告万国，兴师拒俄”②。与此同时，广为联络宣传，致电上海、安徽等地学堂，要求支援和响应拒俄运动③。安徽省城学堂学生收到湖北转送京师大学堂的函件后，数百学生冒雨在“藏书楼”集会，响应爱国拒俄运动。陈独秀（当时署名陈由己）在大会上演说，指出：“我等今日方开演说会，议阻俄约事，适湖北学生转寄来北京师范、仕学二馆学生与各省学生公函，言之沉痛。”④ 集会学生一致强烈抗议沙俄侵略罪行，要与俄人决一死战，会后组织了“安徽爱国会”⑤，以御外侮，保卫主权。

京师大学堂学生的爱国拒俄运动，令清朝统治者震惊和恼怒。在大学堂召开拒俄大会的当晚，学堂当局就挂出牌示，严禁学生集会，晓

① 《公致鄂垣各学堂书》，《苏报》1903 年 5 月 20 日。
② 《京师大学堂学生公致鄂垣各学堂书》，《苏报》1903 年 5 月 21 日。
③ 《北京师范大学校史（1902—1982）》，北京师范大学出版社 1982 年版，第 13 页。
④ 《苏报》1903 年 5 月 25 日，1903 年 5 月 26 日。
⑤ 《北京师范大学校史（1902—1982）》，北京师范大学出版社 1982 年版，第 14 页。

谕："此事非学生分内之事。"慈禧太后传命管学大臣张百熙，让他对学生要严加管束。政务处对学生集会上书建言声称："当设法禁止，以免蹈各国民权之弊。"① 不久，清政府奉旨特派会办京师大学堂事宜的张之洞到京师大学堂，警告学生："学堂以外之事不可以作。"大学堂还决定扣减学生当月的月考成绩作为惩办："所有递禀管学大臣阻止俄约之各学生及各斋、班长均减去二十分计算。"此外，注意检查学生来往信函，加强防范，惧怕学生参加革命政党活动，因此规定：

> 所有外间致学生之书函，遇有各国及各报馆字样者，均须查阅。无关系字迹，方准送交学生。学生致各处之函，亦须查阅放行，以防会党混迹云。②

京师大学堂学生的爱国拒俄运动，遭到清政府和京师大学堂当局的监视和惩处，学生予以抵制，部分学生退学，赴东北进行武装抗俄斗争。师范馆学生丁作霖（又名丁开嶂），由于反对清政府于"日俄战争"期间持"局外中立"态度，于 1904 年毅然创立"抗俄铁血会"，并散发"檄文"，联合中外将弁以及"直、奉、吉、黑四省绿林领袖"，协力抗俄。到东北抗俄斗争前线的，还有京师大学堂学生朱锡麟、张榕，朱锡麟组织"东亚义勇队"，张榕建起"关东独立自卫军"③。

京师大学堂学生的爱国拒俄运动，是中国近代高等教育历史上最早的反帝反封建的学生爱国运动学生通过参加爱国拒俄运动，对清政府"量中华之物力"取悦帝国主义欢心的卖国嘴脸有进一步的认识，逐渐明白了反帝必须反清的道理，使很多学生走上了民主革命的道路。如前述的丁作霖等，即为其例。辛亥革命武昌起义时，黎元洪曾派专使到北方同丁作霖等建立联系④。

总之，京师大学堂是中国沦为半封建半殖民地社会后以国家名义创

---

① 《大公报》1903 年 5 月 4 日，1903 年 6 月 12 日。
② 《北京师范大学校史（1902—1982）》，北京师范大学出版社 1982 年版，第 14 页。
③ 陈学恂：《中国近代教育大事记》，上海教育出版社 1981 年版，第 129 页。
④ 《辛亥革命时期的铁血会》，《近代史资料》，中国社会科学出版社 1995 年版。

建的第一所近代新式综合性国立大学。辛亥革命后，京师大学堂于1912年5月改名为北京大学。京师大学堂虽然只存在了14年时间，又历经坎坷，但从中国高等教育发展历史进程来看，却具有承前启后、继往开来的重大历史作用。它既是历经两千多年风雨历程古代太学的承继者，又是中国近代国家创办的第一所国立大学；既在办学中保留了中国传统儒学的“体”，又适应“西学东渐”需要引进了西学之“用”；既受到中国高等教育发轫时期所创立京师同文馆等洋务学堂的启迪，重视西文和西艺的学习，又接受了洋务学堂过分重视西文的教训，而以西文为发凡，不以西文为西学；既保持了从教学到管理重视德育的传统，又重视引进西方智育和体育经验；既为近代办学提出了“中体西用”指导思想，又创设了新式办学体制，规划出近代的课程设置和采取了现代的教学方法，为我国新型正规大学的出现奠定了基础。它如耀眼的明星，闪烁出开启新时代的光辉，将永远彪炳于中国高等教育史册。

近代高等教育学制的肇建

我国近代高等教育学制，始于“壬寅·癸卯学制”。“壬寅·癸卯学制”是“壬寅学制”与“癸卯学制”的合称。“壬寅学制”颁行于1902年，为农历壬寅年，因称“壬寅学制”。“壬寅学制”是由国家颁布的第一个规定学制系统的文件，名之为《钦定学堂章程》，其中的《钦定大学堂章程》，则为中国近代由国家颁布的第一个高等教育学制。“壬寅学制”颁布后，为端正办学趋向，进行了重大修改，名之为《奏定学堂章程》，其中的《学务纲要》《奏定大学堂章程（附通儒院章程）》，为清政府正式颁行全国的高等教育学制。颁布时间是在1904年1月13日，为清光绪二十九年十一月二十六日，是农历癸卯年，故称“癸卯学制”。“壬寅·癸卯学制”中有关高等教育的系统文件，是近代中国高等教育的最早学制。

一、近代高等教育学制的创建过程

“壬寅·癸卯学制”创建于清末“新政”时期，这一时期是中国社会新与旧斗争最为复杂和激烈时期。中国第一个学制的诞生，经历了一个难产的复杂过程。了解这一过程，有助于了解中国近代高等教育学制来之不易。清末经过“戊戌政变”，慈禧篡夺了最高权力，推行所谓“新政”，而“新政”其实是在帝国主义列强胁迫下的假维新。清政府自从与帝国主义列强签订了不平等的《辛丑条约》后，已成为帝国主义的儿皇帝，帝国主义列强要求清政府进行更新改革，清政府不能不听命；同时，清政府出于欺骗人民的需要，急于打起“变法”旗帜，以缓和同坚决反抗外来侵略和国内封建专制统治的爱国人民的矛盾。1901年1月，慈禧在逃亡西安之时急忙发出了变法“上逾”，宣布实行“新政”，认为：

世有万古不易之常经，无一成不变之治法……盖不易者三纲五常，昭然如日星之照世；而可变者令甲令乙，不妨如琴瑟之改弦。①

这就表明，推行“新政”的真意，在于保住清末摇摇欲坠的封建专制统治。因为，慈禧把封建专制政体看成是万古常存而不可改变的，所可改变的是不涉及这种专制制度本质的一些措施。因而在“新政”时期，在兴工商、练新军诸方面进行了一些变革，变革更大一些的则是在教育方面，如废科举、改书院、设学堂，与高等教育相关的更有整顿京师大学堂、派留学、订学制、成立学部等。由此可见，整顿京师大学堂，钦命管学大臣，实行学制，是清政府实行“新政”的重要措施。1902年1月10日，慈禧颁布了谕旨，派工部尚书张百熙出任京师大学堂管学大臣，钦命该大臣修订京师大学堂章程，制定全国学制。

张百熙出任管学大臣后，对于核定京师大学堂章程，虽然尽心竭力，但内心总不够踏实。因为他担任过光绪皇帝的侍读，在戊戌维新期间举荐过康有为，受到革职留任处分，总怕有不慎之处，再遭受慈禧责难。他为使所拟章程得到慈禧青睐，曾两次将章程草案向慈禧奏报。由于所拟章程总纲中写入了“谨遵此次谕旨，端正趋向，造就通才，为全学之纲领”，又规定有“明倡异说、干犯国宪及与名教纲常相违背者，查有实据，轻则斥退，重则究办”②，得到慈禧放行。于是，光绪帝于

① 朱寿朋：《光绪朝东华录》第4卷，第460页。

② 《钦定京师大学堂章程》，《中国近代教育史资料汇编·学制演变》，上海教育出版社1991年版，第235页。

1902 年 8 月 15 日发上谕："张百熙奏遵拟学堂章程开单呈览一折，披阅各项章程，尚属详备，即着照所拟办理。"①

《钦定学堂章程》虽冠以慈禧"钦定"得以问世，但张百熙担忧的事情还是发生了。时过不久，张百熙即遭到弹劾，认为他受维新思想影响较深，喜用新进，而对章程提出质疑。张百熙为免于慈禧追究，自己采取主动，呈折提出由朝廷召两广总督张之洞进京，参与对钦定章程进行修改。张百熙奏称：

> 学堂为当今第一要务，张之洞为当今第一通晓学务之人……学堂尤政务中之大端，所关更重，伏恳天恩，特派该督会同商办京师大学堂事宜，将一切章程，详加厘定。嗣后有应行修改之处，由臣等随时咨行该督会商具奏。②

慈禧正对弹劾张百熙制定的《钦定大学堂章程》一事因关乎由她"钦定"而难办时，见到张百熙奏折，立即准奏：

> 京师大学堂为学术人才根本，关系重要。着即派张之洞会同张百熙、荣庆，将现办大学堂章程一切事宜，再行切实商订；并将各省学堂章程，一律厘定，详悉具奏。③

这道朝旨颁发在 1903 年 6 月 27 日，离颁行《钦定学堂章程》尚不到 10 个月。时过半年多，经张百熙、张之洞和荣庆的努力修订，《奏定学堂章程》完竣。在 1904 年 1 月 13 日，谕旨颁行。《奏定学堂章程》为我国近代公布实行的第一个学制。

二、清末学堂章程关于高等教育的建制

在《钦定学堂章程》中，规定"壬寅学制"为三段七级。第一阶

① 《进呈学堂章程折》，《中国近代教育史资料汇编·学制演变》，上海教育出版社 1991 年版，第 234 页。

② 《管学大臣张百熙、荣庆请派重臣会商学务折》，《中国近代学制史料》第二辑上册，上海华东师范大学出版社 1987 年版，第 72 页。

③ 《管学大臣张百熙、荣庆请派重臣会商学务折》，《中国近代学制史料》第二辑上册，上海华东师范大学出版社 1987 年版，第 71 页。

段为初等教育，中分三级：蒙学堂（四年）、寻常小学堂（三年）、高等小学堂（三年）；第二阶段为中等教育，只有一级中学堂（四年）；第三阶段为高等教育，中分三级：高等学堂及大学预科（三年）、大学堂（三年）和大学院（年限不定）。儿童自 6 岁入蒙学堂，20 岁升入高等学堂或大学预科，23 岁入大学堂，26 岁以上入大学院。从高等学堂或大学预科到大学堂再到大学院的层级和年限规定，即为“壬寅学制”中高等教育制度的纵向体制。从横向体制看，与高等学堂或大学预科平行的有师范馆、仕学馆和高等实业学堂。高等学堂虽未按大学预科分科，但为与大学堂各科考试对口，分成政艺两科：政科为预备考入政治、文学、商务三科而设，艺科为预备考入格致、农业、工艺、医术四科而设。大学堂仿日本学制，分为七科三十五目，相当于后来的大学的院系。安排的次序如下。

政治科第一，设二目：一是政治学，二是法律学。文学科第二，设七目：一是经学，二是史学，三是理学，四是诸子学，五是掌故学，六是词（辞）章学，七是外国语言文字学。格致科第三，设六目：一是天文学，二是地质学，三是高等数学，四是化学，五是物理学，六是动物学。农业科第四，设四目：一是农艺学，二是农业化学，三是林学，四是兽医学。工艺科第五，设八目：一是土木工学，二是机器工学，三是造船学，四是造兵器学，五是电气工学，六是建筑学，七是应用化学。八是采矿冶金学。商业科第六，设六目：一是簿计学，二是产业制造学，三是商业语言学，四是商法学，五是商业史学，六是商业地理学。医术科第七，设二目：一是医学，二是药学。“壬寅学制”中的高等教育学制是中国最早的大学学制。只是刚被钦定，尚未得到实施，又谕令修订，为“癸卯学制”中高等教育制度所取代。

“癸卯学制”中的高等教育制度是谕令全国实行的学制。据《奏定学堂章程》规定，就其纵向学校系统看，分为三个阶段七级：第一阶段为初等教育，中分蒙养院（四年）、初等小学堂（五年）、高等小学堂

（四年）三级；第二阶段为中等教育，只设中学堂（五年）一级；第三阶段为高等教育，中分高等学堂或大学预科（三年）、大学堂（三至四年）和通儒院（五年）三级。

在《奏定高等学堂章程》中规定："设高等学堂，令普通中学堂毕业愿求深造者入焉；以教大学预备科为宗旨，以各学皆专长为成效。"①高等学堂按规定各省城设置一所，京师大学堂设预备科。高等学堂规模在500人以上，学科分为三类。第一类学科为预备升入经学科、政法科、文学科、商科大学者所开设的课程，凡十种：一是人类道德，二是经学大义，三是中国文学，四是外国语，五是历史，六是地理，七是辨学，八是法学，九是理财学，十是体操。第二类学科为预备升人格致科、工科、农科大学者所开设的课程，凡十一种：一是人伦道德，二是经学大义，三是中国文学，四是外国语，五是算学，六是物理，七是化学，八是地质，九是矿物，十是图画，十一是体操。第三类学科为预备升入医科大学者开设的课程，凡十一种：一是人伦道德，二是经学大义，三是中国文学，四是外国语，五是拉丁语，六是算学，七是物理，八是化学，九是动物，十是植物，十一是体操。外国语除德语外，可选英语或法语。

大学堂"以谨遵谕旨，端正趋向，造就通才为宗旨"②。各高等学堂或大学预备科毕业生入大学堂。大学堂下设分科大学，又称分科大学堂。大学堂设在京师者，须八科齐全；设在各省者，可不必全设八科，但至少须设三科，方许成立。各分科大学修业年限，除政治科和医科中的医学一门为四年外，其余各科均为三年。按《奏定大学堂章程》规定，京师大学堂设置以下八科及其学门。

（1）经学科大学分设十一门：周易学门、尚书学门、毛诗学门、

---

① 《奏定高等学堂章程》，《中国近代教育史资料》中册，人民教育出版社1981年版，第567页。

② 《奏定高等学堂章程》，《中国近代教育史资料》中册，人民教育出版社1981年版，第578页。

春秋左传学门、春秋三传学门、周礼学门、仪礼学门、礼记学门、论语学门、孟子学门、理学门。

（2）政法科大学分设二门：政治门、法律门。

（3）文学科大学分设九门：中国史学门、万国史学门、中外地理学门、中国文学门、英国文学门、法国文学门、俄国文学门、德国文学门、日本国文学门。

（4）医科大学分设二门：医学门、药学门。

（5）格致科大学分设六门：算学门、星学门、物理学门、化学门、动植物学门、地质学门。

（6）农科大学分设四门：农学门、农艺化学门、林学门、兽医学门。

（7）工科大学分设九门：土木工学门、机器工学门、造船学门、造兵器学门、电气工学门、建筑学门、应用化学门、火药学门、采矿及冶金学门。

（8）商科大学分设三门：银行及保险学门、贸易及贩运学门、关税学门。

《奏定大学堂章程》规定：高等学堂毕业生升入分科大学，呈明自愿选习其中一科门。各科门设有主课和补助课，为必修课程。

由于清末拨给大学的经费不足，高等学堂设立不多，京师大学堂设置的分科大学及各学门、科目均未达到《奏定大学堂章程》中规定的要求。按章程规定京师大学堂需设八个分科大学和四十六个学门，却只设了七个分科大学、十三个学门。

清末高等教育学制分高等学堂（或大学预科）、大学堂和通儒院三级，其中大学堂为主体，通儒院为最高学府。通儒院置于大学堂内，不单独设置，其章程附于《奏定大学堂章程》中。通儒院学员必须是分科大学毕业生（或有相等学力者），并经分科大学教员会议选定，方准升入通儒院肄习。通儒院学员视其所研究之学术系属某分科大学某学科，可在某学科教员指导下自行研究，以5年为限，以能发明新理，著有成书，能制造新器，并足资利用为毕业。

中国近代高等教育学制，除纵向设置的高等学堂或大学预科、大学堂和通儒院三级直系系统外，还在高等学堂、大学堂各层级中设置有横向系统，如在《奏定学堂章程》中，同高等学堂并行而达大学专修科水准的有优级师范学堂、高等实业学堂和译学馆及方言学堂。

三、确立“中体西用”为高等教育宗旨

我国近代以“中学为体，西学为用”作为高等教育宗旨。早在高等教育肇兴之际创办的京师同文馆，就已确立了这一教育思想。但从文字上科学地表达，明确地提出高等教育宗旨的，是孙家鼐在1896年8月所呈奏的《议复开办京师大学堂折》，当时他认为教育“宗旨宜先定”，于是提出：

> 今中国京师创立大学堂，自应以中学为主，西学为辅；中学为体，西学为用；中学有未备者，以西学补之；中学有失传者，以西学还之。以中学包罗西学，不能以西学凌驾中学，此是立学宗旨。①

湖广总督张之洞在1898年撰写了《劝学篇》，将作为教育宗旨的“中体西用”加以系统化，对“中学”与“西学”作了明确界定，奠定了“中体西用”的理论基础。可是将“中体西用”作为新学制的教育纲领，虽在《钦定学堂章程》中有所体现，却没有明确表达。在《钦定京师大学堂章程》中，着重强调的是“中国圣经垂训，以伦常道德为先；外国学堂于智育、体育之外，尤重德育，中外立教本有相同之理”②。可

① 《皇朝经世文新编》第六册，上海书局石印1901年版，第18页。

② 《钦定京师大学堂章程》，《中国近代教育史资料汇编·学制演变》，上海教育出版社1991年版，第235页。

是，在由张百熙、荣庆、张之洞奏呈的《重订学堂章程折》中则将“中体西用”确定为大中小幼以及实业、师范等各级各类学堂的立学宗旨，奏称：

至于立学宗旨，无论何等学堂，均以忠孝为本，以中国经史之学为基，俾学生心术壹归于纯正，而后以西学瀹其知识，练其艺能，务期他日成材，各适实用，以仰副国家造就通才、慎防流弊之意。①

这一宗旨，贯彻于《奏定学堂章程》始终，在其中的《学务纲要》里，更有明确要求：

此次遵旨修改各学堂章程，以忠孝为敷教之本，以礼法为训俗之方，以练习艺能为致用治生之具。②

以“中体西用”作为教育宗旨，在高等教育中体现最为明显之处是对各分科大学的科目设置。从数量上看，于经学、文学等科，中学的分量可能多一些，而对于政法、医科、格致、工、商、农等科，西学的分量则更为突出。

学部在1906年3月25日奉上谕，又公布了“忠君、尊孔、尚公、尚武、尚实”五端教育宗旨，这可说是对“中体西用”的概括体现。这一教育宗旨，既强调了“忠君”“尊孔”为中国政教之所固有，又特别指出“尚公”“尚武”“尚实”为“中国民质之所最缺”③。可见，“中体西用”是清末一以贯之而影响深远的教育宗旨，是半殖民地半封建社会教育性质在教育宗旨上的本质体现。

---

① 《张百熙、荣庆、张之洞重订学堂章程折》，《中国近代教育史资料汇编·学制演变》，上海教育出版社1991年版，第289页。

② 《奏定学堂章程·学务纲要》，《中国近代教育史教学参考资料》上册，人民教育出版社1986年版，第532页。

③ 《学部奏请宣示教育宗旨折》，《中国近代教育史教学参考资料》上册，人民教育出版社1986年版，第564页。

北京大学能够追溯汉朝太学为前身吗

——向季羡林先生讨教

北京大学是全国最高学府，1998 年迎来百年华诞，学界无不为之欢庆。校庆中推出了献礼论著，对了解北大校史和中国近现代高等教育具有极其重要的参考价值。年高望重的季羡林先生不仅为纪念校庆论著题写了书名，还为之写有《序言》。我有幸拜读，感到受益匪浅，但也或有的论述似可商榷，故谨向季先生讨教。

季先生在郝平著《北京大学创办史实考源》（北京大学出版社 1998 年 3 月第 1 版）的《序言》中认为，“北大的校史应当上溯到汉朝的太学”。这真令人大惑不解，难道北京大学能够追溯汉朝太学为前身吗？

季先生把汉朝太学认作北大前身的依据之一是，“中国历代都有一个‘全国最高学府’的概念，它既是教育人才的机构，又是管理教育行政的机构”。其实，季先生所持的这一依据，似是而非。汉朝太学与北京大学在国家学术地位上确有相似之处，都是中央最高学府，可是又有不同之点。汉朝尚无中央专门管学机构，所以汉朝太学既是培养人才的场所，又是管学的机构。然而，北大在这方面与汉朝太学就不尽相同，虽然都是培育人才的机构，而已无管理全国教育行政的职能。众所周知，自清政府于1905年12月6日设立学部起，北大前身京师大学堂已把管学职能归于学部；新中国成立后，只有教育部才是中央政府管理教育行政的机构，北京大学只能是隶属于教育部的中央最高学府，已与汉朝太学在职能上有着差异。季先生所论的依据之二是，“中国的学统以太学起，中经国子监，一直到京师大学堂，最后转为北京大学，可以说是一脉相承，没有中断”。笔者不知季先生运用“学统”概念指的是什么，如果将“学统”解作学术思想和学风的传承合于季先生原意的话，这里就有一个什么学术思想和学风问题。汉朝太学是弘扬汉武帝“独尊儒术”的宝地，北大能够一派传承这种学术思想和学风吗？其实，北大一贯传承的是京师大学堂的维新精神。辛亥革命后京师大学堂改名为北京大学，在民主革命家、杰出的教育家蔡元培主持下，成了资产阶级革命的摇篮；后经五四运动洗礼，进而成为无产阶级革命的发祥地，这才是现今的北京大学所应传承的真正的革命传统与学术思想和学风。不知季先生为何不强调于此，却偏要让北大高寿，传承汉朝太学的封建儒家“学统”，实在令人费解。再有，即使汉朝太学的“学统”值得传承，也不可能算是北大独家遗产，因为汉朝太学“中经国子监”，就变成了辖有多所中央学府的管学机构了。按照国子监的沿革，自隋朝从国子寺更名为国子监以来，中间是有其自身发展变化的。它在成立之初，总辖国子学、太学、四门学等，到唐朝后还统辖有律学、书学、算学，因此，其职能在隋唐应是封建社会的中央教育行政机关，也就是说，当时的太学并不等同于国子监，而只是国子监辖下的一种中央高等学府。只有到了明清两朝，国子监才是中央最高学府职能等同于前朝的太学、国子学。笔者认为，所谓“中经国子监”，指的是何朝国子监，最好能够明定下来，免生歧义。季先生文中提到“隋又改名为国子学。唐代因之，一直到清末”，这样就是指的从隋朝以来的历代国子监。假如汉朝太学的“学统”，“中经国子监”，以此为依据，认为汉朝太学可作为北大的前身，未免过于牵强附会。因为隋唐时期国子监，它的“学统”，也不能由北大独家传承，应该广泽于相关的高等学府。这样一来，有的高校同样像季先生如此热衷于学校增寿，不也可能把国子监追溯为前身了吗？依笔者之见，作为学校追宗认祖的依据，不是学校在国家的学术地位相似，或“学统”思想上有传承，而是学校组织上是否有“同宗”的联结，或原为一校，后来更名改制；或原为一校的组成部分（如系科之类），后来发展成为新校。就像一个家族一样，若非“同宗”，虽是同姓，门第相当，住地相同，也追溯不成宗，认不了祖，是同样的道理。

季先生认为汉朝太学可作为北京大学的前身，还有一个重要理由，就是他认为自己所论，与北大名人冯友兰、胡适的看法“英雄所见略同”。关于冯友兰的见解，季先生说：“他的文章我没有读过，也没有听他亲口说过。”可见冯友兰的论述并未成为他的依据，在此也就无详细论辩的必要。由此可知，他真正所依据的则是胡适的论断。他在文章中这样说：“北大前校长胡适之先生也有过完全一样的说法。我现在斗胆说一句妄自尊大的话，还可算是‘英雄所见略同’吧。”为了能够搞清楚季先生与胡适的“所见略同”之处，笔者特地查阅了胡适于1948年12月13日所发表的《北京大学五十周年》（《胡适教育论著选》，人民教育出版社1994年7月版）一文。笔者觉得季先生对胡适文章有断章取义之处，两者看法非但“所见略同”，甚至是大相径庭。

季先生好像是在《北京大学创办史实考源》一书的第309页中引用胡适在《北京大学五十周年》一文中的那段话：“我曾说过，北京大学是历代的‘太学’的正式继承者……他可以追溯‘太学’起源于汉武帝元朔五年公孙弘奏请为博士设弟子员五十人。那是历史上可信的‘太学’的起源，到今年是两千零七十二年了。这就比世界上任何大学都年高了。”遗憾的是季先生只投自己所好，把胡适反对以此之论愿继承高寿的这一段话奉为至宝，而对胡适真正要认宗追溯前身的文章后半部分，却视而不见。为了表达胡适的真正主张，说明与季先生见解大相径庭，只好多引一些，以供读者析疑。胡适在文章中接着说：“但北京大学向来不愿意承认是汉武帝以来的太学的继承人，不愿意卖弄那二千多年的高寿。自从我到了北大之后，我记得民国十二年（1923）北大纪念二十五周年，廿七年纪念四十周年，都是承认戊戌年是创立之年……北大好像有个坚定的遗规，只承认戊戌年‘大学堂’的设立是北大历史的开始。”

胡适这样强调，其用意很清楚，认为北大“是‘戊戌新政’的产儿”。他指的“大学堂”，就是京师大学堂，是“戊戌变法”的改革成果，愿以此为北大前身，而不愿承继古代太学封建传统的高寿，并且把它作为北大的遗规，不可更改。可是，季先生为使北大高寿，不惜违背胡适不准北大承袭汉朝太学高寿遗规。不但如此，还把胡适所讲的西汉太学也任意改成为东汉太学。如果说他是受郝平书的影响，而郝平引用胡适那段话，是忠实了原文的，所以这只能是季先生的独自见地。季先生在《序言》中强调：“虽然说，东汉光武建武五年（公元 29 年）始设太学。”这与郝平书中引用的胡适所说“太学起源于汉武帝元朔五年（西历纪元前一二四年）”，晚了足足有 95 年之多。究竟太学始于何年呢？现在公认是公元前 124 年设五经博士、弟子员五十人，为西汉设立太学之始。可见，胡适所论是对的，季先生的推断有失准确。

不过，季先生观点后来有些变化，体现在他为萧超然主编《巍巍上庠百年星辰——名人与北大》纪念文集所写的序中。他写道：

> 计算北大的历史，我认为，可以采用两种计算法：一个是从古代的太学算起，到了隋代，改称国子监，一直到清末，此名未变，而且代代沿袭。这实际上就是当时的最高学府。而北大所传的正是国子监的衣钵。这样计算，一不牵强，二不附会，毫无倚老卖老之意，而只有实事求是之心。既合情，又合理……

但是，当前流行的而且实行的计算方法，是从以国子监为前身的京师大学堂算起。我不说这种计算方法不合情，不合理，不实事求是；而且既然大家都已承认，约定俗成，“吾从众”……

从季先生所写这段话中，可以看出这样的情况：一是他的看法受到北大“流行的而且实行的计算方法”即以京师大学堂为前身的看法的抵制，只好以退为进，设法将自己臆断与正确看法并存。可见，季先生从坚持“一元观”，到改为“二元论”，实出于“大家都已承认”而无奈。但是实际上仍认为他的臆断“既合情，又合理”。那么，两种“前身”说能并存吗？事实上不可能，因为学校前身指的是创始学校，只能有一个；北大前身只能是京师大学堂。可季先生为何将汉朝太学与京师大学堂同时看成是北大“前身”呢？其关键是对京师大学堂的创办过程和性质的认识不够，往往与国子监混淆，如说什么“从以国子监为前身的京师大学堂算起”。其实，京师大学堂的前身又怎么是国子监呢？据笔者所知，京师大学堂是光绪帝在1898年“百日维新”中实行新政的重大措施之一，亲自下诏督建，是在西学东渐后中国创办最早的最为完备的新式大学。它与国子监没有联系，如说有联系是对国子监学术地位的取代，是对儒学独尊的革新。因此，北大人以京师大学堂作前身为荣，继承和发扬它的革新精神，而不嫌弃它年轻，去找一个没有组织血统而独尊儒术高寿的从太学到国子监作为前身“代代因袭”。

前一段时期，高教界刮起一阵风，校庆时不是在弘扬学术、提高教育质量上下功夫，却是在想方设法卖弄高寿上动脑筋。这还真不如北大，因为北大确是由京师大学堂改制而来，公认是中央最高学府，百余年的老校，谁也争不去。可是，有的高校为达到可号称“百年老校”目的，竟不惜向一些早期建立的专科学堂攀枝，请人撰文，大造舆论。其实，这样的高校何必把精力用到为学校增寿上呢？就算戴上了“百年老校”桂冠又能如之何呢？如放眼世界，这种老校在世界名牌大学之林中又能算上老几呢？正如胡适不想让北大高寿所列举那样，认为北大与欧洲大学相比“只能算是一个小孩子”。他指出：“欧洲最古的大学，如意大利的萨劳诺（Salerno）大学是一千年前创立的；如意大利的波罗那（Bologna）大学是九百年前创立的。如法国的巴黎大学是八百多年前一两位大师创立的…… 全欧洲大概至少有五十个大学是五百年前创立的。”可见，只想让学校增寿，是永远也不能赶超世界上那些古老的大学，至多也只能在国内称雄。还是把那些宝贵的精力用来搞好学校的教育改革，提高教学质量，以便能为国家培养出德智体美诸素质得到全面发展的、既有创新意识又有高质量专业水平的新世纪人才吧！

民办大学校长的先驱和楷模

——著名教育家陈时创办私立中华大学的光辉业迹

陈时（1891—1953）是中国近现代著名教育家，是私立武昌中华大学的创建者、校长。私立中华大学部分科系，在新中国成立后并入华中师范大学前身华中师范学院。今年是2003年，为华中师范大学百年华诞，不能不令人想起这位筚路蓝缕、开拓先路的前辈。在中华民国那种军阀混战，民生凋敝，外敌入侵，国将不国的风雨飘摇年代里，他能为国分忧，倾资兴学，为国家培养出大量人才，建立了永垂史册的不朽业迹。他创办的私立中华大学是我国近现代最早的一所私立大学，他是我国私立大学的首创者。当时国内只有国立北京大学、省立山西大学和国立北洋大学。张伯苓（1876—1951）创办的著名私立南开大学，是在中华大学1913年7月申报办大学之后，于1919年11月方脱胎于天津南开中学。史家有“南陈北张”之说，“南陈”即指的是陈时，“北张”则指的是张伯苓。张伯苓创办南开大学，功劳卓著，载于史册，可是陈时创办中华大学在先，却知者寥寥；只是近些年来，才受到学术界关注，在《中国教育家传》等书上，有所记载。如能翻阅华中师范大学档案馆的史料，就不难了解到陈时办学的感人事迹，他不但是中国近现代私立大学的首创者，而且是终生从事私学管理，不为官禄动其心，不因艰难移其志，本是家财万贯，却清苦一生，斯人品德可贵可钦。他的艰辛办学，为国家奉献的业迹，早为周恩来所肯定。抗战时期，周恩来在重庆，与陈时同为国民参政员。在一次会见中，周对陈称赞说："我从你的学生恽代英那里知道你是一位清苦的教育家。"① 1937 年，陈时邀请张伯苓到中华大学演讲，当陈致欢迎词后，张伯苓面向听众赞扬陈校长说："我和陈校长相比，自愧不如：办南开，我只是出点力。陈校长办中华，既出力，又出钱……我在北方经常想到华中，想到华中就想到中华，中华大学有恽代英，南开大学有周恩来，这都是杰出的人才，是我们两校的光荣！中华南开是亲如姐妹。"② 中华大学同南开大学，确在振兴中华，培育人才方面，有相似之处：张伯苓创办的南开大学造就出了周恩来、马骏等革命领袖人物，陈时创建的中华大学培养出了恽代英、黄负生等革命先烈。由于南开大学后来改成了国立大学，于是中华大学在私立大学教育发展史上的地位更为突显，陈时可算是从事民办高等教育的先驱。在我国当前正需要鼓励发展民办大学之际，对陈时艰辛创办私立大学的业迹应予以大力弘扬，切望民办高等教育界能以陈时为楷模，从中受到启迪和教益。

一、毁家兴学，终生从教

陈时创建私立中华大学，有一个突出特色，就是既不靠官府出资，又不依赖教会施舍，只靠自家倾资，毁小家为社会培育英才。更为难得的是，他不仅出资办学而已，还为学校经营管理贡献终身。

陈时原名映寰，字叔澄，1891 年 3 月 15 日生，湖北黄陂县桃花庙村人。其父陈宣恺，号再平，曾任湖北蕲州府教谕，后因官场腐败，不愿为伍，辞官返里。陈父息影家园，将仕途希望寄托于爱子陈时身上。1907 年春，陈时年仅 16 岁，在其父陪送下东渡扶桑，先入东京宏文学

---

① 《中华大学校长陈时的一生》，《武汉文史资料》第 2 辑，中国人民政治协商会议湖北省武汉市委员会文史资料研究委员会 1981 年版，第 84 页。

② 《陈时与中华大学的几个片断》，《武汉文史资料》第 3 辑，中国人民政治协商会议湖北省武汉市委员会文史资料研究委员会 1983 年版，第 119 页。

院，后入庆应、早稻田、中央等私立大学攻读。一年之后，其父先期回国。陈时留日期间，积极参加孙中山领导的以推翻清朝政府为宗旨的民主革命活动，以笔名“剑”在《民报》上发表鼓吹革命文章。1909年，经黄兴介绍在东京加入同盟会。他回忆说：“我在日本留学时加入同盟会。”① 同时，他在日本体会到，日本经过明治维新运动，国家日益强盛起来，是与教育改革和教育事业蓬勃发展分不开的。由杰出的教育家福泽谕吉创办的私立庆应大学、由著名的教育家大限重信创建的私立早稻田大学等，培养出大量重要人物，传播西欧文明，对明治维新起到了举足轻重的作用。陈时联想到中国，认为中国所以贫穷落后，就是民智未开，从而坚信：“人才是国家的财富，教育是治国的根本。”② 他逐渐形成了这样的坚定信念：要以福泽谕吉和大限重信为榜样，创建大学，培育英才，以便能改变中国贫穷落后面貌，走向富强。他的这种志向，得到他父亲的理解和支持。在他尚未归国之前，其父即按陈时意愿，创办了类似日本庆应大学前身“庆应义熟”式的“中华学堂”。据在台湾校友所写的《私立武昌中华大学》一文中记载：“叔澄鉴于福泽谕吉之于庆应大学，大限重信之于早稻田大学，均创始甚简而成功甚大，毅然有倾财兴学之志，再平公嘉之，遂于宣统二年创办‘中华学堂’于武昌府后街，聘吴德壎、祝维祺先生讲学其间，其体制规模，大抵略同于日本庆大前身之庆应义塾也。”③

1911年春，陈时获取日本中央大学法学学士学位归国。同年10月，他积极参加了武昌辛亥革命起义，任湖北军政府财政司秘书。其后辛亥革命失败，袁世凯篡夺了孙中山民国大总统宝座。因陈时于留日期间与同学有约，决定一同赴美进修。出发后，船行至大沽口时，因母亲朱氏病重，又返棹回乡。这一返乡，是他从走“学而优则仕”道路变为终

① 陈时：《我的检讨》，1951年4月14日。

② 《中华大学校长陈时的一生》，《武汉文史资料》第2辑，中国人民政治协商会议湖北省武汉市委员会文史资料研究委员会1981年版，第84页。

③ 《私立武昌中华大学》，台湾湖北文献1992年版，第105页。

生从教的转折点。他对此回忆说："其时，时自日本归已期年，有游美肄业馆之约，将赴海外留学。舟经渤海，以先母终日涕泣而反棹，先父乃令从事教育，愿捐家产之大半，仅留生活所需。"不但如此，为鼓励陈时兴学，他的伯父朴生和伯母愿捐出家产，叔父、兄弟们也均表大力支持。正如陈时所说："复值先伯母衰龄乏嗣，命不肖曰：'设汝能为予承祀者，将以薄产，助汝兴学。'同堂叔父及诸昆季，皆表赞许。"①当时共捐得田200石，白银3000两，官票5000串②，藏书3000余部。这使陈时具备了兴办中华大学的物质基础。

陈时之所以决心兴办中华大学，父命难违，举家倾资支持，这肯定是重要的原因。但外因为条件，内因才是根据，最为关键之点，还是由于他认识到教育对于兴邦治国有着重要作用。在他看来，以武装革命推翻清朝封建专制统治、建立民国政府之后，重心应转为从事教育，培养治国兴邦人才，才可使国家走向富强。他说："民国成立，以教育为陶冶共和国民要图。"③ 因此，他在辛亥革命成功后，决心弃官从教。可是从教，有大、中、小、幼之分，他认为大学最为重要，因为"大学为一个国家最高学府，培育人才的地方，它有启导社会思想，转移时代风尚，阐述学术，推进文化的功能。"这是他对比中外得出的认识。他认为："在欧洲中世纪以来，它的国家形成和发达，差不多完全是随着大学的进步，才那么繁荣的，就是近代东西方富强的国家，也都是有它的大学在做文化的基础。"中国不如欧美国家繁荣富强，学术不如人家，就是大学办的晚，数量少，质量差。他将中国与西方富强国家相对比，指出："中国是世界上最老而有5000年历史的国家，可是教育的落后，说来真正可怜，像法国的巴黎大学、英国的牛津大学和意国的意大利大学，都是有300年以上的历史，就是立国不过200年的美国，哈佛大

① 《弁文》，《武昌中华大学20周年纪念特刊》1932年4月。
② 当时，田1石约合4亩；官票1串200文，约合1元。
③ 《弁文》，《武昌中华大学20周年纪念特刊》1932年4月。

学、耶鲁大学，开办也有百来年了。而我国的北洋大学、南洋大学（今上海交通大学）、北京大学等校办的年数，虽然久些，但是都不满 50 年，这般看来，就可知我国的一切学术都不如人家的了。”① 于是，他满怀爱国豪情，出于历史赋予的使命，勇挑时代重任，决心创办一所大学培养英才，以弥缝补缺，以挽救国家贫穷落后，被列强欺侮的危难。他表示：“处在 20 世纪的年代里，一切是宜适应时代的需要，何况是次殖民地的中国，若不陶铸人才来弥缝补缺（原为“缺乏”，显系排误），挽救危难，国家前途更属不堪设想。所以本校就于民元应运而生。”② 可见，他兴办中华大学，并且终生尽心竭力从事管理，是有着他的远大理想、深刻认识和爱国情怀为其思想基础的。这里必须澄清这样一种看法，决不是如同有的文章所猜测，讲什么陈时兴学是由于着了“教育魔”，长跪不起，不吃不喝，才使其父母、伯父母捐出家产，得以兴学的，而是陈时获得父亲、伯父的“幸福之供给”和两家的鼎力支持，才实现了他的兴学育才的理想。其后，陈时积极奔走于创学活动，最后决定在武昌昙华林由其父已经兴办的“中华学堂”校址处，创建了“中华学校”，于 1912 年 5 月 13 日开学。学校冠以“中华”二字，其寓意在于发扬辛亥革命精神，振兴中华。1913 年 4 月，他在其父的支持下，呈请教育部，将学校改办成大学，并借助同乡黎元洪之力电告国务院。1914 年经教育部正式批复备案，核定校名为“私立武昌中华大学”。1915 年 3 月，经教育部批准为大学，以陈宣恺为法人代表，陈时为代理人。由于陈宣恺很少到校，陈时实际上是学校的主持人。

1917 年，陈时父逝世，陈时出任中华大学法人代表和校长，使他走上了独立担负办学的重任。陈时在其父支持下毁家兴学，为中国近现代私人办大学的历史上，写下了令人敬佩的光辉一页。

---

① 陈时：《本校成立 25 周年答记者问》，《中华周刊》1937 年第 583 期。
② 陈时：《本校成立 25 周年答记者问》，《中华周刊》1937 年第 583 期。

二、明确目标重质量，遍请名家育英才

陈时创办中华大学，有着明确的办学理想。他一心效法日本福田谕吉创办的庆应大学和大隈重信创办的早稻田大学，要把中华大学办成具有高度学术水平，造就出杰出人才的综合性大学。按照当时教育部规定，办私立综合性大学，必须具备三个学院，可是中华大学财力不足。有人向陈时建议："可否不办大学，只办文、法两院。"陈时不同意，并坚决主张："非办大学不可，否则宁可不办！"① 由于他的坚持，根据社会上对文教、政法和财经人才的急需，中华大学设立了文、法、商三科，在科下设门，如文科设中国哲学门、教育哲学门；法科设经济学门；商科设交通学门等。1928 年后，将"科""门"改为"院""系"，设有文学院、理学院、商学院，下分 13 系 2 科。

陈时为使中华大学培养出杰出人才，非常重视提高教学质量。他有一次与工作人员关于应否仿效武汉大学兴建大楼的对话，充分表明了他并不着意盖大楼，而注重能培养出质量好的学生。那是在大革命后，国立武汉大学在武昌珞珈山兴建校舍，盖起了气势雄伟的宫殿式大楼。有人劝说陈时："你校在小龟山上有一块地皮，是否也盖起大楼，与武汉大学比一比？"他笑了笑说："我不是那样考虑的。学校如工厂，厂房差点不要紧，只要出的产品好就行。小龟山能盖起楼则盖，不能盖也就算了。"② 他重视培养出好产品的苦心没有白费，中华大学确实培养出了成绩居于全国前列的好学生。1917 年 6 月，教育部首次举行留学生考试，经过初试，中华大学预科学生合格者达十余人；后来到北京复试，全国有一百数十名学生参加，仅录取几十名，可中华大学预科生就

① 《也谈中华大学与陈时》，《武汉文史资料》第 16 辑，中国人民政治协商会议湖北省武汉市委员会文史资料研究委员会 1981 年版，第 173 页。

② 陈时：《中国现代教育家传》第 5 卷，湖南教育出版社 1987 年版，第 230 页。

占有5名，为全国季军，其中夏维海个人成绩居全国的第二名。这一考试成绩并非出自偶然，这是由于中华大学学生总体成绩优秀，人才辈出，在留学考试中的必然展现。中华大学培养出来的学生，不但有恽代英、黄负生等英烈，而且已载入史册的学者名流也是很多的。就现今已知的著名人物就有余家菊、陈启天；著名学者和艺术家有王亚南、光未然等，至于成为教授、专家、学者的，则可以百千计①。

陈时主持私立中华大学，为什么能取得这样好的成绩呢？他的诀窍在哪里，是值得研究探讨的，以便能从中找出具有规律性的办学经验，更好地向这位民办大学先驱者学习。陈时培养英才的经验殊多，其中最为主要的大体可有以下几个方面：

1. 制定校训，确立办学目标

校训是表达学校办学指导思想的精髓，是希望达到的教育理想和办学目标。陈时为指引学校的发展方向，非常重视制订校训。当学校建立之初，早在1914年春，就制订出了校训“成德达材”。“成德达材”校训，实际上是为中华大学提出了培养目标。由于陈时是参加辛亥革命起义的革命者，他所要养成的“德”，是要把学生造就成为具有献身于中华民族复兴的高尚品德；他所要达成的“材”，就是具备现代高等文化科学知识技能的栋梁之材。后来，他感到只让学生“成德达材”还不够，并应具有独立进取精神。他借镜日本“庆应义塾”校训的“独立进取”几字，增添在“成德达材”下面。陈时坚持“成德达材，独立进取”这八字校训办学，但随着他教育观念上变化也曾小有增改。在抗日战争期间，他曾将“独立进取”改成为“合作进取”，这有着他给学生题词的墨宝为证。在1943年，他为毕业同学录题词所写的本校校训，即“成德达材，合作进取”②。当然，尽管他对校训有时稍加改动，但

① 《陈时与中华大学》，《陈时教育思想与实践》，华中师范大学出版社2001年版，第212页。

② 《回忆老校长的语言和文字》，《陈时教育思想与实践》，华中师范大学出版社2001年版，第278页。

其主导精神是“成德达材”并没有变。也就是说，他始终坚持要把中华大学学子造就成为具有德才兼备并能奋发图强、合作进取的国家栋梁之材。陈时坚定地以此为他的办学目标，一心要把中华大学办成国内外知名的综合性高等学府。

2. 广延名家，施教育人

陈时为提高中华大学教育质量和学术水平，积极倡导中西兼学。他在一次致辞中，明确主张“把西方教育应该尽可能地介绍给中国人民”①。为了引进西方文化科学教育，他聘请教师，非常注意聘任由名校派出的留学生且学业优异者到校任教。在中华大学开办初期，他聘请了留美获得文学硕士、法学博士学位的邹昌炽任文学院长兼外语系主任。陈时在1923年出席世界教育会议期间，与当时留美的清华学堂毕业生严士佳相遇相知，聘其为教授，后任教务长、代理校长。这两位一直是陈时相依相助到最后的得力助手。陈时又通过严的关系，聘请到很多留美学有声望的专家学者来校任教。陈时聘任教师的原则是兼容并包，唯才是举。他对国学也非常重视，聘请了著有《周易集注》的阳明学学者刘凤章任教务长，还聘来国学深厚又兼书法家的李式金任总务长。他更聘请到国家大师章太炎弟子黄侃任教，施以弟子之礼，照顾周到。他聘任教师，不但不考虑学派上的差别，也不论政派上有什么不同。他聘请有无产阶级政治家董必武、黄负生、施洋等，也有余家菊、陈启天、沈昌焕、罗家淦等。

陈时为让学生博采众家之长，提高学术水平，遍请国内名流学者到校讲演。究竟他先后聘请了哪些有名望人士，各家记载纷纭，还是看看他自己的回忆，则更加有说服力。他记述说：“我因为羡慕北京大学学术自由风气，在旧社会中，是采取扩大范围，康有为、梁启超、章太炎、李大钊、黄炎培、太虚诸先生，都在校讲过学。李大钊先生于讲学之暇和我同舟游戏江中，曾对我说：‘武汉形势，是革命最重要的地方，

① 柯约翰：《华中大学》，华中师范大学出版社1992年版，第24页。

交通方便，工业发达最容易。’对日抗战初期，曾请冯玉祥、邵力子、范长江、陶行知、李公朴诸先生，作过讲演。学校迁重庆后，请郭沫若、邹韬奋、邓初民、杨杰诸先生演讲，受到过反动政府的警告。”他还接着写道：“当时，张君劢、余家菊、陈启天等，也都在校讲演过，余、陈并曾在中文系担任过功课。”① 此外，他先后还邀请有世界著名思想家、教育家、文学家等到校讲学：1920 年秋，美国著名哲学家、教育家杜威到校演讲，由邹昌炽担任翻译；后来还有法国著名教育家杜里舒博士（1923 年），印度著名诗人、诺贝尔奖获得者泰戈尔（1924 年）等，受邀来校作报告。各种学派代表人物会聚中华大学，讲学之风蔚然兴起，既繁荣了学术，又有利于培养人才。

3. 创办学报、设置图书馆和实验室，促进了学生的课余自学和研究

陈时建校不久，一心为学术研究开辟园地，于 1915 年创办校报《光华学报》，宗旨是“研究学术，导扬国光”，由教员刘树仁任主编②。陈时为使校报更能体现学校的学术水平，当刊行第三期后，决定聘任在校就读的恽代英出任校报主编。这在《恽代英日记》中有多次记载。恽代英写道：“叔澄师召，仍任以全权办学报。”恽代英接办学报后，未能辜负陈时的信赖，立即在报刊上登出校报的要目广告，申明该刊“绝对不要无价值论文”，且“务求与学生功课有益”③。恽代英后来在《光华学报》上，发表了不少宣传新思想、新文化的重要文章，使中华大学《光华学报》成为武汉地区传播新思想、新文化的重要刊物。恽代英在中华大学的迅速成长，陈时有爱护培养和识才提挈之功。

陈时支持学生组织社团活动，让他们在实践活动中锻炼成长。恽代

---

① 陈时：《忠诚老实的陈述》，手稿藏华中师范大学档案馆，1951 年 4 月。
② 《陈时传略》，《陈时教育思想与实践》，华中师范大学出版社 2001 年版，第 20 页。
③ 《恽代英日记》，中共中央党校出版社 1981 年版，第 40 页。

英在1917年10月，与同学黄负生、梁绍文、冼震等商议，组成了武汉地区最早的学生社团“互助社”，宗旨是“群策群力，自助助人”。恽代英为“互助社”写了《互励文》，每次开会时诵读，以此检查每天行为，加强自我道德修养。恽代英深有体会地说：“吾自加入互助社，身心受益匪浅，每日会毕余味弥觉可乐。”他还感到：“互助社之效益沦浃骨髓。”① 可见，陈时支持学生组织社团，对于促进学生自身道德修养和思想进步，自觉遵守学校纪律和社会规范，有着明显效果和重大影响。在中华大学“互助社”影响下，武汉三镇的各校中先后成立了日新社、黄社、辅仁会、健学会、诚社等同类性质的大小社团②。

陈时为促进学生阅读和实验等实践活动，特别重视对图书馆、实验室和农场的建设。1933年12月，为增添理化仪器，向德商礼和洋行，订购德美等国仪器计78212元，购买图书39148册。同年6月，建造校内大楼，将大礼堂、理化仪器室、图书馆、阅报室均迁入大楼内。1934年，附设高中开办应用化学科，设立化学工厂，校农学院附设第一、二、三农场。校内共“有工厂1座，农场3座，规模之大，为华中之冠”③。

陈时为使学生素质得到全面发展，还特别重视让他们参加各种文化体育活动。1915年5月，他隆重地举办了校庆及首届运动会。1924年5月，学校组织学生积极参加湖北第三届运动会，中华大学为发起单位，陈时出任筹委会委员长。他重视体育，鼓励学生进行体育锻炼，积极参加比赛，以便能使学生增强体质，全面发展身心。抗战期间，学校迁往重庆，他带领师生平整操场，经常组织学生参加校外各种体育活动。

陈时还很重视学生参加演讲活动。在重庆期间，学校每年选拔代

---

① 《恽代英日记》，中共中央党校出版社1981年版，第162~163页。

② 《陈时年谱及中华大学大事记》，《陈时教育思想与实践》，华中师范大学出版社2001年版，第357页。

③ 《陈时年谱及中华大学大事记》，《陈时教育思想与实践》，华中师范大学出版社2001年版，第370页。

表，参加全市演讲比赛。他不仅亲自指导，还带队参赛。重庆市在“抗战时期共举行四次大专院校演讲比赛，中华大学的名次都进入前四名”①。1942 年 11 月 12 日是孙中山先生诞辰，中华大学经济系学生郑昌琳代表学校参赛。陈时亲自加以指导，从演讲的内容、语气、声调到手势以及临场注意事项，达到了细致入微地步。在三十几所大专院校比赛的激烈角逐中，郑昌琳没有辜负陈时的期望，获得了第四名好成绩。郑昌琳为学校赢得了荣誉后，认为“实际上这种荣誉是老校长的教导有方”②。

4. 大学与中小学一起办，采取“一条龙”办学体制

陈时坚持将大学与中小学一起办，虽然增加了他独家办大学经费上的困难，但他始终不渝。这里有他独到的教育主张，认为办好中小学可提供质量好的生源，这样才能将大学办得出色。据在中华大学从小学、中学读到大学毕业的胡起祥回忆：“陈校长为创办这所体系完整的大学，煞费苦心，耗尽精力。每当经济拮据，难于开支时，有人向陈校长建议，将中、小学部停办，集中全力办大学。陈校长不同意这个主张，他认为：‘中学小学是大学的基础，大学的质量好坏，完全靠中、小学的教育。’”③ 他为了将中学部办好，精心选拔了在大学部学习最好的毕业生恽代英、冼震和余家菊派到中学部工作，任恽代英为中学部主任（即校长）、冼震为学监。中华大学中学部经恽代英的精心办理，声名鹊起武汉三镇，不但培养出输送到大学部的众多优秀毕业生，还造就出对中国革命事业作出巨大贡献的革命烈士和革命家，诸如林育南、刘仁静和陈昌浩等。

---

① 《陈时传略》，《陈时教育思想与实践》，华中师范大学出版社 2001 年版，第 138 页。

② 《回忆老校长的语言和文字》，《陈时教育思想与实践》，华中师范大学出版社 2001 年版，第 276 页。

③ 《回忆母校中华大学和陈时校长》，《陈时教育思想与实践》，华中师范大学出版社 2001 年版，第 276 页。

三、以诚爱团结师生，为办学托钵化缘

作为私立大学校长，必须治校有方，有服众风范，方能成为学校的一面旗帜。陈时为什么能够有这样大的凝聚力，能把近代第一所私立大学办成载誉史册的名校，是值得探索其中的奥秘的，以便能从中吸取他管理学校的经验。他那点石成金的诀窍是什么呢？其实并不神秘，他的管学之方就在于：团结师生惟诚爱，集资有术贵托钵。

1. 以诚爱待人，关怀师生

陈时办学，有一大特色，就是把学校看作自己的家，以诚爱对待师生，支持和保护师生的正义行动，受到师生的敬佩和拥护。他以诚待人，以情感人，以行服人，是他办学成功的重要因素。

（1）以诚相感，默相玉成。陈时办中华大学所以能取得良好成绩，他自己的体会是："个人之力，决不继事，惟办事则'诚'之一字，宜终身以之。"只有如此，才能"默相而玉成"①。因为他能以诚相感，所以能得道多助，团结了与他志同道合者，愿意协助他为造就振兴中华英才而献身。尽管工资低，生活艰苦，可是很多教授、系主任以致教务长、副校长，都跟随他办学几十年，有的从黑鬓变白发，也不愿离去。仅举他的两位得力助手为例，可见一斑。

一位是邹昌炽，留美深造多年，陈时诚聘他到校任文学院院长兼外语系主任、教授，约定月薪 200 元。后因学校发不出原薪，改发 160 元，后又降为 120 元。陈时唯以诚相感，允许他到校外兼职，以增加收入。邹感于知遇，收入再少，也不愿离开，直到担任代理校长，相随始终。

另一位是严苹绂（字士佳），清华学堂毕业后留美，是世界著名教育家杜威的弟子。他有金字招牌，被陈时聘来任教授，后任教务长兼教

① 《弁文》，《武昌中华大学 20 周年纪念特刊》1932 年 4 月。

育系主任，最后出任代理校长、校长，是鼎力协助陈时办学而长期不离左右的臂膀。有的单位愿以高薪聘请，严均拒绝，不愿离开中华大学。是什么留住了严士佳呢？这可从陈时为严士佳六十寿辰的祝词中寻觅出个中原因，那就是陈时邀请他偕同办学，使他有用武之地，实现了他愿为国家培育人才的教育理想。陈时致祝寿词说："严先生刚到中华大学，他头发黑黑的，如今，已白发苍苍。严先生和我共事，我只是像哥伦布一样发现了一块荒地，而严先生在这块荒地上从无到有、从小到大，中华大学的发展与严先生的辛劳分不开。"① 正因为陈时对严士佳以诚相待，使他们两人的情感和事业融合在一起，不管遇到什么艰难困境也不愿分离。这可从严士佳答词中看出，他说："我到中华大学来，确实排除了一些外来引诱。高官厚禄，非我所求。抗战时，中华大学……在粮道街缺粮，在米市街无米，我这个教授越教越瘦。有人劝我改行，以优厚待遇相罗致，我不为所动，愿和中华大学共甘苦而不去……"② 严士佳的话，笔者认为是他的真心话。笔者虽未见过陈时，却有幸同严士佳在一个教研室工作过几年，从 1954 年 8 月到他 1962 年逝世。我当时并不知道他是中华大学最后一任校长、杜威的学生，只知他是一位教授、政协委员。他身体黑胖，慈眉善目，像一尊活的弥勒佛。他逝世后，系里决定让我接教由他开拓的"中国教育史"课。他为人谦虚和霭，没向我讲过任何头衔，摆过任何架子。他是一位待人友善的长者。笔者在此多写了几笔，对他诚心协助陈时办学的奉献精神，深表纪念。

陈时待人以诚，得道多助，可算是"玉成"办好中华大学的原动力，像磁石一般将全校教职工共同奋进精神凝聚到了一起。正如陈时在校庆二周年时深有所感说的那样："本校教职员人数，先后达千余，有共事至十年以上，从无凶终隙末者，且有他处以巨薪高位罗致，愿共甘

① 《我们景仰的严士佳老师》，《陈时教育思想与实践》，华中师范大学出版社 2001 年版，第 18 页；汪文汉：《华中师范大学校史》华中师范大学出版社 1993 年版，第 291 页。

② 《我们景仰的严士佳老师》，《陈时教育思想与实践》，华中师范大学出版社 2001 年版，第 20 页。

苦而不去者。”①

（2）爱护学生，支持他们的爱国和正义行动。陈时办学尽管在经济上有很大困难，可对贫困学生，愿意伸出援助之手。他或允许贫困生免交学杂费或设法让他们半工半读完成学业。据胡起祥回忆：“在旧社会，进大学很难，没有钱的人能进大学读书，那是很少的，甚至是不可能的。可是，中华大学在这方面有些例外，有的人读完大学以后还欠着学费未交的；有少数个别人，没有钱能进中华大学读书的事，也是有的，我自己就是其中的例子。回忆陈时校长对我的亲切关怀，使我这穷孩子没有花一分钱而完成了大学毕业……”②

陈时爱护学生，并不限于在经济上给予支援，而且在政治上，不怕受到牵连，对于学生的爱国行动和正义斗争，均予以关怀和保护。据他自己回忆：“我一向同情进步青年，恽代英、王亚南、陈昌浩、李之龙……等，都是我最敬爱的学生。”③ 由于他关怀和支持恽代英在武汉发动响应北京学生的反帝爱国五四运动，中华大学成为湖北地区五四运动的指挥部。当时湖北督军王占元多次传见陈时，并命令他对学生要严加管束，不得再生事端，还要他停办中华大学，都被陈时加以拒绝。王占元于是凶相毕露，以陈时鼓动学潮为名，下令通缉陈时和学生运动领袖恽代英、林育南、冼震等。陈时对此回忆说：“五四运动时，伪湖北督军王占元，说我鼓动学潮……即通缉我和当时领导运动的学生恽代英、林育南、冼震等。”④ 他还说：“一九二四年，湖北女师闹风潮，我从中调节。为避免进步学生遭受反动派的迫害，曾把徐全直、夏之栩、杨子烈、蒋有义、陈媲兰等五个学生，接到家中，住了几个月，并与原

① 《弁文》，《武昌中华大学20周年纪念特刊》1932年4月。

② 《回忆母校中华大学和陈时校长》，《陈时教育思想与实践》，华中师范大学出版社2001年版，第262页。

③ 陈时：《忠诚老实的陈述》，1951年4月。

④ 陈时：《忠诚老实的陈述》，1951年4月。

校交涉，照常供给他们的伙食费……”①。他还讲道：“一九二六年，反动派陈启天，借中华大学礼堂讲演，被革命学生打击，当场发生冲突。伪湖北督军陈嘉谟，派军警捕去学生李守章、周延墉等五人。我约同耆老时樾阶、黄翼生、万文甫诸先生与陈嘉谟交涉，一星期内，被捕学生就交保释放了。”② 他不但积极营救本校的进步学生，还尽力收容其他学校被开除的进步学生。他说：“一九二五、一九二六年间，武汉各教会学校，因反文化侵略运动被开除的学生，我都予以收容。”③

当然，他对学生的支持和帮助，并不是没有原则的，这个原则就是看学生的活动是否是爱国和正义的，否则他是不予支持和帮助的。他在新中国成立后，对他的政治和思想作过这样的总结和表白：“我在旧社会中，一向是不满意现状的，总希望能有一个理想的社会出现，幼年时，最羡慕中国儒家所鼓吹的‘大同世界’；在日本留学期间加入同盟会，就是受了孙中山先生‘排满革命’号召的影响……我在讲演和说话中，从来没有发表过反共的言论，所引为遗恨的是我没有拿出实际的行动来参加革命工作。”④

2. 集资有术，托钵化缘

中华大学是大、中、小学“一条龙”体制，所需经费巨大，陈家虽富甲一方也难支持。陈时经常受到经费拮据所困扰，尤其遇到年关节庆之时，焦躁情景，难于言表。他在校庆十周年时，讲述说：“回忆二十余年之经过，艰苦备尝，有时潜心默祷，有时梦寐呼天，每遇年关节序，辄惊心动魄，算到难谋之时，亦曾动自杀成仁之念，旋即觉为小丈夫懦怯之行，用以自制，仍佇苦茹辛，向前迈进，山穷水尽，柳暗花明，卒得以勉渡难关，此种情景，年必数遇。”⑤ 还讲道：“记某次以校

① 陈时：《忠诚老实的陈述》，1951 年 4 月。
② 陈时：《忠诚老实的陈述》，1951 年 4 月。
③ 陈时：《忠诚老实的陈述》，1951 年 4 月。
④ 陈时：《忠诚老实的陈述》，1951 年 4 月。
⑤ 《弁文》，《武昌中华大学 20 周年纪念特刊》1932 年 4 月。

款困窘，于寒舍中，罗雀掘鼠以供校用，同事见旧衣银屑，送入质库，有相顾垂涕者。”①

他的这种来自经费困窘的办学经历，渐渐使他萌生出必须以“穷”办法解决私立大学“穷”的问题。他的具体措施就是：精简机构，节约开支，争取公家资助，走四方托钵化缘。

（1）精减管理人员，减少不必要开支。中华大学的机构设置最为精减。建校初期，在校长（或代校长）之下，设校监1人，辅助校长工作1人。直到1921年3月，校内方设教务处、总务处，后又设秘书室，全部职工控制在30人以内。就是到了鼎盛时期，学校的大、中、小学部共招收学生有千余人，可职工也没有增加多少。

陈时对学校开支，精打细算，要求严格。他主张：“该用的钱一个不能少，不该用的钱分文不能乱用。”② 陈时本人起居，非常简朴。自己率先垂范，不支工资，不在生活上多占学校一点好处。他住了多年的昙华林旧居，却不愿多花分文加以修缮。有一次，一位替中华大学修建校舍的老板，说要盖两座新楼房送给他，但他执意不肯要，并说：“我是一个办教育的人……如果为了自己的奢侈享受，把办学校的钱饱私囊，我这个校长还当得下去吗？住差一点不要紧，只要学校办得下去就行了。”③

（2）采取多种渠道，筹集办学经费。陈时为解决中华大学经费不足问题，除了节流之外，特别重视开源。一是对学生收取学费，这虽“在学校收入中只占很小一部分，但相对来说较有保证”④。二是争取政府补贴，则是开源的一个重要方面。经陈时努力，从1925年后，得到的政府补助有很大增加。例如，1935年教育部奖励成绩优良的私立专

---

① 《弁文》，《武昌中华大学20周年纪念特刊》1932年4月。

② 《中华大学校长陈时的一生》，《武汉文史资料》第2辑，中国人民政治协商会议湖北省武汉市委员会文史资料研究委员会1981年版，第80页。

③ 《中华大学校长陈时的一生》，《武汉文史资料》第2辑，中国人民政治协商会议湖北省武汉市委员会文史资料研究委员会1981年版，第80页。

④ 汪文汉：《华中师范大学校史》，华中师范大学出版社1993年版，第36页。

科以上学校，中华大学得到1.5万元补助。抗战期间，处于战时特殊情况下，中华大学经费更为短缺，争取到的政府补助也多一些。例如：1942年3月教育部拨中华大学本年补助费15万元①。

（3）托钵化缘，发挥校董会筹资。陈时独家倾资办学，经费常常出现很大缺口，他虽心急如焚，但未消弥办学意志，决心效法清末武训"行乞兴学"。他常向学生说："以前有个武训靠沿街乞讨，办个义学为人民，我也要像武训那样，即使乞讨也得把学校办下去。"② 新中国成立后，有人肯定他"行乞兴学"精神，他表示："在旧社会里'行乞兴学'的武训，已被根本否定了，我当然更是毫无价值可言。"③ 从这里看出，这位富甲一方，毁家兴学的陈时，为了要把学校办下去，确实在效法武训托钵化缘。早在1915年暑期，陈时偕同校友梁绍文到南洋群岛考察教育，同时筹募办学经费④。为管好募得捐款，成立了募集基金管理委员会。1920年5月，陈时又偕同梁绍文，第二次赴南洋考察教育并且募捐。在校内，也经常组织学生，到市内向市民募捐。他还广交社会名流，请他们到学校来参观、题词、讲话，向他们汇报办学成绩以及遇到的财力难支困难，希望得到他们经济上的支持和帮助。20世纪20年代初期，湖北督军萧耀南为表示礼贤下士，几次想拉拢陈时当官，均为陈婉言谢绝，但陈因囊中羞涩，不得已请为学校修建宿舍。萧为表示重教育，施仁政，慷慨解囊，捐出1.2万元，使学校建起1栋办公楼和4栋学生宿舍。但托钵化缘并不是总能得到这样丰厚的捐资，有时却遭受白眼。有一次，陈向汉口巨富徐荣延募捐，徐只捐给500元。陈当时很气愤，将捐薄往地上一扔，拒收徐款⑤。

陈时托钵化缘，还创造出发挥学校董事会作用的高雅捐助形式。中

---

① 汪文汉：《华中师范大学校史》，华中师范大学出版社1993年版，第36页。

② 《陈时传略》，《陈时教育思想与实践》，华中师范大学出版社2001年版，第88页。

③ 陈时：《忠诚老实的陈述》，1951年4月。

④ 《陈时年谱及中华大学大事记》，《陈时教育思想与实践》，华中师范大学出版社2001年版，第359页。

⑤ 胡治熙：《也谈中华大学与陈时》第16辑，《武汉文史资料》，第173页。

华大学校董会于1929年5月立案，并依据教育部《私立学校规程》制定了《校董会章程》，规定“设校董九人，候补校董五人。以学术界及社会上负有重望，热心促进本大学之发展者，得由本会聘为名誉校董，或名誉董事长”①。陈时注意聘请了湖北省和武汉市政界、学界和工商界有名望的人士担任校董，以便加强学校管理，提高学校在社会上的声望，同时以共建学校形式，请他们自身捐资或出面代学校募集经费，取得了很好的效果。“前汉口市总商会主席黄贤彬、贺衡夫、周以灿曾分别被中华大学校董会聘为第2至6届校董会主席。1926年前，贺衡夫、周以灿等校董一次性向中华大学捐款8000元；徐荣廷捐款1000元。其他零星捐款约3000元。”又如：“1942年3月，校董会经过3个月的募捐共得款22万元，主要用于迁渝后的校舍建筑。”②

陈时本出身仕宦家庭，又留学日本多年，还有其父的同乡友好黎元洪、汤化龙等著名人物相助，本可飞黄腾达于政界，但因他一心为实现办大学、育英才的理想，毅然毁家兴学，清苦一生，献身教育。由于他创办了中国近现代第一所私立大学，为国家培养出大专以上人才有3105名，再加上中小学部毕业生可近万人③，其中既有革命烈士、政要人物，更有很多专家学者，对国家、对社会有着不可估量的重大贡献。他不愧为民办大学校长的先驱与楷模，为人景仰，永垂史册。

---

① 汪文汉：《华中师范大学校史》，华中师范大学出版社1993年版，第27页。
② 汪文汉：《华中师范大学校史》，华中师范大学出版社1993年版，第35页。
③ 汪文汉：《华中师范大学校史》，华中师范大学出版社1993年版，第48页。

蔡元培整顿与改革北京大学的历史经验

蔡元培（1868—1940）是中国近现代教育史上具有重大而深远影响的著名教育家，又是整顿与改革北京大学获得非凡功绩的卓越先驱。他生于浙江绍兴，字鹤卿，号孑民，清光绪进士，曾任翰林院编修。但因对腐朽朝政不满，弃官还乡从教，后走上反清革命道路，为民主革命重要的政治活动家。由于他在教育界朝野闻名，辛亥革命后，终止留学德国，于 1912 年 1 月应邀出任中华民国临时政府教育总长。他对袁世凯为恢复帝制实行专制统治不满，于同年 7 月愤然辞职，坚决退出内阁，再次赴德留学，后赴法考察教育，参与华法教育会工作。1916 年 12 月，再次受命归国，出任北京大学校长。

北京大学的前身是清光绪“戊戌变法”期间创办的京师大学堂。京师大学堂虽经辛亥革命洗礼，名称改为了北京大学，加之严复担任校长，有所整顿和改进，但因受清朝科举制度影响过深，学生为求取功名的恶习难改，京师大学堂改为北京大学，初期也只是改名而已，学校中官僚遗风仍旧。北大学生多是官宦和富商子弟，他们到这一国立第一所大学堂来，并非真的为了求取学问，而是为日后升官发财，寻求出身资历。他们不喜欢读书，专事奔竞游荡，可以说，吃喝嫖赌无所不为。北京大学本是培养国家栋梁之材的高等学府，却成为著名腐败的渊薮。如何才能将首都这一国立大学办好，是当时教育部最为棘手的难题，也可能正是蔡元培被任命为北大校长的原因。正如蔡元培后来回忆北大改革以前那种著名腐败状态时，深有所感，有这样的论述：

> 北京大学所以著名腐败的缘故，因初办时（称京师大学堂）设仕学、师范等馆，所收的学生，都是京官。后来虽逐渐演变，而官僚的习气，不能洗尽。①

蔡元培认为，北京大学的著名腐败，需要整顿与改革。于是他以革命家和教育家的革新精神，进行了一系列的整顿与改革，使北大发生了具有根本性质的变化，从一所存留清末京师大学堂腐败遗风的官僚机关，变成为洋溢民主与科学学风的著名高等学府。他在整顿和改革北大过程中，提出了很多重要的主张和行之有效的措施。现在如能深入探讨他采取了哪些行之有效的措施，使他的教育主张得到顺利贯彻实行，是深切了解和具体掌握他对北大整顿和改革之所成功的关键。

一、确立以研究高深学问为北大办学宗旨

蔡元培针对当时北大学生上北大不是为了研究高深学问，而是作为升官发财阶梯之现状，将整顿与改革的中心放在了转变学生的观念上。他采取的重要措施就是阐明北大的办学宗旨，对学生进行说服引导。1917 年 1 月 4 日，他在北大隆重举行的开学典礼上，发表了就职演说，向学生提出了殷切希望和严格要求，勉励他们要做到三件事：第一，抱定宗旨；第二，砥砺德行；第三，敬爱师长。他在抱定宗旨部分，明确地要求学生，“来此求学，必有一定宗旨”，这个宗旨就是为了研究高深的学问，不可把上北大作为升官发财的阶梯。他郑重地向学生表明：

> 大学者，研究高深学问者也。外人每指摘本校之腐败，以求学于此者，皆有做官发财思想，故毕业预科者，多入法科，

---

① 蔡元培：《蔡元培全集》第 7 卷，中华书局 1984 年版，第 198 页。

入文科者甚少，入理科者尤少，盖以法科为干禄之终南捷径也。①

他接着向学生提出要求："请君须抱定宗旨，为求学而来。入法科者，非为做官，入商科者，非为致富。宗旨既定，自趋正轨。"②

蔡元培为将北大办成研究高深学问的学府，并以此为指针，从各个方面对北大进行了整顿和改革，为的是能使学生入校研究学问，而不是为了做官发财。他延聘学术上有造诣、研究学问有兴味的教师，来校任教影响学生；整顿和改革原有规章制度，实行教授治校的民主管理体制；改革教学体制，以办文理科为主，使文理科相互沟通；整顿和丰富学生课余生活，提倡学生参加社团活动，等等。蔡元培确立北大研究高深学问的办学宗旨，是他整顿和改革北大的核心思想和根本目标。

二、遵循思想自由，兼容并包，不拘一格延聘教员

蔡元培整顿和改革北大的腐败校风、实现研究高深学问的办学宗旨，所采取的又一重要措施就是依靠教员对学生加以引导。他将当时北大令人不能满意之处，归结成存在两大"弊端"："一在学课之凌杂，二在风纪之败坏。"他认为只要聘请来有积学又热心的教员，与学生一起研究学问，就会在潜移默化中解决这样的"弊病"。他指出：

救第一弊，在延聘纯粹之学问家，一面教授，一面与学生共同研究，以改造大学为纯粹研究学问之机关。救第二弊，在延聘学生之模范人物，以整饬学风。③

蔡元培对北大教师队伍的整顿与改革，是从文科开始的。因为文科旧教员多，教授内容陈腐，教学方法死板，引不起学生对研究的兴味。

① 蔡元培：《蔡元培全集》第3卷，中华书局1984年版，第5页。
② 蔡元培：《蔡元培全集》第3卷，中华书局1984年版，第5页。
③ 蔡元培：《蔡元培全集》第3卷，中华书局1984年版，第1页。

于是他决心"广延积学与热心教员，认真教授"，先后聘请到了众多纯粹研究学问的专家学者和在学生心目中有影响的模范人物。他聘陈独秀任文科学长和胡适、刘半农、周树人（鲁迅）等任教员，从而改变了北大文科的学风。"文学革命、思想自由的风气，遂大流行。"理科自李仲揆（李四光）、丁巽甫（丁燮林）、王抚五（王星拱）等受聘任教后，"内容始以渐充实"。法科原有两名教员均任职司法部，自王雪艇（王世杰）、周鲠生（周览）受聘任教后，"始组成正式的法科，而学生亦渐去猎官的陋习，引起求学的兴会"①。

蔡元培延聘教员，不但以有"积学和热心"为标准，并且要能引起学生的研究兴趣；不但能求取世界上最新的科学学说，还能运用新的科学方法。他认为：

> 延聘教员，不但是求学问的，还要求于学问上很有研究的兴趣，并能引起学生的研究兴趣的。不但世界的科学取最新的学说，就是我们本国固有的材料，也要用新方法来整理他。②

蔡元培根据"积学与热心"标准，遵循思想自由原则，采取兼容并包，不拘一格，延聘很多名流学者到北大任教。只要学术上有造诣，能言之成理，持之有故，他就聘请，而不论其政派、学派、年龄、资历、国籍，以网罗众家为根本。这可从北大当时教员群体的实际情况得到证实：在政治派别方面，既有信仰马克思主义的陈独秀、李大钊等，也有主张复辟留着长辫子的辜鸿铭、拥护袁世凯称帝的刘师培等；在学术派别方面，既有提倡新文化运动的新派学者，如陈独秀、鲁迅、胡适、钱玄同等，也保留有原在北大学有专长的旧学著名人物，如黄侃、陈汉章、陈介石、马裕藻等；在年龄方面，既有年岁大的中老年学者，如崔适 67 岁、辜鸿铭 62 岁、叶瀚 57 岁、陈汉章 54 岁等，而大部分是

① 高平叔：《蔡元培教育文选》，人民教育出版社 1980 年版，第 24 页。
② 蔡元培：《蔡元培全集》第 3 卷，中华书局 1984 年版，第 342 页。

年轻专家，在200多名教员中，其中90名教授，平均年龄只有30岁左右。胡适、刘半农受聘教授时仅有二十七八岁，徐宝璜只有25岁。在资历方面，虽重视从留学人员中或著名专家学者中选聘，但又不拘一格，不受学历限制。最为典型的，是将年仅24岁的梁漱溟聘为讲师。"而梁漱溟不但没有大学学历，且投考北大未被录取，元培看了他在《东方杂志》上发表的《究元决疑论》，一九一七年请他来校教印度哲学。"① 在国籍方面，虽然主要聘请了国内专家学者任教，但对学有专长的外籍教师，同样聘请。地质系外籍教师葛利善（Grabau）即在北大任教。北大还经常延请世界知名专家学者到北大讲学，先后请来讲学的有杜威、罗素、泰戈尔、爱因斯坦等。

蔡元培聘请教员兼容并包，但并不是无原则的延缆全收，而必须具有学术水平，胜任教职，否则加以辞退，不论政派，年龄、资历、国籍，而且不畏压力威胁。以辞退外籍教员为例，"自一九一七年三月起，先后辞退的外籍教员有克德来（Cartwright）、燕瑞博、牛兰德（Newland）、斯华鲁（Swallow）、伦特、纽伦等数人"②。因为多系英籍，英国公使馆通过外交部、教育部向蔡元培施压，并派公使与蔡元培谈判，蔡元培不畏强暴，顶住了压力。其后，蔡元培回忆此事时说："英国驻华公使朱尔典来同我谈判，我不答应。朱尔典出去后，说：'蔡元培是不要再做校长的了'，我也一笑置之。"③

蔡元培经过这样对北大教师队伍的整顿和改革以后，使北大形成了一个不同信仰、不同学派的新型教员群体，各有学术所长，各抒已见，相互争鸣，校内学术氛围浓厚而活跃，引领着全国的学术新潮流，吸引了来自全国各地的优秀青年，促成了北大成为全国声名卓著的最高学府和中国最负众望的学术中心。

---

① 唐振常：《蔡元培传》，上海人民出版社1985年版，第126页。
② 唐振常：《蔡元培传》，上海人民出版社1985年版，第126页。
③ 高平叔：《蔡元培教育文选》，人民教育出版社1980年版，第222页。

三、实行教授治校管理体制

蔡元培到北大任职后，“知道以前的办法是，一切校务都由校长与学监主任庶务主任少数人办理，并学长也没有与闻的”①。他认为这种管理办法不妥，仅由校长等少数人负责管理，权力过分集中。为整顿和改革这种专制管理体制，他仿效德国大学及欧美其他国家民主管理办法，实行教授治校的民主管理体制。他是按下述步骤逐步推行的：

第一步，设立评议会：大学设立评议会，本是蔡元培任教育总长时就已经提出，并写入教育部1912年10月公布的《大学令》中。北大虽也按《大学令》成立了评议会，可规定的权限未能得到实行，仍是校长等少数人说了数。蔡元培到校后第一步即制订了《大学评议会规则》。规则共计八条，将评议会作为全校最高的立法权力机构。评议会由下列人员组成：

> 一是校长，二是主任教员，三是各科教授，每科二人，自行互选，任期一年，任满再选。校长为评议会当然议长。评议会的主要任务是：（1）议决设立及废止学科、讲座的种类；（2）审核大学内部的规章；（3）审查学生风纪事项、审议大学院生成绩及可否授予学位事项；（4）回复教育总长及校长咨询事项；以及呈送教育总长关于高等教育的建议。②

第二步，组建各科教授会：蔡元培在设立评议会后，组建了各个学科教授会，作为各科管理机构，并制订了《学科教授会组织法》。按组织法，北大在1917年于各科各门的重要学科，依学科类别相近各自组成一个部。每部设一教授会，成员是教授、讲师、外国教员③。1919年

---

① 蔡元培：《蔡元培全集》第3卷，中华书局1984年版，第342页。
② 《北京大学》，《北京大学廿周年纪念册》，北京大学出版社1918年版，第14页。
③ 《北京大学》，《北京大学廿周年纪念册》，北京大学出版社1918年版，第16页。

废门改系，共设14个系，各系成立教授会，各系系主任由教授会会员投票选举产生，任期两年。各系教授会的任务是：负责规划本系的教学工作，诸如：课程设置、教科书的采用、教学法的改良、学生成绩考核等。蔡元培认为，“将学长制取消，设各系教授会，主持各系的事务”，“都是谋以专门学者为本校主体，使不致因校长一人之更迭而动摇全校”①。

第三步，设立教务处和总务处：北大教务一直由各科学长分头负责，各科缺乏联系，处于分散状况。蔡元培在整顿和改革北大体制过程中，为沟通文理科并加强民主统一领导，取消学长制，分别设立教务处和总务处。教务处以教务长与各学系教授会选出之各学系系主任组成，统一领导全校教务。教务长由各学系教授会主任推选，任期一年。《时报》1919年4月14日报道“北京大学经评议会议决，废除学长制，另组教务处，协助校长办理各事，并任命马寅初为教务处长”②。与设立教务处同时成立了总务处，管理全校事务。设总务长一人，由校长于总务委员中委任，以教授为限，任期二年，可以续任。

第四步，设立行政会议：行政会议为全校最高行政机关，由各专门委员会委员长组成，校长担任议长，教务长、总务长为当然成员，书记由总务长兼任，各成员以教授为限。行政会议职权，规划全校事宜，审查督促各行政委员会及各事务委员会完成任务情况，贯彻执行评议会有关决议事项等。行政会议下设各专门委员会，分管每一方面的事务。据1920年9月组织委员会绘制的《国立北京大学组织系统图表》，当时设立的专门委员会有：组织委员会、预算委员会、审计委员会、聘任委员会、图书委员会、仪器委员会、出版委员会、庶务委员会和临时委员会③。临时委员会以所任事务临时确定名称，事毕即行撤销。

---

① 蔡元培：《蔡元培全集》第4卷，中华书局1984年版，第296页。

② 陈学恂：《中国近代教育大事记》，上海教育出版社1981年版，第326页。

③ 朱有瓛：《中国近代学制史料》第3辑下册，华东师范大学出版社1992年版，第67页。

蔡元培实行上述的整顿和改革，使北大从体制上有了根本性的变化，摒除了京师大学堂封建官僚体制的衙门作风，建立起教授治校的民主管理体制。这为北大逐渐成为全国学术中心和民主自由思想发祥地奠立了基础，从体制上推动和保证了北大沿着资产阶级民主办学方向前进。

四、改革教学体制，使文理科相互沟通

蔡元培对北大教学体制的整顿与改革，是与他对学术的理解和对北大研究学术应有地位的认识所分不开的，他对学术的理解是：学与术可分为二个名词，学为学理，术为应用。各国大学中所有科目，如工商、如法律、如医学，非但研究学理，并且讲求适用，都是术。纯粹的科学与哲学，就是学。学必借术以应用，术必以学为基本，两者并进始可①。

蔡元培从对学术的理解将其分为理论科学与应用科学，认为“学”与“术”有别，但又密不可分，相互为用，只有“两者并进”始可。可是对学与术培养造诣方面，他又认为大学与专门学院应有分工。他认为大学是研究高深学术机关，北京大学作为全国综合性大学，应以研究纯粹科学的高深学问为中心，应将应用科学的研究和培训，划给其他专门学院。

蔡元培在上述思想指导下，对北京大学教学体制进行了两个方面的重大改革：

一是扩充文科、理科，停办工科，废门设系。蔡元培对于北大以前将文、理、法、工、商五科并列，没有以专属研究学理的文理科为中心，认为必须整顿与改革。于是，文科方面，在 1917 年暑假后增设了中国史学门，后又增设了法国文学和德国文学两门；理科方面，在

① 蔡元培：《蔡元培全集》第 4 卷，中华书局 1984 年版，第 42 页。

1917 年暑假后增设了地质学门；法科方面，将商科并入，后停办商科；工科方面，将工科预科转入北洋大学，工科本科生毕业后停办。他的措施是从无重点的办文、理、法、工、商五科，改成为只办文、理两科，突出研究高深学术的宗旨。后因法科尚存，办了文理法三科。为提高文理法三科研究质量，1918 年均设了研究所。

北京大学经过上述改革，虽已成为以办文理科为主的高等学府，但蔡元培并未以此为满足。他的理想是文理不可分门，分门则存界限，要文理融通，废门设系。他认为：

> 文理是不能分科的。例如，文科的哲学，必植基于自然科学，而理科学者最后的假定，亦往往牵涉哲学……地理学的人文方面，应属文科，而地质地文等方面属理科。历史学自有史以来，属文科，而推原于地质学的冰期与宇宙生成论，则属于理科。①

他认为科学本身，文理科的内在是紧密联系，相互依存的，因此，学习文理科也不该分割开来，要文理相互融通。他指出必须“融通文理两科之界限，习文科各门者，不可不兼习理科中之某种（如习史学者，兼习地质学；习哲学者，兼习生物学之类）；习理科者，不可不兼习文科之某种（如哲学史、文明史之类）”②。这样，蔡元培在 1919 年，取消了北大文理法三科的科别，将三科所属的各个学门废止，一律改制成系，共改设为 14 个系，即有数学、物理、化学、地质学、哲学、中文、英文、法文、德文、俄文、史学、经济、政治、法律等系。蔡元培通过废门改系的整顿与改革，使北大成为突出研究高深学理的综合性大学，提高了文理科的科学水平和质量。

二是废除年级制，实行选科制。蔡元培从其崇尚自然、发展个性出发，反对北大当时实行的年级制，主张改革，实行选科制。他“发现年级制之流弊，使锐进者无可见长。而留级者每因数种课程之不及格，须

① 蔡元培：《蔡元培全集》第 6 卷，中华书局 1984 年版，第 352 页。
② 蔡元培：《蔡元培全集》第 3 卷，中华书局 1984 年版，第 209 页。

全部复习，兴味全无”。为克服这种流弊，他提议改年级制为选科制，后“经专门以上学校通过，由北京大学试办”①。自1919年始，北大实行选科制，使学生有了自由选课的主动性，对扩大学生的知识面，沟通文理有很大促进作用。

为能使选科制得到学生合理的运用，防止选课避难就易，忽视对本专业基本理论学习，蔡元培在一次讲演中，对北大选科特别作了解释：

这种制度只能行之于高等以上的学校，并且学生只有相对的选择，无绝对的选择，除必修科以外的科学，才有选择权。北京大学现行这种制度，如入化学科，有三分之二是必修科，余者可自由选择。②

蔡元培同时认为：“学生所选的科学必须经教员审定，因教员知道选何者有益，选何者无益，如走生路，若无人指引，易入歧路。”③ 北京大学为防止将选科制滥用，将课程分为必修课与选修课两类，对选修课放准自由选课。

北大实行选科制为全国首创，对高等教育有重大影响，全国高校仿效采用。

五、重视学术研究，倡导组织社团，开展学术活动

蔡元培认为大学是研究高深学问的机关，不只是聘请名师，搞好教学，改变学生观念，而且要开展学术研究，产出高质量科研成果，引导学生产生研究兴味。他指出：“所谓大学者，非仅为多数学生按时授课，造成一毕业生之资格而已也，实以是为共同研究学术之机关。”④

蔡元培非常重视科学研究工作，认为“大学为研究学理的机关，要

---

① 蔡元培：《蔡元培全集》第3卷，中华书局1984年版，第209页。
② 蔡元培：《蔡元培全集》第4卷，中华书局1984年版，第35页。
③ 蔡元培：《蔡元培全集》第4卷，中华书局1984年版，第35页。
④ 蔡元培：《蔡元培全集》第3卷，中华书局1984年版，第210页。

偏重文理两科”①，并且主张“文理两科，必须设各种的研究所；而此两科的教员与毕业生必有若干人是终身在研究所工作，兼任教员”②。他在这种思想指导下，于1927年底，在北大文理法三科相继成立了以下的研究所：文科有哲学、国文、英文等所；理科有数学、物理、化学等所；法科有法律、政治、经济等所。他后来写了专文，阐明大学应设各科研究所的理由，认为可起到三种作用：（一）可防止“教员易陷入抄发讲义、不求进步之陋习”；（二）可解决“大学毕业生除留学外国外，无更求深造之机会”；（三）可免于“未毕业之高级生，无自由研究之机会”③。蔡元培在废门改系后，对各门研究所进行了改组，将各所归并设置为国学、外国文学、自然科学和社会科学等几所。他在校时，只成立有国学研究所。

蔡元培为改变原北大学生“对于学术，并没有何等兴会。讲堂以外，又没有高尚的娱乐与自动的组织，遂不得不于学校之外，竞为不正当的消遣”④，决心对课余活动加以整顿与改革，以便丰富学生的课余生活，引发他们研究学问的兴趣。他的做法就是提倡和鼓励北大师生组织各种学会、社团。他不只是一般号召，还亲自参加组织和鼓动。据不完全统计，在蔡元培的提倡和推动下，“北大成立的各种社团有27个”⑤。这些社团有：进德会、新闻研究会、哲学研究会、国民社、新潮社、平民教育研究会、马克思主义研究会、社会主义研究会、马克思学说研究会、国故月刊社、孔子研究会、数理学会、书法研究会、画法研究会、音乐研究会、美学会、体育会、静坐社、北大教职员会、消费社和学生储蓄银行等。这些社团，有些是以研究学术为宗旨的，如国文学会、历史学会、哲学会、地质学会、数学会等，是为引起学生研究

① 蔡元培：《蔡元培全集》第7卷，中华书局1984年版，第198页。
② 蔡元培：《蔡元培全集》第6卷，中华书局1984年版，第352页。
③ 蔡元培：《蔡元培全集》第6卷，中华书局1984年版，第475页。
④ 蔡元培：《蔡元培全集》第7卷，中华书局1984年版，第199页。
⑤ 金林祥：《蔡元培教育思想研究》，辽宁教育出版社1994年版，第121页。

学术兴趣的；有些社团是为陶冶性情、丰富学生课余生活的，如体育会、音乐研究会、画法研究会等；还有些社团是以培养学生服务社会为宗旨的，如平民教育讲演团、消费社、学生银行等。但从蔡元培的设想来看，这些社团研究学理必须有一种活泼的精神，养成博爱精神和服务社会习惯。他指出：

> 研究学理，必要有一种活泼的精神，不是学古人“三年不窥园”的死法能做到的，所以，本校提倡体育会、音乐会、书画研究会等，来涵养心灵。大凡研究学理的结果，必要影响于人生。倘没有养成博爱人类的心情，服务社会的习惯，不但印证的材料不完全，就是研究的结果也是虚无。所以，本校提倡消费公社、平民讲演、校役夜班与《新潮》杂志等，这些都是本校最注重的事项。①

当时北大成立的众多社团和出版的刊物中，对师生学习生活和校外社会影响最为强烈的是进德会、平民教育讲演团和《新青年》《少年中国》《国民》《新潮》等杂志。蔡元培特别赞赏由李大钊、王光祈等创建的少年中国学会，创办的《少年中国》月刊，组织工农互助团。他认为：

> 现在各种集会中，我觉得最有希望的是少年中国学会……这个学会的会员，现又发起一个工读互助团，他的宗旨与组织法，都非常质实。要是本着这个宗旨推行起来，不但中国青年求学问题有法解决，就是全中国最重大问题，全世界最重大问题，也不难解决。这真是有大希望的。②

蔡元培的这样评价是否有过高之处，那是他的看法问题，但他鼓励北大师生服务社会，努力解决社会问题，不要把门关起来研究学问，这是非常重要的，为北大研究高深学问指明了方向。

---

① 高平叔：《蔡元培教育文选》，人民教育出版社 1980 年版，第 88 页。

② 蔡元培：《蔡元培全集》第 3 卷，中华书局 1984 年版，第 377 页。

六、改革招生制度，开创女生入大学之先河

蔡元培就任校长前，北大招收的学生均为男生。其后，他允准女生旁听北大课程，招收女生入学，这是他主张男女平等，要求效法欧美大学要男女并收的必然结果。他在 1919 年 3 月 15 日，在北京青年会的一次演说中，对当时男女不能平等在大学中同校学习，表示不满。他主张向欧美看齐，指出："外国的小学与大学，没有不是男女同校的。美国的中学也是大多数男女同校。"① 同年 3 月 29 日，他在天津青年会演说，就更明确表明，要求借鉴欧战后西方各国在大中小学中实行男女同校的改革经验。他指出：

> 言女子教育，则高等学校既不许男女同校，又不为女子特设。视各国战前之教育，尚远不逮。然则既受此大战之教训，鉴于各国教育界之革新，宜如何奋勉耶？②

蔡元培的借鉴欧美大学实行"男女同校"想法，通过《北京大学日刊》在教育界和社会上流传，受到意欲进入北大深造的女知识青年热情响应。有位名叫邓春兰的甘肃女青年，写信给蔡元培，请允准她入北大补习班就读。信到北京，正是五四运动期间，蔡元培辞职离京，未能办理。其后，邓春兰在京师报刊上，呼吁大学开女禁；她给蔡元培的信在《少年中国》上转载。大学应否开女禁，一时间在教育界和社会舆论中引起强烈反响。同年 12 月，又有一名为谢楚桢的女青年写信给蔡元培，请求北大开放女禁。信中还列举了北大招收女生的种种有利条件。在 12 月 13 日，蔡元培复信表示赞同，回信说："'大学开女禁'的事，大学规程并没有规定'女子不能进校'……所以大学并没有'女禁'，说不到'开'字。要是有中学毕业的女子来考预科，断没有

---

① 蔡元培：《蔡元培全集》第 3 卷，中华书局 1984 年版，第 266 页。
② 蔡元培：《蔡元培全集》第 3 卷，中华书局 1984 年版，第 284 页。

不准考的理。”① 蔡元培以原无禁，现在也无开女禁说法，只是从大学规程找借口，免遭教育部追究的一种手法，为的是更便于开大学女禁。其后，上海《中华新报》1920 年 1 月 1 日发表了蔡元培回答该报记者所提涉及的“大学开女禁”问题，指出：

> 大学之开女禁问题，则予以为不必有所表示，因教育部所定规程，对于大学学生，本无限于男子之规定……稽诸欧美各国，无不男女并收。故予以为无开女禁与否之问题。即如北京大学明年招生时，倘有程度相合之女学生，尽可投考；如程度及格，亦可录取也。②

蔡元培的这次谈话，公开发表，等于是北京大学于 1920 年准予招收女生的宣言书，再无女禁。得知这一消息最快的是籍隶江苏的王兰，因为其弟王昆仑时在北大读书。据王昆仑回忆，他姐姐王兰很想进北大求学，他代姐姐去找了蔡元培打听消息：“蔡校长问我：‘她敢来吗?’我说：‘她敢。’蔡校长说：‘可以让她来试试。’这样，她就进了北大，成了第一个女学生。”③ 由于当时招生时间已过，王兰被北大允准旁听。随后，最早给蔡元培写信要求北大开女禁的甘肃邓春兰以及韩恂华（天津）、赵懋云（四川）、赵懋华（四川）、赵寿壁（贵州）、程勤若（安徽）、奚浈（江苏）、查晓园等也援例入北大旁听。这就是说，在 1920 年春北大招收有 9 名女旁听生，除程勤若入国文系，奚浈、查晓园入英文系，其他均入哲学系④。这是蔡元培对北京大学又一重大改革，是在中国教育发展史上的一大创举。

蔡元培通过对北大的整顿与改革，使北大发生了根本性的变化，从一个制造封建高级官僚的机关，变成为一个培养具有近代文化科学高级人才的最高学府；从一个宣扬封建腐朽文化的大本营，变成为提倡科学

---

① 高平叔：《蔡元培年谱长稿》中卷，人民教育出版社 1996 年版，第 262 页。
② 高平叔：《蔡元培年谱长稿》中卷，人民教育出版社 1996 年版，第 271 页。
③ 王昆仑：《蔡元培先生二三事》，《光明日报》1980 年 3 月 4 日。
④ 周天度：《蔡元培传》，人民出版社 1984 年版，第 216 页。

民主的新文化运动的发祥地。学习和借鉴蔡元培整顿与改革北京大学的历史经验，既有历史意义，又有现实价值；既可了解北大如何摆脱京师大学堂封建官僚游荡奔竞恶习的影响，从而走上人才辈出、成为全国著名学府的历史道路，更为重要的是还可以学到北大办学之路的指导思想和教学措施，为办好现在的综合性研究型大学得到教育思想上的启迪。